CLAUDE MARTIN

FRANCO

W0191754

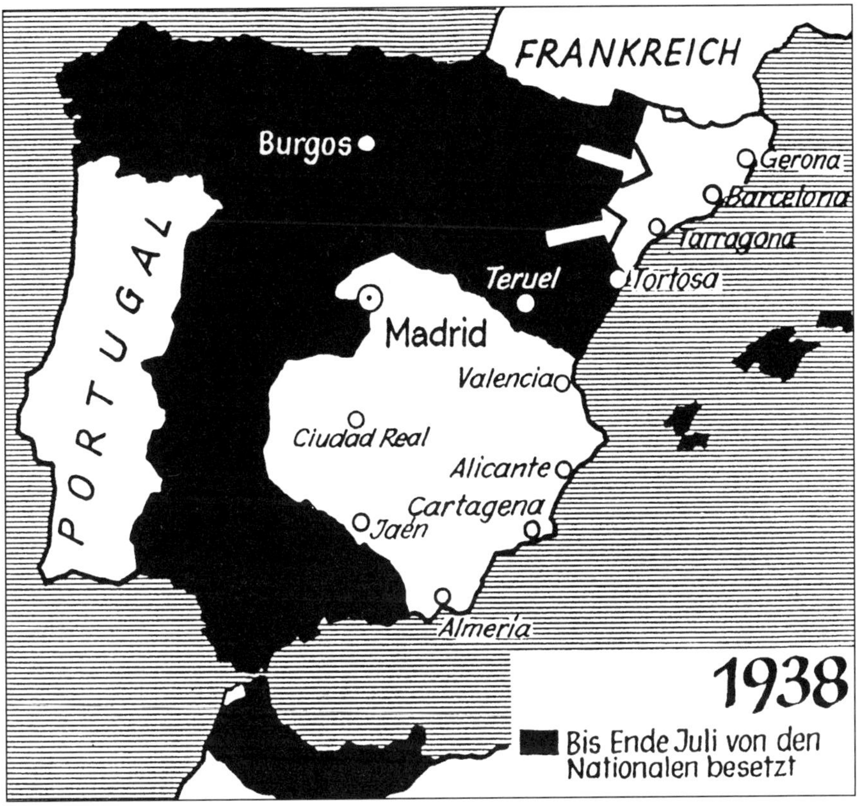

FRANKREICH

Burgos ●

Teruel

Madrid

Valencia

Ciudad Real

Alicante

Cartagena

Jaén

Almería

PORTUGAL

Gerona

Barcelona

Tarragona

Tortosa

1938

■ Bis Ende Juli von den Nationalen besetzt

n Bürgerkriegs 1936–1939

FRANKREICH

León ●

Burgos ○

Zaragoza ○

Madrid

Mora

Valencia

Almadén

Alicante

Cartagena

Jaén

PORTUGAL

Barcelona

Tarragona

1939

■ Bis 8. Februar von den Nationalen besetzt.

CLAUDE MARTIN

FRANCO

EINE BIOGRAPHIE

AUS DEM FRANZÖSISCHEN VON
ROMAIN BAULESCH UND GUNTHER MARTIN

LEOPOLD STOCKER VERLAG
GRAZ – STUTTGART

Umschlaggestaltung: Atelier Geyer, Judendorf–Straßengel
Vorsatz aus: W. v. Oven, Hitler und der Spanische Bürgerkrieg; Grabert Verlag, Tübingen
Nachsatz aus: Frankfurter Allgemeine Zeitung
Karten im Buch (S. 10): Elke Dösinger, Graz

Die Deutsche Bibliothek – CIP-Einheitsaufnahme

Martin, Claude:
Franco : eine Biographie / Claude Martin. Aus dem Franz. von
Romain Baulesch. – Graz : Stocker, 1995
ISBN 3-7020-0731-8

ISBN 3-7020-0731-8
Alle Rechte der Verbreitung, auch durch Film, Funk und Fernsehen, fotomechanische Wiedergabe,
Tonträger jeder Art, auszugsweisen Nachdruck oder Einspeicherung und Rückgewinnung in
Datenverarbeitungsanlagen aller Art, sind vorbehalten.
© Copyright by Leopold Stocker Verlag, Graz 1995
Printed in Austria
Druck: M. Theiss, A-9400 Wolfsberg

Inhalt

FÜNFTER TEIL: KÖNIG OHNE KRONE

Vorwort

Im Jahre 1959 habe ich auf Wunsch eines französischen Verlegers eine Biographie des Generals Franco geschrieben. Mein erster Satz in jenem Buch hat den Leser darauf aufmerksam gemacht, daß es sich nicht um ein endgültiges Werk handeln könne. Es hatte jedoch das Verdienst, etliche Fehlinformationen zu widerlegen, die – oft bewußt – zuerst während des Spanischen Bürgerkrieges und dann im Weltkrieg in Frankreich ausgestreut worden waren. Eine italienische und eine spanische Ausgabe folgten einige Jahre später, als der „Spanienboom" ausbrach, zu einem Zeitpunkt, da der Caudillo Spanien noch immer regierte. Damals freilich fehlte noch die historische Perspektive.

Heute, da Francisco Franco seit 1975 inmitten seiner Soldaten ruht, gibt es diese Perspektive sehr wohl. Es schien mir von Interesse, den Lebensweg eines Mannes wiederaufzugreifen, der die Bewunderung seiner Anhänger genauso zu erwecken verstand wie den leidenschaftlichen Haß seiner Feinde.

Ich habe versucht, bei der Beschreibung von Leben und Werk dieses Soldaten und Politikers, den die Ereignisse an die Macht gelangen ließen und der zunächst als Diktator, dann als ungekrönter König vierzig Jahre lang ein Land regiert hat, das als ein schwieriges gilt, sowohl der schwarzen Legende der Antifrankisten wie auch der Hagiographie nicht anheimzufallen.

Nach seinem Tod erfuhr der Caudillo – wie viele andere berühmte Persönlichkeiten – eine Periode der „damnatio memoriae", die gemeinhin als „Fegefeuer" bezeichnet wird. Dieses Schweigen wurde erst Ende 1992, zum 100. Jahrestag seiner Geburt, gebrochen. Nun begann die Polemik wieder aufzublühen. Es scheint, daß man nicht über Franco sprechen kann, ohne daß die Leidenschaft ins Spiel kommt.

Diese Polemiken muten etwas seltsam an. Daß die Erben der „Roten" den Kriegsherrn verdammen, der ihre geistigen Ahnen und die Zweite Republik vernichtet hat, ist völlig normal. Seltsamer freilich ist, daß die liberalen Monarchisten den Wiederhersteller der Monarchie angreifen, weil er die Macht zu lange für sich behielt. Eigentlich müßten sie sich

7

doch daran erinnern, daß Alfons XIII. nie ein Hehl daraus gemacht hat, daß er die „nationale" Partei während des Bürgerkrieges unterstützte und daß sein Sohn, Don Juan de Bourbon, zweimal in die Armee des katholischen Spanien eintreten wollte. In ihren Augen hätte Franco nach dem Krieg seine Machtposition niederlegen müssen, um abzuwarten, was passiert. Der König hätte, unter seiner väterlichen Führung, die Spanier wieder versöhnt. Es wäre wieder zu freien Wahlen gekommen, und alles wäre zum besten gewesen. Das hieße aber zu vergessen, daß gleich nach den Schlachten, den Exekutionen und den Serien von Morden eine Versöhnung praktisch unmöglich war.

Es benötigte viel Zeit, daß Haß und Rachegelüste allmählich in der Versenkung verschwanden. Die lange Diktatur Francos lieferte Spanien diese Zeit. Und er lieferte eine Zeit stabiler Verhältnisse – die freilich mit der Unterdrückung jeglicher Opposition erkauft war –, in der das vom Bürgerkrieg völlig zerstörte Land, dessen Goldreserven von der UdSSR kassiert worden waren, wirtschaftlich gesunden konnte. Stabile Verhältnisse, in denen ein gewaltiges Wirtschaftswachstum möglich war, ein wahres Wirtschaftswunder, das erst jene sozialen Verhältnisse geschaffen hat, in denen die heutige Demokratie friedlich funktionieren kann.

Diktatur: ein Wort, das viele friedfertige Menschen erschauern läßt, ruft es doch Bilder von militanten Abenteuern hervor, die in einer Katastrophe enden müssen. Die Herrschaft Francos entspricht diesem Klischee aber überhaupt nicht. Sie beginnt mit einem Krieg, der genauso stattgefunden hätte, wäre Franco nicht zu den großen Organisatoren des Aufstandes, seinen Kampfgefährten Mola und Valentin Galarza, gestoßen. Ohne seinen tödlichen Unfall hätte Sanjurjo den Krieg geführt – und nicht Franco. Es hat nicht ein Putsch stattgefunden, um einen überehrgeizigen General an die Macht zu bringen, sondern ein „pronunciamiento" gegen die Volksfront, die man der Vorbereitung der sozialen Revolution bezichtigte. Nach dem Tod Sanjurjos erging der Ruf an den Generalstabschef der Zweiten Republik, an Franco, und dieser führte seine Armee zum Sieg.

Von diesem Zeitpunkt an herrschte in Spanien Frieden. Als der Weltkrieg ausbrach, erklärte Franco seinen Staat für neutral. Vielleicht trug er sich mit dem Gedanken, sich seinen alten Verbündeten Deutschland und Italien anzuschließen und in Afrika ein Reich zu erobern. Seine

Vernunft hinderte ihn daran. Das gesellschaftlich und wirtschaftlich auf dem Boden liegende Spanien konnte sich nicht auf ein derartiges Abenteuer einlassen. Franco mußte sich somit den Ansuchen Hitlers widersetzen, die Deutsche Wehrmacht durch Spanien ziehen zu lassen und Gibraltar anzugreifen. Gleichzeitig mußte er dem Druck Englands widerstehen, das ihm seine Beziehungen zu Berlin und Rom übelnahm. Mit Feilschen und Konzessionen schaffte er es – wie Salazar –, sein Land aus dem Krieg herauszuhalten.

Als die Gewitterwolken vorbeigezogen waren, herrschte Franco in einem feindseligen Klima, in einer Welt, die von der angelsächsisch-sowjetischen Allianz geprägt wurde. Dieses Klima wurde zwar besser, als die Allianz zerbrach, aber – von seiten der Europäer – keineswegs herzlicher. Mit dem kalten Krieg kamen die spanisch-amerikanischen Abkommen, und der Beitritt des Landes zur UNO verschaffte dem frankistischen Spanien einen gleichberechtigten Platz innerhalb der internationalen Staatengemeinschaft.

In seinem Palast, fern vom Lärm Madrids, regierte Franco mehr nach der Art von aufgeklärten Despoten des 18. Jahrhunderts denn von Diktatoren unserer Epoche. Es gab nur wenige Ansammlungen von Volksmassen – es sei denn, es ging darum, dem Ausland zu zeigen, daß das Volk seinem Anführer folgte. Es gab nur wenige hochtrabende Reden, kein theatralisches Gehabe, sondern nur praxisorientierte Arbeit mit seinen Ministern, denen Franco übrigens breiten Handlungsspielraum ließ, Beratungen mit den verschiedenen Experten sowie, im Anschluß daran, eine bedächtige Überlegung, die zu einer Entscheidung führte, welche, wenn nötig, später korrigiert werden konnte, wie etwa im Fall der Aufgabe der Autarkie, um die spanische Wirtschaft zu liberalisieren. Zum Soldaten gesellte sich der Pragmatiker, der jedoch absolut keine Kompromisse schloß, wenn es um Spanien oder um die Religion ging.

Bei genauerer Betrachtung erkennt man im realistischen Staatsmann Franco den Organisator der Legion wieder. Keine Theorien, wenige Reden – dafür aber Neubauten, Staudämme, Fabriken, Straßen sowie Förderung unterentwickelter Landstriche. Und, bedingt durch die Maßnahmen, die Entwicklung einer sozialen Mittelschicht im Verlauf von vierzig Jahren, der es gelingen sollte, die spanische Gesellschaft grundlegend zu verändern.

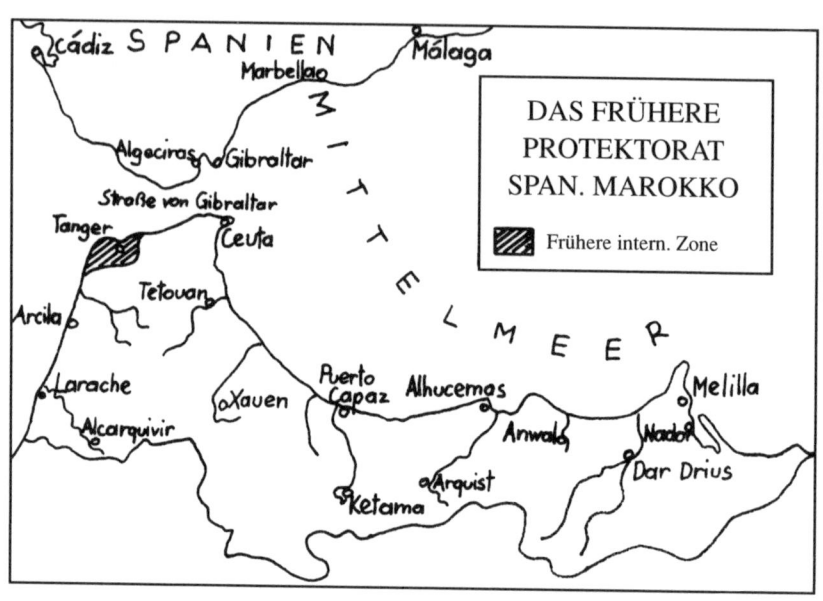

DAS FRÜHERE
PROTEKTORAT
SPAN. MAROKKO

Frühere intern. Zone

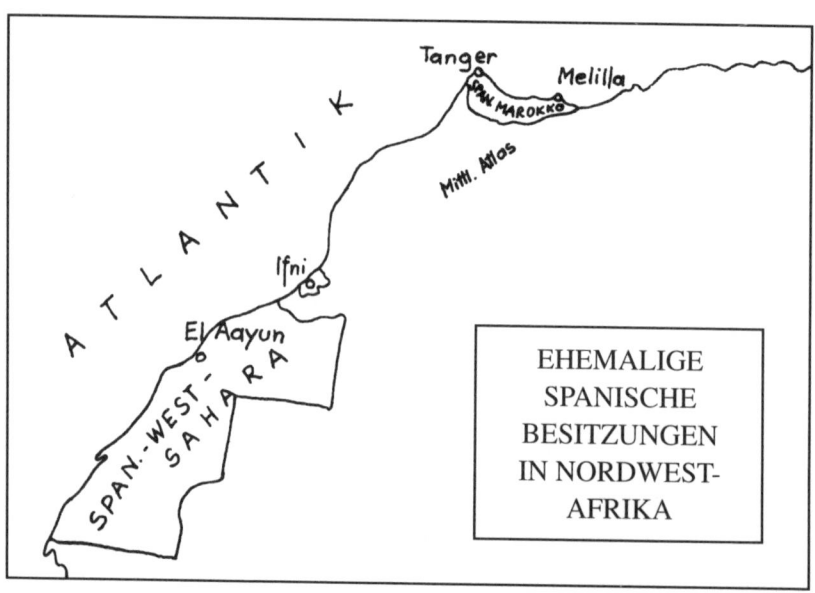

EHEMALIGE
SPANISCHE
BESITZUNGEN
IN NORDWEST-
AFRIKA

Erster Teil

DER SOLDAT

1. Kapitel

DIE JUGENDJAHRE EINES SOLDATEN

29. Juni 1916

Der Krieg tobt in Europa, das sich in Verblendung selbst zugrunde richtet. Spanien ist neutral geblieben, hat aber ebenfalls seinen Krieg: in Afrika, in jenem kleinen Teil Marokkos, das die Großmächte ihm gnädigerweise überlassen haben und dessen Kontrolle ihm so große Probleme bereitet. Wie die französische Juli-Monarchie des Jahres 1830 in den Anfangsphasen der Eroberung Algeriens, so beschränkt sich auch Madrid aus Angst vor der öffentlichen Meinung, welche oft die Opfer eines Kolonialkrieges ablehnt, auf Polizeiaktionen kleinen Umfangs, die zu keinen Resultaten führen.

Zu Beginn des Jahres 1916 beschließt das Kommando der spanischen Streitkräfte, eine Operation gegen den Anyera-Stamm im Norden der Halbinsel von Djebala durchzuführen. Eine starke Kolonne verläßt Dar Rifien und trifft am 29. Juni in El Blutz auf feindliche Kräfte, die auf den Anhöhen eine Verteidigungsstellung errichtet haben. Die Marokkaner sind gute Schützen; sie fügen den langsam vorrückenden Spaniern empfindliche Verluste zu. Oberst Gil, Kommandant des 2. marokkanischen „Tabor",* wird tödlich getroffen. Hauptmann Palacio, Chef der 1. Kompanie dieses Regiments, fällt; seine Leiche wird geborgen. Der Chef der 2. Kompanie feuert seine Männer an. Als er sich bückt, um ein Gewehr aufzuheben, trifft ihn eine Kugel in den Bauch und streckt ihn nieder. „Es fühlte sich an", sagte er später, „wie ein heißes Senfpflaster, das man mir aufgelegt hatte und das mir den Atem raubte."

---

* Marokkanische Einheiten, etwa in Bataillonsstärke.

Die Soldaten wollen ihn bergen, aber er hindert sie daran. Er will das Schlachtfeld erst dann verlassen, wenn er dem Oberleutnant den Sold für die Mannschaft übergeben hat. Nachdem er dieser Pflicht Genüge getan hat, läßt er sich zum Verbandplatz von Coudia Federico tragen. Dort verarztet Doktor Blanco die Wunde und meint, es sei unnötig, den Verwundeten in das Lazarett von Ceuta zu bringen, da er die Strapazen des Transports vermutlich nicht überleben werde. Eine solche Wunde sei ohnehin tödlich, besonders bei dieser Hitze, und der junge Hauptmann wäre nur ein weiterer Toter in diesem Kolonialkrieg, der sich seit Jahren hinziehe.

Die Stunden vergehen, doch der Verwundete hält durch, es kommt zu keiner Infektion. Der Arzt berichtigt seine Diagnose. Der Offizier hat Chancen, zu überleben. Man wird ihn doch nach Ceuta schaffen. Und tatsächlich erholt sich der junge Offizier. Von diesem Augenblick an sollte die Geschichte Spaniens unter anderen Vorzeichen stehen.

Wer ist der Verwundete? Der Soldat in der Schreibstube des Lazaretts von Ceuta notiert:

Don Francisco Franco Bahamonde Araujo y Pardo de Andrade, geboren in El Ferrol (heute El Ferrol del Caudillo) in Galicien am 4. Dezember 1892, Sohn von Don Nicolás Franco Salgado-Araujo und Doña Pilar Bahamonde Pardo.

Er ist mit 33 Jahren Hauptmann, was eine schöne Karriere als Offizier der Infanterie verspricht – sofern ihn Gott am Leben erhält –, obwohl Don Francisco sich nie zur Infanterie, sondern zur Marine berufen gefühlt hatte.

Seit der Urahne der Familie, Manuel Franco, 1737 von Cádiz nach El Ferrol gekommen war, hatten die Francos auf den Schiffen Seiner Katholischen Majestät gedient. Der Vater Don Franciscos war Intendant der Marine. Seine beiden Großväter hatten ihre Karriere im Rang von Marinegeneralintendanten beendet, eine Position, die, wenn auch indirekt, so doch der Marine zugehörte. Der ältere Bruder des Hauptmanns, Nicolás, war Schiffsbauingenieur. Im Sinn dieser Tradition sollte auch Francisco in die Marine eintreten.

Die Umgebung von El Ferrol, wo Francisco seine Jugend verbrachte, trug ebenfalls in hohem Ausmaß zu dieser Entscheidung bei. Am Ufer einer tiefen Trichtermündung gelegen, lebt El Ferrol im Rhythmus des Atlantiks. Die Nebel, die Stürme, die Silhouetten der Schiffe, die den

Hafen beleben – all dies war geeignet, bei den Söhnen von Don Nicolás und Doña Pilar die Berufung zum Seemann zu verstärken.

Die Kindheit von Francisco spielte sich ohne besondere Ereignisse ab – in einer Stadt mit rund zwanzigtausend Einwohnern, in der sich alles um die Flotte drehte.

„Meine Kindheit war kurz und unkompliziert", sagte er selbst. „Meine Eltern entsprachen den normalen ‚senores' jener Zeit: die Männer streng und autoritär, emotionslos in bezug auf die Religion, die sie für eine Frauenangelegenheit hielten; die Frauen tugendhaft, gläubig und treu, die wahrhafte Verkörperung der Seele des Hauses."

Don Nicolás Salgado-Araujo sprengte allerdings den Rahmen des braven Familienvaters, wie ihn sein Sohn beschreibt. Er war, wie viele Zeitgenossen seines Standes, ein Liebhaber der Vergnügungen und der Frauen, was ihn freilich nicht daran hinderte, zu seinen vier Kindern Nicolás, Francisco, Pilar und Ramón streng zu sein. Doña Pilar, eine sittenstrenge, fromme Frau, ertrug kommentarlos die Tollheiten ihres Mannes, der sie später verlassen sollte, um in Madrid mit einer Geliebten zu leben. Es steht fest, daß sich Francisco mit seinem Vater nicht gut verstand, während er seiner Mutter grenzenlose Liebe und Verehrung entgegenbrachte.

Der kleine Francisco war von zartem Körperbau und weitaus schwächer als sein älterer Bruder. Dennoch war er beim Spielen genauso lebhaft wie seine Kameraden und besuchte völlig problemlos das Gymnasium Nuestra Señora del Carmen, das unter der Leitung des Korvettenkapitäns Saturnino Suanzes die Aspiranten der Marineakademie auf ihre zukünftigen Aufgaben vorbereitete. Sein Bruder Nicolás war auf diese Akademie gegangen, und Francisco sollte ihm folgen.

Eine verwaltungstechnische Entscheidung machte dieses Vorhaben jedoch zunichte. Seit dem unglücklichen spanisch-amerikanischen Krieg um Kuba war die spanische Flotte auf ein Minimum reduziert worden, und es bestand kein Interesse daran, Offiziere heranzubilden, für die es keine Schiffe gab. Ein Beschluß setzte das Aufnahmeexamen an der Marineakademie für unbestimmte Zeit aus. Francisco war enttäuscht; er wollte nicht ewig darauf warten, daß der Gouverneur seine Meinung änderte. Wenn ihm die Marinelaufbahn nunmehr verwehrt war, würde er in Gottes Namen zum Landheer gehen. Er bereitete sich für die Aufnahmeprüfung an der Infanterieakademie von Toledo vor und bestand sie am 26. Juni 1907. Sein Vater hatte ihn in die alte kastilische Hauptstadt begleitet, und Franco erinnerte sich später, daß die Reise keineswegs heiter war. Ungefähr 1600 junge Männer waren zum Examen gekommen, und 382 – darunter Franco – wurden aufgenommen. Er selbst schilderte, was er beim Betreten des Alkazars empfand:

„Die Gefühle, die dieser glorreiche Ort mit seinen jahrhundertealten Mauern in mir wachrief, erfüllten meine Seele… Ich kann sagen, daß hier, in der Pflanzstätte der spanischen Infanterie und angesichts der Erinnerungen an ihre ruhmreichen Taten, meine früheren Seefahrerträume verblaßten. Mir wurde bewußt, daß ich im Begriff war, etwas Bedeutsames in meinem Leben zu tun, indem mir die Ehre zuteil wurde, unter diesem Dach zu leben."

Nach zwei Monaten der Erholung in El Ferrol, die Franco mit seinen Geschwistern verbrachte, begann der Unterricht an der Akademie. Am 13. Oktober 1907 leistete Francisco Franco den Fahneneid – einen Eid, der sein weiteres Leben bestimmen sollte. Von 1907 bis 1910 erlernte der junge Galicier an diesem bedeutenden Ort der spanischen Geschichte den harten Beruf des Soldaten.

Körperlich entsprach er nicht unbedingt dem Aussehen eines Offiziers. Mit fünfzehn Jahren war er knapp 1,64 groß und so schlank, daß er schon hager wirkte. Seine dünne Stimme brachte ihm den Spott seiner Kameraden ein, die ihn „Franquito" (kleiner Franco) nannten. Dennoch fehlte es diesem jungen Mann nicht an Charakterstärke. Als ein Vorgesetzter ihm und einigen anderen schmächtigen Kadetten Kavalleriekarabiner anstelle der vorschriftsmäßigen Gewehre geben wollte, lehnte er diese Begünstigung mit der Erklärung ab, daß er zu allem imstande sei, was die anderen auch könnten. Einer anderen Anekdote zufolge warf er einem Kameraden, der ihm zweimal seine Bücher versteckt hatte, einen Kerzenhalter an den Kopf, worauf es zu einer allgemeinen Prügelei kam. Als er deswegen vor die leitenden Offiziere der Akademie zitiert wurde, erklärte er mit feierlicher Stimme: „Die Würde kann es nicht zulassen, daß ein solcher Streich zu oft wiederholt wird." Er weigerte sich jedoch, den Namen des Kameraden preiszugeben, der ihn schikaniert hatte.

Dieser junge Mann hatte Ehrgefühl – eine der vorrangigsten militärischen Tugenden, die man den Kadetten beibrachte. Das fiel gewiß auch den Offizieren angenehm auf, die mit der Ausbildung der Offiziersanwärter betraut waren.

Diese Ausbildung war nämlich nicht nur eine technische, sondern auch eine moralische. Die Dienstvorschrift verlangte, „daß die Seele des Soldaten zu formen sei, indem man ihm Patriotismus, die Liebe zur Fahne und zum König, Tapferkeit, Disziplin, Aufopferungsbereitschaft, Ehre und Pflichtgefühl einimpfte".

Das waren die unveränderlichen Prinzipien der spanischen Armee, der siegreichen „Tercios" von Pavia und Nördlingen, der Regimenter, die bei Rocroi unbeirrt in den Tod gingen oder auch den Kampf gegen die Armeen Napoleons aufnahmen, ohne jegliche Hoffnung auf Sieg. Daß diese Prinzipien Franco sehr stark beeinflußt haben, steht außer Zweifel. Er sollte sein ganzes Leben lang Patriot und Soldat bleiben.

2. Kapitel

DER KOLONIALOFFIZIER

Francisco Franco hatte seinen Lehrgang an der Akademie mit gutem Erfolg abgeschlossen, als 251. eines Jahrgangs von 312 Kadetten. Nun wurde er als Unterleutnant dem Regiment Zamora in seiner Garnison El Ferrol zugeteilt. Der Dienst in seiner Heimatstadt erlaubte ihm, seine Familie und die Umgebung seiner Jugendjahre wiederzusehen. Das Kasernenleben schien dem jungen Offizier aber recht eintönig angesichts der Tatsache, daß spanische Truppen in Marokko kämpften. Wie seine Freunde Alonso Vega und Franco Salgado, bat er um Versetzung an die Front.

Als sein Gesuch nicht rasch genug angenommen wurde, wandte sich Francisco an den früheren Kommandanten der Militärakademie von Toledo, Oberst de Villalba Riquelme, der damals das 68. Infanterieregiment „Africa" befehligte. Die Empfehlung dieses Offiziers brachte den gewünschten Erfolg. Franco und seine beiden Kameraden erhielten ihre Marschbefehle nach Melilla, wo sie im Februar 1912 eintrafen. Für die nächsten dreizehn Jahre sollte, mit einigen kurzen Unterbrechungen, das Leben Francos eng mit Marokko verbunden bleiben.

Spanien, das noch unter dem Schock der Niederlagen von Kuba und den Philippinen stand, die ihm die Vereinigten Staaten beigebracht hatten, war ohne große Begeisterung an die Befriedung des marokkanischen Protektorats herangegangen, dessen gebirgige Landschaft in hohem Ausmaß den jahrhundertealten Freiheitskampf der Rif-Stämme begünstigte. Aus dieser Situation ergab sich ein Krieg mit begrenzten militärischen Operationen, Hinterhalten und kurzfristigen Einigungen, die ebenso schnell wieder in Konflikten endeten.

Ein Jahrgangskamerad Francos, der spätere General Esteban Infantes, schrieb: „Das Leben... war äußerst schwierig; was die Truppe belastete, war die mangelhafte Versorgung, besonders mit Wasser, und die extremen Temperaturen im Sommer, der Zeit der Kampfhandlungen... die mangelnden Transportkapazitäten und das Fehlen von größeren Städten. Die Expeditionen mußten die Verpflegung auf Tragtieren mitführen. Die Offiziere benötigten große Autorität und viel Fingerspitzengefühl, um zu verhindern, daß sich unter diesen Bedingungen

16

die Kampfmoral der Truppe rapide verschlechterte." Nur von Zeit zu Zeit erlaubte ein kurzer Urlaub von der Front den Soldaten, wieder ein halbwegs normales Leben in einer der Städte des Protektorats zu führen: mit genießbarem Essen, sauberen Betten, Musik und Tanz in öffentlichen Lokalen – und wahrscheinlich auch mit willigen Mädchen, schreibt Estebán Infantes. Es scheint aber, als hätte „Franquito" diesen Vergnügungen entsagt und schon damals jenen Wesenszug der Leidenschaftslosigkeit an den Tag gelegt, der ihn sein ganzes Leben lang kennzeichnen sollte.

Im Kampf stellte er jedoch seinen Mann; zuerst in einem spanischen Regiment, dann bei den „regulares", einer Art leichter Kolonialinfanterie. Unter kompetenter Führung leisteten diese Männer gute Dienste, aber um des Gehorsams ihrer Mannschaft willen mußten die Offiziere dieser Einheiten wahre Führungsqualitäten beweisen. Konnte sich der junge Franco bei diesen harten Männern durchsetzen? Es existiert ein Bild, das ihn zusammen mit einem anderen Offizier im Burnus und in der roten Scheschia zeigt. Neben dem korpulenten Major sieht er unscheinbar aus, auch war seine leise Stimme nicht sonderlich geeignet, seinen Untergebenen Respekt einzuflößen. Und doch gelang es dem kleinen Mann, das Vertrauen der Soldaten zu gewinnen – durch seine stille Verwegenheit, seine Kaltblütigkeit und die Tatsache, daß die Kugeln ihn nicht trafen wie andere, ungläubige Offiziere. In den Augen der Männer hatte er die „baraka", den Segen Gottes, der alle Unbilden fernhält, und sie folgten ihm bereitwillig.

Die ersten Orden sollten nicht lange auf sich warten lassen. Am 15. November 1912 erhielt er sein erstes militärisches Verdienstkreuz, und am 17. Oktober des folgenden Jahres, nachdem er sich in einem Gefecht besonders ausgezeichnet hatte, das zweite. Am 1. Februar 1914 nahm Franco am Kampf um Beni-Salem teil, unter dem Befehl von General Sanjurjo, der ihn für die Beförderung zum Hauptmann vorschlug. Im März 1915 wurde Franco der jüngste Hauptmann der spanischen Armee und als solcher zum 2. marokkanischen Tabor nach Ceuta versetzt. Mit dieser Einheit kämpfte er in der Schlacht von El Blutz, in der er um ein Haar gefallen wäre. Diese harte Prüfung sollte aber auch seiner Karriere dienlich sein: Franco wurde im offiziellen Bericht über diese Schlacht wegen „seines unvergleichlichen Mutes, seiner Führungsqualitäten und der Bravour, die er im Laufe dieses harten Kampfes zeigte", zitiert. Er wurde mit dem Maria-Cristina-Kreuz ausgezeichnet, hatte jedoch das mit Lorbeer umkränzte San Fernando Kreuz erwartet, die höchste militärische Auszeichnung Spaniens. Dies wurde ihm jedoch von der Militärbehörde mit der Begründung verweigert, daß die Schlacht vom 29. Juni 1916 nicht bedeutend genug gewesen sei. Über diese Entscheidung war Franco sehr verbittert. Er versuchte, zumindest noch eine Beförderung zu erreichen. Der Hochkommissar Gomez schlug ihn zwar für den Rang eines Majors vor, aber im Ministerium in Madrid war man der Meinung, er sei dafür noch zu jung.

Franco fühlte sich im Recht und trug den Fall vor den König. Alfons XIII., der seine Soldaten liebte, unterstützte ihn. Am 28. Februar 1917 wurde Francisco Franco mit 24 Jahren zum jüngsten Major der spanischen Armee ernannt. Ein Schatten jedoch trübte seine Freude. Mit seinem neuen Rang wurde er zum Prinzenregiment nach Oviedo versetzt und mußte Marokko verlassen. Allerdings hatte er nicht vor, sich allzulange in der Provinz zu langweilen; vielmehr wollte er sobald als möglich wieder am Schauplatz militärischen Geschehens sein.

3. Kapitel

DIE LEGION

Major Franco übernahm das Kommando des 3. Bataillons des Prinzenregiments in Oviedo am 31. Mai 1917. Das Leben in der Kleinstadt begeisterte ihn, wie erwähnt, nicht sonderlich, doch hielt ihn nichts davon ab, seine gesamte Energie auf den Dienst zu verwenden. Er beschäftigte die Soldaten, bildete seine Subalternoffiziere aus und erweitert seine Kenntnisse sowohl in militärischen wie auch in allgemeinen Belangen, indem er las, wann immer er eine freie Minute hatte. Als Soldat verfolgte er mit großem Interesse die Schlachten des Ersten Weltkrieges und gab oft Kommentare über das militärische Geschehen an die Kameraden weiter, zu denen auch seine galicischen Landsleute und Mitschüler an der Akademie, Alonso Vega und Vetter Franco Salgado, zählten. Sein Ruf als „Held von Marokko" hatte sich auch in der Hauptstadt Asturiens herumgesprochen, und man nannte ihn „el comandantin", den „kleinen Kommandanten".

Dieser Ruf war es wohl auch, der ein junges Mädchen aus guter Familie beeindruckte: Señorita Carmen Polo y Martinez Valdes, Schülerin des Salesianerinternats, die er bei der festlichen Wallfahrt von Tarna kennengelernt hatte. Franco machte ihr den Hof – und wurde erhört. Don Felipe Polo Flores, Carmens Vater, hielt hingegen nichts von dieser Verbindung. Der mittellose junge Offizier konnte schon bei seinem nächsten Einsatz ums Leben kommen, und was würde dann aus seiner Frau? In seinen Augen war Franco keine „gute Partie." Aber die Verliebten gaben nicht auf und vertrauten der Zeit, die – so hofften sie – alle Probleme beseitigen würde. Unterdessen mußte der „kleine Kommandant" zu seiner nächsten Expedition ausrücken, diesmal nicht gegen die Mauren, sondern gegen die Bergleute Asturiens.

Das Spanien von 1917 war neutral, und es zog aus seiner Neutralität erhebliche Vorteile. Dennoch wurde das Land von inneren Schwierigkeiten erschüttert. Die Armee hatte 1875 die Monarchie wiederhergestellt, aber jetzt tat sich eine Kluft auf – zwischen den Offizieren in Marokko einerseits, die wegen ihres Kriegseinsatzes bei Beförderungen bevorzugt wurden (wie das Beispiel Francos zeigt), und den Offizieren der Heimatgarnisonen, die auf der strikten Einhaltung des Avancements gemäß dem Dienstalter bestanden. Diese sogenannten „peninsulares" hatten im Frühjahr 1917 die „Verteidigungsjuntas" gebildet, welche in dieser Frage schon bald auf die Regierung unter dem Konservativen Eduardo Dato Druck ausüben sollten. Dieser gab sehr schnell nach, was wiederum die „Afrikaner" empörte, die den Politikern ohnehin vorwarfen, für den Krieg nur ungenügende Mittel zur Verfügung zu stellen. Tatsächlich paktierte die Regierung mit den „peninsulares", da sie die Armee zur Bekämpfung der inneren sozialen Unruhen benötigte.

Die Industrialisierung in einigen spanischen Regionen hatte die Entstehung eines Proletariats zur Folge, das angesichts der desolaten Lebensbedingungen den Worten von Predigern der sozialen Revolution lauschte. Die Gewerkschaftsbewegung bestand aus zwei rivalisierenden Gruppierungen: der (sozialistischen) Unión General de Trabajadores (UGT) und der (anarchistischen) Confederación Nacional del Trabajo (CNT), die nicht nur an der Lohnfront kämpften, sondern auch politische Forderungen erhoben, wie das Ende der Finanzierung des Krieges in Marokko und sogar die Abschaffung der Monarchie.

Im August 1917 einigten sich die beiden Verbände auf einen Generalstreik, obwohl der alte Sozialistenführer Pablo Iglesias von diesem Wagnis abgeraten hatte. Als die Streiks in Katalonien und Asturien ein gewisses Ausmaß erreichten, rief General Ricardo Burguete dort den Kriegszustand aus und entsandte kleine Verbände von Soldaten und der Guardia Civil in jene Gebiete, in denen Aufstände von Bergleuten möglich schienen. Major Franco übernahm das Kommando über eine dieser Kolonnen, die vom 18. bis zum 29. August ohne besondere Vorkommnisse ihren Patrouillendienst versah. Später hat Franco einem englischen Biographen gegenüber zugegeben, daß er über die „fürchterlichen Bedingungen", unter denen die Arbeiter dahinvegetieren mußten, ensetzt war und daß er daraufhin begann, Bücher über soziale Fragen zu lesen. Die sozialistischen Theorien seien ihm jedoch gefährlich erschienen, da sie, seiner Meinung nach, nur zum Chaos hätten führen können und zu einer schlimmeren Situation als der, die zu beheben sie anstrebten.

Der Ausbruch der bolschewistischen Revolution in Rußland wenige Monate danach sollte seine feindseligen Gefühle gegenüber der kommunistischen Subversion noch verstärken. Ohne sich in Sachen Politik einzumischen, wußte Franco ab diesem Zeitpunkt, in welchem Lager er kämpfen würde, sollten dieselben Spaltungen, die soeben dabei waren, Rußland zu zerreißen, auch einmal Spanien heimsuchen. Für den Augenblick stellte sich diese Frage jedoch nicht; der Streik der Aufständischen war gescheitert. Das verantwortliche Komitee, dem zukünftige politische Führer der Republik angehörten, wie etwa Professor Besteiro oder der Gewerkschafter Largo Caballero, saß im Gefängnis. Das normale Kasernenleben hatte Franco wieder.

Ende September wurde er zu einem Fortbildungskurs an die zentrale Infanterieschule von Valdemoro geschickt. Dort lernte er eine außergewöhnliche Persönlichkeit kennen: Major Millán Astray. Dieser war Galicier wie er selbst, hatte genau wie er „regulares", die leichte Kavallerie, im Feld befehligt und war ein „richtiger" Held, dabei genauso extrovertiert wie Franco verschlossen und nachdenklich. Astray, der auf seine Beförderung zum Oberstleutnant wartete, hatte die bedeutende Idee, dem Expeditionskorps in Marokko eine Elitetruppe nach dem Vorbild der französischen Fremdenlegion hinzuzufügen. Franco war genau seiner Meinung. Im November 1917 war der Kurs zu Ende, und beide Offiziere kehrten in ihre jeweilige Garnison zurück. Millán Astray war schon damals fest entschlossen, Franco zu seinem Stellvertreter zu machen, sollte sein Plan von Madrid genehmigt werden. Dank der Unterstützung durch den Hochkommissar für Marokko, General Damaso Berenguer, erhielt Astray im Oktober 1919 die Erlaubnis, die Strukturen der französischen Fremdenlegion in Sidi Bel Abbés zu studieren. Der Eindruck, den diese Eliteregimenter auf ihn machten, bestärkte ihn nur in seiner Überzeugung. Es gelang ihm in weiterer Folge, den Kriegsminister Vicomte d'Eza, einen Zivilisten, für seine Pläne zu begeistern. Am 31. Oktober errichtete dieser das „Tercio" der Freiwilligen. Millán Astray wurde das Privileg zuteil, sich seine Offiziere selbst auswählen zu dürfen. Nun bot er Franco an, sein Stellvertreter zu werden. Der „comandantin" nahm an.

Monate vergingen, und Franco, der den Widerstand von Don Polo gegen die Heirat seiner Tochter überwunden hatte, bereitete seine Hochzeit vor. Er wartete nur mehr auf die Erlaubnis des Königs – des Oberbefehlshabers der Streitkräfte –, um das Datum für die Vermählung festzusetzen. Da wurde er zum Kommandanten der ersten „bandera" des Tercios ernannt. (Man hatte für das neue Regiment auf die Bezeichnungen der alten Einheiten – aus der Zeit der glorreichen militärischen

Vergangenheit Spaniens – zurückgegriffen.) Franco zögerte keinen Augenblick. Er verschob seine Hochzeit sofort und begab sich auf seinen neuen Posten. Zuerst mußte die Legion organisiert werden; dann erst würde er heiraten.

Am 10. Oktober 1920 kam er auf der „Fernández Silvestre" in Algeciras an. Mit an Bord waren die ersten Legionäre, rund einhundert grundverschiedene Männer: Spanier – frühere Guardia Civil, Ex-Zollbeamte und ehemalige Armeeangehörige, ja sogar ein Mönch, der aus dem Kloster geflohen und vom Prior zur Buße zu einem vierjährigen Dienst in der Legion gezwungen worden war, aber auch Ausländer: ein deutscher Ex-Offizier, ein italienischer Flieger, zwei Franzosen, vier Portugiesen sowie ein Malteser. Als das Schiff in den Hafen von Ceuta einlief, kam ihm ein Motorboot entgegen, auf dem ein Offizier seine Mütze schwenkte. Es war Millán Astray, der seine Legionäre begrüßen kam.

Dazu schreibt Franco in seinem „Diario de una bandera":

„Mit ausdrucksvoller Stimme schildert er ihnen, welche Verpflichtung sie eingehen: die Legion öffnet ihnen ihre Tore, bietet ihnen Vergessen, Ehrungen, Ruhm; sie werden stolz darauf sein, Legionäre zu sein; sie werden ihren Sold bekommen, … sie werden Gelegenheiten für Beförderungen finden, aber dafür werden von ihnen ständige Opfer verlangt werden, die härtesten und gefährlichsten Aufgaben werden für sie bestimmt sein, sie werden bei jeder Gelegenheit kämpfen müssen, und viele werden sterben, vielleicht alle. Und dann erklang zum erstenmal sein berühmter Ausruf: ‚Viva la muerte!'"

Millán Astray war ein begnadeter Offizier, der seine Begeisterung auf die Männer unter seinem Kommando übertrug – auf diese Abenteurer, die versuchten, Fehler ihres früheren Lebens zu vergessen und sich mit einer neuen Identität eine zweite Chance zu erkämpfen. Einige der Soldaten vergaßen immer wieder den angenommenen Namen, den sie bei ihrem Eintritt in die Legion angegeben hatten, und so notierten sie ihn auf ein Stück Papier, das sie immer bei sich trugen.

Der wahre Organisator des Tercios war jedoch Francisco Franco. Dieser Major mit seinen 28 Jahren baute die Logistik des Korps auf. Astray hat dies auch anerkannt, indem er schrieb: „Franco trägt die Fähigkeiten eines großen Ingenieurs in sich. In den verschiedenen Projekten, die er in die Wege leitet, erscheint seine Begabung für den städtebaulichen Bereich besonders deutlich."

Die Männer, von denen man derart große Anstrengungen fordern sollte, brauchten gute Verpflegung und saubere Quartiere. Um sie mit Fleisch und Eiern zu versorgen, erteilte Franco seinem Jahrgangskameraden Hauptmann Alonso Vega den Auftrag, einen Bauernhof in Betrieb zu nehmen, der schon bald nicht nur die Truppe mit Nahrung versorgte, sondern, zusätzlich, durch den Verkauf der Überschüsse Geld einbrachte. Damit die Garnison mit dem nötigen Wasser beliefert werden konnte, das bis dahin von Ceuta geholt werden mußte, ließ Franco zunächst Brunnen graben, welche die unterirdischen Quellen anzapften, und später jenen Staudamm errichten, welcher der Kaserne von Dar Riffien die dauerhafte Wasserversorgung großen Ausmaßes sicherte. Gleichzeitig kümmerte er sich darum, daß die Legionäre einer intensiven Ausbildung unterzogen wurden, daß sie einen Korpsgeist entwickelten und in ihrer Freizeit sinnvolle Beschäftigung hatten. So organisierte er z. B. sportliche Wettkämpfe. An den Zahltagen freilich konnte er auch schon einmal ein Auge zudrücken, wenn sich die Kerle vollfraßen und ansoffen.

Alles jedoch war nicht so perfekt im Lager Oued Lau, wie es hier den Anschein hat. Franco selbst formulierte es Jahre danach so: „Es gab zahlreiche Fälle von Disziplinlosigkeit und Desertion in den zwei ‚banderas', die im Lager stationiert waren." In diesem Zusammenhang schrieb er an Millán Astray mit der Bitte, die Todesstrafe in der Legion zu gestatten, und zwar für schwerwiegende Verstöße angesichts des Feindes. Astray befragte die zuständigen Autoritäten und antwortete dann abschlägig: Man müsse die Vorschriften der Militärjustiz befolgen. Einige Tage später ereignete sich im Lager ein Zwischenfall: Ein Legionär hatte einem Offizier einen Teller mit Linsen ins Gesicht geschleudert. Als Franco davon erfuhr, befahl er, den Mann zu füsilieren, und ließ im Anschluß daran alle Legionäre an der Leiche vorbeidefilieren. „Dann informierte ich Oberstleutnant Millán Astray über die Vorkommnisse und teilte ihm mit, daß ich die volle Verantwortung übernehmen würde, und daß ich dabei nur den Weiterbestand der Legion im Sinne hatte, der eine exemplarische Bestrafung verlangt hatte, um die Disziplin wiederherzustellen."

Die Biographen Francos sind über diese Periode seines Lebens sehr oft hinweggegangen. Sie verdient aber eine genauere Analyse, da man in dem jungen Major bereits die Charakterzüge des späteren Diktators entdecken kann: den praxisorientierten Verstand auf der einen Seite, der sich in der bestmöglichen materiellen Versorgung seiner Männer äußert, und seine Unnachgiebigkeit in Fragen der Disziplin, um eine Gefährdung seines Werkes zu verhindern, andererseits.

In der Legion waren Francos Methoden durchaus erfolgreich. Im Frühjahr 1921 erhielt sie ihre Feuertaufe, aber erst nach dem Debakel von Anwal sollte sie an großen Operationen teilnehmen. Diese Niederlage war ein bedeutendes Ereignis der Geschichte Spaniens im zwanzigsten Jahrhundert, denn der Schlag, der damit dem Prestige der Armee und dem König als ihrem Oberbefehlshaber versetzt wurde, bestimmte die weitere Entwicklung bis hin zur Diktatur von General Primo de Rivera, zur Zweiten Republik und schließlich zum Bürgerkrieg. Der Verlauf der Kämpfe gestaltete sich, in groben Zügen, wie folgt:

Abd-el-Krim, Sohn eines spanientreuen Marokkaners, welcher nach seinem Studium an der Universität von Granada Kadi und Redakteur beim „Telegrama del Rif" geworden war, hatte den Berberstamm der Beni Urraguiel zum bewaffneten Aufstand aufgewiegelt und eine beachtliche Streitmacht mobilisiert. Im Juli 1921 belagerte er den Posten von Igueriben, der von einigen Hundert Soldaten verteidigt wurde. Um diese zu retten, sammelte der Kommandant der Region Melilla, General Fernández Silvestre, alle verfügbaren Truppen und versuchte, den Ring der Belagerer aufzubrechen. Die Bemühungen waren jedoch vergebens, und der Posten fiel. Daraufhin befahl Silvestre den Rückzug, der sehr rasch in der Katastrophe von Anwal eskalierte, als die eingeborenen Hilfstruppen begannen, die Spanier unter Beschuß zu nehmen. General Silvestre selbst verschwand spurlos – man hat nie erfahren, ob er gefallen ist oder Selbstmord begangen hat. Überall dort, wo die fliehenden Spanier vorbeikamen, erhoben sich die Marokkaner. Ein Posten nach dem anderen fiel den Aufständischen in die Hände. Binnen weniger Tage verloren die Spanier 15.000 Mann, und die Resultate einer zehn Jahre währenden militärischen Auseinandersetzung waren verspielt.

Als General Berenguer von den Schwierigkeiten Silvestres erfuhr, stellte er hastig ein improvisiertes Korps zusammen, bestehend aus zwei Banderas der Legion – darunter auch jene von Franco – sowie aus Regulares und Artillerie. Die Kommandanten dieser Einheiten glaubten, ihre Aufgabe sei der Entsatz ihrer Kameraden der „comandancia de Melilla". Erst bei der Ankunft in diesem Hafen sollten sie die Wahrheit erfahren.

Zunächst galt es, die Bevölkerung zu beruhigen. Daher paradierten die Legionäre mit klingendem Spiel; erst dann besetzten sie die vorgeschobenen Stellungen, welche die Stadt verteidigen sollten. Aus der Ferne sahen sie, wie die Rif-Kabylen die kleine Garnison von Nador angriffen. Millán Astray wollte den Kameraden zu Hilfe kommen, aber Sanjurjo lehnte ab. Zuerst mußte Melilla verteidigt werden. Franco, der den gesamten Feldzug in seinem „Diario de una bandera" geschildert hat, bemerkt darin trocken: „Im Krieg muß man das Herz vergessen." Nador fiel.

Während der nächsten zwei Monate bestanden die Militäroperationen darin, die Außenposten um Melilla zu verteidigen und zu versorgen. Diese kleinen Unternehmen bargen so manches Risiko. Die Kabylen kannten das Terrain sehr gut, und sie nutzten dies, um von den Anhöhen herab die Versorgungskolonnen der Spanier in Hinterhalte zu locken und ihnen schwere Verluste zuzufügen. Beim Kampf um Casabona verloren die Kolonne des Tercio de Extranjeros und des 3. Regiments der Regulares von Ceuta zweihundert Mann, darunter neunzig Legionäre.

Ab September begann Sanjurjo, der über 36.000 Soldaten verfügte und endlich mit Artilleriemunition versorgt worden war, die Rückeroberung der verlorenen Gebiete. Am 17. September marschierte er auf Nador, wobei die Legion die Vorhut bildete. Während dieser Operation traf Millán Astray eine Kugel in die Brust, als er Franco eine der einzunehmenden Örtlichkeiten zeigte. Er wurde sofort abtransportiert. Franco übernahm kurzfristig das Kommando und führte das Regiment in den schweren Kämpfen, die anschließend stattfanden. In der Schlacht von Sebt verlor die Legion sieben Offiziere und 143 Mann. Auch der Vetter Francos, Francisco Franco Salgado, wurde verletzt. Den Regulares erging es nicht besser. Als Franco auf ihren Kommandanten, Oberstleutnant Mola, zuging, um mit ihm die Koordinierung der militärischen Bewegungen abzusprechen, wurde auch dieser schwer verwundet. Wenn man das „Diario de una bandera" liest, ist man erstaunt über die Anzahl der gefallenen oder verwundeten Offiziere, wohingegen Franco allen Gefahren, denen er sich aussetzte, unversehrt entging. Die geheimnisvolle „baraka" der Marokkaner oder der simple Zufall schienen ihn zu schützen.

Der schwierige Vormarsch ging weiter. Am 23. Oktober 1921 erreichte die Legion Monte Arruit, wo die Reste der Armee Fernández Silvestres beim Versuch, die Rif-Kabylen aufzuhalten, vernichtet worden waren. Die Leichen der spanischen Soldaten lagen dort noch immer in der Sonne. Franco schrieb: „Ich verzichte auf eine genaue Beschreibung des schauerlichen Anblicks, der sich uns bot. Die Schulbrüder bringen die mumifizierten Leichen auf Tragbahren zu den Lastkraftwagen, in denen sie zu einem riesigen Massengrab transportiert werden, ... es ist sehr schwierig, die Leichen zu identifizieren, da sie unbekleidet sind und ihre Schädel zerschmettert wurden... Wir entfernen uns von diesem Ort, beseelt von dem Wunsch, den Verbrechern die exemplarischste Strafe zukommen zu lassen, die man je gesehen hat."

Schlußendlich erreichten die Spanier das Stammesgebiet der Beni Ifrur, die sich im Kampf um Anwal durch besondere Grausamkeit ausgezeichnet hatten. „Bei unserem Durchzug", sagt Franco, „gehen die kleinen Häuser in Flammen auf, und das Feuer erreicht auch die Dörfer in den Bergen... Der gesamte Stamm wurde ausgerottet."

Nach diesem Exempel erlahmte der Widerstand, und immer mehr Stämme unterwarfen sich. Bald hatten aber auch die kalte Jahreszeit sowie die Erschöpfung der Truppen eine temporäre Waffenruhe zur Folge. Die Legion hatte hohe Verluste erlitten. Neuzugänge füllten die Reihen, aber sie erreichten bei weitem nicht den gewohnten Ausbildungsstand. Franco, den Sanjurjo zur Beförderung zum Oberstleutnant vorgeschlagen hatte, nahm seine Tätigkeit als Ausbildner wieder auf, indem er seine Männer, wie zu Zeiten der römischen Legionäre, ständig zur Handhabung der Waffen und der Schanzwerkzeuge sowie zum Ausheben von Brunnen anhielt. Dies bewog einen seiner Soldaten zu folgender Meldung: „Herr Major, ich kam zur Legion, weil ich nicht arbeiten wollte – und nun wühle ich, wenn gerade kein Einsatz oder Drill ist, wie ein Neger in der Erde."

Endlich kam Millán Astray zurück, und der „comandantin" erhielt Heimaturlaub, um Familie und Verlobte wiederzusehen. Sein Kurzaufenthalt in Madrid veranlaßte die monarchistische Zeitschrift „ABC" zu einem Artikel, in dem auch ein Foto des „Asses der Legion" erschien. Franco begann sich einen Namen zu machen.

In seiner Heimatstadt El Ferrol bejubelte man den berühmten Heimkehrer, aber Franco stieg dies alles nicht zu Kopf. Er kehrte sehr bald zu seiner Bandera zurück, gerade rechtzeitig zum Beginn der Märzoperationen und dem Gefecht von Ambar. So erlebte er den ersten, wenn-

gleich nicht sehr erfolgreichen Einsatz von Panzern und den Soldatentod des Kommandanten der 2. Bandera, Major Fontanes. Wieder ein brillanter Offizier, der den Rif-Kabylen zum Opfer fiel. Meldungen dieser Art beunruhigten jedoch die Heimat keineswegs, wo sich die öffentliche Meinung zwar an Desastern wie Anwal erhitzte, am Alltagsgeschehen aber wenig Interesse zeigte. Im „Diario de una bandera", das Ende 1922 erschien, brachte Franco seine Enttäuschung zum Ausdruck: „Die Reaktionen aus Spanien erreichen uns hier in Chechaouen. Das Land lebt abseits der Geschehnisse im Protektorat und betrachtet mit Desinteresse die Handlungen und die Opfer der Armee sowie der Offizierskorps, die Tag für Tag ihren Blutzoll in der Gluthitze der Felsen entrichten."
Damit sprach er aus, was viele Afrikaoffiziere dachten, ebenso, als er am Ende des „Diario" verlangte, daß eine Offensive zur Unterwerfung der Beni Urraguiel, der Urheber des Kabylen-Aufstands, unternommen werden müsse. Auch den Ort gab er an, an dem der Angriff erfolgen sollte: in Alhucemas, das er als den „Herd des spanienfeindlichen Aufstandes" bezeichnete.
Die Politiker freilich teilten diese Meinung nicht. Der Krieg in Marokko war teuer und unpopulär. Die Linke hatte auf das Desaster von Anwal sehr scharf reagiert. Professor Besteiro hatte in den Cortes die Frage erhoben: „Ist es denkbar, daß eine Armee einen solchen Grad der Erschlaffung erreicht, wie ihn jetzt die spanische Armee aufweist?" Indalecio Prieto warf König Alfonso XIII. vor, für die Unvorsichtigkeiten Fernández Silvestres mitverantwortlich zu sein. Der Schriftsteller Blasco Ibañez wiederholte diese Vorwürfe in einer Streitschrift. So wurde die Kluft, welche die Politiker und die Armee Spaniens trennte, immer tiefer. Dann aber übernahm der Konservative Antonio Maura die Regierungsgeschäfte wieder, und er war fest entschlossen, „die Ehre der spanischen Fahne wiederherzustellen." Er akzeptierte den Plan der Marokko-Offiziere; einige seiner Minister jedoch plädierten für einen Rückzug zur Küste. Dieser Differenzen wegen trat Maura am 7. März 1922 zurück, und seine Nachfolger im Amt des Ministerpräsidenten, Sanchez Guerra und danach Garcia Prieto, wünschten eine Einigung mit den rivalisierenden Kabylen-Führern Abd-el-Krim und Raisouni. Der Hochkommissar, General Damaso Berenguer, den man für das Desaster von Anwal verantwortlich machte, wurde seines Postens enthoben und durch General Burguete, später durch den Zivilisten Luis

Silvela ersetzt. Es war genau jene Lösung des Konfliktes, die die Offiziere in Marokko nicht gewollt hatten.

Dagegen protestierte der Hitzkopf Millán Astray derart heftig, daß man ihn seines Kommandos bei der Legion enthob. Aus Solidarität mit dem Begründer des Tercio de los Extranjeros bat Franco um seine Versetzung. Er kam wieder zu seinem alten Regiment nach Oviedo, aber bevor er Marokko verließ, wurde ihm in Dar Drius noch eine militärische Verdienstmedaille verliehen; außerdem war er zum „Offizier der königlichen Hofhaltung" ernannt worden. Das Kommando der Legion ging an Oberstleutnant Valenzuela.

Wieder in Oviedo, konnte Franco endlich einmal an sich denken. Dreißig Jahre alt und nach zwölf Jahren Dienst in Afrika, hatte er wohl das Recht, eine Familie zu gründen. Da sein Vater das Elternhaus verlassen hatte, um mit einer gewissen Doña Agustina in Madrid zu leben, war es Francos älterer Bruder Nicolás, der in seinem Namen um die Hand von Carmen Polo bat. Nun fehlte nur mehr die Einwilligung des Königs, die jeden Tag eintreffen konnte. Da kam plötzlich die Nachricht, daß Oberstleutnant Valenzuela am 5. Juni in einem Gefecht mit den Truppen Abd-el-Krims, die den Posten von Tezi Azza belagerten, gefallen war. Der Ministerrat wollte Millán Astray nicht wiederberufen, und so schien Franco der geeignetste Mann für das Kommando des Tercio. Man erinnerte sich an den Vorschlag Sanjurjos, Franco wegen seiner besonderen Verdienste im Feld zum Oberstleutnant zu befördern, und bot ihm den Posten an. Er zögerte nicht einen Augenblick und opferte – wie der Held der klassischen Tragödien – seine Liebe erneut für seine Pflicht. Sofort reiste er nach Ceuta, wo er am 18. Juni eintraf. Zuvor noch hatte er in Madrid an einem Bankett teilgenommen, das ihm zu Ehren gegeben wurde. Bei diesem Anlaß erklärte ein galicischer Redner, wenn Valenzuela in der Kathedrale von Saragossa bestattet sei, werde man Franco dereinst in Santiago de Compostela beisetzen müssen. Den Kommandanten der Legion war es offenbar – so wie ihren Männern – bestimmt, früh zu sterben. Mit dreißig Jahren war Franco wieder einmal der jüngste Offizier seines Ranges in der spanischen Armee, wie schon zuvor als Hauptmann und Major. Außerdem kommandierte er das Eliteregiment dieser Armee. Wohin würde diese Karriere führen, sollte sie nicht durch eine kabylische Kugel jäh beendet werden?

4. Kapitel

CHECHAOUEN UND ALHUCEMAS

Am 19. Juni 1922 erließ Franco einen mitreißenden Tagesbefehl an die „caballeros legionarios" und rief ihnen zu: „Haltet am Glaubensbekenntnis der Legion, diesem schönen Erbe Eures ersten Kommandanten, fest und bewahrt das Andenken an Valenzuela und das Vorbild, das er Euch war." Dann ging er daran, seinen Auftrag auszuführen. Die versöhnliche Politik der Regierung in Madrid war weit davon entfernt, Abd-el-Krim zu besänftigen. Sie hatte ihn, ganz im Gegenteil, sogar ermutigt, die Gebietsansprüche für den Staat, den zu errichten er beabsichtigte, zu erweitern. (Genauso war es Frankreich mit seiner Politik der „eingeschränkten Besetzung" gegenüber Abd-el-Kader ergangen, der durch diese Einstellung ebenfalls seine Macht ausbauen konnte.) Nun hatte Abd-el-Krim eine neue Offensive gestartet. Der Vorposten von Tafarauin wurde belagert, und sein Kommandant, Unterleutnant Topete, meldete dem Hauptquartier, daß die Garnison am Ende ihrer Kräfte sei. Ein Flugzeug überbrachte die Antwort: „Haltet noch einige Stunden durch, Franco ist auf dem Weg zu Euch." Der Heliograph des Postens erwiderte: „Wenn es Franco ist, der kommt, dann werden wir ausharren." Und den Legionären gelang es tatsächlich, die Aufständischen im Rücken anzugreifen, worauf sich diese zurückzogen.

Da der Herbst die militärischen Operationen einschränkte und die offizielle Erlaubnis zur Heirat eingetroffen war, erhielt Franco im August einen Monat Urlaub und fuhr nach Oviedo. Dort, in der San Juan-Kirche, heiratete er am 22. Oktober. Doña Pilar Franco war natürlich bei ihrem Sohn; ihr Gemahl aber blieb der Zeremonie fern. Der König erwies einem seiner fähigsten Offiziere die Ehre, sich durch den Militärgouverneur von Oviedo, General Losada, vertreten zu lassen, der Trauzeuge war.

Franco hatte bei der Durchreise in Madrid eine Audienz beim Monarchen dazu genutzt, ihm seine Ansichten über die Notwendigkeit vorzutragen, Abd-el-Krim durch eine Landung in Alhucemas auszuschalten und den Krieg damit zu beenden. Der König verwies ihn an Primo de Rivera, der ihn anhörte, aber nicht überzeugt schien. Nun hing alles von Francos eigener Entscheidung ab.

In der Nacht vom 12. zum 13. September 1923 hatte der Generalkapitän von Katalonien, Miguel Primo de Rivera, Marqués von Estella, mit Unterstützung der anderen Kommandanten einen Putsch, ein sogenanntes „pronunciamiento", unternommen, wie es im Spanien des 19. Jahrhunderts oft vorgekommen war: Er forderte den König auf, jene Politiker, die das Land ins Verderben geführt hatten, zu entlassen. Genau wie Viktor Emanuel III. ein Jahr zuvor in Italien, wurde Alfons XIII. gezwungen, sich mit dem parlamentarischen Regime zu solidarisieren oder den Putschisten nachzugeben. Der Unterschied bestand darin, daß Mussolini sich auf seine „Schwarzhemden" stützte, während General Primo de Rivera Rückendeckung bei den Paladinen des Königreiches hatte. In beiden Fällen reagierten die Monarchen gleich: sie gaben nach. Primo de Rivera bildete ein aus Militärs bestehendes Direktorium, das daranging, die Sicherheit in einem Land wiederherzustellen, in dem politisch motivierte Verbrechen – begangen von Anarchisten oder von bezahlten Mördern des Patronats – immer mehr zunahmen, besonders in Katalonien.*
Der Putsch hatte im übrigen keine Opfer gefordert; die Bevölkerung war mit der Aktion bis zu einem gewissen Grad sogar einverstanden, da sie der sterilen politischen Spielereien überdrüssig wurde.
Wie alle anderen Spanier, fanden sich auch die Afrikaoffiziere mit den Tatsachen ab. Die Auffassungen des Diktators Rivera über Marokko gaben ihnen jedoch Anlaß zur Sorge. Am 25. März 1917 hatte er nämlich in seiner Eigenschaft als General in der Königlich Spanisch-Amerikanischen Akademie in Cádiz erklärt: „Da weder Marokko noch ein anderer Teil Afrikas Spanien ist", wäre es besser, die dort eroberten Gebiete gegen Gibraltar auszutauschen und Marokko für etwaige Finanz- und Handelsvorteile aufzugeben. Andererseits saßen nun, 1923, im Direktorium auch Generale, die in Marokko lange Dienst getan hatten. Das beruhigte wiederum. Im Augenblick versprach Primo de Rivera jedenfalls, die marokkanische Angelegenheit auf „schnelle, würdige und vernünftige" Art zu lösen. Allerdings sagte er nicht, wie diese Lösung beschaffen sein sollte.

---

* In Barcelona allein hatte es von Januar bis Ende August 1923 730 Mordanschläge gegeben. Am 4. Juni wurde Kardinal Soldevilla ermordet, als Repressalie für das tödliche Attentat auf den anarchistischen Gewerkschafter Salvador Segui, genannt „Noi del Sucre".

Diese Imponderabilien spanischer Politik wurden unterdessen von den Kabylen genutzt, um die Vorposten der Spanier anzugreifen oder zu belagern. Letzteren mußte dann durch eine Einsatztruppe geholfen werden. Im Verlauf einer solchen Aktion befreite Franco die Garnison von Kaba Darsa, indem er den Feind in den Stunden der ärgsten Hitze, zur Zeit der Siesta, angriff und überraschte. Sein Ruf wuchs durch solche Aktionen, aber seine Bravourstücke konnten die total verfahrene Situation nicht mehr retten. Abd-el-Krim, der den gesamten Südosten beherrschte, war es gelungen, seinen Rivalen Raisouni im Westen auszustechen. Seine vom Sultan unabhängige Rif-Republik zählte tausende tapfere, listige Kämpfer (angeblich bis zu 80.000), unterstützt von 200 Kanonen. Diese Artillerie wurde von Josef Klemms, einem deutschen Deserteur aus der französischen Fremdenlegion, kommandiert. Abd-el-Krim hegte die Absicht, die Spanier, wenn schon nicht ins Meer zu jagen, so doch wenigstens durch ein zweites Anwal zu zermürben. Seine Erfolge rissen auch Berberstämme mit, die sich ihm bis dahin nur mit geheimen Vorbehalten unterworfen hatten. Der Großteil des Protektorats befand sich in Aufruhr.

Mit diesen Gefahren konfrontiert, plante Primo de Rivera eine Reise nach Marokko. Seine Pläne unterschieden sich kaum von jenen der letzten Hochkommissare: die exponierten Positionen im Gebiet der Aufständischen räumen, die Truppen auf den Küstenstreifen zurückführen und sie dort umgruppieren.

Die Afrikaoffiziere, die von diesen Absichten durch Indiskretion Wind bekommen hatten, waren empört und kündigten für den Fall des Räumungsbefehls einen allgemeinen Aufstand an. Franco formulierte ihren Standpunkt in der „Zeitschrift der Kolonialtruppen" in Ceuta, in einem Artikel, der unter dem Titel „Passivität und Untätigkeit" erschien. In einer Unterhaltung mit dem Hochkommissar von Marokko ging er schließlich soweit, daß er androhte, einem Befehl zum Rückzug nicht Folge zu leisten, da dieser nur eine Katastrophe heraufbeschwören könne.

Diese Tatsachen vor Augen, trat Primo de Rivera seine Inspektionsreise nach Marokko im Juli 1924 an. In deren Verlauf nahm er im Lager von Ben Treb, in der Gegend von Melilla, auch eine Parade der Legion ab. Franco gab ein Bankett, zu dem seine eigenen Offiziere sowie zwei Kommandanten der „regulares" geladen waren. Diese Offiziere mit hervorragenden Dienstbeschreibungen, Oberstleutnant Pareja und Major Varela, Träger zweier San Fernando-Kreuze mit Lorbeerkranz, waren sehr bekannte Männer. Bei den Ansprachen, die aus protokollarischen Gründen gehalten wurden, traten die Differenzen offen zutage.

Von dem Gespräch zwischen Franco und Rivera, dem Präsidenten des Direktoriums, sind verschiedene Versionen überliefert, der Inhalt ist aber immer derselbe. Franco versuchte, das Unbehagen seiner Offiziere aufgrund der Gerüchte einer eventuellen Aufgabe Marokkos zu erklären. Primo de Rivera appellierte hingegen an die Disziplin und führte aus, der Krieg in der Kolonie verlange einen zu hohen Tribut an Menschenleben und finanziellen Mitteln, dann erläuterte er seinen Rückzugsplan und setzte sich, von eisigem Schweigen umgeben, wieder hin. Wenn man der Version glauben darf, die Franco im Jahre 1972 persönlich an Ricardo de la Cierva weitergab, so hat der Diktator, als er bei einem Punkt seiner Ansprache von Varela unterbrochen wurde, mit den Worten „sehr schlecht, Herr General" seiner Unzufriedenheit Ausdruck verliehen und das schlechte Offizierskorps gerügt. Daraufhin hätte Franco geantwortet: „Ich habe gute Offiziere übernommen, wenn sie jetzt schlechte Offiziere sind, liegt die Verantwortung dafür bei mir." Hierauf bot er seinen Rücktritt an, Pareja und Varela taten dasselbe.

Primo de Rivera war alles andere als ein Despot. Er rief Franco um ein Uhr nachts zu sich, und sie führten ein zweistündiges Gespräch unter vier Augen. Nach Aussage Francos von 1972, redete dieser fast die ganze Zeit. Es gelang ihm zwar nicht, seinen Vorgesetzten von dessen Entschluß abzubringen, aber ein Jahr später – in veränderter Situation – erinnerte sich der General und Diktator an die Vorschläge seiner Afrikaoffiziere.

Die Reise de Riveras hatte Abd-el-Krim nicht imponiert; er verstärkte den Druck im Westabschnitt der Front und bedrohte sogar Tetouan, die Hauptstadt des Protektorats. Rivera selbst übernahm die Verantwortung für die Operationen und begab sich Anfang September 1924 in die gefährdete Stadt. Am 18. des Monats entsandte er fünf Kolonnen zum Angriff auf das Gorques-Gebirgsmassiv. Franco befehligte eine von ihnen. Seine Argumente hatten den Diktator nicht überzeugt, dennoch setzte er die Befehle seiner Vorgesetzten diszipliniert in die Tat um, auch wenn er persönlich anderer Ansicht war. Seine „Zeit der Rebellion" war vorbei. Zwei Tage und Nächte lang lieferten sich Spanier und Rif-Kabylen schwere Kämpfe, dann konnten die Spanier das Feld behaupten, und das Ringen um Chechaouen nahm seinen Anfang.

Hierbei ging es darum, die Garnison der Stadt sowie die zahlreichen Posten, die sich zwischen dieser vorgeschobenen Stellung und der von Primo de Rivera vorgesehenen Rückzugszone befanden, zu entsetzen. Diese Aufgabe erwies sich als äußerst schwierig, da die Gerüchte vom spanischen Rückzug – wie von den Afrikaoffizieren vorhergesagt – auch all jene Stämme, die sich bis dahin ruhig verhalten hatten, zum offenen Aufstand ermutigten. Die Aktion ähnelte dem Versuch von Fernández Silvestre, den Posten von Igueriben zu retten, der, wie bekannt, mit der Niederlage von Anwal geendet hatte.

Nachdem die Einheiten unter dem Kommando von Major Muñoz Grandes Tetouan abgesichert und das Lager von Oued Lau geräumt hatten, marschierten am 23. September zwei starke Kolonnen in Richtung Chechaouen. Die Legion war der Kolonne von Castro Girona zugeteilt. Sie mußte sich manchmal den Weg freikämpfen, wie in Dar Raid, wo sie zweihundert Mann verlor. Ende des Monats erreichte sie Chechaouen. Parallel dazu sprengte die Kolonne von General Serrano den Belagerungsring um Dar Akaba, wo Oberstleutnant Emilio Mola Vidal den Angriffen Mohammed Abd-el-Krims trotzte. Vom 30. September bis zum 17. November 1924 zogen sich die Verteidiger der angrenzenden Positionen auf Chechaouen zusammen. Dann begann die heikelste Phase: der Rückzug zur Küste durch die Gebiete der Rebellen und unter ständigen Angriffen der regulären Truppen Abd-el-Krims. Die fünf Banderas der Legion, die mit der schwierigen Aufgabe der Nachhut betraut waren, rückten am 18. November ab, nachdem sie uniformierte Puppen auf den Wällen zurückgelassen hatten, um die Einnahme der Stadt durch den Gegner hinauszuzögern. Am Vortag hatte Franco seinen Hauptmännern aufgetragen, die Standeslisten ihrer Kompanien auf den letzten Stand zu bringen, damit ihre Nachfolger – sollten sie selbst fallen – genaue Unterlagen über ihr neues Kommando vorfänden: „Man muß Fehler und Unordnung vermeiden, welche das ehrenvolle Verhalten jedes einzelnen von uns in Frage stellen könnten."

Mit Beginn des Rückzuges mußten sich die Truppen gegen die dauernden Angriffe der Rif-Milizen wehren. Am 19. 11. schloß die Nachhut zum Gros der Truppen Castro Gironas auf. Auf der Strecke von Dar Akaba nach Saik el Arba häuften sich die Verluste bei eisigem Regen und Schlamm, in dem Geschütze und Troßfahrzeuge versanken. General Serrano Orive fiel, Oberstleutnant Temprano von den Regulares wurde verwundet.

In Saik el Arba hielten die Einheiten Rast, aber diese Gelegenheit nutzten die Aufständischen, um den Spaniern den Weg zu versperren. Mit Unterstützung durch die Luft gelang es den Truppen, den Marsch am 10. Dezember fortzusetzen. Am 13. dieses Monats erreichten sie endlich Tetouan und paradierten vor Primo de Rivera. Der Rückzug – noch allemal ein schwierigeres Manöver als ein Angriff – war äußerst verlustreich verlaufen: 1500 Gefallene, 6000 Verwundete und 500 Vermißte, aber trotz der Hartnäckigkeit der Rif-Kabylen war es nicht zur Katastrophe gekommen. Eiserne Disziplin hatte die Armee gerettet, und daher wurden auch alle Kommandanten überschwenglich belobigt. Franco, dem als Kommandanten der Legion eine erdrückende Verantwortung aufgebürdet gewesen war, ging aus diesem Feldzug ruhmreich hervor. Millán Astray schrieb dazu: „Er war, neben Castro Girona und unter dem Kommando des glorreichen Generals Primo de Rivera, die Seele der schwierigsten Operation, die in Marokko je durchgeführt wurde. Man kann ohne Einschränkung sagen, daß der Erfolg Franco zu verdanken ist."

Primo de Rivera seinerseits erklärte gegenüber einem ausländischen Journalisten: „Nie hat jemand härter gekämpft, mehr Ausdauer und größere Befähigung im marokkanischen Krieg bewiesen, als Franco." Er zeichnete ihn mit einem weiteren Militärkreuz aus und beförderte ihn am 7. Januar 1925 zum Oberst.* Er gratulierte der Armee und erklärte, daß sie „schon bald wieder ein siegreiches Heer sein werde".

Das war ein schönes Versprechen, aber Abd-el-Krim stand nun auf dem Höhepunkt seiner Macht. Er hatte die Spanier an die Küste zurückgedrängt, säuberte die letzten Stützpunkte seines Rivalen Raisouni und warf ihn in den Kerker, wo er starb. Er war nunmehr der uneingeschränkte Herr des Rif, doch da beging er den entscheidenden Fehler, seine Kräfte zu überschätzen. Er glaubte, sein Territorium auf Kosten der Franzosen vergrößern zu können und versuchte, in ihrer Zone Wei-

---

* Franco schlug vor, das San Fernando-Kreuz mit Lorbeer an Leutnant Fermin Galán zu verleihen, der dann in den letzten Tagen der Monarchie einen Putsch versuchen und dafür erschossen werden sollte.

degründe zu erobern, die seine Stämme benötigten und die, seiner Meinung nach, von den Franzosen unrechtmäßig genutzt wurden.

Vielleicht nahm er auch an, daß sich die marokkanischen Muslime aus religiöser Solidarität gegen die ungläubigen Franzosen erheben würden, wie es die Berberstämme in der spanischen Zone getan hatten. Jedenfalls eröffnete er am 25. April 1925, „ohne irgendeinen warnenden Hinweis", wie Generalresident Lyautey bemerkte, einen Angriff auf Fez und Taza, der in der Tat einen Aufstand der dort ansässigen Stämme auslöste und die Verbindung zwischen beiden Städten unterbrach. In nur vier Tagen waren auf französischer Seite 32 Soldaten und vier Offiziere gefallen sowie 38 Mann und fünf Offiziere verwundet worden.

Unter Aufbietung aller Kräfte gelang es Lyautey, den Vormarsch Abd-el-Krims zu stoppen, aber seit dem Wahlsieg der vereinigten Linken war er in Regierungskreisen nicht sehr beliebt. Das Kabinett Volksfront beauftragte Marschall Pétain, der seit dem Ersten Weltkrieg in hohem Ansehen stand, die Ordnung wiederherzustellen – und dies, obwohl der Marschall im Kolonialkrieg keinerlei Erfahrung hatte. Pétain forderte sofort die massive Entsendung von Verstärkungen, was Lyautey schon vor der Krise, ohne durchzudringen, verlangt hatte, sowie enge Zusammenarbeit mit den Spaniern, um den Feind in die Zange zu nehmen. Die Regierung willigte ein, und es kam zu Verhandlungen zwischen Paris und Madrid.

Primo de Rivera, der bei Abd-el-Krim erfolglos vorgefühlt hatte, ob dieser bereit wäre, unter der Oberhoheit des Sultans und im Rahmen des spanischen Protektorats den Titel eines „Emirs des Rif" anzunehmen, erkannte die neuen Möglichkeiten, die sich ihm eröffneten. Er befürwortete die Allianz mit den Franzosen und erinnerte sich an die Worte der Afrikaoffiziere. Daraufhin holte er aus den Archiven den noch von General Berenguer erstellten Plan für die Landung bei Alhucemas hervor. Am 26. Juli 1925 unterbreitete er diesen Plan in Tetouan Marschall Pétain, der ihm zustimmte.

Die Idee, nahe dem Gebiet der Beni Urraguel zu landen und Abd-el-Krim im Herzen seines Machtbereichs zu treffen, war verlockend, die Durchführung jedoch schwierig. Aber es gab einen positiven Präzedenzfall: Ende 1924 hatten sich die Marokkaner der Nordwestgebiete erhoben und die regionalen Zentren Al-Anjirah und Al-Qsar-as-Saghir, jenen Hafen, von dem aus Tarik, der Eroberer Spaniens, dereinst losgesegelt war, eingenommen. Primo de Rivera hatte ihn zurückerobern wollen, und so war im Frühjahr 1925 eine Expedition vorbereitet worden. Eine kleine Flotte hatte die Streitmacht – bestehend aus Legion, Regulares und einer Batterie Gebirgsartillerie – zum Einsatzort transportiert.* Die Landung war erfolgreich verlaufen, und die Aufständischen hatten sich unterworfen.

Nun würde man sehen, ob eine ähnliche Operation großen Stils auch den gleichen Erfolg zeitigen würde. Zumindest die spanischen Offiziere hatten ihre Zweifel. Primo de Rivera beschloß, das Unternehmen persönlich zu leiten, obwohl er die Befehlsgewalt im Feld Sanjurjo überließ. 17.000 Mann, in zwei Kontingente unterteilt – das eine aus Ceuta kommend, das andere aus Melilla –, wurden von einem spanisch-französischen Flottenverband aus 80 Schiffen unter dem Kommando der Admirale Guerre und Hallier zum Ort der Landung transportiert, unter Begleitschutz von 75 Flugzeugen aus beiden Ländern. Die ersten Einheiten landeten am Morgen des 8. September. Franco befehligte die Sturmtruppen, bestehend aus Legionären, Regulares und marokkanischen Hilfstruppen unter dem Kommando von Muñoz Grandes. Trotz des heftigen Feuers der Kabylen gelang es der spanischen Infanterie, den Strand zu überqueren und den dahinterliegenden Höhenzug im Sturm zu nehmen.

Franco schrieb darüber in seinem „Diario de Alhucemas": „Wie lange Reihen von Ameisen sieht man die Legionäre das Gelände erklimmen. Bald schon erhebt sich die glorreiche Fahne Valenzuelas über dem höchsten Punkt der Forts. Nichts widersteht dem Ansturm… Die Verteidiger, die nicht aufgeben wollen, werden mit dem Kampfmesser niedergemacht. Um drei Uhr sind alle Angriffsziele erreicht, und drei Geschütze aus den Stellungen von El Fraile und Morro Nuevo sind erbeutet."

Nachdem die feindlichen Positionen eingenommen waren, ließ Franco befestigte Stellungen anlegen, durch welche die Landung der nachfolgenden Truppen abgesichert werden sollte. An diesen Fortifikationen

---

* Auf dem Schiff lud ein junger Leutnant der Marine mit Namen Luis Carrero Blanco den Kommandanten der Legion zu einem Imbiß ein. Franco lehnte dankend ab und erklärte, daß er, seit seiner Verwundung bei El Blutz, vor einem Kampf nichts zu sich nähme. Dies war der erste Kontakt zwischen den beiden Männern, die später eng zusammenarbeiten sollten.

zerbrachen die wütenden Gegenangriffe der Kabylen. Zweimal gelang es ihnen, in die spanischen Linien einzudringen, und zweimal wurden sie verjagt. Erschöpft und entmutigt stießen sie ab dem 13. September seltener vor. Während dieser Zeit wurde Munition herangeschafft, und die zweite Phase der Operation konnte beginnen.

Am 23. September gab General Sanjurjo den Befehl zum Angriff auf die befestigten Höhen im Landesinneren. Durch Minenfelder und durch das Abwehrfeuer der Scharen Abd-el-Krims erreichten die Legionäre sowie die marokkanischen Hilfstruppen nach vier Stunden ihre Angriffsziele. Am 30. September kam es erneut zu Geländegewinnen. Die Einheiten unter Goded und Oberstleutnant Varela vereinigten sich mit der Kolonne Francos, die am Monte de las Palomas auf erbitterten Widerstand gestoßen war. Der Kommandant der Harkis, der Hilfstruppen, hatte gegen Ende des Kampfes einen Beinbruch erlitten, aber der Sieg war errungen.

Franco wurde nicht die Ehre zuteil, Abd-el-Krims Hauptstadt Aghdir einzunehmen. Diese Aufgabe fiel Goded zu, der sie am 2. Oktober erfüllte. Schonungslos plünderten die Spanier die kleine Stadt, um die Marokkaner einzuschüchtern. Das Debakel von Anwal war gerächt worden. Abd-el-Krim hatte einen Ablenkungsangriff gegen Tetouan unternommen, war damit aber gescheitert. Sein Prestige hatte schwer gelitten, aber er legte die Waffen erst 1926 nieder, indem er sich den Franzosen ergab.

Schon am 13. Oktober marschierte die Kolonne unter Saro wieder zurück nach Ceuta. Dieser schrieb: „Ich erwähne speziell Oberst Franco. Mit seiner hervorragenden Aktion bestätigte er wieder den Eindruck, den wir alle von seinen Fähigkeiten, von seinem Geschick, von seinem Mut, von seiner Kaltblütigkeit und jenen einmaligen Eigenschaften hatten, die aus ihm einen Kommandanten machen, der höchstes Lob verdient."

Dieses Lob hatte am 3. Februar 1926 Francos Beförderung zum Brigadegeneral zur Folge. Damit wurde er nicht nur jüngster General Spaniens, sondern aller Armeen Europas.

Um jedoch das Kommando der 1. Brigade der 1. Division in Madrid zu übernehmen, mußte er seine geliebte Legion übergeben, und zwar an Millán Astray, der in den militärischen Auseinandersetzungen der letzten Jahre einen Arm und ein Auge verloren hatte.

Die afrikanische Periode in Francos Leben ging zu Ende. Im Verlauf von 13 Jahren hatte er, abgesehen von den Phasen in Oviedo, das gefährliche Leben des Frontsoldaten geführt, dem feindlichen Feuer ausgesetzt und den Strapazen andauernder Feldzüge unter extremen klimatischen Bedingungen. Dieser kleine, schmächtige „Franquito" hatte alles überstanden. Ein einziges Mal, in El Blutz, hatte seine „baraka" ihn beinahe verlassen. Mit 33 Jahren stieg er – ein beispielloser Fall – in den Rang eines Generals auf, nach einer außergewöhnlichen militärischen Karriere, fern von den Intrigen der Politik, die dieser spanische Vollblutsoldat bald kennenlernen sollte.

Zweiter Teil
GENERAL DER REPUBLIK

1. Kapitel

SOLDAT IN EINEM ZUSAMMENBRECHENDEN STAAT

Bei seiner Ankunft in Madrid, gegen Ende Februar 1926, fand Franco eine andere Welt vor. Keine Strapazen mehr im Feld, aber auch keine Hochgefühle mehr nach einer Schlacht. Er hatte die Aufgabe, eine Brigade zu kommandieren, die aus den beiden Regimentern „Real Inmemorial" und „Léon" bestand. Keine sehr aufregende Tätigkeit, nach den Abenteuern des Rückzugs von Chechaouen und der Landung von Alhucemas. Die sozialen Unruhen bedrohten die Hauptstadt noch nicht; der Feind, den es zu bekämpfen galt, hieß Langeweile.

Franco mietete eine Wohnung im Paseo de la Castellana, Nr. 28, wo er nun mit seiner Frau lebte, umgeben von seinen Büchern – wie dem Werk des Galiciers Valle Inclán, seines Lieblingsautors – und seinen Freunden, zu denen der Schriftsteller Natalio Rivas zählte, ein andalusischer Lokalpolitiker der Alpujarras. Wenn er seinen Dienst beendet hatte, las er, schrieb Artikel für die Zeitschrift der Kolonialtruppen, ging ins Kino, zu Fußballspielen oder zum Stammtisch, zur Tertulia de la Gran Pena.

Francos Bekanntheitsgrad wurde damals von dem seines Bruders Ramón übertroffen. Als Hauptmann der Luftwaffe hatte dieser, gerade als Franco auf seine Beförderung zum Brigadier wartete, zusammen mit Ruiz de Alda und dem Mechaniker Rada in einem Wasserflugzeug den Südatlantik überquert, zu einer Zeit, da sich die Volksmassen brennend für Rekordlangstreckenflüge interessierten und die Piloten, welche auf Flügen über Ozeane und Wüsten ihr Leben riskierten, wie Halbgötter behandelten. Ramón Franco und seine Kameraden waren bereits in Brasilien und Argentinien enthusiastisch gefeiert worden, ehe man sie in Spanien als Helden hochleben ließ. In ihrer Heimatstadt El Ferrol wurden die beiden Brüder mit großem Pomp empfangen. Die Stadt war stolz darauf, der Nation zwei ihrer hervorragendsten Offiziere geschenkt zu haben.

Ein anderes glückliches Ereignis im Leben des jungen Generals war die Geburt seiner Tochter Carmen am 14. Oktober 1926 in Oviedo. Vielleicht bedauerte Franco, als er so in seiner Garnison ruhig dahinlebte, daß er an den siegreichen Feldzügen von Sanjurjo und General Boichut nicht teilnehmen konnte, die Abd-el-Krim immer weiter auf ein Gebiet zurückdrängten, das, wie das „Chagrinleder" im Roman von Balzac, zusehends abnahm. Aber er war nun einmal in Madrid stationiert, er gehorchte und erlebte mit Sorge die Spaltung der Armee.

Der Streit, der zur Zeit der Verteidigungsjunten begonnen hatte, nahm seinen Fortgang. Die Siege in Marokko hätten die Position Primo de Riveras eigentlich stärken sollen. Nun nahmen sie aber weder jenen Politikern, die sich mit ihrer unbedeutenden Rolle nicht abfinden konnten, den Wind aus den Segeln noch befriedigten sie die Militärs in der Heimat, die mit den außerordentlichen Beförderungen der Marokkokämpfer nicht einverstanden waren. Besonders die Artilleristen ärgerten sich über das Avancement en masse bei der Infanterie. Diese war zwar stärker den Schlägen des Feindes ausgesetzt, hatte dadurch aber auch größere Chancen, sich hervorzutun. So paradox es erscheinen mag – gerade die Soldaten der kämpfenden Truppen wollten solche Bevorzugungen gar nicht. Sie verlangten, daß Beförderungen ausschließlich nach dem Dienstalter erfolgen sollten. Da Primo de Rivera dies ablehnte, konsignierten die Artillerieoffiziere ihre Mannschaften in den Kasernen wie vor einer Schlacht oder einem Putschversuch. Der Sturm legte sich erst, als der Diktator fünf Artillerieregimenter aufgelöst und die Kasernen der Aufrührer durch Infanterieverbände besetzen hatte lassen. Man riet den Artillerieoffizieren, um ihre Wiedereinstellung anzusuchen, was diese auch taten.

Primo de Rivera wollte nun die Lehre aus der Krise ziehen: Er erklärte das Militärdirektorium für aufgelöst und bildete eine Zivilregierung, der nur noch drei Militärs angehörten. Sie sollte von einer politischen Bewegung unterstützt werden, der „Patriotischen Union". Was die Armee betraf, so wollte er die Zwistigkeiten der Waffengattungen untereinander unterbinden, indem er eine Militärakademie gründete, die allen Offiziersanwärtern eine gemeinsame Ausbildung bot, bevor sie sich auf eine Waffengattung spezialisierten. Nachdem Alfons XIII. zugestimmt hatte, rief Primo de Rivera Franco zu sich und bot ihm den Posten des Akademiekommandanten an, die in Saragossa errichtet werden sollte.

Franco zögerte zunächst. Er war bis dahin eine außergewöhnliche Kämpfernatur gewesen; nun wollte man aus ihm einen Pädagogen machen. Er gab zu bedenken, daß Oberst José Millán Astray, der kriegsversehrte Held, ein großer Troupier und ehemaliger Lehrer an der Militärakademie von Toledo, der Aufgabe besser entspräche. Außerdem war er der Meinung, der Escorial wäre als Standort für die Militärakademie besser geeignet als Saragossa. Seine Argumente sollten den Regierungschef aber nicht mehr umstimmen. Franco konnte nur mehr gehorchen.

Er machte sich also an die Arbeit, und hier ließen sich einer seiner Charakterzüge und seine Auffassung von Pflichtgefühl erkennen: Er mochte ein Projekt seines Vorgesetzten in Frage stellen, wurde er jedoch – entgegen seiner persönlichen Auffassung – mit dieser Aufgabe betraut, dann setzte er seine ganze Energie ein, um sie zu durchzuführen. Dies hatte er während des Rückzuges zur Küste bewiesen, und dies sollte er beim Aufbau der Militärakademie erneut tun.

Er begleitete den König auf einen kurzen Besuch der Truppen in Marokko und wohnte am 5. Oktober 1927 jener Zeremonie bei, in der General Sanjurjo nach der siegreichen Rückeroberung des Rifs mit seinem zweiten San Fernando-Kreuz mit Lorbeer ausgezeichnet wurde. Anschließend reiste Franco auf seinen Posten zurück. Am 1. Dezember kam er in Saragossa an, wo sich die Militärakademie schon in Bau befand. Mit seiner üblichen Akribie kümmerte er sich um die Realisierung der Pläne und um die Einrichtung. Er prüfte die Kostenvoranschläge, studierte die Dienstvorschriften der ausländischen Akademien und befaßte sich mit dem Bilden des Lehrkörpers.

Für diese Aufgabe wandte er sich zunächst an seine Kampfgefährten aus den Marokkofeldzügen: an seinen Vetter Francisco Franco Salgado, ferner an Major Camilo Alonso Vega und Oberstleutnant der Kavallerie Monasterio. Franco achtete darauf, Männer mit Charakterstärke auszuwählen, die verschiedenen Waffengattungen angehörten, um den Offiziersanwärtern eine umfassende militärische Ausbildung zu vermitteln und keinerlei Eifersucht zwischen den einzelnen Bereichen der Armee aufkommen zu lassen. Dann setzte er den Termin für die Aufnahmeexamen im folgenden Sommer fest und den Beginn des Unterrichts mit Anfang Oktober 1928.

Im Sommer verbrachte er einige Wochen in Deutschland, um die Militärakademien in Berlin und Dresden zu besuchen. Als Beobachter nahm er an Manövern teil und kehrte anschließend nach Saragossa zurück, wo die Aufnahmsprüfungen von 785 Bewerbern 215 Kadetten erbracht hatten. Am 5. Oktober, nach drei Tagen Unterricht, paradierten sie vor Primo de Rivera, der die Einweihung der Akademie vornahm. In seiner Rede zu diesem Anlaß sagte Franco: „Wer leidet, erringt den Sieg, der tägliche Kampf und die tägliche Selbstüberwindung sind die Schule des Sieges."

Baron de Mora, der ihn über seine Intentionen befragte, erklärte er, daß die zukünftigen Offiziere eine intensive Schulung in den bürgerlichen Tugenden und ein straffes sportliches Training zur moralischen und körperlichen Ertüchtigung erhalten würden. „Dann werden wir ihnen vor allem ein hohes militärisches Bewußtsein einimpfen", fügte er hinzu und teilte seine Absicht mit, im Innenhof der Akademie einen Altar zu Ehren der Nuestra Señora del Pilar zu errichten, damit seine Kadetten lernten, sie zu lieben und den Glauben zu festigen, der sie zum Sieg führen würde.

Franco hatte einen Dekalog verfaßt, den die Schüler bei ihrer Ankunft erhielten. Seine „Zehn Gebote des Offiziers" lauteten: „hehre Liebe zum Vaterland", „edle militärische Gesinnung", „Treue zum König", „treue Pflichterfüllung und Gewissenhaftigkeit im Dienst." Auch sollte der Zögling „niemals murren und auch keinen Unmut zulassen", „bei seinen Untergebenen beliebt und bei den Vorgesetzten angesehen sein", „freiwillig jedes Opfer auf sich nehmen und immer dort den Einsatz suchen, wo das Risiko und die Anstrengungen am größten sind", „die Verantwortung lieben und die Entschlußkraft haben, um Schwierigkeiten zu bewältigen." Abschließend empfahl er, „sich tapfer und aufopferungsbereit" zu verhalten.

Diese Ideen verkörperten die Militärtradition Spaniens. Aus der Sicht der Intellektuellen, die Modernisierung und eine „westliche" Einstellung herbeisehnten und in den literarischen Zirkeln, in den Ateneos, den Freimaurerlogen und in der staatlichen Lehrerschaft heimisch waren, mochten sie überholt erscheinen. Bei den Kadetten, die zum Teil aus alten Offiziersfamilien stammten, verfehlten sie ihre Wirkung jedoch nicht. Die meisten Zöglinge der Akademie sollten Franco in den Bürgerkrieg folgen, und viele vergossen dort ihr Blut.

Parallel zur moralischen Bildung gab es den sehr modernen eigentlichen Unterricht. Die Theorie wurde zugunsten der Praxis zurückgestellt, sie erstreckte sich von der bestmöglichen Ausnützung des Geländes bis hin zu Kletterübungen im Schnee oder Manövern im Gebirge. Der französische Kriegsminister André Maginot, der nach Saragossa kam, um Franco am 19. Oktober 1929 das Kreuz der Ehrenlegion zu überbringen, das er sich in Alhucemas verdient hatte, besichtigte die Akademie und lobte sie in den höchsten Tönen:

„Spanien kann stolz darauf sein, mit seiner Offiziersakademie auf dem neuesten Stand der Technik und der Militärpädagogik zu stehen. General Franco schien mir, trotz seiner Jugend, ein gereifter Kommandant zu sein und ein Schulleiter voll Erfahrung, mit klaren Konzepten und Führungsqualitäten."

Einige Wochen später sollte Franco seine Verbindungen zur französischen Armee noch vertiefen, indem er an der „Ecole supérieure de guerre", der Kriegsschule in Paris, an Seminaren teilnahm. Durch diese Aufenthalte und seine Reise zu den deutschen Militärakademien hatte der junge spanische General Gelegenheit, binnen kurzer Zeit die Ausbildungsmethoden von zwei der besten Armeen Europas kennenzulernen.

Als er nach Spanien zurückkehrte, konnte er wohl kaum ahnen, daß sein Werk schon wenige Monate später von den Unruhen hinweggefegt werden würde, die den Sturz der Monarchie herbeiführen sollten.

Als Alfons XIII. 1923 den friedlichen Staatsstreich Primo de Riveras und der Armee zuließ, hatte er sich die bis dahin herrschende politische Gesellschaftsschicht zum Feind gemacht. Die öffentliche Meinung hingegen hatte auf das Ereignis, das den fruchtlosen politischen Spielereien von Parlament und König ein Ende bereitete, im allgemeinen positiv reagiert.* Primo de Rivera kam außerdem das große Verdienst zu, den Krieg in Marokko zu Ende zu führen, der seit 1909 Spanien soviel Blut und Geld kostete. Er hatte auch die bürgerkriegsähnlichen Unruhen zwischen Anarchisten und Vertretern der Arbeitgeber in Barcelona beendet sowie das sehr mangelhafte Straßennetz erneuert und erweitert. Auch die Wirtschaft war relativ gesund. All dies hätte eigent-

---

* Ortega y Gasset schrieb am 27. November 1923 im „El Sol": „Wenn die Militärbewegung sich mit der öffentlichen Meinung identifizieren und populär sein wollte, dann muß man anerkennen, daß ihr das gelungen ist." – Der Sozialist Ramos-Oliveira schrieb in seiner „Historia de España": „Unabhängig vom Standpunkt betrachtet, stellte die Diktatur einen Fortschritt gegenüber dem dar, was sie abgeschafft hatte."

lich die Macht des Diktators festigen sollen. Nun aber trat genau das Gegenteil ein.

Primo de Rivera hatte die Macht für einen begrenzten Zeitraum an sich gerissen und dafür die Verfassung provisorisch außer Kraft gesetzt. Nun aber wollte er, stolz auf seine Resultate, die Regierungsgewalt nicht mehr abgeben. Damit sicherte er sich die Feindschaft der liberal gesinnten Bourgeoisie einerseits, deren Söhne an den Universitäten agitierten – oft mit Billigung vieler Professoren (zu diesen gehörte der große Schriftsteller Miguel de Unamuno, der auf die Kanarischen Inseln ins Exil geschickt wurde, von dort floh und in Frankreich Zuflucht suchte) – und der Madrider Aristokratie andererseits, die es nicht gerne sah, daß der König von seinem Regierungschef „ausgestochen" wurde. Schlußendlich kam noch der übliche Neid der anderen Generale hinzu. Der alte General Weyler und General Francisco Aguilera hatten 1925 vorgeschlagen, zur Verfassung von 1875 zurückzukehren und vergeblich versucht, die Armee zum Aufstand zu bewegen. Diese „Sanjuanada" war gescheitert, aber dann folgten die Schwierigkeiten mit der Artillerie. Im Grunde genommen hatte sich die Armee gespalten, und diese Spaltung schwächte die Position des Diktators. Die beginnende Weltwirtschaftskrise verschlimmerte noch die Situation.

Zu diesem Zeitpunkt versuchte Primo de Rivera eine Partei nach dem italienischen Modell aufzubauen, die „Patriotische Union", und bildete ein beratendes Gremium, das einen Entwurf für eine neue Verfassung ausarbeitete. Das darin vorgesehene Parlament hätte sich 1930 konstituieren sollen, aber Primo de Rivera, der vom Widerstand der rechten Finanzkreise und vom Schweigen des Königs enttäuscht war, beriet sich mit der Armeespitze über das weitere Vorgehen. Die vagen Antworten, die er erhielt, verdeutlichten ihm seine isolierte Position und bewogen ihn, am 29. Januar 1930 abzudanken und nach Paris zu gehen, wo er wenige Wochen später starb.

Bevor er abtrat, hatte der Diktator dem König geraten, als Nachfolger entweder General Martinez Anido, Barrera oder Dámaso Berenguer, den Kommandanten der Garde, zu ernennen. Alfons XIII. entschied sich für letzteren, um den schwierigen Schritt zurück zu einem verfassungsmäßigen Regime zu vollziehen. Berenguer, der zur Zeit der Eroberung von Chechaouen Erfolge gehabt hatte, war jedoch während des Desasters von Anwal Hochkommissar in Marokko gewesen. Er nahm es Primo de Rivera übel, daß dieser zugelassen hatte, daß ihm, Berenguer, die Verantwortung dafür angelastet wurde – wenn auch nur der Form halber, da er seinen alten Dienstgrad wiederbekam und von Alfons XIII. sogar zum „Conde de Xauen" ernannt wurde. Aus diesen persönlichen Gründen trat er mit Verleumdungen gegen den Diktator auf – wohl auch in der Annahme, die kritischen Kreise so für sich zu gewinnen und sie wieder der Monarchie zuzuführen. Darin irrte er gründlich.

Im Jahre 1923 hatte der König entgegen seiner Verfassungsrede die Diktatur akzeptiert und dann Jahre hindurch an der Seite Primo de Riveras an Paraden teilgenommen. Für einen beträchtlichen Teil der Öffentlichkeit blieb er der Gefährte und Komplize des Diktators, der der Gerechtigkeit halber mit ihm abtreten sollte.

Eine weitere Idee, die Gefahren für die Monarchie barg, breitete sich von den intellektuellen Kreisen ins einfache Volk aus: Die parlamentarische Monarchie war 1923 gestürzt worden, weil sie nicht mehr funktionierte. Die Militärdiktatur ihrerseits war ebenfalls gescheitert. Blieb also nur eine Lösung: die Republik. Im benachbarten Frankreich hatte diese Staatsform beeindruckende Resultate vorzuweisen, wie den Aufbau eines riesigen Kolonialreiches und den Sieg im Ersten Weltkrieg. Wenn Spanien nun vergleichbare Institutionen schaffen würde, könnte es dann nicht ebenfalls diese Regeneration zustande bringen, auf die sich die spanischen Politiker und Denker seit Napoleon Bonaparte immer wieder beriefen?

Berenguer versuchte, die alten Vorsitzenden der Parteien zu einer Zusammenarbeit zu bewegen, stieß aber auf glatte Ablehnung oder auf Verzichtserklärungen. Er hätte gerne ein Parlament wählen lassen, doch mußten dafür zuerst die Wählerlisten auf den letzten Stand gebracht werden. Bis dahin blieb ihm nichts übrig, als das in die Tat umzusetzen, was seine Gegner ironisch als „la dictablanda" bezeichneten („blando" bedeutet schlapp, kraftlos), noch dazu in einer schlimmeren Situation als während der letzten Tage seines Vorgängers. Es sprachen sich nämlich Miguel Maura, der Sohn des früheren Chefs der Konservativen, Niceto Alcalá Zamora, der vormalige Kriegsminister, und Sanchez Guerra, der ehemalige Parlamentspräsident, für die Republik aus. Ein Pakt, der in San Sebastián geschlossen wurde, hatte eine zusammengewürfelte Allianz aus Neo-Republikanern, Sozialisten sowie katalanischen und baskischen Autonomisten zur Folge.

Was dachte Franco angesichts dieser Lage? Später erinnerte er sich, entsetzt gewesen zu sein, wie grob man mit General Primo de Rivera verfuhr. Seiner Meinung nach hatte der Befrieder Marokkos Besseres verdient. Auch zum König stand er absolut loyal. Am 5. Juni 1930 hielt er, im Beisein des Monarchen und seines Ministers, anläßlich der Abmusterungsfeier des Jahrganges eine eindeutig monarchistische Rede und wandte sich an den König mit den Worten: „Ich verspreche Ihnen, Majestät, daß die neuen Kadetten treu zu ihrem Eid stehen werden, weil ihr Credo der Dienst am Vaterland und an ihrem König ist."

Diese Einstellung wurde nicht von der gesamten Armee geteilt. Offiziere aller Dienstgrade, wie die Generale Cabanellas, Gonzalo Queipo de Llano, Nuñez de Prado und López Ochoa, sowie Hauptmann Galán, einer der Helden des Rückzuges auf Chechaouen, dachten an einen republikanischen Putsch. Unter den verbissensten Anhängern der Idee des „pronunciamiento" befand sich auch Ramón Franco, der Flieger und Bruder des Generals. Nach seiner Atlantiküberquerung war er ungemein populär geworden. Zunächst war er nur gegen Primo de Rivera gewesen, dann aber zur Infanterie und anschließend in den Reservestand versetzt worden, und zwar nach dem mißglückten Versuch eines neuen Langstreckenfluges, mit einer anderen Maschine als der dafür vorgesehenen. Diese Strafversetzung bewirkte, daß er sich nun gegen den König und die Monarchie als solche aussprach. Ramón Franco war äußerst aktiv; er reiste von einer Garnison zur anderen, um den Aufstand zu predigen, und da er dabei nicht sehr vorsichtig war, fiel er schon bald der Polizei auf. Leiter der Geheimpolizei war damals General Mola, den diese Funktion zwar nicht begeisterte, der sie aber gewissenhaft versah. Mag sein, daß es ihm widerstrebte, ein Flieger-As festzunehmen, was sicher nicht zur Popularität des Regimes beigetragen hätte, mag sein, daß er der engen Verwandtschaft Ramóns mit seinem alten Kriegskameraden aus den Zeiten des Marokkofeldzugs Rechnung trug: auf jeden Fall versuchte er, den Skandal zu vermeiden. Er informierte Franco und riet ihm, den Aufrührer zu warnen, daß ihm schwere Strafen drohten, wenn er seine Umtriebe nicht beendete.

General Franco reiste persönlich nach Madrid, wo er seinen Bruder am 10. Oktober 1930 traf. Er übermittelte ihm die Warnung Molas, ohne ihn jedoch überzeugen zu können. Da Ramón weiterhin agitierte, ließ ihn Mola aufgrund der neuen Berichte ohne weitere Verzögerung festnehmen. Dem Häftling gelang es allerdings, bald zu fliehen. Er tauchte unter und traf Anstalten, am geplanten Putsch der Republikaner teilzunehmen.

Während die Intellektuellen die Monarchie verbal angriffen – ihr Vordenker Ortega y Gasset veröffentlichte im „El Sol" einen Artikel, der mit den Worten endete: „delenda est monarchia" (die Monarchie muß zerstört werden) –, organisierten die Republikaner den Staatsstreich. Unglücklicherweise glaubte Hauptmann Fermin Galán, daß er das Signal zur Revolte geben könne, die durch einen Generalstreik unterstützt werden sollte. Am 12. Dezember 1930 versuchte er zusammen mit Hauptmann Sediles und Leutnant Abel Garcia Hernández, die Garnison von Jaca in den Aragóner Pyrenäen aufzuwiegeln. Sie rissen ihre Untergebenen zu einem Gewaltmarsch nach Huesca mit, stießen aber auf den Widerstand der dortigen Garnison und gaben schließlich auf.

Als Franco von diesem Putschversuch erfuhr, ließ er seine Kadetten unter Waffen antreten, brauchte sie jedoch nicht ausrücken zu lassen. Er hatte damit aber klar gezeigt, daß seine Loyalität zu Alfons XIII. nicht nur aus leeren Worten bestand.

Trotz dieses Fehlschlags erhob sich Queipo de Llano seinerseits am 16. Dezember in Madrid und bemächtigte sich des Flugfeldes von Cuatro Vientos. Ramón Franco kaperte sogleich ein Flugzeug und überflog den königlichen Palast, den er bombardieren sollte, aber auf der Plaza de Oriente vor dem Palast spielten Kinder, und Ramón befürchtete, sie zu treffen. Also kehrte er zum Flugfeld zurück, dem sich die loyalen Truppen bereits näherten. Den Aufrührern blieb nichts anderes übrig, als nach Portugal zu fliehen. Sie hatten dabei immerhin mehr Glück als Galán und Garcia Hernández, die man verhaftete, durch ein Kriegsgericht zum Tode verurteilte und hinrichtete. So wurde ein Exempel statuiert, um etwaige weitere Meuterer zu warnen, so wurden aber auch Märtyrer für die Republikaner geschaffen, die es nicht verabsäumten, deren Namen bei jeder Gelegenheit in Erinnerung zu rufen und so an das Mitgefühl oder die Entrüstung ihrer Gesinnungsgenossen zu appellieren.

Vor dem Putschversuch von Madrid hatte die Polizei mehrere Politiker – alle Mitglieder des „Revolutionären Komitees" – verhaftet: Alcalá Zamora und Miguel Maura, dann Largo Caballero und Fernando de los Rios und schließlich Casares Quiroga. Dadurch entkamen diese Männer dem Schicksal der „Füsilierten von Jaca": Einige Wochen später wurden sie vor Gericht gestellt und freigesprochen, nachdem sie Anklagereden gegen ein in Agonie befindliches Regime geführt hatten.

Kurz zuvor war in Jaca Hauptmann Sediles, ein Mitverschwörer von Galán, angeklagt worden. Franco wurde in das zuständige Kriegsgericht bestellt, das vom 13. bis zum 16. März 1931 tagte. Sediles wurde zum Tod verurteilt, fünf weitere Angeklagte zu lebenslanger Haft und andere zu unterschiedlich langen Gefängnisstrafen. Admiral Aznar, der Nachfolger von Berenguer, welcher am 12. Februar 1931 zurückgetreten war, hatte jedoch wissen lassen, daß er die Verurteilten vom König begnadigen lassen werde. Der Admiral hatte diesen recht undankbaren Posten auf Bitten des Monarchen angenommen, der zuvor vergeblich versucht hatte, Sánchez Guerra dafür zu gewinnen. Beraten durch den früheren liberalen Parlamentspräsidenten Romanones entschied Aznar, die Gemeinderatswahlen am 12. April abzuhalten, vor den Parlamentswahlen, die für den 12. Juni festgesetzt waren.

Franco war die ganze Zeit mit seinen Kadetten ruhig in der Akademie geblieben, ohne in das politische Chaos einzugreifen. Seine Haltung hatte er schon im Jahre 1928 in einem Interview für die Zeitschrift „Estampa" zum Ausdruck gebracht. Auf die Frage, ob er „politisch" denke, hatte er geantwortet: „Ich bin Soldat." Als Offizier, der dem König Treue geschworen hatte, war er über den Untergang der Monarchie gewiß betrübt, aber er äußerte sich nicht dazu.

Am 12. April ging er zur Wahl und begab sich dann wieder in sein Büro in der Militärakademie. Dort konnte er den Resultaten, die aus den großen Städten einlangten, entnehmen, wie schwer die Niederlage der Regierung ausfiel. Die großen Städte, mit Ausnahme von Burgos und Cádiz, wählten alle republikanisch.

Nun stellte sich die Frage: Was würde der König tun?

2. Kapitel

DAS REPUBLIKANISCHE EXPERIMENT

Die Republikaner hatten in den großen Städten gesiegt, aber die Monarchisten behielten die Mehrheit im Großteil der Gemeinden. Historiker jonglieren – in Ermangelung vollständiger offizieller Resultate – mit unterschiedlichen Zahlen, obwohl sie alle eingestehen, daß die Bevölkerung auf dem Land und in den kleinen Städten für die royalistischen Kandidaten gestimmt hat. Die Republikaner behaupteten jedoch, daß dieser Erfolg größtenteils auf den massiven Einfluß der lokalen politischen Honoratioren und der Großgrundbesitzer zurückzuführen sei. Folglich seien auch nur die Resultate in den Großstädten wirklich relevant und zeigten die wahre öffentliche Meinung.

Auf jeden Fall versetzte diese Niederlage in den Städten den König und seine Berater in Bestürzung. Jetzt war klar, daß viele Gemäßigte ins republikanische Lager übergewechselt waren oder sich der Stimme enthalten hatten. Ein anderer Faktor scheint noch entscheidender gewesen zu sein als die Desavouierung durch die Stadtbewohner: die Agitation der republikanischen Massen, besonders in Madrid selbst. Große Menschenmengen überfluteten die Straßen im Zentrum, wie die Puerta del Sol in der Nähe des Palastes, und bejubelten die Republik. Alfons XIII., der kein Blut vergießen wollte, befand sich zwischen den Befürwortern des Widerstands und jenen Kräften, die, wie Romanones, ihm zur Abdankung rieten, im Zwiespalt.

Der Einsatz von Waffen hätte Bürgerkrieg bedeutet. Zu dessen Führung hätte man der Treue der Polizei- und Armeeverbände sicher sein müssen. Nun hatte aber General Berenguer, der im Kabinett seines Nachfolgers Kriegsminister geworden war, ohne vorherige Beratung mit König und Regierung ein Rundschreiben an die Generalkapitäne der Provinzen geschickt, in dem er sie aufforderte, sich dem Volkswillen zu beugen. Die Aufrechterhaltung der Ordnung war somit ausschließlich Sache der Guardia Civil.

Doch deren Chef wiederum, General Sanjurjo, der Sieger des Marokkokriegs, hatte den König wissen lassen, daß er im Falle von schweren Unruhen für die Treue seiner Männer keine Garantie geben könne. Das bedeutete für die Monarchie endgültig den Gnadenstoß. Der König beauftragte den Conde de Romanones, mit dem Vertreter des Revolutionskomitees, Alcalá Zamora, Verhandlungen aufzunehmen. Dieser setzte sich um so leichter durch, als man in Vigo bereits die Republik und in Barcelona sogar die Katalanische Republik ausgerufen hatte. Außerdem verhandelten verschiedene Zivilgouverneure mit den Republikanern. Man einigte sich darauf, daß der König nach Cartagena reisen würde, von wo ihn ein Schiff nach Frankreich bringen sollte. Alfons XIII. erklärte in einer Proklamation, daß er sich zurückziehe, da er nicht mehr die Liebe seines Volkes genieße. Dies verstand er aber nicht als Abdankung, sondern nur als Unterbrechung seiner Herrschaft. Vielleicht dachte er, daß sich die Zweite Republik als genauso manövrierunfähig erweisen werde wie die Erste und daß dann die Stunde der Monarchie wieder schlagen werde. Auf jeden Fall aber machte er jenen Verschwörern Platz, die er noch wenige Wochen zuvor in seinen Gefängnissen eingesperrt gehalten hatte.

Es kann nicht bestritten werden, daß ein Großteil der spanischen Bevölkerung annahm, ein Regimewechsel werde die Nation glücklicher machen. Franco selbst sagt es in den Notizen, die er für eventuelle Memoiren anlegte: „Man muß eingestehen, daß die Begeisterung groß war, mit der weite Teile der Bevölkerung die Republik aufgenommen haben, die eigentlich niemand erwartet hatte und die das direkte Resultat der politischen Fehler war, welche die monarchistischen Parteien im Laufe der letzten Jahre begangen haben."

Man könnte die Zweite Republik Spaniens mit der Zweiten Republik in Frankreich vergleichen: derselbe Optimismus, dieselben Illusionen und der enthusiastische Beginn des Abenteuers, das mit Enttäuschung und Bürgerkrieg endete.

Die Übergangsregierung war eine kuriose Mischung aus noch konservativen Ex-Monarchisten, wie Präsident Alcalá Zamora und Miguel Maura, der Sohn des verstorbenen Konservativenführers – jenes Mannes, der im Jahre 1909 der blutigen Woche von Barcelona ein Ende bereitet hatte –, aus Sozialisten, wie Indalecio Prieto, Francisco Largo Caballero und Fernando de los Rios, aus katalanischen Separatisten und dazu alten Republikanern wie Alejandro Lerroux, dem Großmeister der spanischen Freimaurer, Diego Martinez Barrios und Manuel Azaña, dem Präsidenten des Ateneo de Madrid, einer intellektuellen Vereinigung, wie es sie in Frankreich 1789 gegeben hatte.

Mit Ausnahme von Alcalá Zamora hatte keiner dieser Männer Erfahrung mit der Macht. Prieto, den man zum Finanzminister machte, gab zu, daß er nichts von diesem Ressort verstehe. In seinen politischen Memoiren bedachte Azaña seine Kollegen mit einer Flut von verachtungsvollen Bezeichnungen. Lerroux schrieb, allerdings nachdem die Republik gescheitert war: „Als die Republik die Oberhand gewann, übrigens eher deshalb, weil ihre Gegner aufgaben als durch energische und kluge Leistungen ihrer Anhänger, litt die Demokratie in Spanien daran, daß keine Männer da waren, Männer, Männer im hierarchischen Sinne des Wortes: Führer, Leiter, Staatschefs."

Als einziges verband sie ihre Feindseligkeit gegen Alfons XIII. und die Monarchie im allgemeinen, ihr Mißtrauen gegenüber der Armee und – bei den meisten – der feste Wille, Kirche und Religion aus dem politischen Leben (für einige auch aus dem normalen Leben) zu tilgen, damit Spanien den Weg des Fortschritts beschreiten könne. Diese Politiker bezogen ihre Denkmodelle aus der Französischen Revolution und aus der antiklerikalen Periode der Dritten französischen Republik. Dies mußte sie unweigerlich mit jenem großen Teil der Nation in Konflikt bringen, der der katholischen Kirche nach wie vor verbunden war.

Franco hatte in Saragossa von den Ereignissen in Madrid erfahren, zuerst durch das Rundschreiben Berenguers, dann durch einen Telefonanruf von Millán Astray, der ihm die Erklärung Sanjurjos mitgeteilt hatte. General Agustin Garcia Morato, dem der Generalkapitän von Saragossa, Fernández Heredia, das Kommando übertragen hatte, um nicht der Übergangsregierung gehorchen zu müssen, hatte Franco aufgefordert, auf der Militärakademie die Fahne der Republik zu hissen. Franco verschanzte sich jedoch hinter den Vorschriften und verlangte einen schriftlichen Befehl. So mußte man erst auf den neuen Generalkapitän und auf dessen Befehl warten, damit Franco die Trikolore (rot-gelb-violett) anstelle der zweifarbigen Flagge der Monarchie aufziehen ließ. Die Berufung auf die Vorschriften konnte die wahren Gefühle des Akademiekommandanten nur schwach tarnen. Bereits am 15. April hatte er aber in einer Rede, in der den Kadetten das neue Regime angekündigt wurde, die Haltung des Offiziers beschworen:

„In diesem Augenblick, da die Republik ausgerufen worden ist… haben alle die Pflicht, mit Disziplin und Festigkeit zusammenzustehen, damit Friede herrsche und die Nation auf den Weg des Rechts geleitet werde.

An dieser Stätte haben stets Disziplin und strenge Pflichterfüllung geherrscht. Beides ist heute notwendiger denn je, und die Armee muß gelassen und einig alle Bedenken und Ideen dem Wohl der Nation und dem inneren Frieden des Vaterlandes opfern."

Wie immer urteilte er als Soldat, als er zur Disziplin aufrief. Aber vermutlich fragte sich Franco dennoch, was aus der Armee werden würde, wenn einige der neuen Führer Spaniens, ja, mehr noch, die sozialen Schichten, auf die sie sich stützten, diese Armee in der Vergangenheit im Zusammenhang mit dem Marokkokrieg so heftig angegriffen hatten. Und was sollte aus Marokko werden?

Der Ehrenkodex, der den Spaniern sosehr am Herzen liegt, verlangte von Franco, daß er den abgesetzten König nicht im Stich ließ und bei den neuen Herren Spaniens nicht um Posten bettelte. Drei Tage nach Ausrufung der Republik hatte die Zeitschrift „ABC" gemeldet, daß Franco zum Hochkommissar in Marokko bestellt würde. Er widersprach dieser Fehlmeldung sofort:

„Die Übergangsregierung, die jetzt die Republik führt, kann nicht daran gedacht haben. Ich sollte keine Position annehmen, die als Zeichen einer gewissen früheren Willfährigkeit gegenüber dem eben etablierten Regime interpretiert werden könnte oder als Folge auch nur der geringsten Nachlässigkeit oder Zurückhaltung in der Erfüllung meiner Pflichten oder der Loyalität, die ich bis gestern in der Monarchie gegenüber den Repräsentanten der Nation haben mußte und auch hatte. Andererseits habe ich wie bisher den festen Vorsatz, die nationale Souveränität zu respektieren, und ich hege den Wunsch, daß diese, innerhalb der angemessenen rechtlichen Bahnen, ihren Ausdruck finde."

Ein solcher Text konnte Franco in den Augen der Republikaner, die schon innerhalb ihrer vergangenen Auseinandersetzungen eine Säuberung der Armeespitze befürwortet hatten, nur suspekt erscheinen lassen. Dies widerlegt die Behauptung jener Historiker, die Franco als Streber darstellen, der nur seine Karriere im Sinn hatte. Sein Brief an „ABC" konnte sich auf seine Laufbahn äußerst negativ auswirken, und Franco war sich gewiß darüber im klaren. Dennoch ging er das Risiko ein.

Die Heeresreform, welche die Regierung durchführte, noch ehe die Verfassung vorlag, war das Werk des wichtigsten Politikers der Republik, des Linksliberalen Manuel Azaña. Er war vermutlich der Minister mit der bedeutendsten Persönlichkeit – kultiviert, ein guter Schriftsteller und ein glänzender Redner, aber voll Verachtung für die meisten Menschen, auch für die anderen Kabinettsmitglieder. Während des Ersten Weltkrieges war er in Frankreich gewesen und hatte sich für die militärischen Operationen und die verschiedenen Armeen interessiert. Dies mag der Grund für seine Betrauung mit dem Heeresressort gewesen sein. Jetzt, da der Krieg in Marokko beendet war, hatte die spanische Armee gewisse Reformen nötig. Azaña nahm sie in Angriff, zerstörte dabei jedoch gleichzeitig die traditionellen Institutionen. In seiner Rede am 2. Dezember 1931 vor den Cortes zählte er selbst die Ergebnisse seines Kahlschlags auf:

„Es war nötig, die Anzahl der Einheiten in drastischer Weise auf weniger als die Hälfte zu reduzieren. Die Armee zählte 21.000 Offiziere, es bleiben rund 8.000 übrig. Es gab 15 Divisionen, jetzt sind es acht. Es gab acht oder zehn Generalkapitäne, nun gibt es keinen mehr, das heißt, es gibt noch vier oder fünf, deren Dienstzeit auslaufen darf. Es gab etwas über fünfzig Divisiongenerale, davon sind nun noch 21 übrig. Die Armee zählte über 100 Brigadegenerale, jetzt sind es ungefähr 40. In diesem Umfang ist die einschneidende Reduzierung der Armee durchgeführt worden." Wenn die Offiziere freiwillig ausschieden, konnten sie bei voller, ihrem Dienstgrad entsprechender Besoldung den Abschied nehmen.

Mit einem Federstrich löste Azaña die hohen Institutionen der Militärgerichtsbarkeit auf und schuf am Höchstgericht eine spezielle Kammer für Heeresangelegenheiten. Zum Schluß schloß er die Militärakademie in Saragossa. Er sah vor, das Offizierskorps aus den Mannschaftsdienstgraden zu ergänzen, um republikanische Offiziere zur Verfügung zu haben, die aus dem einfachen Volk kamen statt aus der Mittelschicht, die, wie bisher, von der Republik nicht sehr viel hielt.

Franco war durch diese Reformen unmittelbar betroffen, fand sich aber zunächst mit den Tatsachen ab. Als Azaña von den Offizieren verlangte, daß alle – Mann für Mann – die Republik anerkennen sollten, folgte er dieser Aufforderung, da er weiterhin Soldat bleiben wollte. Die Abschaffung der Akademie hingegen bestürzte ihn zutiefst. Als er am 25. April den Befehl erhielt, keine Aufnahmsprüfungen für den nächsten Jahrgang zu organisieren, versuchte er, den Minister zu überzeugen, daß dieser einen Fehler begehe – vergebens.

Am 14. Juli 1931, dem Tag der konstituierenden Sitzung der Cortes in

Madrid, hielt Franco den Appell zur Schließung der Schule. In seiner Ansprache sagte er: „Ich hätte mir gewünscht, diese Zeremonie mit der gleichen Feierlichkeit zu begehen, wie es in den letzten Jahren geschah, als wir zu den Klängen der Nationalhymne unsere Fahne hißten, aber das Fehlen einer offiziellen Fahne beeinträchtigt unsere Feier." Dann rief er die geleistete Arbeit in Erinnerung und fuhr fort: „Wir müssen den Schmerz, den wir über den Verlust unseres Werkes empfinden, für uns behalten und daran denken, daß man zwar die Maschine zerstört, das Werk aber bleibt: unser Werk, das seid Ihr." Er forderte die Kadetten auf, den militärischen Tugenden treu zu bleiben, und kam dann wieder auf seine Maxime der Aufrechterhaltung der Disziplin zurück: „Hat man etwa kein Verdienst, wenn einem die Überlegung das Gegenteil von dem rät, was die Befehle verlangen, wenn das Herz kämpft, um sich in innerer Rebellion zu erheben, oder wenn die Willkür und der Fehler einhergehen mit dem Kommando?" Dann beendete er seine Rede mit einem tönenden: „Es lebe Spanien!" unterließ es jedoch, „Es lebe die Republik!" auszurufen.

Die Ansprache des Generals wurde von den Anwesenden mit Jubelrufen begrüßt, dem Ministerium gefiel sie jedoch weniger. Franco erhielt eine Zurechtweisung, die in seiner Akte vermerkt wurde, weil seine Worte „einen Tadel für bestimmte Maßnahmen der Regierung enthielt und wenig Respekt vor der Disziplin zeigten".

Am 21. August erschien Franco, der sich einstweilen zur Verfügung zu halten hatte, befehlsgemäß im Büro von Azaña. Dieser vermerkte in seinem Tagebuch, daß er den General freundlich empfing und ihn vor seinen „Freunden und Bewunderern" warnte. Franco versicherte ihn seiner Loyalität gegenüber der Republik als legitime Nachfolgerin der Monarchie und brachte dann wieder die Abschaffung der Akademie zur Sprache, ohne jedoch Azaña überzeugen zu können. Dieser gab ihm zu verstehen, daß die Schule im Ministerium – sprich: bei seinen militärischen Beratern – auf starke Opposition stieße. Diese Berater hatten sehr großen Einfluß auf die Maßnahmen, die Azaña ergriff, um die Armee zu demokratisieren.

Azaña berichtete: „Als ich durchblicken ließ, daß ich ihn, wenn die Verhältnisse anders wären, gerne wieder verpflichten würde, antwortete er mir, daß man ihm zu dienstlichen Zwecken wohl auch wieder einen Polizisten zuteilen würde, der ihm überallhin im Auto folgte."

Der Minister steckte den Hieb ein. Als Franco gegangen war, verfluchte er die ungeschickte Polizei und hob die Überwachung des Generals auf. Diese war auch wirklich nicht notwendig. Franco zog sich nach Oviedo zurück und führte ein unauffälliges Leben. Er las viel, bildete sich weiter und beobachtete die folgenden Abläufe bis zu dem Tag, an dem er wieder ein Kommando erhielt.

Die Ereignisse waren allerdings beunruhigend. Am 14. April hatten die Spanier von einer Republik nach Athener Modell geträumt, in der alle Bürger in Brüderlichkeit leben und ihre Lebensbedingungen verbessern könnten. Bereits am 11. Mai, weniger als einem Monat nach der Abreise des Königs, war es in Madrid zu gewaltsamen Zwischenfällen gekommen. Die Menge hatte die Jesuitenkirche San Francisco de Borgia in Brand gesteckt. Innenminister Maura, der die Verstärkung der Polizeikräfte forderte, erhielt von einem Ministerkollegen die Antwort: „Alle Klöster Spaniens zusammen sind nicht soviel wert wie das Leben eines Republikaners." Hochrangige Persönlichkeiten des Klerus boten der Regierung ihre Zusammenarbeit an, als Gegenleistung für die Garantie des Staates, daß die Kirche weiterhin ihren Auftrag erfüllen dürfe. Die Antwort der Republikaner bestand in der Abschiebung des Erzbischofs von Toledo, Kardinal Pedro Segura, der, zugegeben, dem Regime äußerst feindselig gegenüberstand, und in der Entfernung der Kruzifixe aus den Schulen.

Die Wahlen zum Parlament, zu denen die Monarchisten nicht angetreten waren, hatten der Linken eine klare Mehrheit gebracht. Die Sozialisten waren mit 117 Sitzen stimmenstärkste Partei, vor den Radikalen* Lerrouxs und den Radikalen Sozialisten. Danach folgte eine Vielzahl kleiner Gruppierungen, etwa die „Intellekuellen im Dienste Spaniens", unter ihren 14 Mandataren waren Köpfe wie Marañon, Perez de Ayala, Ortega y Gasset und Miguel de Unamuno, die allesamt zur Elite des spanischen Geisteslebens gehörten. Diese altgedienten Republikaner wollten, daß die Führung der Republik an die „Reinen" falle und nicht an diejenigen, die erst im letzten Moment zur Mehrheit gestoßen waren. Zeitweise hatte es den Anschein, als führten diese Männer, die von der Geschichte der Französischen Revolution so eingenommen waren, ein

---

* „Radikale" ist in den romanischen Ländern oft die Bezeichnung für liberale Mitte-Parteien; das Wort leitet sich von „radix", Wurzel, ab.

historisches Theaterstück auf, in dem sie die Rollen der „großen Vorväter" des Nachbarlandes spielten. Auch verliehen sie dem neuen Regime einen fanatischen Zug, der unweigerlich einen großen Teil des Volkes gegen sie aufbringen mußte und den Zusammenstoß der „zwei Spanien" unvermeidbar machte. Azaña, der am 31. Oktober 1931 neuer Regierungschef geworden war, löschte den Katholizismus in kürzester Zeit als Staatsreligion aus, indem er das Konkordat beseitigte, den Jesuitenorden verbot, das kirchliche Schulwesen zerschlug, jede Zahlung an den geistlichen Stand einstellte und die Scheidung erleichterte.

War dieses Regime fähig, die soziale Revolution zu bremsen, wie sie von den Anarchisten gefordert wurde, deren Macht, angesichts der Mitgliederzahlen der Gewerkschaft CNT, so offensichtlich war? So sicher war das nicht. Die Republik reagierte schwach und spät, als Kirchen und Klöster in den Städten bereits brannten. In den ländlichen Gebieten Andalusiens und der Estremadura ließen Bauernaufstände tiefe Not erkennen. Am 31. Dezember hatten die Dorfbewohner von Castilblanco einen Korporal und drei Gemeine der Guardia Civil gesteinigt. Azaña hatte zwar eine besondere Polizeitruppe gebildet, die Guardia de Asalto, um die Ordnung aufrechtzuerhalten, aber diese Maßnahme brachte keine wirkliche Beruhigung. Außerdem ließen die Fehden über den Autonomiestatus Kataloniens und des Baskenlandes Befürchtungen aufkommen, Spanien könnte völlig auseinanderbrechen. Unter diesen Umständen hatten sich einige Militärs gefragt, ob es nicht besser wäre, nach der Tradition der „pronunciamientos" einzugreifen und ein Experiment zu beenden, das sie für unheilvoll hielten. Hinzu kam noch ihr Ärger über die radikalen Reformen Azañas im Heeresbereich. Zum Kreis der Unzufriedenen zählten Sanjurjo, der von der Spitze der Guardia Civil zu den Carabineros, der Grenzpolizei, versetzt worden war, sowie Goded und Varela, die sich zuvor im Marokkofeldzug ausgezeichnet hatten. Dabei waren ihre politischen Wege durchaus verschieden.

Sanjurjo hatte eine wichtige Rolle bei der Abreise des Königs gespielt, Goded hatte Primo de Rivera in den letzten Jahren seiner Diktatur bekämpft, und Varela war Monarchist geblieben. Was sie verband, waren der Groll und die Befürchtung, die Lage könnte sich noch verschlimmern, so nicht bald jemand Einhalt gebieten würde.

Franco hat zwar geleugnet, zur Teilnahme an der Verschwörung eingeladen worden zu sein, doch viel später, im Jahre 1957, erzählte er seinem Vetter, er sei nach Madrid gereist, um das Pferd abzuholen, das ihm rangmäßig zustand. Dabei habe er Sanjurjo und Varela getroffen; sie hätten miteinander gespeist, und bei diesem Essen habe er ihnen erklärt, der König habe das Land freiwillig verlassen, und die Republik sei nun das legitime Regime. Er, Franco, bleibe dem neuen Regime treu, „ohne auch nur an irgendeine Form von Verschwörung zu denken".

Tatsächlich hielt sich Franco während des Putschversuchs vom 10. August 1932, der in Madrid scheiterte und in Sevilla, wo sich Sanjurjo aufhielt, gelang (sich aber nicht ausbreitete), vom Geschehen abseits. Sanjurjos Brigade blieb der Republik treu, wie übrigens der größte Teil der Armee, und allein auf sich gestellt, mußte er seine Pläne aufgeben. Er versuchte, nach Portugal zu entkommen, wurde aber unterwegs festgenommen, vor Gericht gestellt und zum Tod verurteilt. Alcalá Zamora, der Präsident der Republik geworden war, begnadigte ihn, da er keinen Märtyrer schaffen wollte. Der Sieger des Rif wurde ins Bagno verbannt, und Azaña nutzte mit der Hilfe der Sozialisten die Gelegenheit, Armee und Verwaltung weiter zu säubern und die spanischen Granden zu enteignen. Die Nichteinmischung Francos hatte Azaña offensichtlich beeindruckt. Am 17. und 18. September 1932 war der Regierungschef in La Coruña. Fotos zeigen einen sehr ernsten Franco neben dem lächelnden Azaña. Der General blieb auch dem Fest zu Ehren von Azaña und dessen Begleiter Casares Quiroga fern, wofür er eine leichte Erkrankung seiner Frau als Grund angab. Der Regierungschef schien dies nicht als Beleidigung aufzufassen. Am 15. Februar 1933 ernannte er Franco zum Befehlshaber der Streitkräfte auf den Balearen – ein Posten, der eigentlich mit einem Divisionär hätte besetzt werden sollen. Aber nicht nur diese Beförderung unterblieb, es wurde auch ein Dekret verabschiedet, demgemäß Avancements aufgrund von Kriegsverdiensten für ungültig erklärt wurden. Dies brachte Franco vom 1. Rang der Brigadiere auf den 24. Als General Vera den Regierungschef von der Verstimmung Francos in Kenntnis setzte, antwortete Azaña nur: „Das ist das wenigste, das ihm zustoßen konnte. Ich dachte lange Zeit, er würde viel tiefer fallen." Dennoch kam Franco, immer im Einklang mit den Vorschriften, zu seinem Minister und unterhielt sich mit ihm über seinen neuen Posten, ohne jemals die streng militärischen Themen zu verlassen.

Auf den Balearen atmete Franco auf. Er war den Intrigen Madrids entkommen und konnte in Ruhe arbeiten. Und an Arbeit mangelte es wahrlich nicht. In einer Zeit der Spannungen im Mittelmeer, wo die Ansprüche Mussolinis auf ein neues „Mare nostrum" mit dem britischen Imperialismus kollidierten, war die strategisch wichtige spanische Inselgruppe nur unzureichend auf einen Angriff vorbereitet. Die Verteidigungsanlagen waren veraltet und teilweise ungünstig postiert. Franco beschloß, alles selbst zu inspizieren. In Begleitung einiger Offiziere unternahm er lange Wanderungen, teils zu Fuß, teils beritten, und machte Notizen, die es ihm erlaubten, Verteidigungspläne auszuarbeiten. Diese Pläne sollten sich wenig später, im Bürgerkrieg, für die Verteidiger der Inseln als sehr nützlich erweisen.

Während Franco sich diesen unscheinbaren Aufgaben widmete, drehte sich das Rad der Politik in Spanien weiter. Die weltweite Wirtschaftskrise und der Vertrauensschwund gegenüber der Regierung, die daraus resultierende Arbeitslosigkeit, die unsicheren Zustände in den Städten sowie die Bauernaufstände in den südlichen Provinzen entmutigten viele Bürger.

Die Öffentlichkeit war entsetzt über das tragische Ereignis von Casas Viejas in der Provinz von Cádiz, wo Einsatztrupps der Bereitschaftspolizei das Haus des Anarchisten Seis Dedos, in dem sich einige Gesinnungsgenossen mit zwei Frauen und einem Kind verschanzt hielten, angezündet und so alle Insassen und einige Dorfbewohner getötet hatten. Der Kommandant der Aktion, Hauptmann Rojas, versuchte sich zu rechtfertigen, indem er sich auf die erhaltenen Befehle berief. Dies bewirkte sofort, daß man Azaña als Despoten bezeichnete. Die meisten Abgeordneten hielten zu ihm, aber das Kabinett sah sich in Hinkunft den Angriffen der Rechtsrepublikaner von Lerroux, der Rechten im Parlament und der Anarchisten auf der Straße ausgesetzt.

Die Furcht vor der Revolution rüttelte auch das rechte Lager auf. Die Katholiken bildeten die CEDA (Spanischer Bund Autonomer Rechtsparteien), welche unter der Führung von Gil Robles massiven Zulauf erhielt. Monarchistische Elemente hingegen verbündeten sich in der „Renovación Espanola".

Nachwahlen, bei denen die Opposition Triumphe feierte, zeigten deutlich den neuen Kurs. Präsident Alcalá Zamora, ein konservativer Jurist mit blumiger Beredsamkeit, mißbilligte insgeheim die Politik der Regierung. Er nützte die Gelegenheit, die sich nun bot. Azaña wurde durch Martinez Barrios ersetzt, der kurz zuvor eine flammende Anklagerede gegen den Regierungschef gehalten hatte, in der er ihm vorgeworfen hatte, Spanien nichts als „Blut, Schlamm und Tränen" gebracht zu haben. Martinez Barrios, eine hochrangige Persönlichkeit der Freimaurer, aber politisch gemäßigter als Azaña, wußte, daß er im Parlament keine Mehrheit hatte, und löste es auf.

Die Wahlen vom November 1933 brachten eine deutliche Mehrheit für die Parteien der Mitte und des konservativen Flügels, die zusammen 5,190.881 Stimmen gegen 2,820.139 Stimmen für die Linke erhielten. Zwei Elemente hatten zu diesem Umschwung in der Politik Spaniens beigetragen.

Zum erstenmal stand Frauen das Wahlrecht zu, und sie hatten dieses Recht auch in hohem Ausmaß genützt. Da die meisten von ihnen katholisch waren, hatten sie gegen Azaña gestimmt. Darüber hinaus hatten es die Anarchisten abgelehnt, an dieser Auseinandersetzung bürgerlicher Parteien teilzunehmen. Die katholische Rechte hatte also leichtes Spiel, die Wahlen mit großem Vorsprung für sich zu entscheiden.

Das neue Parlament zählte u. a. 116 Abgeordnete der katholischen Volksaktion von Gil Robles, 18 Konservative, 20 karlistische Traditionalisten, 15 Mitglieder der monarchistischen Renovación Española, 102 Radikale von Lerroux, 50 Sozialisten, 1 Kommunisten, 12 baskische Nationalisten, 26 Mitglieder der Katalanischen Liga (rechtsgerichtete katalanische Nationalisten), 18 der „Esquerra Republicana" (linkskatalanische Republikaner), 3 der Katalanischen Sozialistischen Union sowie einige Vertreter kleinerer Gruppierungen. Die Rechte war zahlenmäßig im Vorteil, aber nicht geeint. Präsident Alcalá Zamora zog es vor, den Chef der Radikalen, Lerroux, zum Regierungschef zu bestellen, einst ein ungestümer Agitator, den die Jahre zwar moderater gemacht hatten, dessen republikanische Überzeugungen aber nach wie vor unumstößlich waren. Martinez Barrios erhielt das Kriegsministerium. Beide waren Freimaurer und benötigten die Unterstützung der Katholiken, um sich halten zu können und einer immer ungezügelteren Aufwiegelung in Bauern- und Arbeiterkreisen entgegenzutreten. Bombenexplosionen, Pistolenattentate, politische Manifeste und Streiks waren an der Tagesordnung. Der liberale Staat schien unfähig, die Ordnung aufrechtzuerhalten.

So mancher dachte, man müsse eine andere Lösung finden. Und so geschah es, daß im November 1933 ein Sohn von General Primo de Rivera, José Antonio, ein bedeutender Anwalt, der die politische Arena betreten hatte, um das Andenken seines Vaters zu verteidigen, im Theater des Lustspiels zu Madrid eine Rede hielt, in der er die Geburt einer neuen politischen Bewegung verkündete: der „spanischen Phalanx". Die „Falange Española" sollte mit allen Mitteln die bedrohten nationalen und geistigen Werte Spaniens bewahren und eine soziale Revolution unter dem Zeichen des National-Syndikalismus durchführen. Diese Suche nach einer Synthese aus nationalen und sozialen Werten kennzeichnete in den dreißiger Jahren viele Länder Europas. Die Furcht vor dem Kommunismus, der seit der bolschewistischen Revolution von 1917 weltweite Ausbreitung anstrebte, die Skepsis am Funktionieren parlamentarischer Systeme, die sich weltweit als unfähig erwiesen hatten, die Wirtschaft wiederaufzurichten und denen man nicht zutraute, der sowjetischen Gefahr zu widerstehen, die durch den Weltkrieg im höchsten Grad aufgebrachten Nationalismen, die Idee eines „Führers", der – wie die Oberkommandierenden im Krieg – das Land in Friedenszeiten lenken sollte, all das hatte ein Konglomerat an Ideen und emotionellen Reaktionen hervorgebracht, das man fälschlicherweise unter dem Namen der Bewegung Mussolinis zusammenfaßt: dem „Faschismus". In gewissen Punkten war die Falange mit dieser allgemeinen Bewegung verbunden, und José Antonio machte aus seiner Bewunderung für den Duce auch kein Hehl. In anderen Bereichen war er vom spanischen Katholizismus geprägt – „der Mensch ist Träger universeller Werte" – und entfernte sich von der Bewunderung eines Mussolini für Nietzsche und von den Anschauungen eines Adolf Hitler.

Im Umfeld der spanischen Republik, in der die Auseinandersetzungen eher den ideologischen Konflikten des 19. Jahrhunderts ähnelten, stellten die Worte José Antonios etwas völlig Neues dar, genauso wie der Kommunismus am anderen Ende des politischen Spektrums. Die Falange zog so manch jungen Spanier in ihren Bann: „señoritos" – also Aristokraten – oder „bourgeois", wie sie von ihren Gegnern spöttisch bezeichnet wurden, aber auch junge Studenten und Arbeiter. Noch war die Falange eine Minderheit, doch ihre Gegner erkannten ihr Potential, und schon bald hatten ihre Zusammenstöße mit der extremen Linken die ersten Verluste an Menschenleben zur Folge.

Franco hielt sich aus diesen Zwisten, die ihn beunruhigten, völlig heraus. Im Februar 1934 reiste er zu einer medizinischen Untersuchung nach Madrid, wegen seiner früheren Verwundung in El Blutz. Gleichzeitig kam auch seine Mutter in die Hauptstadt, um an einer Pilgerfahrt nach Rom teilzunehmen. Es sollte jedoch anders kommen. Doña Pilar erkrankte plötzlich schwer; eine Lungenentzündung in Verbindung mit einem Gehirnschlag raffte sie dahin. Es besteht kein Zweifel, daß der Verlust dieser musterhaften Katholikin, die ihn so stark beeinflußt hatte, Franco zutiefst betrübte.

Während seines Aufenthalts in Madrid hatte er dem neuen Kriegsminister den vorschriftsmäßigen Besuch abgestattet. Im Kabinett Lerroux hatte Diego Hidalgo Duran dieses Amt von Martinez Barrios übernommen. Hidalgo war ein liberaler Notar aus Madrid, der dem allzu forschen Soldaten nicht so mißtrauisch gegenüberstand wie Azaña. Francos Bericht über die Lage auf den Balearen beeindruckte ihn, und seine Akte bewies ihm den Wert des jungen Offiziers. Hidalgo beförderte Franco zum Divisiongeneral, sobald ein Posten frei wurde. Dieser Rang war seit Azañas Reform der höchste in der spanischen Armee.

Im Juni begab sich der Minister in Begleitung von Präsident Zamora auf die Balearen, um Flottenmanövern beizuwohnen. Die Gespräche, die er mit Franco führte, vertieften nur noch seine Wertschätzung für den General. Später schrieb er: „Franco vereinigt in hohem Maße alle militärischen Tugenden auf sich, und seine Tatkraft, seine Leistungsfähigkeit, seine Intelligenz und seine Kultur stehen immer im Dienst der Armee… Die Gespräche, die ich bei meinem Aufenthalt auf den Balearen mit ihm über militärische Themen führte, offenbarten mir außerdem seine außergewöhnlichen Kenntnisse auf diesem Gebiet… Franco versteht es, sich weiterzubilden. Heute kann man behaupten, daß es für diesen Offizier in der Kriegskunst, die vom Menschen in den Rang einer Wissenschaft erhoben wurde, keine Geheimnisse mehr gibt… Er ist kein sprachgewandter Plauderer, sondern bringt die Probleme zur Sprache, die er dann von der Theorie in die Praxis umsetzt… Er kümmert sich herzlich um alles, was den Soldaten direkt betrifft, seine Moral und seinen Geist.“

Als derselbe Diego Hidalgo während des Spanischen Bürgerkriegs als Flüchtling in London weilte, erzählte er in einem Interview für den „Sunday Express" eine Anekdote, die Francos Grundeinstellung verdeutlicht. Am Ende seines Aufenthalts auf den Inseln bat der Minister, alle Strafen in der Garnison aufzuheben. Der General sagte dies zu – mit Ausnahme der Maßnahmen gegen einen Offizier, der einen Soldaten geohrfeigt hatte, was Franco als einen der schwersten Fehler ansah, die ein Vorgesetzter nur begehen kann. Der Minister war mit der Entscheidung einverstanden und gratulierte dem General dazu.

Gegen Ende des Sommers berief Hidalgo, der sein Ressort in der Regierung Samper behalten hatte, Franco als Helfer bei den Herbstmanövern in den Bergen von León zu sich. Diese Zusammenarbeit dürfte dem Minister gefallen haben, denn sie sollte sich wiederholen – dann allerdings unter dramatischen Umständen.

Die Linke eröffnet die Ära der Bürgerkriege

Spaniens Linke hatte ihre Niederlage bei den Wahlen im November 1933 nur unter Zähneknirschen akzeptiert. Sie sah die Republik als ihr Werk an. Die Reaktionäre – und für sie waren Lerroux, Martinez Barrios und Hidalgo genauso Reaktionäre wie Präsident Alcalá Zamora und die Leute der CEDA – hatten sie ihr entrissen. Die völlige Kehrtwendung der Politik durch das Kabinett Lerroux verbitterte, gerade in der Frage der Bodenreform, auch breitere Massen. Für die Linke blieb nur eine Option: die Macht zurückzuerobern, notfalls mit Gewalt.

Diese Auffassung war besonders stark unter den Sozialisten ausgeprägt. Wie so oft, gab es in ihrer Partei gleichzeitig verschiedene Strömungen. Im Jahr 1934 war die stärkste unter diesen die von Largo Caballero, einem Gewerkschafter und früherem Stukkateur, der kurz mit General Primo de Rivera zusammengearbeitet und später dem Kabinett Azaña angehört hatte, jetzt aber eine revolutionäre Haltung einschlug, die ihm den Namen „spanischer Lenin" einbrachte. Die mächtige „Iberische anarchistische Föderation" war der Rechten nicht weniger feindlich gesinnt, und die kleine Kommunistische Partei agitierte parallel dazu gegen die bürgerliche Regierung. Diese sah sich gleichzeitig scharfer Kritik durch die rechten Erneuerer, die Monarchisten und Karlisten,*

---

* Anhänger einer konservativen Seitenlinie der Bourbonen, die sich schon im 19. Jahrhundert zweimal gegen das liberale Königtum erhoben hatten (wobei es u. a. um die Wiedereinführung der Inquisition gegangen war). Sie werden auch als „Traditionalisten" bezeichnet.

ausgesetzt und befand sich somit in einem wahren Kreuzfeuer der Opposition. Zu diesen ideologischen Feinden kamen noch die katalanischen Autonomisten, die um ihre von der Linken gewährte Selbstverwaltung bangten und von einer Katalanischen Republik träumten, die nur sehr lose an eine Iberische Föderation gebunden sein sollte.

Die Regierung war so schwach, daß sich zahlreiche Gruppierungen ohne große Geheimhaltung im Hinblick auf eine gewaltsame Abrechnung bewaffneten. Im Dezember 1933 waren bei einer Welle anarchistisch-gewerkschaftlicher Unruhen 14 Ordnungshüter und 23 Zivilisten getötet sowie 53 Polizisten und 101 Zivilisten verletzt worden.

Am 31. März 1934 bat eine Delegation von Karlisten gemeinsam mit Antonio Goicoechea, dem Parteichef der „Renovación Española", und General Barrera, der seit dem mißglückten Putschversuch vom August 1932 in Paris im Exil lebte, Mussolini um die Hilfe Italiens, die Monarchie in Spanien wiederherzustellen. Der Duce versprach 20.000 Gewehre, 20.000 Handgranaten, 200 Maschinengewehre sowie 1,500.000 Peseten; zudem sollte José Antonio Primo de Rivera eine kleine Unterstützung für die Falange erhalten, die sich im Februar 1934 mit den JONS* des Hitler-Bewunderers Ledesma Ramos verbündet hatte.

Parallel dazu beschafften sich die Sozialisten Waffen, entweder aus Prag oder aus den Depots, die vom Konsortium der Waffenproduzenten angelegt worden waren. Offiziell waren diese Waffen für Abessinien bestimmt, tatsächlich aber wurden sie für portugiesische Revolutionäre zusammengetragen, mit Hilfe des Finanzmannes Horacio Etchevarrieta und mit Billigung Azañas, der damals – im Januar 1933 – an der Macht gewesen war. Immer wieder flogen derartige Aktionen auf, etwa am 10. September, als das Frachtschiff „Turquesa" auf seinem Weg nach Bordeaux in Pravia anlegte, um 80 Kisten zu löschen. Auf Lastwagen sollten sie ins asturische Gebirge gebracht werden. Eines der Fahrzeuge hatte jedoch eine Panne, die Polizei entdeckte es, und 116.000 Schuß Munition fielen in ihre Hände.

---

* Juntas de Ofensiva Nacional-Sindicalistica; „Nationalsyndikalistische Angriffsgruppen". Ihnen ging es, wie der Falange, auch um eine soziale Revolution von rechts.

In der Folge wurden mehrere sozialistische Persönlichkeiten in Asturien festgenommen. Im Volkshaus von Madrid beschlagnahmte die Polizei Waffen, 107 Kisten Munition und 37 Handgranaten. Am 20. September fing die Guardia Civil in der Nähe der Universität einen Lastwagen mit einer Ladung Waffen ab. Anderswo wurden auch Bomben gefunden. Regierungschef Samper konnte mit gutem Recht erklären, daß er sich mit einer großen subversiven Bewegung konfrontiert sähe.

Aber nicht er mußte sich dem drohenden Unwetter stellen. Am 20. Oktober 1934, anläßlich der ersten Sitzung des Parlaments, der Cortes, bewog die Rede von Gil Robles einen Teil der Minister zum Austritt aus der Regierung, und Samper trat zurück. Die parlamentarische Ordnung hätte von Präsident Alcalá Zamora eigentlich verlangt, daß er Gil Robles als Führer der stimmenstärksten Partei, der katholischen CEDA, zum neuen Regierungschef berief. Der Präsident der Republik wollte die Macht jedoch nicht auf einen Mann übertragen, der sich niemals als Republikaner bezeichnet hatte und dem man vorwarf, er habe in Fontainebleau Gespräche mit Alfons XIII. geführt. Zamora ernannte von neuem Lerroux; dieser stellte am 3. Oktober ein Kabinett zusammen, in dem neben Ministern seiner Radikalen Partei drei Mitglieder der CEDA in den Ressorts Justiz, Landwirtschaft und Arbeit sowie einige Vertreter der kleinen Parteien der Mehrheitskoalition saßen. Die „wahren Republikaner" – die Linken – faßten die Beteiligung der CEDA als Kampfansage auf. Sie griffen zu den Waffen, die sie gehortet hatten. Der Spanische Bürgerkrieg begann eigentlich schon damals. Ein großer Teil der Bevölkerung beschloß, den bürgerlichen Staat mit Gewalt und ohne Rücksicht auf die Legalität zu stürzen, um ihre Ideologie um jeden Preis durchzusetzen.

Zur Revolte kam es an zwei Fronten. In Katalonien rief der Anwalt Companys, der Präsident der Provinz, den „Katalanischen Staat innerhalb der spanischen Bundesrepublik" aus – unter dem Druck des Arbeiterbundes, der Trotzkisten von Andreu Nin und der bewaffneten „escamots".* In Asturien nahmen die Bergarbeiter, die eine regelrechte Armee bildeten, die Städte Mieres, Felguera und Sama de Langreo im

---

* Eine kleine links-nationale militante Organisation unter dem charismatischen Oberst Marcia, dessen Auftreten allerdings etwas Don Quichotehaftes hatte.

Handstreich und griffen die regionale Hauptstadt Oviedo an. Auch in Madrid wurden in den Vororten Barrikaden errichtet, und Schüsse waren in verschiedenen Teilen der Stadt zu hören. Der Aufruf zum Generalstreik wurde zwar auch in den anderen regionalen Hauptstädten einigermaßen geschlossen befolgt, in den ländlichen Bereichen konnten die bewaffneten Aufständischen aber nur in einigen isolierten Orten kurzfristig Erfolge erzielen, wie in Aragón (Tausta und Uncastillo), in Andalusien (Almeria und Prado del Rey) sowie im Baskenland (Eibar, Mondragor und Portugalete). Die Bauern, durch das Scheitern der langen Streiks im Juli entmutigt, folgten dem Aufruf nicht.

Unter diesen Umständen konnte die Regierung Lerroux zu Taten schreiten. Lerroux selbst war in jungen Jahren in Barcelona ein Volksaufwiegler gewesen. Er hatte sich später zum politischen Zentrum hin bewegt und war davon überzeugt, er könne die Katholiken, die er einst mit Sarkasmus überhäuft hatte, dazu veranlassen, die Republik zu bejahen. Nun war er zum Hüter der Ordnung avanciert und entschlossen, sie mit allen Mitteln zu erhalten. Dazu bediente er sich der Armee.

Lerroux rief den Kriegszustand aus, erteilte General Batet in Barcelona den Befehl, den katalonischen Aufstand niederzuschlagen, und verfügte die Entsendung von Truppen nach Oviedo. Mit der Leitung dieser Operation wurde General López Ochoa beauftragt, ein echter Republikaner und, wie Lerroux, Freimaurer. Kriegsminister Diego Hidalgo, der den von Azaña ernannten hohen Armeeoffizieren nicht voll vertraute, beauftragte Franco, der sich soeben nach Oviedo auf Urlaub begeben wollte, die Unternehmungen zu koordinieren und behielt ihn bei sich im Ministerium.

Franco kannte Asturien und besonders Oviedo sehr gut, da er in der dortigen Garnison zweimal stationiert gewesen war und die Familie seiner Frau aus dieser Gegend stammte. Er wußte, daß die Bergleute verbissen kämpfen würden und daß die Garnisonen von Gijon und Oviedo schwach waren. Sie mußten schnell entsetzt werden, und die dazu herangezogenen Truppen sollten kampferprobt sein. Also riet er seinem Minister, zwei Banderas der Legion und zwei marokkanische Tabors unter dem Kommando von Oberstleutnant Yagüe nach Asturien zu entsenden. Gleichzeitig enthob er den nicht ganz zuverlässigen Kommandanten der Garnison von Bilbao des Kommandos und übertrug es Oberstleutnant Ortiz de Zarata, einem früheren Kampfgefährten aus

Marokko. Außerdem ließ Franco die Straßen Madrids nach Heckenschützen durchkämmen, deren gelegentliches Feuer die Bevölkerung beunruhigte. Dies war seine erste „Schlacht" gegen die Revolution. Während seines Aufenthalts in Saragossa hatte Franco die Genfer Zeitschrift „Bulletin de l'Entente internationale anticommuniste" abonniert und regelmäßig gelesen. Die Informationen, die das Blatt über die Ausbreitung des Kommunismus in verschiedenen Kreisen des Westens lieferte, überzeugten ihn vom gesamten Ausmaß der Gefahr. Die ganze christliche Welt war bedroht, sowohl von seiten der Roten Armee als auch von den „Wegbereitern" des Kommunismus. Seine Pflicht als katholischer Spanier war es, dieser Gefahr schonungslos entgegenzutreten, selbst wenn manche Forderung der Arbeiterschaft gerechtfertigt schien. In Barcelona hatten die Regierungstruppen leichtes Spiel. Nach kurzen Geplänkeln feuerten die Geschütze einige Granaten ab, worauf die revolutionäre Bewegung auseinanderbrach. Der „Katalanische Staat" hatte ganze zehn Stunden bestanden, dennoch hatte diese Episode 46 Tote und 117 Verwundete gekostet.

In Asturien hingegen war der Kampf verbissen und mit unerhörter Grausamkeit geführt worden. Bevor die Aufständischen gegen Oviedo marschierten, hatten sie die Angehörigen der Guardia Civil und der Bereitschaftspolizei massakriert sowie einige Ingenieure und Honoratioren hingerichtet, so den Abgeordneten Oreja Elosegui und den Bergwerksdirektor Rafael del Riego, der sich durch sein soziales Engagement hervorgetan hatte. In Oviedo selbst hatte die energische Haltung der Ordnungskräfte und der kleinen Garnison die Aufständischen zu einem erbitterten Straßenkampf gezwungen, in dem sie ihre zahlenmäßige Überlegenheit nicht voll ausspielen konnten. Den Regierungskräften gelang es, den Vormarsch der Rebellen so lange genug zu bremsen, bis Verstärkung eintraf. Die Kolonne aus León war zwar in Vega del Rey gestoppt worden, aber die Truppen unter General Ochoa, die von Lugo aus heranmarschierten, erreichten am 10. Oktober die Umgebung von Oviedo. Am darauffolgenden Tag entsetzten sie die Kaserne von Pelayo. Die Landung der Legionäre und der marokkanischen Truppen in Gijon entschied den Feldzug. Am 11. Oktober rückte die Kolonne von Oberstleutnant Yagüe in das völlig zerstörte und ausgeplünderte Oviedo ein; die Anführer der Revolutionäre hatten die Stadt zuvor fluchtartig verlassen. Noch mußten Widerstandsnester der hartnäckig kämpfenden Bergarbeiter ausgehoben werden, aber es trafen Verstärkungen aus Bilbao und Valladolid ein. López Ochoa verfügte über mehr als 15.000 Mann, um das Kohlenrevier zu befrieden. Die Anführer des Aufstandes erkannten, daß Widerstand mit den ihnen zur Verfügung stehenden Mitteln nicht möglich war und schlugen General Ochoa Verhandlungen vor.

Dieser war ein überzeugter Demokrat und daher gleich bereit, den Sekretär der asturischen Bergarbeitergewerkschaft zu empfangen. Eine Übereinkunft wurde erzielt; sie sah ein Ende des bewaffneten Widerstands der Kumpel und die Übergabe ihrer Waffen einerseits sowie die Chance zur Flucht ins Ausland für die Verantwortlichen des Aufstandes andererseits vor. Die Umsetzung des Abkommens erfolgte schließlich auch ohne gravierende Zusammenstöße. Ochoa zog die Legion und die Tabors aus der ersten Linie ab, um Zwischenfälle hintanzuhalten. So wurde weiteres Blutvergießen auf beiden Seiten vermieden, und die Aufständischen hatten zudem nicht das Gefühl, vernichtet worden zu sein. Das „Revolutionäre Komitee Asturiens" konnte in seinem Manifest vom 18. Oktober verkünden: „Dies ist eine Marschpause, eine Parenthese, die es uns erlaubt, nach dieser Anstrengung neue Kraft zu schöpfen. Wir erinnern Euch, Genossen, an den historischen Satz: Man kann das Proletariat bekämpfen, aber niemals besiegen. Macht Euch alle ans Werk, um unseren Kampf für den Sieg fortzusetzen."

So endete der erste Waffengang des Bürgerkrieges. Laut Innenministerium lag die offizielle Bilanz – ohne die Opfer von Barcelona – bei 1084 Toten und 2074 Verletzten. Von den Todesopfern waren 855 Zivilisten, darunter auch 33 ermordete Priester. Oviedo lag in Schutt und Asche, ein Teil seiner Kunstschätze war zerstört.

Vor allem aber trugen die Besiegten dumpfen Groll gegen die siegreiche Bourgeoisie in ihren Herzen.

Am 24. Oktober 1934 besuchten die Minister für Justiz und Verkehr gemeinsam mit dem Kriegsminister das befreite Oviedo. Franco begleitete Hidalgo auf dieser Reise. Welche Rolle hatte er in der vergangenen Woche tatsächlich gespielt? Nun, er hatte Hidalgo zu den Truppenbewegungen geraten, welche die Kolonne von López Ochoa verstärken sollten, vor allem die Entsendung der Einheiten des Afrikakontingents. Er hatte ihm für die Führung der Operationen Namen vorgeschlagen wie Yagüe und General Balmes. Er hatte Hidalgo ferner geraten, jene Offiziere von ihren Posten zu entheben, an deren Loyalität man in diesem Bürgerkrieg zweifeln mußte. Dies betraf auch seinen Vetter Pastor Bahamonde, der den Fliegerhorst von León befehligte. Eigentlich war also er die „graue Eminenz" des Ministers gewesen, und die öffentliche Meinung sah dies auch so. Im Parlament erklärte Calvo Sotelo, der frühere Minister Primo de Riveras, daß „das Vaterland ihm die höchste Dankbarkeit zolle". Für die Rechte wurde er zum „Gralshüter", für die Linke ein Feind, dem sie die Härte des Militärs bei der Rückeroberung des Kohlenreviers vorwarf.

Franco seinerseits hatte einem Journalisten gegenüber erklärt: „Der Krieg in Marokko, mit den Regulares und dem Tercio, hatte eine romantische Komponente, es war wie eine zweite ‚reconquista'. Dieser Krieg ist ein Verteidigungskrieg gegen den Sozialismus, den Kommunismus und die anderen Ideologien, welche die Zivilisation zerstören und durch die Barbarei ersetzen wollen."

Diese ungeschminkten Äußerungen ließen vermuten, daß der Staat bei neuerlichen Unruhen dem verdienten Soldaten Franco eher trauen konnte als den ehemaligen Beratern Azañas. Aus diesem Grund ernannte ihn Lerroux im Februar 1935 zum Oberbefehlshaber der Marokkoarmee und zeichnete ihn mit dem Großen Armee-Verdienstkreuz aus. Franco war – wie es im Englischen heißt – „der richtige Mann am richtigen Ort." Er hatte nie aufgehört, die Weiterentwicklung der Lage im Protektorat, wo er so lange gekämpft hatte, zu beobachten. Lerroux hatte sogar vorgehabt, ihm das Hochkommissariat in Marokko anzuvertrauen, aber die Bedenken von Präsident Alcalá Zamora hatten ihn davon abgehalten, und so hatte er sich damit begnügt, ihm das militärische Kommando der spanischen Zone zu übertragen.

Nun standen aber gerade in Marokko die Eliteeinheiten der spanischen Armee – jene Truppenteile, die durch die politischen Vorgänge in der Heimat am wenigsten zu beeinflussen waren. Von ihren Offizieren waren viele Francos Kampfgefährten oder Schüler gewesen. Jetzt war er ihr Kommandant, und er sollte es während all jener Veränderungen bleiben, die ihnen bevorstanden, und sie auch durch jene Turbulenzen führen, die die Zukunft für sie bereit hielt.

Eine neue Krise unter seinen Ministern bewog Lerroux, das Kabinett umzubilden, indem er fünf Mitglieder der CEDA hereinnahm, darunter auch den Parteichef Gil Robles, dem er das Kriegsministerium anvertraute. Die kurze Operation in Asturien hatte die Bedeutung der Armee angesichts der instabilen politischen Lage eines schlecht etablierten Regimes gezeigt. Aus diesem Grund übernahm der katholische Politiker am 11. Mai 1935 die Kontrolle über die Streitkräfte. Um sich einen genauen Überblick zu verschaffen, versammelte er die Generale, unter ihnen auch Franco. Sie zeichneten ihm ein düsteres Bild der militärischen Lage. Die Armee war durch die Reformen Azañas und seiner Berater reduziert worden, ohne jedoch gleichzeitig an Schlagkraft zu gewinnen. Das Gegenteil war der Fall. Es war zwingend notwendig geworden, die Disziplin wiederherzustellen; alle politisch orientierten Generale mußten durch einwandfreie und fähige Berufsoffiziere ersetzt werden, die Einheiten benötigten moderne Waffen, und die Fliegertruppe mußte ausgebaut werden.

Gil Robles hörte sich diese Vorschläge an. Er ernannte General Fanjul zum stellvertretenden Staatssekretär, Franco zum Chef des zentralen Generalstabs und General Goded zum Generalinspektor der Armee. Diesmal ging es nicht darum, zu kämpfen, sondern zu organisieren. Wie damals, als er die Militärakademie aus dem Nichts heraus errichtet hatte, machte sich Franco ans Werk.

Er kam zwischen acht und halb neun Uhr ins Kriegsministerium und führte zunächst Gespräche mit dem Minister und seinen Mitarbeitern. Von halb drei bis halb vier empfing er Besucher. Dann speiste er, kehrte um halb sechs in sein Büro zurück und blieb dort bis elf Uhr. An Sonn- und Feiertagen besuchte er die Messe und begab sich anschließend wieder ins Ministerium. In zwei Monaten bewältigte er ein beachtliches Pensum in zweierlei Richtungen. Zuerst baute er die Kommandostruktur um. Im Einklang mit Gil Robles war er der Meinung, daß sich das Drama von Asturien nach neuen Wahlen, die den Konservativen Gewinne brächten, wiederholen könnte.

Nach dem Scheitern des Oktoberaufstands hatte die Regierung Lerroux zahlreiche Personen in den beiden revoltierenden Provinzen festnehmen lassen. Sogar Azaña wurde verhaftet, der sich zum Zeitpunkt der Unruhen in Barcelona aufhielt. Die Kriegsgerichte verurteilten den Artilleriekommandanten Pérez Farras, der die katalonischen Milizen befehligt hatte, sowie den asturischen Gewerkschaftsführer González Peña mit einigen Genossen zum Tode. Sowohl im Inland als auch vom Ausland wurde wegen dieser Urteile auf Alcalá Zamora massiver Druck ausgeübt. Obwohl die Konservativen protestierten und Lerroux zögerte, begnadigte der Präsident Pérez Farras sowie González Peña und ließ nur den Unteroffizier Vasquez – einen Deserteur und einer der Anführer beim Sturm auf Oviedo – und einen halbdebilen asturischen Aufständischen erschießen. Zahlreiche Bergleute befanden sich noch immer in Haft, aber eine geschickte Kampagne der europäischen Linken gegen die spanischen „Finsterlinge", die Nachfahren der Inquisition und Epigonen des Faschismus, ließ die Besiegten des Bürgerkriegs auf Freiheit und baldige Gelegenheit zur Revanche hoffen.

Weitere Aufstände schienen im Bereich des Möglichen, daher mußte die Armee auf Einsätze vorbereitet sein. Zu diesem Zweck brauchte sie verläßliche Anführer. Azaña hatte die Armee republikanisch machen wollen. Er hatte Stabsoffiziere eingesetzt, die Freimaurer waren, wie Cabanellas, López Ochoa, Riquelme und Gomez Morato, oder solche, die mit Alfons XIII. zerstritten gewesen waren, etwa Queipo de Llano. Ohne verdiente Offiziere von ihren Posten zu verdrängen und ohne wohlerworbene Rechte zu beschneiden, ging Franco an die Neubesetzung der Führungsebene heran. Er rief jene Generale zurück, die sich in Afrika hervorgetan hatten, besonders Emilio Mola Vidal, der im August Kommandeur der Region Melilla wurde und im November Oberbefehlshaber in Marokko; dann erhielt der monarchistische General Orgaz ein Kommando, und Oberst Varela, Träger von zwei San Fernando-Kreuzen, wurde zur Beförderung zum General vorgeschlagen.

Alcalá Zamora war beunruhigt und machte Gil Robles darauf aufmerksam, daß keiner dieser Offiziere Republikaner war. Der Minister antwortete, dafür hätten sie die beste berufliche Qualifikation. Die Wahl dieser Männer brachte dem Minister von seiten der „wahren Republikaner" den Vorwurf ein, er bereite einen Staatsstreich vor. Diese Anschuldigung scheint nicht berechtigt. Der Chef der CEDA war fest überzeugt, daß ihn allgemeine Wahlen an die Macht bringen würden. Man konnte jedoch mit Recht behaupten, daß die Armee ihr traditionelles Antlitz wiedererhielt.

Franco, dem an der Moral der Truppen besonders viel lag, schuf im Ministerium einen antikommunistischen Nachrichtendienst, der ermittelte, daß 23% der Einberufenen militante Revolutionäre waren. Noch höher sogar war der Anteil der „Roten" in der Rüstungsindustrie.

Als nächstes galt es, die spanische Armee zu modernisieren: Das politische Klima in Europa verschlechterte sich, die englisch-italienische Rivalität wegen Abessinien schuf im Mittelmeer eine gefährliche Situation. So friedfertig Spanien auch war, es konnte in diesen Krieg hineingezogen werden. Seine Streitkräfte mußten daher fähig sein, einer solchen Gefahr zu begegnen. Franco sah die Aufstellung von zwei motorisierten Divisionen und eine Erhöhung der Feuerkraft der Einheiten vor; er ließ einen Plan für die Mobilmachung ausarbeiten und von seinem Stab ein System der passiven Verteidigung organisieren. Gil Robles dachte daran, in Guadalajara eine Flugzeugfabrik zu bauen, bestellte Geschütze für 25 Artilleriebatterien und stattete alle Truppenkörper mit Stahlhelmen aus. Mit einigem Optimismus konnte somit der Umwandlung dieser etwas archaisch anmutenden Armee entgegengesehen werden.

Eine derartige Reform brauchte Zeit, also stabile Verhältnisse. Diese konnte die Zweite Republik jedoch am wenigsten garantieren. Eine Art von verbalem Krieg fand bereits in großen Versammlungen zwischen Azaña für die Linke und Gil Robles für die Rechte statt, währenddessen es zu einer stillen Auseinandersetzung zwischen Alcalá Zamora und dem Regierungschef Lerroux kam. Der Präsident träumte von einer gemäßigten Republik; er fand seinen Ministerpräsidenten zu konservativ und ergriff die Gelegenheit, den Chef der Radikalen zu eliminieren, als in der Öffentlichkeit der „Estraperlo-Skandal" bekannt wurde: Zwei österreichische Juden, Strauss und Perl, hatten die Genehmigung erhalten, in ihrem Casino auf Palma de Mallorca ein manipulierbares Roulettesystem zu installieren. Die Affäre war eine Lappalie, verglichen mit Skandalen wie Panama oder der Stavisky-Affäre, die das Nachbarland Frankreich nur leicht erschütterten, aber die Opposition geiferte geschlossen, von Gordon Orgaz bis José Antonio Primo de Rivera. Lerroux, dessen Sohn in den Skandal involviert war, mußte den Hut nehmen.

Alcalá Zamora hätte ihn durch den Chef der Mehrheitspartei ersetzen müssen, entschied sich jedoch für einen Finanzexperten, Joaquin Chapaprieta. Dieser wollte die stabile wirtschaftliche Lage des Landes wiederherstellen, das stark unter der Inflation und besonders unter der Arbeitslosigkeit litt. Gil Robles verblieb im Kriegsministerium. Doch die Kombination funktionierte nicht. Einen Monat später, am 30. Oktober, wurde das Kabinett neu „verkittet", aber die Aufdeckung eines weiteren Skandals brachte die Regierung schon am 9. November endgültig zu Fall. Die Radikale Partei konnte nicht mehr an der Macht bleiben.

Zwar wünschte Gil Robles freie Hand für Versuche, den Kurs beizube-halten, aber Alcalá Zamora lehnte dies rundweg ab.

Laut den Memoiren von Gil Robles schlug General Fanjul ihm ein „pro-nunciamiento", einen Putschversuch, vor. Der Minister war dem Plan nicht abgeneigt und empfahl, den Chef des Generalstabs um Rat zu fra-gen.

Fanjul, Franco, Goded und Rodriguez del Barrio trafen einander, mitten in der Nacht, im Ministerium. Gil Robles schreibt dazu: „Anfangs gab es zwischen den Anwesenden keine Einhelligkeit. General Franco über-zeugte sie, daß man mit der Armee weder rechnen könne noch dürfe, um in diesem Augenblick zu putschen. Die Armee müsse sich aus dem Streit der Parteien heraushalten. Sie solle nur dann eingreifen, wenn es in der Tat um das Schicksal der Nation gehe."

Ab diesem Zeitpunkt blieb dem Chef der CEDA nichts anderes mehr üb-rig, als zurückzutreten. Die Armeeführung bereitete ihm einen ehrenhaf-ten Abgang, als er am Morgen des 14. Dezember in sein Büro kam, um seine Papiere abzuholen. Im Namen seiner Kameraden erklärte Franco: „Niemals hatte die Armee das Gefühl, besser geführt worden zu sein, als in der Phase, die hinter uns liegt. Ehre, Disziplin und grundlegende Werte sind wiederhergestellt und von Eurer Exzellenz verkörpert worden."

Gil Robles verließ somit das Amt mit militärischen Ehren – aber er ver-ließ es. Alcalá Zamora hatte nun den nötigen Spielraum, um den Ver-such mit einer Zentrumsregierung zu beginnen. Er vertraute die Macht einem seiner persönlichen Freunde an, dem Innenminister Manuel Portela Valladares, einem langjährigen Parlamentarier und Freimaurer. Dieser ernannte General Molero zum Kriegsminister, und er beließ Franco auf seinem Posten. In dieser Funktion begleitete Franco die spa-nische Delegation zum Begräbnis des britischen Königs Georg V. und zur Inthronisierung von Eduard VIII. Auf der Rückreise verbrachte er vier Tage in Paris, wo er eine Unterredung mit dem Arzt und Schriftstel-ler Gregorio Marañón hatte. Mit dem Militärattaché der dortigen Bot-schaft, Hauptmann Antonio Barroso, sprach er vielleicht offener, als er ihm seine Furcht vor einem Sieg der Volksfront bei den bevorstehenden Parlamentswahlen offenbarte: „Sollten Sie erfahren, daß ich auf dem Weg nach Afrika bin, dann deswegen, weil wir zu der Erkenntnis ka-men, daß die einzige Lösung ein Putsch ist."

3. Kapitel

VOLKSFRONT UND REAKTION

Als Franco nach Spanien zurückkehrte, fand er das Land in hellem Aufruhr vor.

Am 7. Januar 1936 hatte Alcalá Zamora Regierungschef Portela Valladares das Dekret zur Auflösung der Cortes übergeben. Eine Zentrumsregierung, ohne die Minister der CEDA, sollte einem System der Volksentscheide vorstehen und den Traum des Präsidenten verwirklichen: Eine Regierung der Mitte, von extremen Parteien weit entfernt. Tatsächlich hatte der Wahlkampf jene Leidenschaften wiederaufflammen lassen, die seit dem Ende des Asturienaufstandes schwelten. Man konnte auf die Niederschlagung der Rebellion jene Formel anwenden, die der französische Historiker und Politiker Jacques Bainville für den Versailler Vertrag geprägt hatte: Sie war zu hart gewesen, wo sie nachgiebig hätte sein sollen, und zu weich, wo Härte gefordert gewesen wäre. Sie hatte die kleinen Anführer hart getroffen, aber die Anstifter und Rädelsführer geschont. Die eigentlichen Verantwortlichen der asturischen Katastrophe waren nach einem kurzen Aufenthalt im Gefängnis wieder aufgetaucht. Zahlreiche Bergleute hingegen, die von Kriegsgerichten verurteilt worden waren, schmachteten noch immer in den Kerkern der Republik, was ihre Verwandten und Freunde dazu bewog, den Reden der Vertreter einer in der Volksfront, der „frente popular", vereinten Linken mit offenem Ohr zu lauschen, als da waren: Azaña für die Linksrepublikaner, Largo Caballero für die Sozialisten, und für die Kommunisten Dolores Ibárruri, die „Pasionaria." Largo Caballero, der „spanische Lenin", sprach vom „Tag der Rache, an dem wir keinen Stein auf dem anderen lassen werden". Er bekannte sich zum Kommunismus als Endziel des Sozialismus und rief seinen Anhängern zu: „Wir werden das Leben unserer Feinde nicht schonen. Wird die Rechte bei den Wahlen nicht geschlagen, werden wir andere Mittel zu ihrer Vernichtung finden!" Diese kämpferischen Töne ließen einen neuen Oktober 1934 in greifbare Nähe rücken.

Im rechten Lager erklärte Gil Robles vor Gesinnungsgenossen, die den Linken in nichts nachstanden, daß ihm der Sieg sicher sei: „Auf zu den 370 Sitzen!" Seine Kampagne erinnerte an die eines zukünftigen Diktators. Die Bildung eines nationalen Blocks scheiterte jedoch an der Absage José Antonio Primo de Riveras, sich daran zu beteiligen. Die Rechte sollte in nur losem Verband in den schweren Wahlkampf ziehen. Politische Beobachter stellten zwar einen gewissen Wählerstrom zugunsten der Linken fest, glaubten aber, daß der Ausgang der Wahlen nur geringen Einfluß auf das Gleichgewicht der politischen Kräfte haben werde. Darin sollten sie gründlich irren. Die Anarchisten hatten beschlossen, für die Volksfront zu stimmen, um zur Befreiung der Oktobergefangenen beizutragen.

Ihre Initiative machte alle Prognosen illusorisch. Die Gewalt auf den Straßen, die mit den verbalen Exzessen der Kandidaten einherging, hielt viele friedliche Wähler, die das Risiko tätlicher Angriffe scheuten, von der Stimmabgabe fern. Am 16. Februar 1936 blieben 29 Prozent der Wahlberechtigten zu Hause, aber gewiß nicht jene militanten Linken, die auf ein Recht verzichteten, das sie für heilig hielten. Am Abend ließen die ersten Resultate den Sieg der Volksfront erahnen. Sie ergaben über 4,2 Millionen Stimmen für die Linke gegenüber fast 3,8 Millionen für die Rechte, während das politische Zentrum mit kaum 700.000 Stimmen aufgerieben worden war. Die Straßen Madrids füllten sich mit Demonstranten, die mit hochgereckter Faust ihre politischen Führer und die Revolution hochleben ließen. Dieser Druck der Massen erinnerte an jene Zeit, als König Alfons XIII. vertrieben worden war. Der Unterschied bestand jedoch im Haß gegen die Verlierer, den die Sieger deutlich zeigten, und in ihrem Wunsch nach Revanche für die Oktobertage 1934 – Fakten, die es im Madrid von 1931 nicht gegeben hatte.

Mehr als die meisten anderen Generale, war sich Franco, der sich, nebst militärischen Dingen, jahrelang mit wirtschaftlichen und sozialen Fragen beschäftigt hatte, der Hintergründe des Sieges der „frente popular" durchaus bewußt. Die rückständige Industrie Spaniens hatte sich nur während des Weltkrieges im Export behaupten können; jetzt aber verhinderten die durch die Weltwirtschaftskrise errichteten Zollmauern den Absatz landwirtschaftlicher Produkte und der Erzeugnisse des Bergbaus im Ausland. Die Folgen waren – im ohnedies armen Spanien – verheerend, zwei Drittel der Bevölkerung lebten in mehr oder minder bitterer Armut. Im völligen Bewußtsein dieser Tatsache hielt Franco den Kommunismus, der sich im Rahmen der Volksfront immer deutlicher durchsetzte, für etwas verhältnismäßig noch weit Schlimmeres als den bewußten Teufel, mit dem man den Beelzebub austreibt – drohte er doch all jene religiösen und kulturellen Fundamente zu zerstören, auf denen Spaniens große Tradition und Geschichte beruhten. Franco hatte die vergangenen Jahre reichlich genutzt, sich mit dem Kommunismus in dessen Mutterland, aber auch in anderen Staaten vertraut zu machen; er kannte die Strategien und Taktiken von Lenin und Stalin. So überraschte ihn der leichte Sieg der Volksfront mit ihren großen Versprechungen und glänzende Utopien einer Nation gegenüber, die fast zur Hälfte aus Analphabeten bestand, nicht sonderlich. Obwohl er noch immer auf Gil Robles gehofft hatte, war er darauf vorbereitet, den Versuch einer Machtübernahme durch die Linke zu verhindern. Aus diesem Grund hatte er den Oberstleutnant González Badia zu General Mola nach Marokko entsandt, um ihm den Befehl zu überbringen, ein Interventionskorps für Spanien bereitzuhalten, für den Fall, daß es gebraucht würde. Mola antwortete knapp: „Alles ist bereit."

Jetzt ging es darum, die Kontrolle über die Straße zu behalten. Franco rief daher den Generaldirektor der Guardia Civil, General Pozas, an, damit dieser dafür sorge, daß wieder Ruhe in die Stadt einkehre. Pozas wollte ihn beschwichtigen. Seiner Meinung nach feierte das Volk seinen Sieg im republikanischen Freudentaumel. Nichts Schlimmes. Außerdem glaubte er, durchaus in der Lage zu sein, die Ordnung aufrechtzuhalten.

Blieb nur mehr der Regierungschef. Portela war erschüttert über die Vernichtung des Zentrums, aus dem er die Achse der spanischen Politik hatte machen wollen. Sein einziges Bestreben war, sich bei gutem Wind aus der mißlichen Lage zu befreien und die Last auf den Sieger abzuwälzen. Am Morgen des 17. Februar hatte er Präsident Zamora seinen Rücktritt angeboten, was dieser jedoch ablehnte. Um zwei Uhr desselben Tages empfing er Franco. Dieser legte ihm seine Ansichten dar. Die Ordnung müsse bis zum zweiten Wahlgang erhalten bleiben, und dazu müsse der Ausnahmezustand ausgerufen werden. Portela hörte ihn an, erhob Einwände und schlug vor, die Armee solle allein etwas unternehmen. Franco antwortete, dies sei Sache der Regierung. Portela bat um eine Nacht Bedenkzeit. Seine Entscheidung bestand in seiner unwiderruflichen Demission am 19. Februar 1936. Diesmal nahm Alcalá Zamora an und beauftragte Azaña mit der Bildung einer neuen Regierung. Der Präsident anerkannte den Sieg der Linken, und Azaña erhielt freie

Hand, die Möglichkeit zu nutzen, dem zweiten Wahlgang den „letzten Schliff" zu geben und damit die Position seiner Gefolgsleute und Anhänger zu stärken. Azaña bildete ein Kabinett aus 13 Ministern, von denen neun der Freimaurerei angehörten. Sein militärischer Berater, General Masquelet, der frühere Chef des Generalstabs, übernahm das Militärressort.

Eine der ersten Maßnahmen der neuen Regierung bestand darin, die Generale Franco und Goded zu versetzen, da sie für die Volksfront-Republik zu gefährlich schienen. Man teilte ihnen weit entfernte Posten zu: die Kanaren für Franco, die Balearen für Goded. Einige Tage später wurde Mola von Marokko nach Navarra versetzt, wo er das Kommando über eine zahlenmäßig schwache Brigade erhielt.

Diese Entscheidungen waren völlig legal. Die Regierung hatte natürlich das Recht, ihre Vertrauensleute in die höchsten Ebenen der Armee zu setzen. Die in Ungnade gefallenen Generale bereiteten sich vor, ohne Murren ihre neuen Posten anzutreten.

Franco stattete Alcalá Zamora und Azaña den protokollarischen Besuch ab. Der Präsident der Republik hatte mit dem Zusammenbruch seines Zentrumprojekts eine schmerzhafte Niederlage erlitten, ahnte aber nicht, daß sich die letzten Tage seiner politischen Tätigkeit anbahnten. Er wollte Franco beruhigen, indem er sagte: „Reisen Sie ruhigen Gewissens ab, General, in Spanien wird es keinen Kommunismus geben!" Dann erinnerte er ihn daran, daß der Aufstand in Asturien von der Republik niedergeschlagen worden war. Franco entgegnete, 1934 sei nur eine einzige Provinz im Spiel gewesen, nun aber sei das ganze Land von der Revolution bedroht. Und er fügte hinzu: „Es mag geschehen, was geschehen wird, Herr Präsident. Aber dort, wo ich sein werde, wird es keinen Kommunismus geben!"

Mit Azaña verlief die Unterredung freilich in einem anderen Ton. Franco wußte, daß die Linke ihn verdächtigte, mit dem Gedanken an einen Putsch zu spielen. „El Socialiste" hatte sogar seine und Godeds Verhaftung angekündigt. Die Zweifel an seiner Loyalität der Republik gegenüber hatten zur Versetzung in die entfernteste der spanischen Provinzen beigetragen. Der Chef der spanischen Linken gab sich von seiner Machtstellung überzeugt: „Ich fürchte mich nicht vor Aufständen. Ich habe den von Sanjurjo erlebt, und ich hätte ihn verhindern können, aber ich zog es vor, ihn scheitern zu sehen."

Die höfliche Warnung war deutlich. Aber war Franco tatsächlich ein Putschistengeneral wie Espartero oder ein O'Donnell, seine älteren Kameraden? Bis zu jenem Zeitpunkt hatte er den legalen Regierungen gehorcht, wenn auch manchmal widerwillig. Als Mann der Ordnung und erbitterter Feind der Revolution hatte er Portela geraten, die revolutionäre Bewegung unter Armeeinsatz zu stoppen. Der Regierungschef hatte sich vor der Verantwortung gedrückt und die Macht Azaña, dem Verbündeten – und zum Teil auch Anführer – der Revolutionäre übertragen. Mußte man nun der Revolution freien Lauf lassen, wie 19 Jahre zuvor in Rußland, oder mußte man sich gegen sie erheben? Das war das Dilemma, in dem sich Franco wochenlang befinden sollte, hin- und hergerissen zwischen seiner Abneigung, sich gegen die legale Ordnung aufzulehnen, und seinem Pflichtgefühl gegenüber seiner Heimat und der Armee.

Spanien machte keinen vertrauenerweckenden Eindruck. Die Sieger feierten ihren Erfolg mit lauten Kundgebungen, die manchmal in Aktionen gegen Zeitungsgebäude oder kirchliche Einrichtungen ausarteten und mit Plünderungen und Brandlegungen endeten.* Largo Caballero und Dolores Ibárruri, „La Pasionaria", verlangten nach raschen revolutionären Schritten. Eine Amnestie befreite die Verantwortlichen der Aufstände von Katalonien und Asturien aus ihren Gefängnissen. Sie wurden in Madrid und Barcelona von riesigen Menschenmassen als Helden gefeiert. Der Oberste Gerichtshof sprach sich für die Festnahme von General López Ochoa aus, weil er – im Oktober 1934 – Asturien zurückerobert hatte. Die revolutionäre Kraft schien unaufhaltsam, die Prophezeiung Lenins, Spanien würde nach Rußland das zweite kommunistische Land werden, schien sich zu erfüllen.

So also sah die allgemeine Lage aus, und der zweite Wahlgang hatte den Sieg der Volksfront noch verstärkt. Das bestehende Wahlsystem verschaffte einer Koalition, die weniger Stimmen als die Rechte und das Zentrum zusammen erhalten hatte, eine absolute Mehrheit. Aber die Fakten waren nicht zu leugnen: die Volksfront konnte tun und lassen, was sie wollte.

---

* Unter anderen: das Kloster de la Merce in Elche (19. Februar), das Kloster der Magdalenerinnen und die Kirche von Santiago in Alcalá de Henares (5. März), die Kirche de la Merce und das Kloster der Santa Maria in Cádiz (8. März), die Kirche der barfüßigen Karmeliterinnen, der Palast der Herzöge von Gor, die Kirche des Heilands in Granada und die Kirche des hl. Ludwig in Madrid.

Die Theorie der Volkssouveränität besagt zwar, daß Verlierer eine Niederlage zu akzeptieren haben. Das Spanien von 1936 war jedoch nicht reif für die Demokratie. Zwei ungefähr gleich starke Blöcke standen einander in erbittertem Kampf gegenüber, und keiner konnte sich dazu verstehen, dem Gegner nachzugeben. Im Jahr 1934 hatte die Linke zu den Waffen gegriffen, um „ihre" Republik zu verteidigen. Nun war die Rechte an der Reihe, die Waffen zu benutzen und zu verhindern, daß das traditionsreiche katholische Spanien unter das Joch des Marxismus geriet. José Antonio Primo de Rivera hatte diese Einstellung klar formuliert. Viele junge Leute strömten ihm zu, aber seine Falange allein konnte einen Staat, der von den Volksmassen unterstützt wurde, nicht destabilisieren. Solches vermochte nur die Armee, die bereits ein Jahrhundert an Interventionen zur Korrektur der nationalen Politik hinter sich hatte. Mehrere hohe Offiziere hielten den Augenblick zum Handeln für gekommen.

Auch Franco war zu diesem Schluß gelangt. Bevor er zu den Kanarischen Inseln abreiste, nahm er am 9. März beim Wechselmakler José Delgado an einem Treffen teil, dem die Generale Mola, Fanjul, Orgaz, Villegas, Saliquet und Varela sowie Oberstleutnant Valentin Galarza beiwohnten, der Chef der „Unión Militar Española", der die rechtsgerichteten Offiziere angehörten. Es wurde beschlossen, daß sich die Armee gegen die Regierung erheben würde, sollte diese die Guardia Civil oder die Armee selbst auflösen bzw. die Offizierskader reformieren wollen oder wenn die kommunistische Revolution in vollem Umfang ausbrechen sollte. Sollte sich eine Garnison erheben, müßten alle anderen ihrem Beispiel folgen. Mola, der die Massivität der revolutionären Kräfte kannte, warnte seine Kameraden vor einer allzu verwegenen Aktion. Seiner Meinung nach wäre es besser gewesen, den Putsch noch vor den Wahlen zu versuchen als jetzt, da die Linke schon an der Macht war.

Nun mußte die Aktion mit äußerster Vorsicht geplant werden. Dies geschah auch. Mola wurde damit beauftragt, das Komplott mit Hilfe von Oberstleutnant Galarza, dem „Techniker", zu schmieden. Als oberster Chef der Verschwörer war jedoch Sanjurjo vorgesehen, der Eroberer des Rif, der seit seiner Enthaftung aus dem Bagno in Lissabon im Exil lebte, aber wieder bereit war, ein Regime zu bekämpfen, dessen Errichtung er seinerzeit zugelassen hatte.

Die Verschwörer hatten nicht vor, ein neues Regime auf Dauer einzusetzen, obwohl sie keine großen Demokraten waren. Sie wollten lediglich die Revolution verhindern, indem sie, wenn nötig, eine provisorische Militärregierung bildeten. Nach Wiederherstellung der Ruhe würde man weitersehen.

Man hat diese „Angst vor dem Kommunismus" mit dem Argument in Frage gestellt, daß die Kommunisten im Parlament nur 15 von 473 Abgeordneten stellten, doch die ideologischen Unterschiede zwischen den Sozialisten von Largo Caballero und den Kommunisten waren einerseits nicht sehr groß, und andererseits hatten die Bolschewisten 1917 auch nicht auf die parlamentarische Mehrheit gewartet, um die Macht zu ergreifen. Würden die demokratischen Republikaner dem Druck der Massen auf der Straße widerstehen können? Die Verschwörer glaubten nicht daran, und diese Meinung veranlaßte sie, ein beträchtliches Wagnis einzugehen, wie das Scheitern von Sanjurjo im August 1932 bewiesen hatte.

Nach dieser Unterredung nahm Franco den Zug nach Cádiz, zusammen mit seiner Frau, seiner Tochter und seinem Adjutanten Franco Salgado. Dieser hatte mit dem „Techniker" Valentin Galarza den Code für die Korrespondenz ausgearbeitet, durch die Franco die Fortschritte des Putsches verfolgen konnte. Es scheint jedoch, daß sich Franco bei dem Komplott nicht voll engagierte, da sich die Organisatoren der Verschwörung Wochen später noch nicht sicher waren, ob er sich ihnen überhaupt anschließen würde, auch wenn Mola fest daran glaubte. In Cádiz waren am Tag von Francos Ankunft bei revolutionären Ausschreitungen einige Kirchen in Flammen aufgegangen. Franco war empört über die apathische Reaktion der militärischen Behörden angesichts solcher Exzesse. Als der Offizier, der ihn empfing, erklärte, er habe den Befehl erhalten, nicht einzugreifen, schrie Franco ihn an: „Derartige Befehle sind nicht zu befolgen, da niemand einem Offizier befehlen kann, teilnahmslos einem Verbrechen zuzusehen und noch weniger einem Sakrileg!"

Das letzte Bild, das er von Spanien mit auf die Reise nehmen mußte, war das der verkohlten Ruinen von Sakralgebäuden. Dies war nur noch ein weiterer Grund, zu den Waffen zu greifen, um das alte Spanien und seinen Glauben zu retten.

Nach einem zweitägigen Zwischenstopp in Las Palmas kam Franco in Santa Cruz de Tenerife an, wo die Führer der Volksfront eine Kampagne gegen den Verantwortlichen der Niederschlagung der asturischen Revolte gestartet hatten. Am Kai erwarteten feindselige Gruppen und Gaffer den umstrittenen Offizier. In seiner Generalsuniform verließ Franco das Schiff. Nach und nach verstummten die Schreie, die anfangs ertönt waren. Franco grüßte und winkte den Einwohnern zu. Beifall brandete auf. Genauso, wie er sich mit seiner ruhigen Autorität bei den hartgesottenen Legionären durchgesetzt hatte, so hatte er auch hier das Spiel gewonnen.

Auf seinem neuen Posten nahm Franco die Tätigkeit eines Kommandeurs auf. Er inspizierte die Garnisonen des Archipels und sorgte für die Ausbildung der Truppe. Gleichzeitig verfolgte er den fortschreitenden Zerfall des Staates. Die Regierung Azaña wollte die Relikte des „bienio negro" – der zwei „schwarzen" Jahre, in denen die Konservativen Spanien regiert hatten – auslöschen. Die Parlamentsmehrheit hatte die Mandatare der Opposition mit aller Kraft ausgeschaltet. Jetzt ging es ihr um den Kopf des Präsidenten der Republik, Niceto Alcalá Zamoras, der, um seine Politik durchzusetzen, nacheinander Azaña und Lerroux „torpediert" und Gil Robles den Weg versperrt hatte. Die Mehrheit der Linken, angeführt von Prieto, verzieh ihm seine Manöver gegen Azaña im Jahr 1933 nicht und beschloß, ihn auszuschalten. Der Vorwand lautete, er habe zweimal das Parlament aufgelöst, ohne daß dazu eine Notwendigkeit bestanden hätte. Es war unterhaltsam, der neuen Mehrheit dabei zuzusehen, wie sie gerade jene Maßnahme verurteilte, die es ihr ermöglicht hatte, die Macht wieder an sich zu reißen, aber an jenem 7. April war wohl jeder Vorwand recht.

Alcalá Zamora beugte sich nach eigenen Worten, um einen Bürgerkrieg zu verhindern. Der tatsächliche Grund war aber, daß er nun so gut wie allein dastand. Im Parlament hatte sich die Opposition der Stimme enthalten, bis auf die kleine Gruppe der Freunde Portelas, die für Zamora gestimmt hatten.

Allmählich begannen sich bürgerkriegartige Zustände auszubreiten. In den Städten gab es Attentate am hellichten Tag. Am 12. März wurden in Madrid zwei Studenten von Mitgliedern der Marxistischen Jugend getötet. Junge Falangisten schlugen zurück, indem sie ein Attentat auf den sozialistischen Professor Jiménez de Asua verübten, das dieser zwar überlebte, bei dem aber ein Polizeibeamter seiner Eskorte ums Leben kam. Als Repressalie legten militante Marxisten Brände in den Büros der Zeitung „La Nacion" und in den Kirchen San Luis und San Ignacio in Madrid. Im Verlauf der parlamentarischen Debatte im Anschluß an die Regierungserklärung Azañas zählte der Abgeordnete von Orense, Calvo Sotelo, die Gewalttaten auf, die vom 15. Februar bis zum 2. April verübt worden waren: 12 politische Lokale und 105 Kirchen in Brand gesteckt, 11 Generalstreiks, 39 Schußattentate mit insgesamt 74 Toten und 345 Verletzten. Und er schloß mit den Worten: „Wenn die Regierung Schwäche zeigt und zögert, sind wir bereit, uns mit allen Mitteln zu wehren, damit sich die tragische Verwüstung Rußlands hier nicht wiederholt." Gil Robles sprach von der einen Hälfte der Spanier, die sich weigerte, der Gewalt zu weichen, und meinte schließlich: „Wenn sie sich auf dem einen Weg nicht verteidigen kann, wird sie einen anderen Weg wählen. Die öffentliche Macht wird zum traurigen Beobachter des Kampfes zwischen Bürgern, bei dem die Nation sich materiell und geistig ruiniert", und er sprach das verhängnisvolle Wort „Bürgerkrieg" aus, das der Katalane Ventosa mit den Worten aufgreifen sollte: „Spanien lebt in einer Bürgerkriegsstimmung."

Der 1. Mai 1936 sollte diesen Eindruck noch verschärfen. Madrid versank in einem Meer von roten Fahnen, von Marx-, Lenin- und Stalinbildern. Überall ertönte die Internationale, die Kolonnen skandierten „Patria, no! – Viva la Rusia!" und ganze Heerscharen von Kindern schrien: „No queremos catecismo – que queremos comunismo!" Eine Grenze zwischen Sozialisten und Kommunisten schien nicht mehr zu bestehen.

Hatte die Rechte Angst vor der Revolution, so mißtraute die Linke der Armee. Azaña hatte sie auf höchster Kommandoebene mit republikanischen Generalen ausgestattet, aber es gab in mehreren militärischen Bezirken immer noch Generale und Offiziere, die als Monarchisten oder „Faschisten" bezeichnet wurden. Aus diesem Grund verlangte Largo Caballero am 10. April im Madrider Kino „Europa" eine totale Umgestaltung der Armee „von solchem Ausmaß, daß die Generale wieder zu Gefreiten werden und die Gefreiten sich in Generale verwandeln". Eine Zeitung mit Namen „El Soldado Rojo" wurde in den Kasernen verteilt, obwohl sie die Disziplin in Frage stellte. Dies war der erste Schritt zu den Soldatenräten.

Unter diesen Bedingungen mußte sich Franco fragen, ob ein Putschversuch nicht mit der Befehlsverweigerung der Truppe und Meuterei konfrontiert werden könnte und die nationale Bewegung daran scheitern müßte.

Im anderen politischen Lager wurde der Wunsch laut, die Revolution bis zum Ende durchzuführen und eine paramilitärische Organisation auf die Beine zu stellen, die fähig wäre, den Kampf aufzunehmen. Der Sekretär der Kommunistischen Partei, José Diaz, der im Parlament erklärt hatte, Gil Robles würde „in seinen Schuhen" sterben – das heißt: erschossen werden –, sagte: „Wir müssen eine einzige proletarische Miliz bilden, die der Embryo der Roten Armee sein muß, wenn die Revolution in Spanien triumphiert."

In der Tat schien die Situation für die Putschisten schwierig zu werden. Franco, der auf seinem Posten – oder eher seinem Exil – auf Teneriffa isoliert war, suchte nach einer Möglichkeit, sich legal im Mutterland aufzuhalten. Nach seiner späteren Aussage glaubte er, die Lösung gefunden zu haben, indem er sich bei einer Nachwahl zum Abgeordneten wählen ließ. Die Mehrheitspartei im Parlament hatte nämlich das Wahlergebnis in Cuenca für ungültig erklärt. Die Führer der Rechten wollten die Gelegenheit nutzen, um José Antonio Primo de Rivera, der wegen illegalen Waffenbesitzes am 14. März in seinem Wohnort festgenommen worden war, aus dem Gefängnis zu holen. Der Chef der Falange, der behauptete, die Polizei selbst hätte die Waffen bei ihm deponiert, befand sich zu diesem Zeitpunkt mit der Mehrzahl der Mitglieder seines politischen Büros in Haft. Es gelang ihm aber ohne große Schwierigkeiten, Anweisungen und Ratschläge an die Falangisten zu verschicken, deren Zahl seit dem 16. Februar ständig zunahm. Viele junge Spanier, die den Mythos der guten Wahl ablehnten, strömten jener einzigen Bewegung zu, welche die „roten Horden" mit deren Mitteln bekämpfte. Freilich ließen sie sich oft zum Mechanismus der Vergeltung verleiten – wie man am Attentat auf Professor Jiménez de Asua gesehen hat – und provozierten so weitere blutige Gegenschläge. Sollte José Antonio in Cuenca gewählt werden, konnte er seine Freiheit wiedererlangen und die weitere Disziplin in der Falange im Auge behalten. Die rechten Gruppierungen dachten daran, eine Liste mit José Antonio, dem Monarchisten Goicoechea, Gonsalves und Franco aufzustellen. Der General ließ sich anfangs darauf ein, zog aber später seine Zusage zurück. Nach Auskunft einiger Historiker soll José Antonio selbst die Kandidatur dieses allzu konservativen Generals abgelehnt haben, mit dem er bei seinem Freund Serrano Suñer einmal eine Unterredung gehabt hatte, die ihn sehr enttäuschte. Serrano Suñer sagte später, er selbst wäre auf Wunsch von José Antonio auf die Kanarischen Inseln gefahren, um Franco zu bitten, nicht zu kandidieren.

Auf jeden Fall war die Gelegenheit, beim Zustandekommen des Komplotts mitzuarbeiten, verpaßt. Franco ließ Mola allein den Plan zum Aufstand schmieden. Die Regierung hatte den schwerwiegenden Fehler begangen, den ehemaligen Leiter des königlichen Sicherheitsdienstes in eine Region zu versetzen, in der die karlistische Bewegung noch immer stark war. Es trifft zwar zu, daß man annahm, der wenig monarchistische Mola würde sich mit den karlistischen Traditionen nicht allzusehr anfreunden, doch fand dieser rasch heraus, daß seine Offiziere mit den Traditionalisten im Bund waren; letztere hielten sogar bewaffnete Milizen im Untergrund bereit. Die Navarresen waren drauf und dran, sich zu erheben, aber der Führer der Karlisten, Fal Conde, wollte seine Partei unverfälscht erhalten und hatte nicht vor, für andere die Kastanien aus dem Feuer zu holen. Er traute Mola keineswegs und wollte Garantien dafür, daß ein Sieg zur Reinstallierung der Monarchie führen würde. Mola seinerseits schlug vor, das Militär regieren zu lassen, um die Ordnung wiederherzustellen, bevor man das Thema der Institutionen anschnitt. Die langwierigen Verhandlungen gelangten erst durch die Vermittlung von General Sanjurjo zu einem Abschluß. Zwar befand sich dieser noch im Exil in Portugal, aber sowohl die Militärs als auch die Karlisten boten ihm das Kommando über den Aufstand an.

Mit den kommandierenden Offizieren hatte Mola weniger Verständigungsprobleme. Er war überrascht, als einer der Verschwörer gegen Alfons XIII., der Inspektor der Grenzpolizei Queipo de Llano, zu ihm kam, um ihm seine Unterstützung anzubieten. Mola antwortete zunächst ausweichend, erkannte aber bald, daß dieser Offizier, der mit Alcalá Zamora verschwägert war, der Volksfront die Absetzung des Präsidenten nicht verzeihen konnte. In der Tat wurde Queipo de Llano einer der großen Urheber des Putsches. Er war vor allem der wesentliche Verbindungsmann zu General Cabanellas, dem Kommandanten der Region Saragossa, der zwar Freimaurer war, aber die Exzesse der Volksfront zutiefst verabscheute. Zuletzt ließ José Antonio Primo de Rivera aus seiner Zelle im Gefängnis von Alicante General Mola wissen, daß die Falange sich den aufständischen Militärs anschließen würde.

Trotz aller Geheimhaltung konnte dieses Kommen und Gehen in Pamplona der Regierung nicht verborgen bleiben. Nach dem Sturz von Alcalá Zamora hatte die Mehrheitspartei im Parlament Azaña zum Präsidenten gewählt. Dadurch schob sie ihr fähigstes Regierungsmitglied auf einen Versorgungsposten. Dieser Fehler war nicht der einzige. Als Azaña dem relativ gemäßigten Führer der Sozialisten, Indalecio Prieto, den Posten des Regierungschefs anbieten wollte, weil dieser vielleicht fähig gewesen wäre, mit den gemäßigten Republikanern zu verhandeln, stellten sich ihm die Revolutionäre der PSOE* in den Weg, da sie der Meinung waren, Prieto wäre zu nachgiebig. Unter diesen Umständen betraute Azaña am 13. Mai 1936 einen seiner Verwandten, Casares Quiroga, mit der Macht. Quiroga erklärte, er befände sich „im Kampf gegen den Faschismus". Da der Hauptgegenstand seines Unmuts nur die Falange war, erreichte er kaum die Verschwörer innerhalb der Armee. Die für die Republik Verantwortlichen befürchteten einen Aufstand der Streitkräfte und zogen es vor, deren Pläne zu stören, indem sie die verdächtigen Offiziere von einer Garnison zur anderen versetzten. So geschah es dann auch, daß man Mola durch seinen Vorgesetzten, General Batet, den Vorschlag überbringen ließ, er könne ein Kommando in einer anderen Garnison erhalten. Der „Direktor" (des Aufstandes) antwortete, daß man einer früheren derartigen Bitte seinerseits nicht entsprochen hätte, er es aber jetzt vorzöge, seinen derzeitigen Posten zu behalten.

Mola fühlte sich jedoch durchschaut und wollte einer Aktion der Regierung zuvorkommen. So setzte er den 17. Juli als das verhängnisvolle Datum fest. Er hatte den Verschwörern ihre jeweiligen Rollen bereits zugeteilt: Queipo de Llano in Sevilla, Cabanellas in Saragossa, Goded in Valencia, Fanjul in Madrid und er selbst in Pamplona. Da er nicht so recht an den Erfolg eines Handstreichs in der Hauptstadt glaubte, sah er vor, daß die Garnisonen nach der Revolte gegen Madrid marschieren sollten. Die Marokkoarmee sollte auf ein Signal von Oberstleutnant Yagüe meutern und dann nach Spanien übersetzen, unter der Führung eines von Mola nicht namentlich erwähnten „berühmten Offiziers", der jedoch nur Franco heißen konnte.

---

* Partido Socialista Obrero Español, die Spanische Sozialistische Arbeiterpartei.

Dieser war in seinem „Exil" auf den Kanarischen Inseln über alle Vorbereitungen informiert. Nach Aussagen seines Vetters Franco Salgado sah er voraus, daß der sich abzeichnende Bürgerkrieg lang und hart werden würde. Er unternahm noch einen Versuch, diesen Krieg abzuwenden, indem er direkt an den Regierungschef und Kriegsminister Casares Quiroga schrieb und ihm die geistige Haltung der Armee erläuterte, deren Generalstabschef er kurz zuvor noch gewesen war. Er schrieb: „Der Zustand der Besorgnis, der durch die jüngsten Maßnahmen in der Armee in den Köpfen der Offiziere verursacht wird, ist derartig tief, daß ich eine zu große Verantwortung auf mich nehmen und meine Loyalitätspflicht Ihnen gegenüber verletzen würde, wenn ich Ihnen meine Eindrücke nicht mitteilte."

Er zählte sodann die Gründe für diese Unzufriedenheit auf: Die Wiedereinsetzung von Offizieren und Unteroffizieren in Kommandofunktionen, die wegen ihrer Beteiligung am katalanischen Aufstand von 1934 aus der Armee ausgeschlossen worden waren, und den Ersatz von erfahrenen Kommandeuren durch politische Generale, die von ihren Untergebenen nicht geschätzt wurden. Er machte auch auf die Existenz von Geheimorganisationen innerhalb der Streitkräfte aufmerksam, wie dem Republikanischen Soldatenbund und dem Spanischen Soldatenbund, was der Disziplin sehr zum Nachteil gereichte und „einen zukünftigen Bürgerkrieg" ankündigte, „wenn man nicht versucht, ihn zu verhindern, was ich für sehr leicht halte, sofern angemessene und gerechte Maßnahmen angewandt werden".

Und weiter: „Ich verhehle Ihnen nicht die Gefahr, die in diesem Augenblick von dem kollektiven Gemütszustand der Offiziere ausgeht, wo ihre beruflichen Ängste sich mit den Befürchtungen eines jeden guten Spaniers vor den großen Gefahren, die das Vaterland bedrohen, decken. Ich kann Ihnen versichern, daß der Gerechtigkeitssinn unter den Offizieren so ausgeprägt ist, daß jede heftige Maßnahme, die nicht gerechtfertigt wäre, genau die entgegengesetzte Reaktion zur Folge hätte."

Der Brief, in respektvollem Ton gehalten, war zweideutig. Einerseits versicherte Franco dem Minister, daß die Armee die Republik respektiere, obwohl er gleichzeitig wußte, daß seine Kameraden einen Putsch organisierten; andererseits warnte er den Regierungschef vor der Gefahr, die eine Fortführung seiner Säuberungs- und Republikanisierungspolitik im Offizierskorps barg. Man hat sich gefragt, ob er die

Verschwörer decken wollte oder die Hoffnung hegte, Casares Quiroga zu beeindrucken und so einen Kompromiß zu erreichen.

Casares antwortete ihm nicht einmal. Er war vermutlich der Überzeugung, daß jene regimetreuen Männer, die an die Spitze des Militärs gesetzt worden waren, die Disziplin aufrechterhalten konnten. Vielleicht ahmte er auch die Haltung Azañas nach, der sich nach dem Scheitern des Sanjurjo-Putsches rühmte, er habe genau Bescheid gewußt und die Verschwörer gewähren lassen, um sie später um so besser vernichten zu können. Auf jeden Fall trug sein Schweigen dazu bei, Franco in das Lager der Befürworter des Putsches zu treiben.

Der katholische Militärhistoriker José Maria Garcia Escudero erwähnt, daß Franco noch am 12. Juli den fassungslosen Mola wissen ließ, er würde sich nicht an dem Unternehmen beteiligen, das der „Direktor" mit solch großer Sorgfalt geplant hatte. Am 15. Juli beendete er jedoch sein Zögern und akzeptierte das Abenteuer. Die Nachricht vom Mord an José Calvo Sotelo, dem Führer der Monarchisten im Parlament, der vom Hauptmann der Bereitschaftspolizei, Fernando Cortes, angeordnet worden war, um den Mord an Leutnant José Castillo, den Ausbildner der Kommunistischen Jugend, durch militante Rechtsextreme zu rächen, dürfte ihn zu diesem Schritt veranlaßt haben.

Diese Version Escuderos steht aber im Widerspruch zu der Tatsache, daß der Londoner Korrespondent der monarchistischen Zeitung „ABC", Luis Bollin, zu diesem Zeitpunkt bereits auf Anweisung seines Direktors Torquato Luca de Tena ein englisches Flugzeug – die „Dragon" – gemietet hatte, das unter dem Vorwand, Touristen auf die Kanaren zu bringen, nach Las Palmas fliegen sollte, um Franco an Bord zu nehmen und ihn nach Marokko zu bringen. Da dieser Plan nicht abgeändert wurde, landete das Flugzeug zuerst am 12. Juli in Casablanca und dann, am 15. 7., in Las Palmas, wo es von den Militärbehörden unter einem vagen Vorwand festgehalten wurde.

Entscheidend war auf jeden Fall, daß Franco am Ende doch den Schritt wagte und jenen Platz einnahm, den man ihm an der Spitze der Marokkoarmee zugedacht hatte. Das Glück war ihm dabei noch einmal gnädig. Der General wußte, daß er sowohl von den Zivilbehörden als auch von den auf den Kanaren recht zahlreichen militanten Revolutionären überwacht wurde. Um nach Las Palmas zu reisen, plante er, eine Inspektion der Garnisonen vorzutäuschen.

Ein tragisches Ereignis kam ihm zu Hilfe. General Amado Balmes, der Militärgouverneur von Las Palmas, der den Putsch auf der Insel anführen sollte, verletzte sich beim Hantieren mit seiner Dienstwaffe tödlich. Franco nutzte die Gelegenheit, um unter dem Vorwand, zu seinem Begräbnis zu reisen, nach Gran Canaria zu fahren. Seine Familie begleitete ihn. Er wohnte der Zeremonie am Morgen des 17. Juli bei, beauftragte den monarchistischen General Luis Orgaz mit der Nachfolge von Balmes und zog sich in sein Hotel zurück. Um drei Uhr früh überbrachte ihm sein Adjutant Franco Salgado eine telefonische Nachricht von Yagüe, die besagte, daß die Marokkoarmee geputscht hatte und den größten Teil des Protektorats kontrollierte.

Wenn Franco auch gezögert hatte, sich in ein Abenteuer zu stürzen, das laut Mola selbst mehr Chancen hatte, zu scheitern denn zu gelingen, so schwankte er nicht mehr, als die Entscheidung zum Kampf gefallen war. Er begab sich zum Sitz des Militärkommandos und sandte den Generalen des Mutterlandes ein Telegramm mit der Nachricht über den Aufstand und der Forderung, „blindes Vertrauen" in den Sieg zu haben. Anschließend befahl er, auf dem Kanarischen Archipel den Kriegszustand auszurufen.

Gleich am nächsten Morgen sendete Radio Tenerife eine lange Botschaft mit den Gründen für den Putsch der Armee. Man erinnerte an das Chaos, das in Spanien herrschte, an die Morde und deren Abrechnungen, an die Anarchie auf dem Land, an die Zerstörungen von Denkmälern und an die Angriffe auf die Armee. Zwei tödlichen Gefahren, denen Spanien ausgesetzt war, wurden ausdrücklich genannt: Revolution und Separatismus, der zum Zerfall der Nation führen müßte. Es hieß: „Die Verfassung ist verschwunden: es gibt weder Gleichheit vor dem Gesetz noch Freiheit, wenn diese von der Tyrannei geknebelt wird, weder Brüderlichkeit, wenn der Haß und das Verbrechen den gegenseitigen Respekt ersetzen, noch ein eigenes Vaterland, wenn es vom territorialen Zerfall bedroht ist…"

Dann wurde, nachdem man auf die sowjetische Propaganda eingegangen war, ein sehr allgemeines Programm vorgestellt, das mit großen Phrasen gespickt war: „Wir bieten Euch Gerechtigkeit und Gleichheit, Frieden und Liebe zwischen den Spaniern, Freiheit und Brüderlichkeit frei von Zügellosigkeit. Des weiteren Arbeit für alle und soziale Gerechtigkeit ohne Haß und Gewalt. Es wird eine gerechte und progressive Verteilung des Reichtums geben, ohne daß die spanische Wirtschaft gefährdet oder gar zerstört wird." Im Gegensatz dazu prophezeite es „... einen erbarmungslosen Krieg den Ausbeutern der Politik, den Leuten, die den ehrlichen Arbeiter betrügen, den Ausländern und ihren Nachahmern,* die versuchen, Spanien zu zerstören, entweder auf direktem Weg oder hinterrücks". Die Warnung an die Gegner lautete: „Die Energie zum Erhalt der Ordnung wird proportional sein zum... Widerstand dagegen."

Bilder rechts:
STATIONEN EINES LEBENS
Oben links: Der junge Franco, kurz nach seiner schweren Verwundung in Marokko.
Oben rechts: Franco während des Krieges in Afrika zusammen mit General Millán Astray, dem Gründer der Spanischen Legion.
Unten links: Franco mit seiner Tochter Carmen während des Spanischen Bürgerkrieges.
Unten rechts: Das „Valle de los Caidos" (Das „Tal der Gefallenen"), in dem die sterblichen Überreste Francos, José Antonio Primo de Riveras und 40.000 Gefallener beider Seiten aus dem Spanischen Bürgerkrieg bestattet sind.

Bilder umseitig:
IM SPANISCHEN BÜRGERKRIEG KAM ES AUF BEIDEN SEITEN IMMER WIEDER ZU BLUTTATEN UND EXZESSEN, DA SICH ZWEI UNVERSÖHNLICHE LAGER GEGENÜBERSTANDEN. DIESE BILD-SEITE SOLL VERDEUTLICHEN, WESHALB SICH DAS KATHOLISCHE UND GROSSE TEILE DES BÜRGERLICHEN SPANIEN DEN AUFSTÄNDISCHEN MILITÄRS ANSCHLOSSEN.
Oben: Vor allem auf das Konto der Anarchisten gingen die oft grausame Ermordung von tausenden Priestern, Mönchen und Nonnen sowie die Zerstörung unzähliger Kirchen. Dabei wurden auch immer wieder blasphemische Szenen mit Leichnamen und Heiligenreliquen – wie hier in der Kirche von San Miguel in Toledo – zur Schau gestellt.
Unten: Schon vor dem Ausbruch des Bürgerkrieges kam es vor allem in Madrid mehr als einmal zu großen Machtdemonstrationen – wie hier in der Stierkampfarena – der Kommunistischen Partei. Die Angst vor dem damals durch Stalins Rußland repräsentierten Bolschewismus war neben dem Kampf der Republikaner gegen die Kirche einer der wichtigsten Gründe für die nationale Erhebung.

---

* Die „extranjerizantes", genau wie die Spanier im Krieg gegen Napoleon von „afrancesados" gesprochen hatten.

Das Manifest endete nach dem Versprechen, die sozialen Errungenschaften zu respektieren, mit einem Appell (sonderbarerweise „afrancesada") an die „Einheit, die Freiheit und die Brüderlichkeit", die in Spanien zum erstenmal verwirklicht werden sollten, und mit dem Ruf „Es lebe Spanien! Es lebe das spanische Volk!" Kein Wort hingegen über die Staatsform, das Regime, das die Armee einrichten würde, sollte sie den Sieg erringen.

Die Armee erhob sich gegen die Volksfront; sie gab vor, einem revolutionären Staatsstreich zuvorzukommen und die Ordnung wiederherzustellen, ohne jedoch ein Regime aufzudrängen. Letzteres würde sich später von alleine regeln.

Diese prinzipielle Erklärung konnte die Anhänger der Volksfront freilich nicht beruhigen. Die „Unión General de Trabajadores" verkündete den Generalstreik und rief ihre Mitglieder zu Aktionen auf. Eine bedrohliche Menschenmenge drängte sich um die „Comandancia", wo

Bilder umseitig:
Oben: Begegnung Francos mit Adolf Hitler an der französisch-spanischen Grenze am 23. Oktober 1940. Franco lehnte den von Hitler gewünschten Eintritt Spaniens in den Weltkrieg ab und genehmigte auch später nur die Teilnahme einer Freiwilligen-Division am Rußlandfeldzug.
Unten: Treffen Francos mit Marschall Pétain, dem Staatschef der französischen Vichy-Regierung, die damals auch von den USA anerkannt war. Franco stand dem konservativen Franzosen innerlich wesentlich näher als Hitler und Mussolini, was auch der Hauptgrund für seine Neutralitätspolitik gewesen sein dürfte, die Spanien trotz des Drucks der Achse aus dem Zweiten Weltkrieg heraushielt.

Bilder links:
Oben: Nach dem Zweiten Weltkrieg als Diktatur gebrandmarkt, normalisierten sich die Beziehungen Franco-Spaniens zu den demokratischen Regierungen des Westens – allen voran den USA – mit Beginn des kalten Krieges sehr rasch. Im Bild begrüßt Ronald Reagan, damals noch Gouverneur von Kalifornien, den Generalissimus, an dessen Seite Außenminister López Bravo zu sehen ist. Zuvor hatten schon drei amerikanische Präsidenten, Dwight D. Eisenhower, Richard Nixon und Gerald Ford, Spanien besucht.
Unten: Franco designiert Juan Carlos, Prinz von Spanien, zu seinem Nachfolger. Im Hintergrund Torcuato Fernández Miranda, der Generalsekretär der „frente national".

sich Franco mit seiner Familie aufhielt. Dieser bemerkte, daß die Truppen, die zur Verteidigung bereitstanden, zögerten, und so übergab er das Kommando an Franco Salgado. Dieser befahl eine Salve mit Platzpatronen, welche ausreichte, die Leute zurückzutreiben. Als sie wieder angriffen, schossen die Soldaten scharf. Menschen wurden getroffen. Die Armee behauptete sich.

Franco dachte nur mehr daran, sich zur Marokkoarmee zu begeben und überließ es General Orgaz, den Archipel zu befrieden. Da die Straße zum Flughafen zu gefährlich schien – es war tatsächlich ein Hinterhalt vorbereitet worden –, beschloß er, den Seeweg zu nehmen. Er vertraute Frau und Tochter Oberstleutnant Martinez Fuset an, der sie auf das Kanonenboot „Arcila" brachte – ein einigermaßen unvorsichtiger Schritt angesichts des revolutionären Geistes, der damals bei den Matrosen vorherrschte. Dann begab Franco sich auf einen Schlepper, der ihn ohne Behinderung zum Flughafen brachte.

Der Pilot des „Dragon", Hauptmann Bebb, den man bis dahin verborgen hatte, war zu seinem Flugzeug zurückgebracht worden. Franco stellte sich ihm vor, bestieg mit Salgado und einem Funker die Maschine und gab den Befehl, Kurs auf Casablanca zu nehmen. Dort kamen sie um neun Uhr abends an. Luis Bollin erwartete sie und brachte alle in ein Hotel, wo sich Franco unter dem Namen des Diplomaten Sangroniz eintrug, der ihm seinen Paß geliehen hatte. Am nächsten Tag ging die Reise schon früh weiter. Franco legte seine Uniform knapp vor der Landung in Tetouan wieder an. Laut Bebb war der General nervös, als sie sich dem Ziel näherten. Nach der Landung begrüßte ihn Oberstleutnant Saenz de Buruaga mit dem vorschriftsmäßigen Satz: „Keine Vorkommnisse in Marokko, Herr General."

Franco war zu „seiner" Armee zurückgekehrt.

Dritter Teil
DER GENERALISSIMUS

1. Kapitel

DER GESCHEITERTE STAATSSTREICH

Nach seiner Landung in Tetouan fand Franco das Protektorat praktisch zur Gänze unter der Kontrolle der Putschisten. Das Kalifat und Großwesir Sidi Ahmed nahmen die vollendeten Tatsachen hin und hielten die Ordnung in der Zone aufrecht. Francos Truppen konnten somit nach Spanien übersetzen. Der Erfolg schien sicher.

Die Lage im Mutterland war jedoch eine völlig andere als die im Protektorat. Der Putsch war zwar in gewissen Gegenden erfolgreich gewesen, in den wichtigen Zentren aber, wie Madrid, Barcelona, Bilbao und Valencia, gescheitert. Das Unternehmen war also noch lange nicht gewonnen. Es sah für die Militärs sogar schlecht aus. Mola hatte seinen Kameraden gesagt, es wäre besser gewesen, hätte man den Putsch zum Zeitpunkt der Wahlen zur Volksfront versucht, als auch Franco sich bemüht hatte, Portela den Ausnahmezustand ausrufen zu lassen. Die Tatsachen schienen ihm recht zu geben.

Zudem war die 145.000 Mann starke spanische Armee im Juli 1936 reichlich desorganisiert. Einige Regimenter existierten gleichsam nur mehr auf dem Papier (Queipo de Llano fand in Sevilla ein Infanterieregiment mit gerade 130 Mann vor), die Zahl der Offiziersburschen und der Beurlaubten war übermäßig hoch, die antimilitaristische Propaganda zersetzte die Disziplin. Nur die Eliteeinheiten der Marokkoarmee hatten ihre hohe Kampfmoral beibehalten. Mola erzählte einmal, daß ein Mitglied einer deutschen Militärmission, die 1932 die Afrikatruppen und die Einheiten in der Heimat inspizierte, ihm gesagt hatte: „Die Regimenter in Madrid wirken wie Karikaturen, aber wenn ich die Organisation und den Ausbildungsstand Ihrer Kolonialtruppen sehe, schließe ich daraus, daß Sie fähig sind, eine große Armee zu bilden, wenn Sie es sich vornehmen. Warum kann es nicht immer so sein?"

91

War diese insgesamt kaum mittelmäßige Armee überhaupt fähig, sich gegen die Massen eines Proletariats durchzusetzen, das von der antifaschistischen Propaganda seit Monaten aufgeheizt wurde? Am Tag nach dem Mord an Calvo Sotelo schrieb Indalecio Prieto:

„Wenn die Reaktionäre an einen leichten Staatsstreich glauben, wie 1923, so irren sie sich gründlich. Wenn sie glauben, daß sie auf ein wehrloses Regime stoßen, so ist dies ein Trugschluß. Um zu siegen, müssen sie über menschliche Barrikaden springen, die ihnen die proletarischen Massen entgegenstellen werden. Ich sagte schon, es wird ein Kampf bis zum Tod, da jede Seite weiß, daß sie keine Gefangenen machen wird."

Der Chef der Sozialisten behauptete, es wären nur zehn Minuten nötig gewesen, damit sich die Sozialistische Partei, die Kommunisten, die sozialistische Arbeitergewerkschaft und der Nationale Verband der Sozialistischen Jugend (in dem Kommunisten und Sozialisten gemeinsam organisiert waren) auf ein gemeinsames Vorgehen gegen eventuelle Putschisten verständigten. Jede dieser Gruppierungen verfügte über zahlreiche, gut ausgebildete und kampfbereite Milizen. Sie wollten nun gemeinsam mit den Anarchisten der FAI* und der CNT der Bourgeoisie in der Regierung die Revolution aufzwingen, da diese nicht fähig gewesen war, die Komplotte der Reaktionäre und Faschisten im Keime zu ersticken. Deshalb riefen sie lauthals nach Waffen.

Die republikanische Regierung ihrerseits war von der Nachricht, daß ein großer Teil der Armee revoltiert hatte, geschockt. Casares Quiroga trat noch am Abend des 18. Juli zurück, und Azaña betraute Martinez Barrios mit der Regierungsbildung sowie mit der Aufgabe, einen Kompromiß mit den Rebellen zu finden. Der Anführer der gemäßigten Linken rief Mola an, welcher den Putsch in Pamplona begonnen hatte, dort, wo die „requetés"** aus ihren Dörfern kamen, um die revolutionären Atheisten zu bekämpfen wie zur Zeit des Don Carlos und des Zumalacarregui. Mola aber lehnte jede Verhandlung rundweg ab: Es war zu spät. Martinez Barrios mußte sein Unterfangen bald aufgeben. Azaña übergab daraufhin den Posten des Regierungschefs an seinen Freund

---

* Federación Anarquista Ibérica, eine anarchistische Geheimgesellschaft.
** Karlistische Milizen, zu denen sich, wie schon ein Jahrhundert zuvor, ganze Dörfer gemeldet hatten, um für „Gott, Vaterland und König" zu kämpfen.

José Giral, einen Chemieprofessor und überzeugten Antifaschisten, der mit der Idee einverstanden war, das Volk, genauer gesagt: die militanten Revolutionäre, zu bewaffnen. Er plante, die treugebliebenen Armeeeinheiten durch zahlreiche kampfbereite Hilfstruppen zu verstärken. In Wahrheit verlieh er den Revolutionären damit eine Macht, die den republikanischen Staat und jene Teile des Landes, die noch unter seiner Kontrolle waren, ins Chaos stürzte.

Am Ende der verworrenen Tage, in denen das Schicksal Spaniens auf dem Spiel stand, stellte sich die Lage folgendermaßen dar: Der Putsch war in jenen Regionen erfolgreich gewesen, in denen die konservative Einstellung vorherrschte, wie in Castilla la Vieja, wo sich die Garnisonen ohne große Mühen durchsetzten, wie in Burgos, Avila, Segovia, Salamanca, Zamora und Valladolid sowie in Soria und León, wo die Aufständischen den Bergarbeitern ihren Willen aufzwangen. Navarra war Mola gefolgt. Im Nordwesten waren Kämpfe nötig gewesen, um die Arbeiter von El Ferrol und die Gewerkschafter von Vigo zu unterwerfen, aber die anderen Städte akzeptierten widerstandslos die Revolte der Streitkräfte.

Verwunderlicher war da schon der Erfolg von General Cabanellas in Aragón, einer Region, in der die sozialistisch-anarchistische Linke besonders stark war. Der republikanische Offizier erhob sich dort auch nicht gegen das Regime, sondern gegen die Exzesse der Volksfront. Seine Befehle wurden sowohl von der Armee wie auch von den Ordnungskräften befolgt, die alle Gewerkschaftsführer festnahmen, welche eine Gegenwehr hätten organisieren können.

Auch der größte Teil Andalusiens akzeptierte den von der Armee ausgerufenen Ausnahmezustand, obwohl die Provinz gemeinsam mit Asturien die rote Hochburg Spaniens war. Auf dem Land hatten dort die Taglöhner, die einen Großteil des Jahres arbeitslos waren und daher einen tiefen Haß gegenüber den Großgrundbesitzern empfanden, seit dem Wahlsieg im Februar einen Zustand der Anarchie und Instabilität herbeigeführt – in der Hoffnung auf die Verwirklichung ihres Traumes von einer Landreform, die die Ländereien der „señoritos" unter ihnen verteilen würde. In den Städten hatte das Proletariat aus ebenfalls naheliegenden Gründen den revolutionären Politikern zugejubelt. Queipo de Llano hatte Mola noch extra auf die Schwierigkeiten aufmerksam gemacht, die dieser bei der Unterwerfung der feindseligen Massen vorfinden würde. Mola aber versuchte es dennoch in Sevilla, und es gelang ihm, mit Hilfe eines waghalsigen Bluffs den zuständigen Kommandanten General Villa zur Übergabe zu zwingen. Außerdem vermochte er die schwache Garnison zum Aufstand zu überreden, trotz der Bedenken einiger Offiziere, die sich an die Strafmaßnahmen gegen ihre Kameraden nach dem Scheitern des Putsches von 1932 erinnerten. Zu guter Letzt gelang es ihm, die Arbeitervorstädte unter Kontrolle zu halten, bis Verstärkung aus Huelva eintraf. Dabei wurde er von den örtlichen Falangisten und Monarchisten tatkräftig unterstützt. Queipo de Llano, der den Radiosender kontrollierte, hielt in humorvoller, volksnaher Soldatensprache eine Rede an das Volk, die ihm einen unbestrittenen Erfolg eintrug.

Zur gleichen Zeit fiel Cádiz in die Hände von General Varela, und dort landeten auch bald die ersten „regulares", die Franco losgeschickt hatte. Córdoba und Granada unterwarfen sich ebenfalls den Putschisten, letzteres gegen den Willen des kommandierenden Generals. Zwar waren nun noch Banden von „roten" Landarbeitern in Andalusien zu bekämpfen, doch das Wichtigste war erreicht, und die Truppen aus Marokko konnten am andalusischen Brückenkopf landen.

Die letzten Teilsiege der Putschisten waren die Kontrolle von Vitoria, der Hauptstadt der baskischen Provinz Álava, durch Oberst Alonso Vega sowie Erfolge in der Estremadura und der Aufstand in Caceres.

Eine völlige Niederlage erfuhr der Putsch hingegen in den partikularischen Provinzen, die die Regierung unterstützten, welche den Katalanen die Autonomie verliehen und den Basken versprochen hatte, aber auch in den Kohlenrevieren und in den Industriestädten. Der Haudegen Goded hätte in Valencia aktiv werden sollen, hatte es aber vorgezogen, nach Barcelona zu gehen, wo der Kampf ein harter zu werden versprach. Die Aufständischen besetzten am 19. Juli das Zentrum der Stadt, konnten sich jedoch nicht gegen die wütenden Angriffe der im Kampf um die Republik vereinten Guardia Civil, Bereitschaftspolizei und revolutionären Milizen verteidigen. Am 20. 7. fielen die letzten Schüsse.

In Madrid hatte General Fanjul seine schwachen Kräfte – ein Regiment Infanterie, ein Pionierregiment, einige Offiziersanwärter, unterstützt von Falangisten und Freiwilligen – in der Kaserne de la Montaña konzentriert. Am 20. 7. erfolgte der Sturm durch die Bereitschaftspolizei, verstärkt durch Milizionäre, die von der Regierung mit Waffen ausgerüstet worden waren, und unterstützt durch einige Geschütze und Flugzeuge. Nach wenigen Stunden war alles vorbei; einige Soldaten konnten zwar aus der Kaserne fliehen, die Offiziere und Falangisten wurden aber gleich dort exekutiert.

In Valencia, Albaceta und Málaga spielten sich ähnliche Szenen ab, wenn auch von geringerer Intensität. Die Verteidiger der Republik triumphierten.

In einer prekären Situation befanden sich noch die Garnison von Oviedo, deren Kommandant Oberst Aranda, ein erklärter Republikaner, die asturischen Kumpel nach Madrid geschickt hatte, um dort das bedrohte Recht zu verteidigen, jene von Gijon, die zu fallen drohte, sowie der Alkazar von Toledo, wo Oberstleutnant Moscardó sich mit einigen wenigen Kadetten (da die Militärschule Ferien hatte), Infanteristen und Angehörigen der Guardia Civil verschanzt hatte. Auch in Andalusien mußte sich Hauptmann Cortes mit der Guardia Civil und deren Familien im Heiligtum Unserer Lieben Frau von Cabeza verbarrikadieren.

Hier muß eine Randbemerkung zur Guardia Civil gemacht werden: in vielen Fällen war es ihre Haltung, die über Erfolg oder Scheitern des Putsches entschied. Dafür gibt es eine einfache Erklärung: Die Guardia verfügte über eine bessere Ausbildung und größere Erfahrung als die jungen Soldaten der regulären Armee des Mutterlandes und die Milizionäre. Die Propagandisten der Volksfront hingegen sangen oft lieber Loblieder vom kämpfenden Volk als selbst zu den Waffen zu greifen.

Die Situation der Aufständischen war alles in allem nicht rosig. Sie verschlechterte sich noch aufgrund von zwei Umständen: Zum einen war das Flugzeug, das Sanjurjo, den Kopf des Aufstandes, nach Spanien hätte bringen sollen, beim Start gegen ein Hindernis geprallt und ausgebrannt. Sanjurjo war tot und der Aufstand gerade in dem Augenblick führerlos, als ein energischer und von allen anerkannter Anführer bitter nötig gewesen wäre.

Zum zweiten hatten sich die Seeleute gegen ihre revoltierenden Offiziere gestellt und einige von ihnen gefangengenommen, andere aber auch getötet und deren Leichen über Bord geworfen. Dieser Umstand schien einen Transport der Marokkoarmee nach Spanien unmöglich zu machen. Letzteres schien um so schlimmer, als die Luftwaffe mehrheitlich gegen den Putsch war (siehe Seite 96).*

Indalecio Prieto konnte sich daher leicht im Radio darüber auslassen, wieso der Aufstand der Armee zum Scheitern verurteilt war: „Ich verstehe nicht, was die Rebellen wollen. Sie sind verrückt. Woher sollte ihre Rettung kommen? Wir kontrollieren die Städte mit der größten politischen Bedeutung, die Industriezentren, die gesamten Goldreserven und das Geld der Notenbank, wir verfügen über ein unerschöpfliches Reservoir an Kämpfern, und wir haben die Flotte." Und er wiederholte: „Hört Ihr? Wir haben die Flotte!"

Und doch dachten die Generale nicht daran, aufzugeben. Sie hatten zu jenem Zeitpunkt bereits die Brücken hinter sich abgebrochen und konnten nicht mehr zurück. Am 23. Juli bildeten sie in Burgos eine Nationale Verteidigungsjunta. General Miguel Cabanellas übernahm den Vorsitz; Mola, Saliquet, Ponte, Dávila sowie die Obristen Muntaner und Moreno Calderon – also alle Anführer im Norden – nahmen teil. Queipo de Llano und Franco sollten ebenfalls beitreten, sobald die Verbindung zu ihnen wiederhergestellt war.

Die Hauptschwierigkeit bestand darin, die Elitetruppen aus Marokko über die Meerenge von Gibraltar zu bringen. Franco plante dies schon für den 19. Juli. Zwei Konvois sollten Cádiz und Algeciras anlaufen, und zwar unter dem Geleitschutz der beiden Kriegsschiffe „Dato" und „Churruca", die im Hafen von Ceuta lagen. Die Mannschaft der „Churruca" meuterte jedoch und schloß sich der republikanischen Flotte an. Den Marineoffizieren, die bei Franco waren, schien das Risiko des Abenteuers zu hoch: Man solle doch zumindest die Luftüberlegenheit besitzen. Franco improvisierte somit zunächst eine Luftbrücke mit der schwachen Luftwaffe der Marokkostreitkräfte. Weitere Maschinen waren dringend notwendig, aber von wem sollte man sie kaufen? Im Europa des Jahres 1936, das zerrissen war durch die Rivalität zwischen Kommunismus und dem, was man verallgemeinernd als „Faschismus" bezeichnet, konnte sich ein Aufstand, der sich als antikommunistisch bezeichnete – nach dem der Sieg der Volksfront in Frankreich – nur an das konservative England, an das nationalsozialistische Deutschland

---

* Zu Seite 95: In Tetouan hatte Oberst Saenz de Buruaga den Widerstand des Flugplatzkommandanten Ricardo de la Puente Bahamonde, eines Vetters Francos, brechen müssen. Queipo de Llano hatte den Flugplatz von Sevilla erobern müssen, und die Flieger von Barcelona und Madrid hatten sich am Kampf gegen die Putschisten beteiligt.

oder an das Italien Mussolinis wenden. England wollte seiner Tradition zufolge erst einmal abwarten. (Man müßte in den britischen Archiven nachsehen, ob sein berühmter Geheimdienst nichts von der Episode des „Dragon" wußte.) Blieben also nur mehr Deutschland und Italien. Franco trat über den deutschen Geschäftsmann Johannes Bernhardt mit der Nationalsozialistischen Partei in Kontakt und sandte gleichzeitig eine offizielle Anfrage an General Kühlenthal. Dieser fragte beim Außenamt in der Wilhelmstraße an, erhielt jedoch eine negative Antwort. Auch wenn dieses abwinkte, so sagte doch Hitler zu. Bernhardt, Ortsgruppenleiter Adolf Langenheim und Hauptmann Arranz reisten nach Bayreuth, wo der Führer den Wagnerfestspielen beiwohnte. Hitler empfing sie sofort nach ihrer Ankunft und beschloß, Franco eine Hilfe von zwanzig dreimotorigen „Junkers 52" („Tante Ju"; Anm. d. Ü.) und fünf „Heinkel"-Jagdflugzeugen zukommen zu lassen.

Über den italienischen Konsul in Tanger schickte Franco auch eine entsprechende Anfrage über zwölf Maschinen an Mussolini. Hatte dieser nicht den Monarchisten Waffen versprochen und der Falange Geld zur Verfügung gestellt? Laut Aussagen des Botschafters Cantalupo und des Generals Balforte schrieb der Duce aber „nein" an den Rand des Briefes. Bald jedoch änderte er seine Meinung, vielleicht, weil der Geschäftsmann Juan March eine großzügige Garantie hinterlegte. Jedenfalls starteten am 29. Juli zwölf „Savoia Marchetti"-Maschinen von Sardinien aus in Richtung Nador. Nur neun Flugzeuge kamen an: eines stürzte ins Meer, und zwei weitere mußten in Algerien notlanden. Wenngleich diese Hilfeleistungen seitens der beiden Diktatoren Franco immer wieder als Beweis für dessen Nahverhältnis zum Faschismus vorgehalten wurden, darf man dabei nicht vergessen, daß der Oberste Sowjet und die Komintern bereits am 21. Juli 1936, also einige Tage zuvor, militärische Hilfe für die Regierung in Madrid beschlossen und sogleich in die Wege geleitet hatten.

Am Vortag waren die ersten deutschen Flugzeuge im Protektorat eingetroffen. Mit diesen Maschinen kam die Luftbrücke endlich in Schwung. Nach den Aussagen von General Jesús Salas Larrazabal sind im Juli 2.000 Soldaten, im August schon 8.000 und im September gar 12.000 Mann überstellt worden.

Unter dem Schutz der Flugzeuge konnten nun die Truppen und vor allem das Gerät auch mit Schiffen transportiert werden; man hatte nur die

Meerenge für einige Stunden zu kontrollieren. Franco, der nach Sevilla geflogen war, um sich mit Queipo de Llano zu treffen, kam nach Tetouan mit dem festen Willen zurück, das Risiko auf sich zu nehmen. Den besorgten Marineoffizieren erklärte er, die „rote" Flotte sei ohne ihre Kommandanten nicht in der Lage, zu kämpfen:

„Ich habe nur zwei Schiffe und eine Handvoll Flugzeuge, aber meine Besatzungen bestehen aus Ehrenmännern, die ein Ideal vor Augen haben, während die Schiffe und Flugzeuge der Roten mit Mördern besetzt sind, und Mörder sind Feiglinge."

Als einige der Anwesenden noch Einwände hatten, beendete Franco mit väterlicher Geste die Diskussion: „Ist ja gut! Ich habe Euch nicht gerufen, damit Ihr mir etwas erzählt, sondern um Euch mitzuteilen, daß der Truppentransport so schnell wie möglich durchgeführt werden muß. Ich versichere Euch, er wird durchkommen!"

Am 2. August reiste er wieder nach Sevilla. Er hatte tags zuvor Befehl gegeben, daß eine Kolonne unter dem Kommando von Oberst Carlos Asensio Cabanillas auf Madrid marschiere, das schon von den Truppen Molas umzingelt war. Nach seiner Rückkehr in Tetouan befahl Franco das Auslaufen von drei Handelsschiffen mit 3.000 Mann, zwei Millionen Schuß Munition, 2.000 Granaten für die Artillerie und zwölf Tonnen Gütern. Zum Schutz des Konvois verfügte er über den Küstenwachkutter „Oued Kert", den Zerstörer „Dato" sowie eine Bedeckung durch mehrere Flugzeuge.

Am 5. August beobachtete Franco das Unternehmen vom Berg Acho aus. Schon bald brachte ein Angriff des republikanischen Zerstörers „Alcalá Galiano" den Konvoi in Gefahr. Die „Dato" erwiderte das Feuer, aber es war vor allem der Angriff der Flugzeuge, welcher die Entscheidung brachte. Schwer getroffen floh die „Alcalá Galiano" in den Hafen von Málaga, und der Konvoi erreichte Algeciras.

Franco kehrte nach Ceuta zurück und betete in der Kirche der Heiligen Jungfrau Afrikas, deren Fest an jenem Tag gefeiert wurde. Für den gläubigen Christen Franco waren die moralischen Kräfte auf seiner Seite. Gott mußte ihm den Sieg schenken, weil er das katholische Spanien gegen die Kirchenstürmer verteidigte. Er verließ Afrika am 6. August und begann mit der Rückeroberung des Landes und damit auch mit der Eroberung seiner Macht – was ursprünglich nicht in seiner Absicht gelegen hatte.

2. Kapitel

GENERALISSIMUS UND STAATSCHEF

Als Franco in Sevilla Quartier bezog, hatte Queipo de Llano seine Position in Andalusien bereits festigen können. Die Regierung hatte General Miaja beauftragt, seine Autorität über die rebellierende Region wiederherzustellen. Der republikanische General verfügte aber nur über eine zusammengewürfelte Streitmacht, in der kampferprobte Soldaten neben unerfahrenen Gewerkschaftern standen. Sein Gegenüber, General Varela, Sohn eines Unteroffiziers und aus dem Mannschaftsstand aufgestiegen, hatte sich in Marokko den Ruf eines Helden erworben. Mit seinen Eliteeinheiten führte er eine Flankenbewegung aus, welche die Regierungstruppen zum Rückzug zwang. Dann befreite er das von den Republikanern belagerte Granada, wo der Belagerungszustand zu den schlimmsten Auswüchsen geführt hatte und der Dichter Federico Garcia Lorca von Falangisten eben exekutiert worden war.

Der Tod dieses wichtigsten Exponenten moderner spanischer Literatur lieferte der republikanischen Propaganda ein glänzendes Argument, das immer noch mit großer Leidenschaft gegen den „Francismus" ins Feld geführt wird. Doch im August 1936, in dem fürchterlichen Chaos, das der teils erfolgreiche, teils gescheiterte Putsch vom 18. Juli verursacht hatte, gab es den spanischen Staat so gut wie gar nicht mehr. Die beiden Spanien – das traditionelle, das nicht sterben wollte, und das revolutionäre, das ihm seine Veränderungen aufzwingen wollte – hatten unter der Herrschaft der Leidenschaft und der Angst, der Angst vor dem Kommunismus einerseits und der Angst vor dem Faschismus andererseits, einen erbarmungslosen Kampf begonnen.

Unter diesen Umständen war für die fanatisierten Militanten jeder Gegner ein Todfeind, den es zu vernichten galt. Vom römischen Bürgerkrieg zwischen Marius und Sulla über die Religionskriege in Frankreich und Deutschland bis hin zur Französischen und Russischen Revolution – überall in der Geschichte waren Bürgerkriege immer mit den abscheulichsten Exzessen verbunden, da hier, mehr als in einem „normalen" Krieg, der Gegner zum absolut bösen, existentiellen Feind wird, der um jeden Preis vernichtet werden muß. Der Spanische Bürgerkrieg bildet hier keine Ausnahme. Garcia Lorca, dessen Tiraden gegen die Guardia

Civil, dessen Homosexualität und dessen Sympathien für die Volksfront den „braven" Bürgern des Provinzstädtchens Granada mehr als nur ein Dorn im Auge waren, wurde Opfer dieser Hysterie. Genauso wurden die Schriftsteller Ramiro de Maeztu und Muños Seca von den „Roten" exekutiert, ohne daß sich die Intellektuellen weltweit empört hätten. Wenn die „Rechte" Bauern und Gewerkschafter hinrichtete, so ist ebenso allgemein bekannt, daß das Proletariat die Waffen, die ihm Ministerpräsident José Giral gegeben hatte, mindestens genauso zur Säuberung Spaniens von den Ausbeutern – den Militärs und den „Pfaffen" – einsetzte wie für die Rettung der Republik.

In den ersten sechs Wochen nach dem 18. Juli wurden im republikanisch gebliebenen Teil Spaniens rund 75.000 Menschen ermordet, nicht nur Offiziere, Beamte und Adlige, sondern auch kleine Kaufleute und grundbesitzende Bauern. Darunter befanden sich aber auch tausende Kleriker, Priester, Mönche und Nonnen sowie zwölf Bischöfe, die oft langsam zu Tode gequält wurden. Der große französische Dichter Paul Claudel hat diesen spanischen Märtyrern eine Hymne gewidmet, während Willy Brandt vom „reinigenden Sturm" schrieb, der „Kirchen und Klöster gesäubert" habe.

Man sollte nicht vergessen, daß es im August 1936 weder den „Francismus" noch den „Caudillo" gab, sondern einen Putsch, der von der Hälfte der spanischen Bevölkerung unterstützt wurde und der sich gegen die Volksfront und ihre Absichten richtete. Franco war damals nur ein Divisiongeneral mit außergewöhnlicher Karriere, Kommandant der besten Armee der Aufständischen und gerade erst der Junta von Burgos beigetreten. Es waren die Siege seiner Truppen, die ihn auf jenen Platz brachten, der seit dem Tod von Sanjurjo unbesetzt war.

Die „Kolonne Madrid" unter dem Kommando von Oberstleutnant Yagüe, bestehend aus 4.500 Legionären, Regulares und einigen Freiwilligen der Festlandarmee, unterstützt von vier Batterien Artillerie, war sehr schnell in die Estremadura vorgestoßen. Am 11. August hatte sie Merida eingenommen und am 14. Badajoz. Die Verteidiger dieser Stadt hatten verbissenen Widerstand geleistet, und die Legion hatte schwere Verluste hinnehmen müssen. Yagüe war ein rauher Soldat, mutig und von brutaler Direktheit. Die Repressalien, die er gegen die Verteidiger anordnete, wurden von der gegnerischen Propaganda weidlich ausgeschlachtet. Seine militärischen Erfolge machten es aber möglich, einerseits eine gemeinsame Grenze mit Portugal zu haben, wo die Regierung Salazar starke Sympathien für das nationalistische Spanien hegte, und andererseits die südlichen Regionen mit den Gebieten der Junta von Burgos zu vereinen.

Franco verließ daraufhin Sevilla und begab sich nach Caceres, wo er sein Hauptquartier errichtete. Dort hatte er am 15. August im Beisein von Queipo de Llano und dem Kardinal-Erzbischof Monsignore Iludain feierlich die traditionelle rot-goldene Fahne der Monarchie auf dem Balkon des Rathauses gehißt.

Von Caceres aus leitete Franco die Offensive auf Madrid, aber schon am 21. August teilte er Mola mit, daß er zuerst dem Alkazar von Toledo zu Hilfe eilen würde. Dort verteidigte sich Moscardó gegen die Milizen aus Madrid. Von 11.000 Angreifern bedrängt, von der regierungstreuen Luftwaffe bombardiert und durch eine mächtige Mine eines Teils ihrer Verteidigungsanlagen beraubt, harrten die Verteidiger aus. Ihr Kampf wurde in den Augen der Weltöffentlichkeit zu einem wahren Mythos. Die Schriftsteller priesen die Tugenden der Angreifer genauso wie jene der „Kadetten des Alkazar". Wochen hindurch gab es kaum jemanden, der sich nicht durch Zeitung oder Radio zuallererst von der Situation um die Belagerung des Alkazars berichten hätte lassen.

Franco, der seinem Lager den Sieg prophezeite, da die „moralischen Kräfte" mit ihm waren, erkannte, daß die Rettung der Verteidiger des Alkazars einen tiefen Eindruck auf die öffentliche Meinung hinterlassen würde. Andererseits verspürte er als Soldat die Notwendigkeit, seine Kameraden zu retten, so wie er in Marokko die Belagerten von Koba Darsa gerettet hatte. Am 23. August ließ er von einem Flugzeug eine Botschaft abwerfen, in der er Hilfe versprach.

Die Kolonne unter Yagüe, die von frischen Truppen aus Marokko verstärkt worden war, hatte ihren Vormarsch wieder aufgenommen, zuerst das Kloster von Guadalupe und dann Talavera besetzt. Nachdem sie den Gegenangriff von Oberst Asensio Torrado zurückgeschlagen hatte, konnte sie gegen Madrid marschieren. Ein neuer republikanischer Kommandant, General Masquelet, versuchte mit der Elite der republikanischen Streitkräfte Yagüe den Weg zu versperren. Er wurde geschlagen und mußte sich zurückziehen. Der Weg nach Madrid war endgültig frei.

Da erteilte Franco den Befehl, nach Toledo zu marschieren. Er hatte dies gut überdacht und diese Entscheidung gegen alle Bedenken seiner Offiziere, Madrid könnte verlorengehen, getroffen.

„Ich habe gelernt, daß im Krieg, und besonders in einem Bürgerkrieg, die geistigen Faktoren eine außergewöhnliche Bedeutung einnehmen. Wir müssen beim Feind den Eindruck hinterlassen, daß wir alles schaffen, was wir uns vornehmen, ohne daß er uns daran hindern kann. Außerdem hoffe ich, daß eine achttägige Verzögerung beim Marsch auf Madrid nicht jene Folgen haben wird, die Sie voraussagen. Aber selbst wenn dem so wäre, könnte mich nichts davon abhalten, Toledo zu erobern und die heldenhaften Verteidiger des Alkazars zu befreien."

Da Yagüe krank war (oder die Unterbrechung des Vormarsches auf Madrid mißbilligte, wie man sagte), übernahm José Varela am 23. September das Kommando über das Korps, das den Alkazar befreien sollte. Franco hatte ihm befohlen, Toledo innerhalb von fünf Tagen zu erreichen. Zwei Kolonnen, unter Carlos Asensio Cabanillas und unter Barron, kamen am 27. September in Toledo an, nachdem sie am 25. und 26. 9. die Truppen von José Asensio Torrado geschlagen hatten. Die Regulares von Tetouan waren die ersten, die den Alkazar erreichten, der am gleichen Tag einen letzten Angriff abgewehrt hatte. Am darauf folgenden Tag rückte Varela in Paradeuniform in die Ruine ein, wo die noch wehrfähigen Männer die Waffen präsentierten und Oberst Moscardó den vorschriftsmäßigen Satz aussprach: „Sin novedad en el Alcazar" (Im Alkazar nichts Neues!).

Am 29. September erschien Franco persönlich, um die Helden zu beglückwünschen, die 68 Tage lang einem zahlenmäßig überlegenen Feind getrotzt hatten, der 10.000 Artilleriegeschosse, zahlreiche Fliegerbomben und 3.600 Handgranaten auf sie losgelassen hatte. Die Verluste der Garnison beliefen sich auf 82 Tote und 430 Verwundete. Franco zeichnete Moscardó und, kollektiv, die Garnison mit dem lorbeerbekränzten San Fernando-Kreuz aus. Die Befreiung der alten Festung stellte für ihn einen außergewöhnlichen moralischen Sieg dar. Auf der ganzen Welt wiederholte man den telefonischen Dialog zwischen Luis Moscardó, dem Sohn des Obersten, der von den „Roten" gefangengenommen und mit dem Tode bedroht worden war, falls sich der Alkazar nicht ergeben sollte, und seinem Vater in der Festung. Oberst Moscardó fragte: „Was gibt es, mein Junge?" – „Nichts. Sie sagen, sie werden mich erschießen, wenn der Alkazar nicht übergeben wird." – „Wenn das stimmt, dann empfiehl deine Seele in Gottes Hände, rufe ‚Es lebe Spanien!' und stirb wie ein Held. Adieu, mein Junge. Eine letzte Umarmung."

Luis Moscardó starb wie ein Held.

Die Haltung von Oberst Moscardó, die an jene von Ritter Guzman el Bueno bei der Belagerung von Tarifa durch die Araber erinnerte, verschaffte den Putschisten ein Ansehen, das der gesamten Sache zugute kam. Der Sieg, den Franco mit der Befreiung des Alkazars errungen hatte, sollte ein enormes Echo haben und die Begeisterung der Nationalisten in Spanien wie der Sympathisanten im Ausland hervorrufen.

Am Abend des 27. Septembers hatte die Siegesbotschaft die Einwohner von Caceres auf die Straßen gebracht. Sie jubelten Franco zu, der mit Yagüe, Kindelán und Millán Astray, der aus Buenos Aires zurückgekehrt war, auf den Balkon treten mußte. Nach einer Ansprache Francos rief Yagüe aus, indem er auf den siegreichen General zeigte: „Morgen werden wir in ihm unseren Generalissimus haben, unseren neuen Staatschef. Es ist höchste Zeit, daß Spanien wieder einen fähigen Staatschef bekommt!"

Auf der Welle der Begeisterung schwimmend, hatte der Kommandant der Legion soeben verraten, was eigentlich noch ein Geheimnis war...

Seit dem Tod von Sanjurjo bestand das nationale Lager praktisch aus drei getrennten, eigenen Bereichen: dem Norden unter der Leitung der von Mola geführten Junta, dem Süden, wo Queipo de Llano Herr war, und schließlich – als ihr Verbindungsstück seit den Siegen in der Estremadura – die Einflußzone Francos mit seiner Marokkoarmee. Die Verstärkung durch Einheiten dieser Armee hatte es Mola sogar ermöglicht, die Grenze zu Frankreich zu besetzen, Irún zu erobern und, anschließend, San Sebastián. Diese Erfolge konnten nicht über die Notwendigkeit einer Koordinierung der Anstrengungen hinwegtäuschen.

Mola trat für die Ernennung eines Oberkommandierenden ein, während Cabanellas Einwände vorbrachte, da er eine kollektive Kommandostruktur vorzog. Eine Versammlung in Burgos am 14. September, an der alle Kommandanten außer Queipo de Llano teilnahmen, hatte die Möglichkeit geboten, die Lage in dieser Richtung zu sondieren, ohne die Frage offen zu stellen.

Ein zweites Treffen wurde am 21. September in der Nähe von Salamanca abgehalten, an dem außer Mola die Generale Cabanellas,

Franco, Queipo de Llano, Saliquet, Orgaz, Dávila, Valdez y Cavanilles, Gil Yuste und Kindelán sowie die Obersten Montaner und Moreno Calderon teilnahmen. Diesmal wurde das Problem des Oberkommandos offen diskutiert. Kindelán, der bereits Gespräche mit Nicolás Franco, dem Bruder und damaligen Sekretär Francos, geführt hatte, sprach sich für einen einzelnen Kommandanten aus. Cabanellas hatte noch immer Einwände vorzubringen. Da erklärte Mola, um die Widerstände zu brechen, daß er aus dem gesamten Unternehmen aussteigen würde, sollte nicht innerhalb einer Woche ein Generalissimus ernannt werden. Seine Meinung gab den Ausschlag.

Ohne Zweifel war Franco für diesen Posten prädestiniert, da er Generalstabschef gewesen war und nun das Kommando über die beste Armee der Aufständischen innehatte. Cabanellas gab seinen Widerstand auf und enthielt sich der Stimme. Franco selbst hatte sich nicht um diesen Posten bemüht, aber er übernahm die Aufgabe, die ihm von seinen Mitarbeitern anvertraut wurde. Man beschloß jedoch, diese Entscheidung vorerst geheimzuhalten.

Franco kehrte im Anschluß an diese folgenschwere Unterredung ohne Aufhebens nach Caceres zurück. Seit dem 27. September waren seine Frau und seine Tochter, die in Bayonne die Entwicklung der Dinge abgewartet hatten, bei ihm. Dies war ein weiteres untrügliches Zeichen für seinen Optimismus in bezug auf den Ausgang des Krieges. Während Franco sich um die militärische Situation kümmerte, die durch die Befreiung Toledos entstanden war, überließ er es seinem Bruder, Kindelán, Millán Astray und Yagüe, jenes Dekret auszuarbeiten, das ihm das alleinige Kommando über alle Streitkräfte übertragen würde. Die erfolgte Ausarbeitung wurde am 28. September in Salamanca einem neuerlichen Rat der Generale vorgelegt. Sie umfaßte vier Artikel.

Davon besagte Artikel 3, daß „der Titel des Generalissimus die Funktion des Staatschefs für die Dauer des Krieges beinhalte, und daß alle nationalen, politischen, wirtschaftlichen, sozialen und kulturellen Aktivitäten von ihm abhängen würden".

Es ist offensichtlich, daß Franco mit diesem Text einverstanden war, wenn er ihn nicht sogar mitgestaltet hat. Der Putsch war ja unter den Auspizien erfolgt, die Diktatur der Armee nur für jenen Zeitraum zu errichten, der notwendig sein würde, um die Ordnung in Spanien wiederherzustellen. Sanjurjo hätte das Land für die Dauer dieser Periode leiten sollen. Als Franco der Verschwörung beigetreten war, hatte er sicher nicht vorgehabt, die Macht anzustreben, und auch jene Männer, die zu den Waffen gegriffen hatten, um die Volksfront und deren Revolution aufzuhalten, dachten damals nicht daran, die Macht dem Garnisonschef der Kanarischen Inseln anzuvertrauen. Der Tod Sanjurjos und das Scheitern des Putsches in der einen Hälfte des Landes hatten jedoch alles verändert. Nachdem Franco nun bereits das Oberkommando übernommen hatte, schien es nur logisch, die gesamte Macht in seiner Hand zu konzentrieren – gerade in einer Auseinandersetzung auf Leben und Tod, wie sie damals in Spanien geführt wurde.

Kindelán gab später jedoch zu, daß der Plan anfangs nicht gut aufgenommen wurde. Die Generale fühlten sich von diesem so viel jüngeren Offizier in den Schatten gedrängt. Zweifellos spielte auch die Politik eine Rolle. Es gab im Rat einige Republikaner, wie Cabanellas, Mola und Queipo de Llano, die sich fragten, ob Franco, dessen monarchistischen Gefühle allgemein bekannt waren und der von Monarchisten wie Kindelán und Orgaz vorgeschlagen wurde, nicht am Ende sogar Alfons XIII. oder dessen Sohn zurückholen würde. Da vorerst keine Einigung erzielt werden konnte, gingen die Ratsmitglieder erst einmal essen.

Die Erinnerung an die Siege der Marokkoarmee – und vielleicht auch das gute Essen – stimmte die Geister schließlich um. Gegen die Mißbilligung Cabanellas wurde Artikel 3 für die Dauer des Krieges akzeptiert und Franco zum Regierungschef ernannt.

Cabanellas soll nach der Sitzung – laut dem, was sein Sohn in seinem Buch „La lucha por el poder" schrieb – gesagt haben: „Ihr wißt nicht, was Ihr getan habt, da Ihr ihn nicht so kennt wie ich, der ich ihn unter meinem Befehl gehabt habe… Wenn wir ihm, wie Ihr es wollt, jetzt Spanien in die Hand geben, wird er glauben, es gehöre ihm, und er wird sich von niemandem ablösen lassen, nicht im Krieg und nicht danach, bis zu seinem Tod." – Cabanellas fügte sich der Mehrheit und unterzeichnete.

Am 1. Oktober rief die Junta Francisco Bahamonde Franco in Salamanca zum „Generalissimus" aller Streitkräfte und zum Staatschef des nationalen Spanien aus.

Franco antwortete dem Präsidenten der Junta: „Herr General, und meine Herren Generale! Sie können stolz sein! Sie haben ein gebrochenes Spanien vorgefunden, und Sie übergeben mir heute ein Spanien, das in einem grandiosen Ideal vereint ist. Der Sieg ist auf unserer Seite. Sie übergeben Spanien in meine Hände, und ich versichere Ihnen, daß diese Hände nicht zittern werden. Ich werde die Heimat zum höchsten Gipfel führen oder im Amte sterben. Ich hoffe auf Ihre Zusammenarbeit. Die ‚Junta de defensa nacional' wird an meiner Seite bleiben. Es lebe Spanien!"

Am Abend hielt er im „Radio Castilla" eine Ansprache, in der er seine Vorstellungen vom Staat erläuterte, den er auf den Ruinen des republikanischen Spanien aufbauen wollte. Darin rechtfertigte er den Aufstand durch die Notwendigkeit, Spanien von dem „zerstörerischen Giftstoff" zu befreien, den „einige... irregeleitete Intellektuelle" ihm eingeimpft hätten – ein Spanien, das an den Meistbietenden zum Verkauf stünde, und verkündete dann: „Spanien unternimmt seine Befreiung in einem weitgesteckten Geist der sozialen Zusammenarbeit für die Wiederherstellung... seiner eigenen Freiheit... Spanien organisiert sich in einem breiten umfassenden Konzept der Einheit und der Kontinuität... Diese Bewegung hat keinen ausschließlich militärischen Charakter, sie ist vielmehr die Errichtung eines Regimes der Autorität und der Hierarchie des Vaterlandes."

Franco versprach, die Eigenheiten der spanischen Regionen zu respektieren, ohne daß dadurch eine Schwächung der nationalen Einheit gemeint war. Die einzelne Person sollte großzügige Freiheiten genießen, ohne den Interessen des Staates zu schaden, der Volkswille sich vor allem in den Gemeinden, Regionen und Interessenorganisationen äußern. Dann ging Franco auf die soziale Frage ein, in einem Spanien, das von Klassenkämpfen verwüstet war. Er versprach, den Reichtum zu achten, der jedoch „nicht passiv bleiben dürfe", und garantierte den Arbeitern ihre alten und ihre neu erworbenen Rechte, „wobei neben diesen Rechten Pflichten zu stehen hätten, besonders im Hinblick auf den Ertrag ihrer Arbeit und ihrer loyalen Mitwirkung". Den Bauern schlug er „die Schaffung eines richtigen Familienerbguts" vor, um ihr Leben zu verbessern.

Zum Schluß erklärte er, daß der neue Staat, ohne ein konfessioneller zu sein, die Religion der Mehrheit respektieren würde, „ohne daß dies die Einmischung irgendeiner Macht in den Staat bedeute".

Die Frage der Staatsform nach dem Krieg überging Franco hingegen völlig. Er hielt sich damit an den Pakt, der dem Aufstand vorausgegangen war. Die wichtigsten vor ihm liegenden Aufgaben waren die Schaffung von Grundlagen für eine neue Verwaltung und der Sieg im Bürgerkrieg – eine enorme Herausforderung angesichts der Möglichkeiten, über die das nationalistische Spanien verfügte.

Als Franco an diesem Oktobertag die fast absolute Macht in die Hände gelegt wurde, stand er im 44. Lebensjahr. Er war im besten Mannesalter und nicht mehr der schmächtige junge Mann von einst, der in Afrika tollkühne und glorreiche Kämpfe ausgefochten hatte. Sein Gesicht hatte sich ein wenig gerundet, die Stirn war höher und seine Figur plumper geworden. Nur seine Stimme war immer noch zart, vermochte es aber nichtsdestotrotz, einen unerschütterlichen Willen zu vermitteln.

Franco war in erster Linie Soldat. Seit seiner Jugend hatte er nichts anderes gekannt als Leben im Feld, Kämpfe, gefahrvolle Rückzüge und schlußendlich den siegreichen Eroberungszug. Er hatte die Stufen der Militärhierarchie in einem noch nie dagewesenen Tempo erklommen. Jetzt war er Oberkommandierender, in einem Alter, in dem andere erst Hauptmann sind, und flößte seinen Kameraden und Untergebenen ein Gefühl des totalen Vertrauens ein. Welche Ursachen hatte dieses Charisma? Teilweise war es sicher durch Francos moralische Stärke bedingt. Als junger Offizier hatte er schon in der Garnison ein ernstes Leben geführt. Er trank nicht und spielte nicht, im Gegensatz zu vielen anderen Offizieren. Als verheirateter Mann brachte er die eifrigsten Klatschspaltenschreiber zur Verzweiflung, da keine einzige amouröse Affaire von ihm bekannt wurde.

Sein Prestige rührte aber noch stärker von seinen militärischen Erfolgen her. An der Spitze seiner Regulares und seiner Legionäre hatte er fast alle seine Aktionen siegreich beendet und trotz allem nur eine einzige Verwundung davongetragen, während etwa Millán Astray eine wahre Sammlung an Blessuren aufwies. Franco hatte die „baraka", wie die Marokkaner sagten. „Die Vorsehung beschützt ihn", sollten seine Bewunderer im Verlauf des „Kreuzzuges" sagen, in dem sich das katholische Spanien nun selbst sah. Franco verfügte aber auch über die intellektuellen Fähigkeiten eines großen Feldherrn. Er war kein Mann der Visionen wie Bonaparte, er war mehr ein kühler Rechner und Realist wie Wellington oder Pétain. Hinzu kam noch seine pragmatische Haltung. Er pflegte jede Situation ausführlich zu studieren, dachte nach, rechnete, und wenn seine Entscheidung für eine bestimmte Lösung gefallen war, setzte er das Ganze in die Tat um. Allerdings änderte er sehr wohl seinen Plan, wenn ein wirklich unüberwindliches Hindernis auftauchte. Er spielte sein Spiel mit unbeugsamem Willen und in völliger Kaltblütigkeit, gewöhnlich mit großer Vorsicht, ohne deshalb – wo nötig – auf tollkühne Aktionen zu verzichten wie die Überquerung der Meerenge von Gibraltar durch den Konvoi, der das Material der Marokkoarmee nach Algeciras brachte. Vielleicht glaubte er in diesen Momenten, daß Gott die Sache der Verteidiger des Christentums gegen den atheistischen Marxismus nicht verlassen könne. Dieser Glaube gab ihm die Zuversicht, welche er, seit dem Tag, als er sich Mola anschloß, unablässig verkündete – eine Zuversicht, die von den Tatsachen bestätigt wurde.

Hinter ihm stand die Armee, deren Oberkommandierender er war, mit ihrem soliden Kern aus Legionären und Marokkanern, denen sich jene Garnisonen anschlossen, die ihren Kommandanten in den Aufstand gefolgt waren. Zusätzlich wurde die Armee durch den Zustrom Freiwilliger, zehntausender Falangisten, Karlisten, Monarchisten und Katholiken verstärkt, die von den Plünderungen und Brandstiftungen in Kirchen und den Meldungen über Massaker an Geistlichen in der republikanischen Zone entsetzt waren.

Die Armee und jener Teil der Bevölkerung, der die nationale Sache unterstützte, waren kein homogener Block. Es fand sich dort die großgrundbesitzende Aristokratie, die von der roten Propaganda verfolgt wurde, ebenso wie das Bürgertum, die Bauern genauso wie die Navarreser, die aus den Bergen hinabstiegen, wie ihre Vorfahren es für Don Carlos getan hatten, die kleinen Grundbesitzer aus Kastilien und Galicien und sogar Fabrikarbeiter, die zur Falange übergewechselt waren.

Am Vortag der Wahlen vom Februar 1936 bildeten die CEDA, der monarchistische Block, die Karlisten und die Falange ebensoviele Bewegungen, die einander manchmal bekämpften und die, statt sich zu vereinen, getrennt der Volksfront entgegentraten. Nach dem 18. Juli brachte sie die Notwendigkeit, den Feind im nunmehr begonnenen Kampf auf Leben und Tod zu besiegen, einander näher. Der alles beherrschende Krieg machte die Einheit unumgänglich; die Verteidigung des Glaubens lieferte einen zweiten Faktor.

Der Bischof von Salamanca, Enrique Pla y Deniel, der wie der Primas von Spanien, Isidro Gomá, Katalane war, veröffentlichte einen Hirtenbrief über die „beiden Reiche" – das Reich Gottes und das des Teufels, die civitas dei und die civitas terrenna –, in dem er den Gläubigen erklärte, daß sie die Sache der Atheisten und Kirchenverfolger unmöglich unterstützen könnten. Er gebrauchte hier auch den Begriff „Kreuzzug" für den nationalistischen Aufstand. Das Wort hatte enormen Erfolg, Franco übernahm es und berief sich ständig darauf. Für ihn als gläubigen Christen rechtfertigte die Unterstützung der Kirche seinen Putsch. Monsignore Pla y Deniel stand mit seiner Meinung nicht allein. Aus der Korrespondenz des Kardinals Gomá mit Kardinal Pacelli (dem künftigen Papst Pius XII.) geht hervor, daß der spanische Prälat glaubte, daß die Kirche, wenn Franco siegte, nicht mehr verfolgt und sowohl Schutz als auch Begünstigungen genießen würde. Zwischen Franco einerseits und den Priestermördern andererseits konnten die Katholiken wohl auch nur eine Wahl treffen. Der Kardinal hatte jedoch Bedenken gegenüber den Falangisten, von denen ihm einige zu sehr von den Nationalsozialisten beeinflußt schienen. Ohne ihren Anführer José Primo de Rivera, der in Alicante in Haft war, sah sich die Falange einer Flut von neuen Mitgliedern ausgesetzt, welche die wenigen, vom Krieg dezimierten Kader zahlenmäßig bald überflügelte. Es war die neue Sprache, die sich sosehr von den alten Rechtsgruppierungen unterschied und die für diese Leute Anreiz bot. Mit ihren Parolen von sozialer und nationaler Revolution stellte die Falange ein neues, dynamisches Element dar, dem Franco Rechnung tragen mußte.

So sollte, vom ersten Tag seiner Regierung an, der „Caudillo" der nationalen Bewegung, wie Franco seit der Ermordung Primo de Riveras am 20. November 1936 genannt wurde, sehr verschiedene Kräfte führen, die oft rivalisierten, ja über gewisse Themen sogar zerstritten waren. Er mußte sie alle unter seine Disziplin bringen und ihre Konflikte schlichten. Die Aufgabe war nicht einfach, aber seine natürliche Autorität als siegreicher Soldat half ihm genauso wie sein politisches Geschick, das die meisten seiner Anhänger in ihm wahrscheinlich gar nicht vermuteten.

3. Kapitel

DIE NIEDERLAGE VOR MADRID

Franco mußte nicht nur an die Fortführung des Krieges denken, sondern auch an den Wiederaufbau einer Verwaltung in den von ihm kontrollierten Gebieten. Dazu wurde aus der Junta de defensa nacional ein Nationaler Rat gebildet, dessen Befugnisse auf eine „Technische Junta" übergingen, die von General Dávila geleitet wurde und aus Juristen und Ökonomen bestand. General Cabanellas wurde zum Generaltruppeninspektor ernannt, was ein reines Ehrenamt sine cura bedeutete.

Hauptaufgabe war und blieb aber die siegreiche Beendigung des Krieges. Zwei entscheidende Probleme stellten sich in dieser Phase: die Befreiung Oviedos, das wie 1934 umzingelt war, und der Marsch auf Madrid. Ersteres sollte sich relativ rasch lösen lassen: Die Hauptstadt Asturiens befand sich in einer dramatischen Situation, nachdem Gijon gefallen war. Oberst Aranda hatte nur knapp 2.500 Soldaten und 2.000 Freiwillige zur Verfügung, um 14.000 Angreifern standzuhalten. Seine Männer waren Schritt um Schritt zurückgewichen, bis ihre letzte Hoffnung baldiger Entsatz war. Aus Galicien näherte sich aber schon kämpfend eine Kolonne unter dem Kommando von Oberst Martin Alonso. Franco schickte ihm Verstärkungen – eine Bandera der Legion und marokkanische Einheiten. Die Entsatzkräfte erreichten Oviedo am 17. Oktober, zu einem Zeitpunkt, als sich die Verteidiger schon verloren glaubten und nach Aussage Arandas nur mehr „wie Spanier sterben konnten". Oberst Aranda, der eine 90tägige Belagerung durchgestanden hatte, wurde zum General befördert und sollte bald zu einem der besten Mitarbeiter Francos werden.

Die gelungene Befreiung Oviedos verstärkte die Überzeugung der „Nationalen", daß ihnen ihre technische Überlegenheit und ihre höhere Moral auch den Sieg im Kampf um Madrid bringen würden, so wie sie alle vorhergehenden Schlachten gewonnen hatten. Dies zeigt, wie wenig sie über die Reorganisation der republikanischen Verbände informiert waren und über die massive Hilfe, die diese aus der UdSSR und von ihren anderen Gesinnungsgenossen erhalten hatten.

Nach dem Fall von Talavera hatte der republikanische Regierungschef Giral zurücktreten müssen. Der Sozialist Francisco Largo Caballero, der „spanische Lenin", hatte am 4. September 1936 eine Regierung gebildet, in die er zwei Kommunisten, zwei baskische Separatisten, einen Katalanen und sonst vor allem führende Sozialisten berufen hatte, wie Prieto für Marine und Luftwaffe, Dr. Negrín für das Finanzressort, Angel Galarza als Innenminister und Alvarez del Vayo ins Außenministerium.

Diese Männer waren bereit und fähig, den Krieg energisch weiterzuführen. Noch vor ihnen hatte Giral Hilfe von der französischen Volksfrontregierung erbeten. Léon Blum war sofort gewillt, der spanischen Republik umfangreiche Unterstützung zukommen zu lassen, aber bei seinen Verbündeten gingen die Meinungen auseinander. Herriot, Präsident der Deputiertenkammer, etwa riet Blum, sich nicht auf ein solches Abenteuer einzulassen. Vieles sprach auch dagegen: Die konservative Opposition unterstützte begeistert die Paladine des katholischen Spanien. Die Armeespitze befürchtete Vorkommnisse, die zu Schwierigkeiten mit Deutschland und Italien führen könnten. Der große Verbündete Frankreichs, die konservative Regierung in England, legte eine vorsichtige Zurückhaltung an den Tag und wartete erst einmal die weitere Entwicklung im Bürgerkrieg ab. Nun betrachteten die französischen Politiker die britische Unterstützung angesichts der Entwicklung in Deutschland aber als so eminent wichtig, daß sie ohne ein „Placet" aus London nicht wagten, etwas zu unternehmen. Unter diesen Umständen gewährten sie der spanischen Republik eine äußerst gering bemessene Hilfe und versuchten, sich nicht allzusehr zu exponieren. Nur zwölf Flugzeuge und etwas Artillerie wurden auf den Weg gebracht.

Die Sowjets hingegen waren ohne Einschränkungen bereit, den spanischen Revolutionären jede nur gewünschte Hilfe zu gewähren. Schon seit 1934 hatte Stalin die Idee verfolgt, in den demokratischen Ländern Volksfronten zu bilden, in denen Kommunisten mit den bürgerlichen Parteien der europäischen Linken zusammenarbeiten sollten. Ihm ging es darum, zuerst einmal den Aufstieg der antikommunistischen und autoritären Bewegungen zu bremsen, gerade nach der raschen Entwicklung im Dritten Reich. Andererseits bot der Spanische Bürgerkrieg die geopolitisch einmalige Chance, ein befreundetes Regime an der Pforte des Mittelmeers einzusetzen.

Das russische Material – 133 Flugzeuge und schwere Kampfpanzer – gelangte in dem Moment nach Spanien, als Varela seinen Marsch auf

Madrid unternahm. Bald verstärkten die Sowjets ihre Hilfe noch: An der Schlacht um Madrid nahmen 200 Panzer unter dem Kommando von Iwan S. Konjew und Dimitrij Pawlow sowie 500 Jagd- und Bomberflugzeuge unter Jakow Schmutschkiewitsch teil. Als Kompensation für seine Waffenkäufe schickte Spanien 460 Tonnen Feingold in die UdSSR, das waren nahezu 75% der Goldreserven der Spanischen Nationalbank.

Gleichzeitig kamen tausende internationale Freiwillige in Spanien an und sammelten sich ab dem 12. Oktober unter der Führung des französischen Abgeordneten der Kommunistischen Partei, André Marty, in Albacete. Die XI. Brigade, bestehend aus Franzosen, Deutschen, Belgiern und Slawen, unter dem Kommando von General Kléber (ein Pseudonym für den aus Österreich-Ungarn stammenden Lazar Stern, der schon an der Ermordung der Zarenfamilie in Jekatarinburg beteiligt gewesen sein soll) und die XII. Brigade, die sich aus Franzosen, Deutschen, Italienern und Belgiern zusammensetzte, kommandiert vom Ungarn Matel Zalka, konnten an der Verteidigung Madrids teilnehmen, wo sie später noch von anderen verstärkt wurden. Der Beschluß, in allen Ländern Freiwillige für Spanien anzuwerben, den die vom Obersten Sowjet nach Prag einberufene Komintern-Tagung Ende Juli 1936 gefaßt hatte, trug damit erste Früchte.

Auch die Spanier reorganisierten sich wieder. Die Kommunisten bildeten das Fünfte Regiment, das eine große Bravour an den Tag legen sollte. Zu den neu formierten regulären Truppen gesellten sich noch die Freiwilligen der Anarchisten der FAI, von denen einige aus Katalonien, andere aus Valencia kamen.

So konnte Largo Caballero schon am 28. Oktober verkünden, daß sich das Blatt wenden werde: „Wir verfügen über eine furchteinflößende motorisierte Armee. Wir haben Panzer und eine starke Luftwaffe. Das zerstörerische Feuer der Panzer wird durch den fanatischen Elan der Infanterie ergänzt werden. Hört mich an, Genossen! Morgen werden unsere Artillerie und unsere gepanzerten Züge das Feuer auf den Feind legen… Jetzt, da wir Panzer und Flugzeuge haben, sage ich: Vorwärts Genossen, heldenhafte Söhne des arbeitenden Volkes!"

Am darauf folgenden Tag sollte diese hochmotivierte Streitmacht bei Seseña und Esquivias auf die Truppen Varelas treffen, die seit dem 6. Oktober ihre Operationen wiederaufgenommen hatten und, nach dem Durchbruch der republikanischen Linien von General Masquelet, auf Madrid vorrückten.

Beim ersten Zusammenstoß mit den Panzern wichen die „Frankisten" zurück. Die Infanterie konnte jedoch den Panzern nicht schnell genug folgen, und der Vormarsch der Marokkoarmee setzte sich fort. Ab diesem Zeitpunkt wußte man aber im Stabe Francos, daß der Feind über sowjetische Waffen und ausländische Freiwillige verfügte. Der Generalissimus befahl daraufhin Varela im Süden und Mola im Norden, ihren Vormarsch auf die Hauptstadt zu beschleunigen, damit die Verteidiger nicht noch mehr Verstärkungen erhalten würden. Am 4. November erreichten die „Afrikaner" Getafe und am 6. Carabanchel in unmittelbarer Nähe der Hauptstadt, während die Truppen der Nordarmee in Navas del Marqués standen.

Madrid war zum Greifen nahe. Franco und Mola trafen einander am 7. November im Schloß von San José de Valderas, um beim Endkampf dabeizusein. Mola erklärte öffentlich, daß zu den vier militärischen Kolonnen noch die „Fünfte Kolonne" käme – die Anhänger in Madrid selbst –, deren Aufstand den Sturm auf die Stadt begünstigen würde. Diese Worte waren unüberlegt, da sie den roten Milizen ein Argument lieferten, die erbarmungslose „Säuberung", die sie sofort nach ihrer Bewaffnung begonnen hatten, noch härter zu betreiben. Diese Aktionen hatten zu wahren Dramen geführt, wie dem Massaker an jenen Verdächtigen, die in den Gefängnissen eingepfercht waren. Die republikanische Regierung beschloß aus Angst, den aufständischen Generalen in die Hände zu fallen, sich nach Valencia abzusetzen. Sie betraute General Pozas mit der Verteidigung der Vorstädte und vertraute Madrid selbst General José Miaja an, als Präsident einer Verteidigungsjunta aus Vertretern der Parteien und Gewerkschaften. Ihnen zur Seite stand der Sowjetgeneral Jan A. Berzin. Einer dieser Männer, Santiago Carrillo, der von den Jungsozialisten zu den Kommunisten gewechselt war, wurde Beauftragter für die öffentliche Ordnung und damit verantwortlich für das schlimmste Blutbad in Madrid in diesem Bürgerkrieg. Er gab Order, alle Verdächtigen zu „evakuieren", doch wurden die Gefangenen schon auf dem Weg nach Valencia niedergemacht. Ob Carrillo dafür letztverantwortlich war oder sowjetische Offiziere und „Berater" dahintersteckten, konnte nie ausgemacht werden, ebensowenig wie die genaue Zahl der Opfer, doch allein an einem der drei Hinrichtungsplätze waren es 2.750 Menschen, darunter auch halbwüchsige Knaben, wie der 15jährige Ricardo Madueño, der das Massaker wie durch ein Wunder überlebte.

Der Sturm auf Madrid begann am 8. November. Miaja konnte durch Dokumente, die man der Leiche eines frankistischen Offiziers abgenommen hatte, die Absichten Varelas in Erfahrung bringen. Er traf die nötigen Vorkehrungen, um den Angriff zurückzuschlagen, und verfügte dazu auch über mehr Männer und mehr Geschütze als die Angreifer sowie über stark befestigte Stellungen. Seine Milizionäre waren fest entschlossen, ihren Schlachtruf „No pasaran!"* in die Tat umzusetzen. Dies ermöglichte es Miaja, sich zu halten. Yagües Legionäre konnten zwar bis zur Casa de Campo vordringen, blieben aber beim Versuch, den Manzanares zu überqueren, im Feuer liegen. Am 13. und 15. November wurden neue Attacken gestartet. Dieses Mal glückte den Soldaten Yagües die Überquerung, und sie drangen bis ins Universitätsgelände vor. Erbitterte Kämpfe ermöglichten es ihnen, weiter bis zum Hospital zu gelangen, aber die Verluste waren hoch gewesen und kampfstarke Reserven nicht verfügbar. Asensio ließ wissen, daß er sich bis zur Puerta del Sol durchzuschlagen versuche, danach aber nicht mehr für die weitere Entwicklung garantieren könne. Miaja, der Verstärkungen erhalten hatte, unternahm am 19. November einen Gegenangriff, der jedoch seinerseits ohne großen Erfolg blieb. Die Gegner mußten erst einmal Atem schöpfen. Am 23. November beschloß Franco, die Angriffe vorübergehend einzustellen, behielt aber im Hinblick auf zukünftige Operationen seine Position vor Madrid bei.

Den Mißerfolg führte er auf den Einsatz der sowjetischen Waffen und die Beteiligung der Internationalen Brigaden zurück. Um ihnen begegnen zu können, wandte sich Franco wiederum an jene Regierungen, die ihn von Anfang an unterstützt hatten: Portugal, Italien und Deutschland. Die drei Diktatoren dieser Länder befanden sich nach wie vor in Auseinandersetzung mit dem Kommunismus. Zumindest ihr Prestige hätte unter einem Sieg des Bolschewismus in Spanien gelitten.

Salazar hatte logischerweise ein sehr vordergründiges Interesse daran, die „Roten" Spaniens nicht an der Ostgrenze seiner konservativen Republik triumphieren zu lassen. Mussolini wieder wußte, daß ein Bünd-

---

* „Sie werden nicht durchkommen!"; Anm. d. Übers.

nis zwischen Frankreich und Spanien im Kriegsfall sich auf die Verbindungen zwischen Frankreich und seinen Kolonien im Maghreb günstig auswirken würde. Was Hitler betraf, so sah dieser in der Spanienkrise eine Gelegenheit, die Aufmerksamkeit der westlichen Demokratien von seiner Aufrüstung abzulenken, sein Regime auf europäischer Ebene etwas zu profilieren und so der Wiederherstellung der deutschen Vorherrschaft einen Schritt näherzukommen. Außerdem hoffte er, im Fall eines Erfolges Francos in der Viskaya und in Spanisch-Marokko die für seine Rüstungsfabriken benötigten Eisenerze zu finden, um jene Geschütze herstellen zu können, die nach Goebbels' Ausspruch wichtiger waren als Butter. Wie er am 24. Oktober gegenüber dem Grafen Ciano erklärte, hatte er jedoch „keinerlei territoriale oder politische Ziele", als er sich in die spanische Angelegenheit einmischte.

Franco erbat von ihnen jetzt nicht mehr nur Waffen, sondern auch Kampfteilnehmer. Portugiesische Legionäre folgten seinem Ruf. Hitler schickte auf Anraten Kriegsministers von Blomberg zwar nicht die von Franco erbetene Division, war jedoch bereit, Piloten und Heerestechniker zur Verfügung zu stellen, die die „Legion Condor" bilden sollten. Insgesamt 4.500 deutsche Soldaten wurden nach Spanien verlegt und unter General Sperrle bei Sevilla in acht Fliegerstaffeln, sechs Flakbatterien und zwei Panzerkompanien aufgegliedert. Mussolini, dessen Erfolge in Abessinien großes Vertrauen in seine Armee erbracht hatten, entsandte zunächst Einheiten der faschistischen Milizen, später auch gut ausgerüstete Divisionen der regulären Armee nach Spanien. Durch diese Interventionen erhielt der Spanische Bürgerkrieg den Aspekt eines internationalen Konfliktes, in dem einander jene Ideologien gegenüberstanden, die um die Weltherrschaft rangen.

Abgesehen von den Soldaten, verfügte jede Seite aber auch über ihre Ideologen und Propagandisten. Legionen von Journalisten ließen sich einerseits in Madrid und Barcelona, andererseits in Burgos und Salamanca nieder, um von den Kämpfen zu berichten und der Weltöffentlichkeit die Vorzüge ihrer jeweiligen Helden und die Schattenseiten ihrer Gegner vor Augen zu führen.

Der Antifaschismus vieler westlicher Intellektueller fand bei Teilen der öffentlichen Meinung offene Ohren. Durch Hemingway, Malraux, Koestler und Willy Brandt sowie durch die Bilder Picassos inspiriert, feierten viele Berichterstatter den Heldenmut der Milizionäre und prangerten die Greueltaten der spanischen Nationalisten an, während die „checas" und „paseos"* der bewaffneten Volksmassen oft unter den Augen dieser Berichterstatter ebenfalls unsagbaren Terror verbreiteten. Diese einseitigen Kommentare überzeugten aber nicht alle Menschen. Viele Konservative empfanden Sympathie für die spanischen Militärs, die den Kampf gegen den Kommunismus aufgenommen hatten. Als sie von den Massakern an Geistlichen erfuhren, erkannten sie in den Putschisten die Verteidiger jener Werte, auf denen die europäische Zivilisation beruhte.

Einige Vertreter des Großkapitals dachten genauso. Rieber etwa, der Präsident der amerikanischen Ölgesellschaft Texaco, versprach den Aufständischen, sie mit dem nötigen Treibstoff zu versorgen.

Die katholische Kirche warf ihr ganzes Gewicht in die Waagschale. Durch Kardinal Gomá, den Primas von Spanien, über die Vorkommnisse informiert, verurteilte Papst Pius XI. „den Haß und die brutale Verfolgung", denen die spanische Kirche ausgesetzt war, und erteilte seinen Segen „allen, die sich der schwierigen Aufgabe widmen, die Ehre Gottes und der Religion zu verteidigen und wiederherzustellen". In Spanien hatten die Bischöfe von Pamplona und Vitoria schon am 6. August 1936 die Gläubigen der baskischen Diözesen in der republikanischen Zone aufgefordert, den Feinden Gottes jede Art von Unterstützung zu verweigern. Dann hatte der Bischof von Salamanca, Enrique Pla y Deniel, den nationalen Aufstand einen „Kreuzzug" genannt, und Franco hatte diesen Begriff in seinen Wahlspruch aufgenommen.

Die republikanische Propaganda konnte sich über diesen Kreuzzug lustig machen, an dem „Mauren" teilnahmen, und Franco vorwerfen, Spanien wieder für die Nachkommen eines Tarik zu öffnen – für den Generalissimus und seine Gefolgsleute dienten diese Muslims der guten Sache. Auf sie zu verzichten, wäre in diesem Kampf auf Leben und Tod eine unverzeihliche Naivität gewesen.

Aus heutiger Sicht mag die Unterstützung Hitlers für die Frankisten kompromittierend sein, im Jahr 1936 aber war der Führer ausschließ-

---

* „Paseos" sind die „Spaziergänge", auf denen die von diversen Banden geschnappten „Verdächtigen" der johlenden Menge Madrids vor ihrer Exekution vorgeführt wurden; „checas" (nach russ. „Tscheka") die republikanischen Folterkammern von Madrid.

lich der Chef eines Staates, der dafür kämpfte, aus jener Situation herauszukommen, in die er nach 1918 geraten war. Gewiß konnte seine Einmischung die Feindseligkeit der westlichen Demokraten und der UdSSR schüren, aber diese gab es ohnehin schon (wenngleich man damals, zumindest, was den Westen betraf, noch gerne zur Olympiade nach Berlin fuhr, sogar aus dem Frankreich der Volksfront, dessen Athleten gar mit dem Deutschen Gruß ins Olympia-Stadion einzogen). Die Karten aber waren schon verteilt, nun mußten sie nur mehr ausgespielt werden.

Mussolini und Hitler hatten ursprünglich vorgehabt, die Regierung Francos nach der Einnahme Madrids offiziell anzuerkennen. Das Scheitern des Angriffs beeinflußte ihre Entscheidung nicht. Mit der offiziellen Anerkennung am 18. November 1936 bekräftigten sie auch ihren Willen, weiterhin Hilfe zu leisten. Daneben anerkannten noch Guatemala und El Salvador die neue Regierung offiziell.

Um der Schwierigkeiten Herr zu werden, die durch die Intervention der Internationalen Brigaden aufgeworfen wurden, mußte Franco eine neue Armee auf die Beine stellen, indem er Freiwillige aus den von ihm kontrollierten Zonen zu den Waffen rief. Seine Pläne zur Eroberung Madrids gab er dennoch nicht auf. Zuerst sollte die Hauptstadt isoliert werden, indem er ihre Verbindungen zur Außenwelt unterbrach. Dies war das Ziel der Januaroffensive.

Der deutsche Botschafter General Faupel, unter dessen Befehl der Gefreite Hitler einst gestanden hatte, war am 28. November in Salamanca eingetroffen. Nach einem langen Gespräch mit Franco berichtete er Hitler über die Lage, wie sie sich ihm bot. Auf beiden Seiten kämpften relativ schwache Kräfte, über langgezogene Linien verstreut, die leicht zu durchdringen waren. „Wenn es einer Kriegspartei gelänge, eine Armee von 15- bis 30.000 Mann zu bilden, könnte sie die feindliche Front durchbrechen und eine kriegsentscheidende Wendung herbeiführen." Er riet Hitler, die nötigen Mittel bereitzustellen, da er der Meinung war, die Zeit würde für die Roten arbeiten.

Doch die deutsche Division, die General Faupel gerne gesehen hätte, kam nicht, und so mußte Franco mit seinen eigenen Truppen handeln. Am 3. Januar 1937 warfen die Frankisten 17.000 Mann in einen Angriff auf Bobadilla del Monte, rund 20 Kilometer von Madrid entfernt. Fünf Tage später wurde die Front aufgerissen. Die Angreifer nahmen Somosaguas, Pozuelo und Aravaca ein, aber die Gegenangriffe von Miaja stoppten den Vormarsch. Schlußendlich beschränkten sich die Terraingewinne auf die Kontrolle von einigen Kilometern der nordwestlichen Ausfallstraße, was recht unbefriedigend war, da Madrid nach wie vor im Osten mit Valencia Verbindung hatte, das zur politischen Hauptstadt der Republik geworden war.

Franco ließ seine Truppen zu Atem kommen und suchte, um sein Prestige wiederherzustellen, einen Erfolg an der Mittelmeerfront. Queipo de Llano wurde mit der Durchführung der Operation beauftragt. Am 14. Januar rückten die Truppen von Oberst Francisco de Bourbon, Herzog von Sevilla, mit Unterstützung der nationalistischen Flotte, die über die beiden großen Schiffe „Canarias" und „Almirante Cervera" aus El Ferrol verfügte, entlang der Küste (dem heutigen Tourismusgebiet der Costa del Sol) bis nach Estepona vor. Dann hielt man inne, um auf die italienische Intervention zu warten. In dieser Zeit kam Franco nach Antaquera, um sich mit dem Kommandanten der Südarmee zu beraten. Es wurde beschlossen, daß das Korps des Herzogs seinen Marsch entlang der Küste wiederaufnehmen sollte, während die italienische motorisierte Kolonne, bestehend aus neun Bataillonen, auf der Nord-Süd-Hauptroute vorrücken würde. Die Pläne ließen sich relativ leicht umsetzen. Am 5. Februar wurde die republikanische Front an beiden Abschnitten durchbrochen, und schon drei Tage später zogen die Sieger in Málaga ein.

Als Vergeltung für die Exzesse und die „roten Verbrechen", die während der Herrschaft der Republikaner dort begangen worden waren, begann eine harte Zeit der Unterdrückung. Unter den Kostbarkeiten, die aus den Plünderungen der Klöster stammten, fand sich eine Reliquie, der Arm der heiligen Teresa. Sie wurde an Franco geschickt, der sie sorgfältig aufbewahrte. Dieser Verbündete Hitlers und Mussolinis trug in seinem innersten Wesen jene Züge des alten Spanien, die ihn sosehr von den beiden Bewunderern Nietzsches unterschieden.

Durch den leichten Sieg kam wieder Hoffnung im nationalistischen Lager auf, während sich gleichzeitig ein gewisser Unmut über den italienischen Verbündeten ausbreitete, dessen Propaganda die tatsächlichen Verdienste etwas zu laut unterstrich. Freilich war Italiens Unterstützung dennoch wertvoll gewesen. Franco dachte nun daran, sich ihrer für seinen nächsten Angriff auf Madrid ebenfalls zu bedienen. Diesmal sollte es nicht darum gehen, die Hauptstadt im Sturm zu nehmen, sondern sie zu isolieren, indem man die Verbindung nach Valencia unterbrach. Franco plante einen kombinierten Angriff durch das Korps von General Orgaz, eine Brigade von Moscardó und durch das italienische Korps. Doch die Bewegungen der Italiener von Andalusien zu den neuen Stellungen gingen langsamer vonstatten als erwartet, zudem ließ die Koordinierung zu wünschen übrig. Orgaz griff bereits an, als die Italiener noch ihre Vorbereitungen trafen. General Miaja konnte auf diese Weise seine gesamten Truppen gegen jedes einzelne der angreifenden Korps werfen.

Vom 5. bis zum 15. Februar 1937 tobte die Schlacht am Jarama. Im strömenden Regen bekämpften die Gegner einander erbittert. Einzelne Einheiten der Legion und der Marokkaner verloren mehr als 40 Prozent ihrer Mannschaft. Die republikanischen Truppen bluteten ebenso. Die amerikanische Brigade „Arthur Lincoln" wurde beinahe völlig aufgerieben, wie schon vor ihr die Brigade „Thälmann", welche nach dem ehemaligen Führer der deutschen Kommunisten benannt war. Lincoln und Thälmann – diese beiden Namen beweisen die gesamte Spannweite im Lager der internationalen Freiwilligen.

Franco mußte zugeben, daß Madrid – mit den damaligen Mitteln – nicht einzunehmen war; er beschloß, sich einem anderen Ziel zuzuwenden. In dieser Situation erklärte er dem italienischen Botschafter Roberto Cantalupo, daß „der Sieg sicher sei, man aber nicht glauben dürfe, er wäre schnell zu erringen". Franco hatte seine Operationspläne für 1937 genau festgelegt, „ein richtiger Kriegskalender", der, so hoffte er, „den Tatsachen entsprechen würde". Er hatte geplant, zuerst die „Roten" vor Guadalajara zu dezimieren und dann die Eroberung der Provinzen Baskenland, Kantabrien und Asturien entlang der Kantabrischen Küste in Angriff zu nehmen. Im Anschluß daran wollte er sich dem Mittelmeer zuwenden, Katalonien isolieren und es dann befrieden. Erst im Anschluß daran sollte Madrid an die Reihe kommen.

Unter diesen Bedingungen hatte die Operation bei Guadalajara allerdings wenig Sinn. Außerdem setzten sich die Italiener zu einem Zeitpunkt in Marsch, zu dem die erschöpften Truppen von General Orgaz noch nicht bereit waren, ihre Offensive wiederaufzunehmen, wie es die Generale Mussolinis aber angenommen hatten. Das Ergebnis dieser mangelhaften Verbindung zwischen den nationalen Korps war eine

Niederlage, die von der antifaschistischen Propaganda weidlich ausgeschlachtet wurde. Die erste Phase der Offensive brachte ein schnelles Vorrücken der motorisierten Kolonnen (30 Kilometer in zwei Tagen) mit sich. Am 11. März rückten die Italiener in Brihuaga ein, an ihrer rechten Flanke ging die Kolonne Moscardó ebenfalls vor. Das schlechte Wetter, das den Einsatz der Luftwaffe behinderte, kam jedoch den Angreifern sehr ungelegen.

Am 13. März begann Miaja seinen Gegenangriff, der die Italiener alsbald zurückwarf. Die Spanier des Milizkommandanten Valentin González „El Campesino" und die 12. Internationale Brigade brachten Brihuaga erneut in ihre Hand. Mit knapper Not konnte der republikanische Angriff aufgefangen werden, und so stabilisierte sich der Frontverlauf ab dem 22. März. Francos Infanterie unterstützte dabei die von den Kämpfen gezeichneten Italiener. Daß Miaja, den Franco als „guten General" bezeichnete, seinen Erfolg nicht operativ nutzte, beweist wohl, daß er nicht an einen Zusammenbruch des Gegners glaubte; immerhin überließ er dem Feind einen Geländegewinn von rund 20 Kilometern. Die Verluste auf beiden Seiten hielten sich ungefähr die Waage (1.375 Tote, 2.400 Verwundete und 300 Gefangene bei den Frankisten, 2.000 Tote, 3.500 Verwundete und 450 Gefangene bei den Regierungstruppen). Beachtlich hingegen waren die Auswirkungen auf die Moral. Die Antifaschisten machten sich über die „Schwarzhemden" lustig, und es fanden sich, nach Aussage des italienischen Botschafters, spanische Militärs, die die Lektion an Bescheidenheit, die den Siegern von Málaga erteilt worden war, mit Champagner feierten.

Franco behielt die Ruhe. Eine seiner Stärken war die Fähigkeit, Niederlagen „wegstecken" zu können. Nach dem, was er einem Stabsoffizier anvertraute, gaben ihm die Ereignisse freie Hand, die schon geplanten Operationen im Norden durchzuführen. Er enthob Orgaz und Varela ihrer Kommanden, teils, um sie für ihre Passivität zu bestrafen, zum andern, um die angeschlagene Selbstachtung seiner Verbündeten wiederaufzurichten. Gleichzeitig drängte er in einem persönlichen Brief an den Duce auf Lieferung von weiterem Kriegsmaterial, um das Gleichgewicht der Kräfte wiederherzustellen, das sich mittlerweile zugunsten der „Roten" verschoben hatte. Mussolini erteilte seine Zustimmung: „General Franco kann damit rechnen, daß die Hilfeleistung durch das faschistische Italien fortgesetzt wird."

Wenn man dem Bericht des italienischen Botschafters Cantalupo Glauben schenken darf, gab Franco seiner Freude in herzlichen Worten Ausdruck, wie ein Mann, der „von einem Alptraum befreit ist". Kein Wunder, langten doch gerade 26 weitere sowjetische Schiffe mit 312 Panzern und fast 6000 Tonnen Kriegsmaterial am „republikanischen" Teil der Küste ein. Nun konnte der Generalissimus einen neuen Abschnitt im Krieg wagen, doch zuvor wollte er dem Staat, dessen Chef er war, eine definitive Form verleihen. Durch die Kämpfe war er bislang so beansprucht gewesen, daß er es beim Provisorium hatte belassen müssen.

4. Kapitel

DER ZUSAMMENSCHLUSS DER PARTEIEN UND DIE „AFFÄRE HEDILLA"

Im Frühjahr 1937 war der Putsch endgültig zu einem Bürgerkrieg eskaliert. Die Gegner hatten sich organisiert, hatten Armeen aufgestellt und ihre jeweiligen Verwaltungseinheiten – oft nach blutigen Säuberungen – gefestigt. Das nationale Spanien hatte in Franco seinen glänzenden Vorkämpfer gefunden. Es anerkannte seine Autorität, so wie es – mit einigen Ausnahmen – den Supremat der Kirche anerkannte. Als es aber darum ging, sich über das Regime – nach erfolgreich beendetem Krieg – Gedanken zu machen, gab es Meinungsverschiedenheiten.

Grob gesprochen, gab es im nationalen Lager traditionalistische Karlisten, Anhänger einer Wiederkehr der Bourbonen, Christdemokraten, liberale Republikaner, Falangisten und Faschisten sowie die Militanten der kleinen Parteien von Dr. Albiñana oder von Ledesma Ramos, der sich nach einer kurzen Phase der Zusammenarbeit mit José Antonio Primo de Rivera von der Falange wieder abgespalten hatte. Selbst im engen Mitarbeiterstab Francos gab es Republikaner der ersten Stunde, wie Queipo de Llano und Cabanellas oder einen Mola, der den Todeskampf der Monarchie miterlebt hatte und jetzt nicht mehr an sie glaubte, einen glühenden Falangisten wie Yagüe oder überzeugte Monarchisten wie Kindelán, Orgaz und Vigón, ganz abgesehen vom Karlisten Varela.

Die Korpskommandanten unterdrückten ihre politischen Divergenzen, um sich ganz dem Krieg widmen zu können. Die Männer an der Front taten dasselbe. Aber außerhalb der Kampfgebiete kamen die alten Rivalitäten der Parteien untereinander wieder zum Vorschein. Die Komitees versuchten, ihre Rolle zu wahren. Als der Krieg begann, bildeten die Parteien Kampfeinheiten unter ihren jeweiligen politischen Bezeichnungen: so gab es karlistische „requetés" und solche von der Falange. Der karlistische Anführer, Fal Conde, wollte sogar seine eigene Offiziersschule haben und gründete im Dezember die San Xavier-Akademie. Franco war über diese Initiative wütend und vertraute dem Botschafter des Reiches, von Faupel, an, er hätte den anmaßenden Kerl wegen Verrats erschießen lassen wollen, hätte er nicht befürchten müssen, dadurch die Gefühle der „requetes" zu verletzen, die sich an der

Front tapfer schlugen. Der Chef der Technischen Junta, General Dávilla, forderte aber Fal Conde auf, ins Exil zu gehen, so er nicht vor ein Kriegsgericht gestellt werden wolle. Daraufhin reiste dieser nach Lissabon, wo er der Einheit des frankistischen Lagers nicht mehr gefährlich werden konnte.

Franco faßte schließlich die Milizen unter dem Kommando von Offizieren der regulären Armee zusammen und unterstellte sie dem Militärrecht. Im Januar 1937 wurde Oberst Monasterio zu ihrem Generalinspektor ernannt. Die Milizen behielten nur mehr ihre Eigenheiten an den Monturen bei und wurden von nun ab von der Armee kontrolliert.

Die militärische Vereinheitlichung mußte logischerweise auch die zivile nach sich ziehen. In seinen Reden rief Franco die Spanier zur Einheit auf. In diesem Sinne verurteilte er die separatistischen Ziele der Basken, Galicier oder Andalusier, die er für verheerend hielt, und löste die streitenden Parteien auf, ohne freilich eine neue Organisation vorzuschlagen. Stimmen wurden laut, die ihm die Bildung einer politischen Vereinigung nach italienischem oder portugiesischem Muster nahelegten. Kardinal Gomá hingegen bekämpfte heimlich ein Abdriften zum Faschismus.

Diese Bemühungen um eine politische Einheitsbewegung fielen bei den monarchistischen und traditionalistischen Bewegungen auf fruchtbaren Boden. Am 22. März beschloß die Karlistische Vereinigung in Burgos „ihren entschiedensten und glühendsten Beitritt".

Von seiten der Falange tauchten jedoch Vorbehalte auf. Der Bürgerkrieg hatte ihr in der nationalen Zone zahlreiche Anhänger gebracht, die mehr von neuen Formeln und vom Faschismus hielten denn vom Konservatismus. Aber während die Falange zahlenmäßig wuchs – die Stärke ihrer Milizen wurde im April 1937 auf 126.000 Mann geschätzt –, wurde der Mangel an qualifizierten Kadern offensichtlich. Der Bürgerkrieg hatte sie ihrer Spitzen beraubt. José Antonio Primo de Rivera war im November 1936 von den Roten in Alicante exekutiert worden, der Hitler-Bewunderer Redondo an der Front gefallen, und Fernández Cuesta befand sich in Haft. Die Falangisten, welche sich über das Schicksal ihres Anführers nicht sicher waren, hatten Anfang September einen siebenköpfigen Rat unter dem Vorsitz von Manuel Hedilla gebildet, einem Mechaniker aus Santander, den man möglicherweise gewählt hatte, um dem Image einer Partei von Revolutionäre spielenden „señoritos", das ihnen von den Gegnern verpaßt worden war, ein Ende zu bereiten. Die Falange von José Antonio war die spanische Variante jener europaweiten Bewegung, die den Kommunismus aufhalten wollte, indem sie ihm eine Doktrin entgegensetzte, die sowohl den kleinbürgerlichen Liberalismus wie auch die kollektivistische Revolution ablehnte und den Versuch unternahm, Nationalismus und soziale Revolution zu verschmelzen. Sie behielt jedoch Elemente aus der spanischen Geschichte bei – wie den Katholizismus –, die nicht zum deutschen Nationalsozialismus paßten, eher noch zum Faschismus, der durch die Lateranverträge die italienische Monarchie mit der Kirche versöhnt hatte. Davon abgesehen, erinnerten die „Blauhemden" durch ihren Gruß und ihre Kampfeslust aber unweigerlich an die anderen autoritären Parteien Europas.

War diese neue Bewegung überhaupt fähig, mit den monarchistischen Parteien eine Verbindung einzugehen? José Antonio hatte diese Idee kategorisch verworfen. Seine Falange mußte allein vorgehen, ohne Kompromisse mit jenen politischen Gruppierungen, deren „politische" Haltung und deren Konservativismus er oft verurteilte. In den Wochen vor dem 18. Juli hatte er seine Freunde vor den Militärs gewarnt, deren Patriotismus er zwar anerkannte, die er aber für unfähig hielt, Spanien jene Revolution zu bringen, die es brauchte. Andererseits war die Armee in der erschreckenden Lage, in der sich Spanien befand, auch in den Augen der Falangisten die einzige Kraft, die der kommunistischen Revolution den Weg versperren konnte.

Diesen Widerspruch spürten Hedilla und seine Freunde in dem Moment, als in Salamanca Gerüchte umgingen, die besagten, Franco sei bereit, schwerwiegende politische Entscheidungen zu treffen.

Der Caudillo hatte die innere Verwaltung der im Oktober gebildeten Technischen Junta überlassen, während sein älterer Bruder Nicolás sein Sekretariat leitete und der Diplomat Sangroniz die auswärtigen Angelegenheiten betreute. Nicolás Franco hatte vorgeschlagen, eine „Bürgeraktion" zu bilden, was aber wie eine Neuauflage der „Patriotischen Union" von General Miguel Primo de Rivera ausgesehen hätte. Die Idee war verworfen worden. Bald aber gewann ein anderer Mann Einfluß an Francos Seite, der sich in einer abenteuerlichen Flucht aus dem roten Madrid nach Salamanca durchgeschlagen hatte: Ramón Serrano

Suñer, Francos Schwager. Dieser war Staatsanwalt und dabei nicht nur guter Jurist, sondern auch ein glänzender Redner. Er hatte seine Studien in Italien vervollkommnet, wo er die ersten Schritte des siegreichen Faschismus beobachtet und von wo er eine große Liebe für das Land sowie eine glühende Bewunderung für Mussolini mitgebracht hatte. Nichtsdestotrotz begann seine politische Karriere bei den spanischen Christdemokraten, deren Jugendbewegung er anführte. Im Februar 1936 wurde er als Abgeordneter der CEDA in die Cortes gewählt. Er hatte aber auch gute Verbindungen zur Falange und war mit José Antonio Primo de Rivera persönlich befreundet. Einmal hatte er sogar eine Unterredung zwischen Rivera und Franco zustande gebracht – in den bewegten Zeiten des Wahlkampfes vom Februar 1936 –, die jedoch ohne großen Erfolg verlaufen war, da der vorsichtige General dem intellektuellen Chef der Falange nicht gefallen hatte. Nun stellte Franco seinem Schwager ein Büro im Hauptquartier in Salamanca zur Verfügung und beauftragte ihn mit der Propaganda für seine Regierung. Serrano arbeitete für diese Aufgabe mit einer Gruppe junger Intellektueller zusammen, wie Professor Tovar, dem Journalisten Victor de la Serna, dem Schriftsteller Gimenez Caballero und dem jungen falangistischen Poeten Dionisio Ridruejo, und war durchaus erfolgreich.

Sehr rasch wurde er zum Vertrauensmann des Generalissimus. Man hat behauptet – ohne dies jemals beweisen zu können –, daß er ihn auch in der Frage der Parteienfusionierung inspiriert hat. Als Jurist und Politiker vertrat er die Meinung, daß der aufkeimende Nationalstaat weiterentwickelt und verbessert werden müsse. Gewiß hat er seine Gedanken dem Caudillo vorgetragen, wie es auch andere taten. Franco hörte zu, schwieg, dachte nach und ließ die Idee in seinem Kopf heranreifen. Am 11. April 1937 beauftragte er Serrano Suñer mit der Formulierung des Dekrets zur Vereinigung der politischen Gruppierungen in der nationalen Zone. Am gleichen Tag erläuterte er dem deutschen Botschafter seine Pläne. Die Falange hatte große Bedeutung erlangt, aber es fehlte ihr ein echter Anführer. „Hedilla ist eine durchaus positive Person, aber keineswegs für die Position des Chefs der Falange geeignet: er ist umgeben von einem Schwarm ehrgeiziger junger Leute, die ihn beeinflußen, anstatt daß er sie lenkt."

Franco wußte, daß die Verhandlungen zur Vereinigung von Falangisten und Monarchisten gescheitert waren, da Hedilla an den Satzungen der

Falange festhielt, denenzufolge jegliche Fusionierung verboten war. Da eine solche aber wünschenswert schien, wollte Franco sie selbst durchführen und sich an die Spitze der Gesamtbewegung stellen, deren Kern die Falange sein sollte, „weil sie sowohl das beste Programm als auch die meisten Anhänger im ganzen Land hat".

Das Dekret vom 19. April 1937, das Mola und Queipo de Llano gebilligt hatten, übernahm diese Ideen. In der Einleitung wurde zunächst die Notwendigkeit betont, den Intrigen der Parteien untereinander ein Ende zu bereiten und die Einheit des Vaterlandes zu sichern. Danach wurde die Idee erläutert, unter der Autorität des Staates die „neue Kraft" der Falange und der „requetes" – der Bewahrer der Tradition – zu vereinen.

Das Programm sollte den 27 Punkten der Falange entsprechen, die gegebenenfalls einer genaueren Formulierung und Verbesserungen zu unterziehen wären. Die Rolle der Bewegung würde darin bestehen, „dem Staat die Gefühle des Volkes mitzuteilen und dem Volke die Gedanken der Staatsgewalt… so wie in den anderen Ländern mit totalitärem Regime". Diese Vereinigung würde es ermöglichen, den Krieg zu gewinnen und den neuen Staat „geistig und wirtschaftlich" aufzubauen. Und dann, „wenn die Bedürfnisse des Vaterlandes und die Gefühle des Landes dazu raten", so Franco weiter, „werden wir uns nicht der Möglichkeit verschließen, der Nation jenes jahrhundertealte Regime zu errichten, das einst ihre Einheit und historische Größe geschmiedet hat".

Auf sehr lange Sicht haben die Ereignisse diese Erklärung bestätigt. Franco baute zuerst einen Staat auf, der Portugal oder Italien sehr ähnlich war und in dem alle Macht in einer starken Exekutive vereint war, zumal er selbst die Leitung der Armee, des Staatsapparates und der einzigen politischen Organisation in Händen hielt. Für Franco kam aber noch die traditionelle spanische Religiosität hinzu, die durch den Einfluß der damals durch Kardinal Gomá repräsentierten Heiligen Kirche die Allmacht des Caudillo bremste, was von großer Bedeutung war. Die Monarchie war für Franco zudem auch, wie José Antonio Primo de Rivera sagte, „glorreich untergegangen"; er ließ ihr eine Chance für die Zukunft, doch, wie er Faupel gegenüber gemeint hatte: „die Frage würde sich noch lange nicht stellen".

Der Führer der neuen Einheitsbewegung, die sich etwas langatmig – um allen gerecht zu werden – „Spanische Falange der Traditionalisten und der JONS" (FET y de las JONS) nannte, war selbstverständlich Francisco Franco, unterstützt von einem Sekretariat und einer „Junta Politica", deren Mitglieder zur einen Hälfte vom Staatschef und zur anderen Hälfte vom Nationalen Rat bestimmt wurden. Alle anderen Parteien galten als aufgelöst. Schlußendlich wurden die verschiedenen Freiwilligenverbände in einer Nationalen Miliz zusammengefaßt. Sie alle trugen von nun an das blaue Hemd der Falange und die rote Baskenmütze der karlistischen „requetés". Die Parteien sahen ein, daß der Krieg totale Einheit verlangte, und sie beugten sich brav. Nur eine Gruppierung der Falangisten sträubte sich. Das geriet zur „Affäre Hedilla", lange Zeit ein Tabuthema in Spanien. Hier die Fakten:

Manuel Hedilla, der improvisierte und provisorische Anführer der Falange, wurde in der eigenen Partei von weniger radikalen Kameraden angegriffen. Seine Betonung der antikapitalistischen Aspekte von José Antonios Programm gefiel zahlreichen Anhängern des Caudillo überhaupt nicht. Als Hedilla von einer Reise in den Norden des Landes, wo alle erdenklichen Gerüchte über die Pläne Francos kursierten, zurückkehrte, berief er – ohne die Junta davon in Kenntnis zu setzen – den Nationalen Rat der Falange für den 24. April nach Burgos ein, um die Führung endgültig an sich zu reißen. Dann setzte er das Datum für die Versammlung auf den 16. April fest. Am Morgen dieses Tages erklärten ihn aber seine Gegner für abgesetzt und bestimmten an seiner Statt ein Triumvirat mit Sancho Dávila, dem regionalen Anführer von Sevilla, Ajustin Aznar, dem Führer der Milizen, und José Moreno an der Spitze; Rafael Garceran, der frühere Sekretär von José Antonio und designierte regionale Führer von León, wurde ihr Generalsekretär. Hedilla beschloß, alle aus dem Weg zu räumen. Er schickte eine Gruppe falangistischer Kadetten zum Wohnsitz von Sancho Dávila, der aber seine „Bodyguards" hatte. Es kam rasch zu einem Schußwechsel, der auf jeder Seite einen Toten forderte. Eine ähnliche Szene spielte sich am Wohnort von Garceran ab, wo das Eingreifen der Polizei die Ordnung wiederherstellte.

Trotz dieser schwerwiegenden Vorfälle trat der Rat der Falange wie geplant zusammen. Nachdem die Erklärungen Hedillas gegen die Triumviren angehört worden waren, schritt man zur Wahl des Anführers. Mit zwölf gegen zehn Stimmen billigte die Versammlung das Prinzip der ungeteilten Führung und beauftrage dann Hedilla, mit 15:4 Stimmen bei drei Enthaltungen, die Falange zu führen.

Durch diesen Erfolg gestärkt, begab sich Hedilla zum Hauptquartier, wo Franco eben eine Rede über die Fusion der Parteien hielt. Er hörte die Ansprache des Generalissimus, in der er die Vereinigung ankündigte, und schien damit einverstanden.

Als Franco am 22. April die Zusammensetzung der „Junta" verkünden ließ, stand der Name Hedilla ganz oben auf der Liste. Der Falangist lehnte seine Beteiligung jedoch „aus Loyalität zu José Antonio und seiner Lehre" ab. Vielleicht war er der Meinung gewesen, die Fusion sei mehr eine formelle Angelegenheit und der Falange würde eine gewisse Selbständigkeit verbleiben. Als er jedoch erkannte, daß Franco die Falange zu einem Rädchen im Staatsgetriebe degradierte, wurde er schwankend und versuchte, die Unabhängigkeit der Partei José Antonios zu erhalten. Zweifellos erinnerte er sich an den Brief vom 24. Juni 1936, den der Begründer der Falange im Gefängnis an die Regierung geschrieben hatte und der von der Zusammenarbeit mit einer Militärbewegung handelte:

„Die Beteiligung der Falange an einem dieser voreiligen und leichtgläubigen Vorhaben würde einen sehr schweren Irrweg darstellen und die totale Auflösung der Bewegung nach sich ziehen, sogar im Falle eines Sieges… Fast alle, die für ein derartiges Unternehmen auf die Falange zählen, sehen sie nicht als ein komplettes System von Doktrinen oder als eine Kraft, die auf die totale Steuerung des Staates hinarbeitet, sondern vielmehr als eine Hilfstruppe, eine Art Stoßtrupp jugendlicher Milizen, die dazu bestimmt sind, morgen vor den Marionetten zu defilieren, die sie an die Macht gehißt haben.

Alle unsere Kameraden sollten bedenken, wie beleidigend es für die Falange ist, ihr vorzuschlagen, daß sie sich als Komparse an einer Bewegung beteiligen solle, die nicht die Einrichtung des gewerkschaftlichen Nationalstaates im Auge hat und daher die riesige Aufgabe des Wiederaufbaus der Heimat, die wir in unseren 27 Punkten umrissen haben, nicht zu bewältigen vermag, sondern nur eine konservative kleinbürgerliche Mittelmäßigkeit wiederherstellen kann (von der Art, wie sie Spanien schon so oft erlebt hat), das Ganze aufgeputzt durch die choreographische Begleitung unserer Blauhemden."

Die altgedienten Blauhemden, „alte Hemden" genannt, erkannten, daß sich diese Gefahr präzisierte. Daher entwickelte sich ein stummer Widerstand, verbunden mit dem Versuch, die eigene Machtposition zu erhalten. Deputationen wurden in die Provinz geschickt und Befehle versandt wie das Telegramm an den territorialen Führer der Falange in Neu-Kastilien, von dem Hedilla nichts gewußt haben will und das folgende Anweisung enthielt: „Angesichts möglicher irriger Interpretationen des Vereinigungsdekrets werden Sie nur solche Befehle befolgen, die Ihnen über die hierarchisch vorgesetzte Dienststelle zukommen."

Franco beschloß, den Widerstand zu brechen. Hedilla wurde zusammen mit mutmaßlichen Komplizen, unter ihnen auch der spätere Minister Arrese, verhaftet, unter der Anklage des Hochverrats vor ein Kriegsgericht gestellt und zum Tod verurteilt. Es kam zu Interventionen zugunsten Hedillas. Botschafter Faupel, der mit Cantalupo bereit gewesen war, Franco zu unterstützen, falls seine Autorität angegriffen werden sollte, wollte ebenfalls intervenieren, doch die Wilhelmstraße verbot es ihm. Nicolás Franco aber brachte die Mutter Hedillas zum Generalissimus. Sie übergab ihm einen Brief, in dem der Verurteilte seine Unschuld beteuerte. Auch Serrano Suñer, der mit den geschockten Falangisten verhandelte, riet zur Milde. Franco, der sich aus dem Militärprozeß herausgehalten hatte, stimmte jetzt einer Begnadigung aller Verurteilten zu. Hedilla wurde in Las Palmas de Gran Canaria inhaftiert. Damit verfügte der Generalissimus nun über die vollständige Macht im Inneren. Er konnte sich auf sein neues Ziel konzentrieren: die Eroberung des Nordens.

5. Kapitel

DIE EROBERUNG DES NORDENS

Die republikanische Zone im Norden Spaniens war eine große Enklave, die die Viscaya, Kantabrien und den größten Teil Asturiens umfaßte. Dort befanden sich die Bergwerke und die Zentren der spanischen Schwerindustrie. Die Organisatoren des Militäraufstands hatten vorausgesehen, daß die Bergleute Asturiens ihnen Widerstand leisten würden; sie irrten aber, als sie annahmen, das ländliche Gebiet des „Montaña" von Santander und das katholische Viscaya würden ihnen folgen. Der baskische Nationalismus hatte sich stärker erwiesen als der Katholizismus. Um einen großzügigen Autonomiestatus zu erhalten, hatte Präsident José Antonio de Aguirre beschlossen, die republikanische Ordnung zu verteidigen, was die Katholiken der nationalen Zone als puren Verrat empfanden. Abgeschnitten von den Gebieten, die unter der Kontrolle der Regierung Largo Caballeros standen, verfügte diese Zone über eine Armee von 45.000 Basken, die noch Verstärkung aus Asturien bekommen sollten. Das gebirgige Gelände verursachte den Angreifern schon an sich erhebliche Schwierigkeiten, zusätzlich waren noch starke Befestigungen angelegt worden. Franco entsandte vier Brigaden aus Navarra, die von einer italienischen Division und einer zusätzlichen Brigade verstärkt wurden. Das Kommando hatte General Mola inne, mit Vigón als Generalstabschef.

Die Offensive der Nationalisten begann am 31. März. Mit Unterstützung durch Artillerie und Luftwaffe gelang es der IV. navarresischen Brigade bald, drei Pässe einzunehmen. Die Republikaner schlugen zurück, und es entwickelte sich eine erbitterte Schlacht um den Berg Saligan, der erst nach dem zweiten Angriff, am 15. April, von der I. navarresischen Brigade eingenommen werden konnte. Regen und Erschöpfung ließen die Kämpfe für kurze Zeit abklingen, und die Truppen sammelten sich. Als am 20. April das Wetter wieder besser wurde, begannen die Gefechte von neuem. Diesmal war der Angriff erfolgreicher, wozu die deutsch-italienischen Luftstreitkräfte, die in einer Region, in der die Republikaner kaum über Fliegerhorste verfügten, den Luftraum beherrschten, erheblich beitrugen. Bereits am 31. März hatten sie Durango schwer bombardiert, und am 26. April griffen mehrere Wellen italienischer und deutscher Flugzeuge die kleine Stadt Guernica an, wo einst die Herrscher von Viskaya – und dann die Könige Spaniens oder ihre Statthalter – den Eid abgelegt hatten, die baskischen Sonderrechte – „fueros" – zu respektieren. Guernica verfügte über keinerlei Fliegerabwehr, es wurde völlig zerstört.

Es war zwar nicht das erste Mal, daß eine Stadt bombardiert wurde. Die ersten Bomben waren von der republikanischen Luftwaffe auf die arabische Stadt Tetouan abgeworfen worden, am Vortag der Ankunft Francos in Marokko, wobei es 15 Tote und 40 Verletzte gegeben hatte. Dann waren Madrid und Barcelona aus der Luft angegriffen worden, und kurz vor Guernica hatte Durango einen Bombenangriff erleiden müssen. Guernica aber wurde zum Symbol nicht nur der Schrecken des Krieges, sondern auch für die Greuel, zu denen die Faschisten und ihre Verbündeten fähig waren.* Ein riesiger Propagandafeldzug trug den Namen der Stadt in alle Welt, und Picasso malte eines seiner berühmtesten Bilder über Guernica. Heute nimmt man an, daß die Hauptlast der Bomben vermutlich aufgrund der schlechten Sichtverhältnisse irrtümlich über dem Zentrum der kleinen Stadt niedergingen, statt eine wichtige Straßen- und Bahnverbindung westlich davon zu treffen, was auch aus dem Lageplan der Bombentrichter hervorgeht. Freilich wurden im Spanischen Bürgerkrieg auch andere Städte ohne Rücksicht auf die Bevölkerung bombardiert, so daß die Zerstörung des Ortes, wenn auch nicht direkt geplant, so doch zumindest in Kauf genommen worden war.

Dennoch war Franco, der von der beabsichtigten Bombardierung überhaupt nicht verständigt worden war und daher ursprünglich angenommen hatte, die Zerstörung der heiligen Stadt der Basken ginge auf das mit Aktionen dieser Art reichlich gefüllte Konto der Roten, äußerst verärgert, als er die Wahrheit erfuhr. Es war nicht das erste Mal, daß er sich über die Freiheiten zu beklagen hatte, die sich seine Verbündeten herausnahmen. Aber er konnte zu diesem Zeitpunkt unmöglich auf sie verzichten.

---

* Die Bevölkerung hatte Verluste zu beklagen, deren Zahl stark schwankt, je nachdem, welcher Seite die Propagandisten oder die Historiker angehörten. Hugh Thomas gab 1.654 Tote sowie 884 Verletzte an. Luis Suarez Fernández spricht von ungefähr 100 Toten und bemerkt, daß die Stadt nur 4.154 Einwohner zählte, von denen 400 in der Armee und viele andere nach Durango und Marquina geflohen waren. Jesús Saler hat in seinem Buch „Guernica" (1987), nach eingehenden Recherchen, die Zahl der Toten mit 120 beziffert, von denen 20 identifiziert werden konnten.

Diese Verbündeten brachten Opfer für die spanische Sache, wenn auch nicht ganz ohne Hintergedanken an die möglichen Vorteile eines gemeinsamen Sieges. Sie hätten die Opferbilanz allerdings lieber mit einem schnellen Sieg, einer Art „Blitzkrieg", niedrig gehalten. Franco aber plante, nach seinen Schlappen vor Madrid, den Krieg als eine langsame Rückeroberung, sowohl im politischen als auch im militärischen Bereich. Der Krieg eskalierte zum „langen" Krieg.

„Ich darf weder einen Feind vernichten noch die Städte, die Felder oder die Produktionstätten zerstören", erklärte er dem italienischen Botschafter Roberto Cantalupo anläßlich seiner Verabschiedung. „Darum kann ich die Dinge auch nicht beschleunigen. Wenn ich es eilig hätte, wäre ich ein schlechter Spanier... Ich würde mich wie ein Ausländer benehmen... Ich darf gewissermaßen nicht erobern, sondern soll befreien, und das bedeutet für mich auch erlösen. Wenn mir das nicht gelingt, wäre alles umsonst... Wenn ich nicht zuerst die geistige Eroberung der mit mir kämpfenden Bevölkerung festige, ist es nicht nur müßig, weiterzumachen, sondern auch gefährlich... Ich brauche Etappen, die den mir verfügbaren Mitteln angepaßt sind. Ich werde Stadt für Stadt, Dorf für Dorf und Eisenbahnlinie für Eisenbahnlinie vorgehen. Die gescheiterten Offensiven auf Madrid haben mich von den Programmen zur totalen, grandiosen und sofortigen Befreiung geheilt. Region für Region, Teilerfolg für Teilerfolg... Es wird mich nichts von diesem Programm der kleinen Schritte abbringen: ich werde weniger Ruhm ernten, aber dafür mehr inneren Frieden. Dieser Bürgerkrieg kann sehr wohl noch ein bis zwei, vielleicht auch drei Jahre dauern..."

Nachdem er vom scheidenden italienischen Botschafter noch Panzer, Munition und diplomatische Unterstützung erbeten hatte, schloß er: „Vor allem sollt Ihr mich nicht antreiben, verlangt nicht von mir, daß ich sofort den Sieg erringe, denn das würde nur bedeuten, daß eine größere Anzahl von Spaniern getötet werden müßte, daß ein größerer Teil des Reichtums der Nation zerstört werden müßte, und daß dadurch die Basis meiner Regierung noch instabiler würde."

Aus dieser Einschätzung sprach nicht der Soldat, sondern der Staatsmann – ein Staatsmann, der an die Zukunft dachte und keineswegs bereit war, sich nach dem Sieg zurückzuziehen. Man begreift, daß er zornig war, als er die Wahrheit über Guernica erfuhr. Der Fortgang der Operationen war jedoch angetan, seine Unzufriedenheit zu beseitigen. In den letzten Apriltagen hatten die Navarreser und die Italiener Marquina, Guernica und Durango eingenommen. Die „Schwarzen Pfeile", die sich gegen die Küste richteten, marschierten am 30. April in Bermeo ein, in eine exponierte Position.

Während die Truppen sich sammelten, besprach Franco mit Mola den Angriff gegen den „Eisernen Ring" um Bilbao, eine Art kleine Maginot-Linie, die nach Francos Meinung allerdings anfällig war, da sie für jene Truppenstärke, die dem republikanischen Kommandeur zur Verfügung stand, viel zu lang war. Trotz lokaler Erfolge einer republikanischen Gegenoffensive konnten die nationalen Verbände weiter vorrücken. Die Regierung in Valencia war besorgt und schickte einen neuen Kommandanten, General Gamir Ulibarri, unterstützt vom russischen General Barzin. Gleichzeitig befahl sie am 30. Mai einen Entlastungsangriff auf Segovia, doch die Reserven von Varela konnten die Situation stabilisieren.

Damit schien die Partie entschieden. Das Schicksal der Basken, die man verloren gab, rief Interventionen seitens Kardinal Gomás, des Primas von Spanien, hervor. Er rief im Einklang mit dem Vatikan dazu auf, die Besiegten zu schonen und besonders die nationalistischen Priester, von denen die Junta von Burgos noch vor der Machtübernahme Francos 15 hatte exekutieren lassen, nicht weiter zur Rechenschaft zu ziehen. In Vitoria hatte Mola am 5. Mai dem Prälaten Zugeständnisse versprochen, sollten sich die Basken ohne weitere Kämpfe ergeben. Franco versprach für diesen Fall, der Viscaya dasselbe Regime zu gewähren, wie es Álava oder Navarra hatten, und er versprach sogar, Aguirre und die betroffenen Militärs „entkommen" zu lassen. Leider wurden diese Verhandlungen in Valencia bekannt, und die Verbindung riß ab. Der Rückzieher Aguirres sollte die Basken nach ihrer Niederlage auch ihre wirtschaftlichen Privilegien kosten. Am 23. Mai gab Mola den Befehl, auf Bilbao zu marschieren. Er selbst sollte jedoch die Lorbeeren des Sieges nicht mehr ernten. Am 3. Juni zerschellte das Flugzeug, das ihn ins Hauptquartier hätte bringen sollen, an einem Berg und brannte aus. Der große Organisator des Putsches fand so denselben Tod wie Sanjurjo, der den Aufstand hätte leiten sollen.

Franco nahm die Nachricht mit der gewohnten Ruhe entgegen. General Kindelán meldete ihm diese Katastrophe mit den Worten: „Was für ein Verlust, Herr General!" – „In der Tat, ein großer Verlust", antwortete

Franco, „aber nicht nur für den Krieg. Hier können wir ihn sogar ersetzen, in Friedenszeiten hingegen befürchte ich, daß dies nicht so leicht
sein wird und daß wir ihn vermissen werden."

Auf von Faupel machte Franco aber den Eindruck, sich seit dem Tod
von Mola mit der Führung des Krieges leichter zu tun. Am 9. Juli 1937
schrieb der deutsche Botschafter: „Neulich sagte er mir: ‚Mola war ein
sturer Kopf, und wenn ich ihm Befehle erteilte, die von seinen Plänen
abwichen, fragte er mich oft: ›Hast du kein Vertrauen mehr in meine
Fähigkeiten als Kommandeur?‹‘"

Die beiden Berichte ergänzen einander. Franco und Mola waren alte
Kriegskameraden aus Marokko. Sie kannten und duzten sich, was in
Spanien übrigens nichts Außergewöhnliches ist. Als Franco noch Generalstabschef war, hatte er Mola wieder emporgebracht und ihn mit dem
Kommando über die Marokkoarmee betraut. Als Generalissimus hatte
er ihn mit dem Angriff auf Madrid beauftragt und ihm dann, trotz seines
Mißerfolgs, die Leitung der Nordoffensive überlassen. Dabei zeigte
Mola sicher nicht den passiven Gehorsam, den jüngere Offiziere gegenüber Franco an den Tag legten. Genau wie Queipo de Llano spielte er
den großen Baron vor König Franco, aber der „Vizekönig von Andalusien" hatte seit der Einnahme von Málaga nicht mehr die Gelegenheit
gehabt, mit Franco über Strategie zu diskutieren. Mola war im Gegensatz dazu ein eigensinniger und vielleicht auch unbequemer Mitarbeiter.
Daher auch die Überlegung Francos, ihn möglicherweise recht leicht
ersetzen zu können.

Was die Friedenszeit anging, wäre der Ex-Sicherheitschef der sterben-
den Monarchie und „Direktor" des Militäraufstands ein Mitarbeiter ersten Ranges für den Wiederaufbau gewesen. Es ist aber gar nicht sicher,
daß Mola die Politik der Wiederherstellung der Monarchie, die Franco
im Sinn hatte, ebenfalls akzeptiert hätte. Der Tod räumte ihm Mola aus
dem Weg, so wie vor ihm Valenzuela, Sanjurjo, Goded und José Antonio Primo de Rivera. Franco blieb allein übrig, aber seine einsame Position trug dazu bei, seine Macht ohne Widerstände zu festigen.

Er verlieh seinem verstorbenen Freund die höchste spanische Militär-
auszeichnung, das lorbeerbekränzte San Fernando-Kreuz, erwies ihm
die letzte Ehre und kehrte zu den Plänen für die Offensive gegen Bilbao
zurück. Die Ausführung dieser Operation übertrug er General Fidel
Dávila, dem Vorsitzenden der Technischen Junta. Diese kam jetzt unter

die Leitung des früheren Hochkommissars für Marokko und Mitarbeiters von General Primo de Rivera, Gómez Jordana, eines Mannes von äußerster Redlichkeit (er starb in Armut, nachdem er hohe Posten bekleidet hatte) und von seiner politischen Überzeugung her näher zur Monarchie als zum Faschismus. Außerdem war er leicht anglophil.

Die nationalistische Offensive stand vor einem neuen Beginn. Am 12. Juni durchbrach die V. Navarresische Brigade, nach einem heftigen Bomberangriff durch 70 Maschinen, die von 50 Jagdflugzeugen eskortiert wurden, unter dem Kommando von Juan Bautista Sánchez den feindlichen Festungsring um Bilbao. Die Regierung in Valencia hatte befohlen, die Brükken über den Nervión zu sprengen und bis zum letzten Mann Widerstand zu leisten. Es scheint, daß die Basken zögerten, ihre Stadt und ihre Industrieanlagen zu opfern. So fielen sie denn, am 19. Juni, in die Hände der Frankisten, während Gamir Ulibarri sich auf Santander zurückzog.

In elf Wochen hatten die Sieger eine Strecke von 40 äußerst schwierigen Kilometern zurückgelegt, 14.000 Gefangene gemacht und, nach eigenen Schätzungen, 20- bis 30.000 Feinde getötet.

Auf seiten der Republikaner waren, bedingt durch diese Niederlagen, die Dinge wieder in Fluß geraten. Largo Caballero wurde von den Kommunisten heftig bedrängt, die durch die sowjetische Militärhilfe nahezu allmächtig waren; zusätzlich hatten die Straßenkämpfe, die die Anarchisten und Kommunisten einander im Mai in Barcelona lieferten, seine Stellung wieder geschwächt. Unter diesen Bedingungen reichte er seinen Abschied ein. Die neue Regierung bildete der kanarische Medizinprofessor Juan Negrin, der zwar Sozialist, aber den Kommunisten wohlgesonnen war. Negrin begann die Republik straffer zu organisieren. Er zerschlug die trotzkistische Bewegung, welche einst gewichtiger Bündnispartner in der Volksfront gewesen war, beseitigte die katalanische Autonomie und schuf ein scharfes System polizeilicher Überwachung und Unterdrückung. Ihm zur Seite stand als Kriegsminister der gemäßigte ehemalige Führer der Sozialisten, Indalecio Prieto. Prieto hatte in den ersten Kriegstagen versucht, die Putschisten von der Aussichtslosigkeit ihres Unterfangens zu überzeugen. Die weiteren Ereignisse sollten ihm aber beweisen, daß er sich getäuscht hatte. Nun war nahe daran, zu glauben, daß das Blatt sich gewendet hatte. Franco beherrschte die Regionen mit der Schwerindustrie und den Eisenbergwerken, nicht zu sprechen von der Wirkung seiner Siege auf die Kampfmoral.

Auf dieser letzteren Ebene sollte Franco eine noch größere Befriedigung erfahren. Kardinal Gomá, der Primas von Spanien, ließ am 9. Juli einen auf den 1. Juli datierten Brief veröffentlichen, der von den spanischen Bischöfen an die Bischöfe der Welt gerichtet war. In diesem Schreiben erläuterten sie die Position der spanischen Kirche gegenüber dem nationalen Aufstand und dem Bürgerkrieg. Unterschrieben war der Brief von acht Erzbischöfen – darunter drei Kardinäle –, 38 Bischöfen und fünf Vikaren. Es fehlten nur zwei Unterschriften: einerseits die von Kardinal Vidal y Barraquer, Erzbischof von Tarragona, der in Rom im Exil lebte. Dieser war zwar mit dem Inhalt des Briefes einverstanden, glaubte aber, daß dessen Veröffentlichung den Katholiken in der republikanischen Zone schaden könnte. Die zweite fehlende Unterschrift war jene vom Bischof von Vitoria, Mateo Múgica, der im Auftrag der Junta von Burgos nach Rom entsandt worden war. Der Text rechtfertigte den Putsch wegen der Anarchie, welche die Nation und ihre Kultur in Gefahr brachte. Diesem Schreiben nach wurde der Kampf ausgetragen zwischen einer Partei, deren organisierte Verfolgung der Kirche und des Gottesprinzips alles bisher Dagewesene in der Geschichte Spaniens übertraf, und einer Partei, die versuchte, all das zu retten.

Die Kirchenfürsten bekannten also, daß einzig und allein der Sieg des nationalen Aufstandes Religion und Recht innerhalb der Nation erhalten konnte. Das Wort „Kreuzzug" wurde zwar nicht verwendet, aber es war unterschwellig vorhanden. Franco stützte sich von nun an auf diese Aussage der spanischen Kirche, um die Idee zu propagieren, daß sein Kampf für Spanien auch die Verteidigung des Glaubens bedeutete.

Als die Veröffentlichung dieses Briefes, der ein so enormes Echo in der Welt auslösen sollte, gerade vorbereitet wurde, stand Franco kurz vor einer der schwersten Schlachten des Krieges. Am 6. Juli schickte Miaja überraschend 50.000 Mann gegen die nationalistische Front um Madrid, mit dem Ziel, Navalcarnero einzunehmen und anschließend den Feind zu umzingeln. Von überlegenen Luftwaffen- und Panzerverbänden in diesem Sektor unterstützt, griffen die XXXV. und die XLVI. Internationale Brigade gemeinsam mit der XI. Division unter dem Kommando von Enrique Lister die von 7.000 Mann verteidigten nationalen Stellungen an. Innerhalb weniger Stunden eroberte Lister Brunete, zehn Kilometer von seiner Ausgangsposition entfernt, doch die kleinen Garnisonen in den Dörfern Quijorna, Villanueva del Pardillo und Villanueva de la Cañada leisteten erbitterten Widerstand. Dies verschaffte Franco die Möglichkeit, Varela, der mit der Zerschlagung der feindlichen Offensive beauftragt worden war, mit drei Divisionen und mit Flugzeugen der „Legion Condor" zu verstärken. Am 9. Juli kam Franco persönlich auf das Gut „El Rincon" von Villa del Prado, um den Gegenangriff zu organisieren. Die Angreifer hatten zuletzt die kleinen Widerstandsnester eingenommen, die sie so lange aufgehalten hatten, waren aber vor Boadilla gestoppt worden. Am 18. Juli begann die Gegenoffensive der Nationalisten, die nun den Luftraum beherrschten, und schon eine Woche später eroberten sie Brunete zurück. Varela bat Franco um die Erlaubnis, den Feind zu verfolgen, aber der Generalissimus hielt ihn zurück.

Er hatte seine Offensive im Norden unterbrechen müssen, um die Front vor Madrid zu halten. Nun, da die Schlacht geschlagen war, wollte er die Eroberung von Santander und Asturien abschließen. Die Verluste in der Schlacht um Brunete waren bei den Roten hoch gewesen; sie hatten schätzungsweise 25.000 Mann und rund 100 Flugzeuge verloren, gegenüber 10.000 Mann und 23 Flugzeugen bei den Nationalen. Von diesem Aderlaß mußte sich der Feind erst einmal erholen, und so hatte Franco freie Hand.

Von da ab war das Schicksal des Nordens besiegelt. Die Truppen Dávilas, die aus sechs navarresischen Brigaden, einer kastilischen Brigade und den italienischen „Freiwilligen" des Generals Bastico bestanden, begannen am 14. August ihre Offensive. Diesmal ließ der Sieg nicht lange auf sich warten. Von der Luftwaffe bombardiert und aus Süden und Osten angegriffen, gaben die Soldaten von Gamir Ulibarri schon nach wenigen Tagen die Pässe auf der Route nach Santander auf.

Das Debakel kündigte sich an, als sich der Kommandant der 54. Division im Flugzeug nach Frankreich absetzte, während drei baskische Bataillone im Hafen von Santoña versuchten, mit den Italienern zu verhandeln. Bereits am 26. August war Santander in der Hand Francos. Ein Teil der Bevölkerung hatte sich gegen die Regierungstruppen erhoben, deren Anführer, allen voran Gamir, die Stadt in einem Unterseeboot verließen. Die Basken legten nun allgemein die Waffen nieder, während die Asturier sich in ihre Berge zurückzogen. In nur zwölf Tagen hatten die Nationalisten eine landwirtschaftlich und industriell reiche Provinz erobert, zahlreiche Gefangene gemacht und große Mengen an Kriegsmaterial erbeutet.

Franco hatte damit dem deutschen und italienischen Verbündeten, die seine schleppende Kriegsführung kritisierten, bewiesen, daß er fähig war, eine Armee zu bewegen und einen Blitzkrieg zu führen. Er gab Befehl, den Vormarsch auf Asturien fortzusetzen, ohne sich von dem großen Entlastungsangriff gegen Saragossa ablenken zu lassen, den die rote Armee von Katalonien aus, durch Eliteeinheiten aus Madrid verstärkt, unternahm.

Wie im Fall Brunete wollte das republikanische Hauptquartier die Nordprovinzen retten, indem es eine große Offensive begann, die Franco zwingen sollte, Truppen von Santander abzuziehen. Man wußte um die schwachen nationalen Kräfte in Aragón und rechnete sich daher Chancen aus, die Front zu durchbrechen, sogar Saragossa einzunehmen – was den Verlust von Bilbao ausgleichen würde – und dadurch die Kampfmoral der Armee wiederherzustellen. General Pozas, der die Offensive befehligte, verfügte über rund 80.000 gut ausgerüstete Soldaten, da Prieto die Kämpfe im Zentrum und im Norden dazu genutzt hatte, weitere Regimenter aufzustellen, die von linksgerichteten Offizieren geführt wurden, einer beständigen Disziplin unterworfen und so fähig waren, sich ehrenvoll zu schlagen.

Pozas wollte den Überraschungseffekt voll ausnützen, indem er ohne jegliche Artillerievorbereitung angriff. Die Frankisten, zwei Divisionen und eine motorisierte Einheit unter dem Kommando von General Ponte, waren nicht einmal stark genug, um eine durchgehende Frontlinie zu bilden. Die Anfangsphase brachte daher Vorteile für die Angreifer, die sowohl im Sektor von Zueca – zwischen Saragossa und Huesca – Geländegewinne verzeichneten, als auch im Sektor von Belchite, südlich der aragónischen Hauptstadt. Die 2.000 Mann der Garnison von Belchite, mehrheitlich „requetés" unter dem Befehl von Major Santa Pau, bremsten jedoch den feindlichen Angriff durch verbissenen Widerstand.

Franco war diesmal nicht der Meinung, daß die Operationen im Norden unterbrochen werden müßten. Er zog nun Divisionen von seiner Reserve ab, die gleich bei ihrer Ankunft in die Kämpfe eingriffen. Barrons 13. und Saenz de Burruagas 150. Division, die den Angriff Listers und seiner Internationalen Brigaden bei Brunete aufgehalten hatten, standen ihnen hier in Aragón wiederum gegenüber und blockierten sie wieder.

Saragossa wurde durch diese Aktion gerettet, aber der Ring um Belchite konnte nicht durchbrochen werden. Die Kämpfe in sengender Hitze nahmen die Soldaten schwer mit, und doch starteten die „Roten" weitere Angriffe, die außer schweren Verlusten auf beiden Seiten keine Resultate zeitigten. Die republikanische Armee verlor schlußendlich rund 20.000 Mann, ohne daß dadurch die Lage der Verteidiger Asturiens verbessert worden wäre.

Doch die Asturier galten als die Elite der spanischen Revolutionäre. Man rechnete damit, daß sie verbissen kämpfen würden, unter Ausnutzung der natürlichen Verteidigungsmöglichkeiten ihrer Berge. Wenn sie bis zum Winter mit seinen Niederschlägen aushalten könnten, wären die Korps, die im Norden operierten, für die anderen Kriegsschauplätze nicht verfügbar. Deshalb hatte Franco die Offensive nicht unterbrechen wollen, um Saragossa zu Hilfe zu eilen. Entsprechend schleppend verlief die erste Phase der Angriffe, als es darum ging, einige Pässe nach Asturien einzunehmen. Doch die frankistische Infanterie ging dennoch vor. Am 1. Oktober, dem Jahrestag der Proklamation Francos, rückte sie in das nationale Heiligtum von Covadonga ein, und am 9. Oktober eroberte sie den Pajares-Paß, über den die Eisenbahnlinie Madrid – Gijon führt. Am 15. Oktober vereinigten sich die Korps von Solchaga und Aranda in Infiesto, östlich von Oviedo. Von da an zerbröckelte die asturische Front. Am 20. Oktober erhob sich die Bevölkerung von Gijon, die den „Kreuzzug" begrüßte, noch vor dem Eintreffen der Truppen. Diese rückten am 21. in die Stadt ein, aus der Belarmino Thomas und einige Tausend Milizionäre geflohen waren, während sich 22 Bataillone ergaben und die anderen sich in die Berge zurückzogen, um in der Guerilla, dem „kleinen Krieg", weiterzukämpfen. Die offizielle Verlautbarung der Nationalisten verkündete lakonisch: „Die Nordfront Spaniens existiert nicht mehr."

Diesmal war der Sieg von beträchtlichem Ausmaß: 18.600 Quadratkilometer mit 1,610.000 Einwohnern, mit den Kohlenbergwerken Asturiens, den Eisenerzvorkommen der Viscaya, mit mächtigen Schwerindustriebetrieben und Waffenfabriken, mit großen landwirtschaftlichen Ressourcen, Städten wie Bilbao, Santander und Gijon, mit der Zerschlagung der republikanischen Armeen, die zeitweise 150.000 Mann stark waren, und letztlich mit der Möglichkeit, die 65.000 siegreichen Soldaten Dávilas nun an anderen Kriegsschauplätzen einsetzen zu können. Der spanische nationalistische Radiosender konnte, ohne zu prahlen, von einem triumphalen Jahr sprechen.

6. Kapitel

VON TERUEL ZUM MITTELMEER

Das Ende des Jahres 1937 war nicht nur durch militärische Erfolge gekennzeichnet. Auf diplomatischer Ebene brachten diese Siege die Anerkennung des neuen spanischen Staates durch eine Weltmacht, das Britische Empire.

Die Regierung Baldwin hatte sich im Juli 1936 geweigert, für eine der Seiten Partei zu ergreifen. England war damit die einzige europäische Großmacht, die sich an den Nichteinmischungspakt hielt, den die USA, England und Frankreich unterzeichnet hatten und doch mit gelassenem Zynismus verletzten. Wie in allen Demokratien, stritten auch in Britannien die Parteien über den Spanischen Bürgerkrieg. Die Rechte tendierte zu Franco, die Linke zur Republik. Die Konservativen, die in London an der Macht waren, hielten sich aber an den alten Leitsatz der britischen Diplomatie „wait and see" – abwarten und Tee trinken. Da das Kriegsglück nun eher den Nationalen hold zu sein schien und Moskau seinen Einfluß auf die Regierung in Valencia immer mehr ausdehnte, näherten sich die Engländer den möglichen Siegern an und entsandten ihnen einen offiziellen Repräsentanten, Sir Robert Hudgson, mit dem Titel eines Handelsbeauftragten. Zur gleichen Zeit anerkannte Japan offiziell die nationale Regierung in Burgos.

Schon im Juli hatte hingegen der Vatikan entscheidende Schritte zur Anerkennung Francos eingeleitet. Monsignore Ildebrand Antoniutti traf an demselben Tag in Spanien ein, als General Dávila, der Kommandant der Nordarmeen, dem heiligen Jakob, dem Schutzpatron Spaniens, der nach mittelalterlicher Überlieferung die christlichen Ritter zum Sieg über die Mauren geführt hatte, die rituelle Opfergabe darbrachte. Franco hatte das traditionelle Fest des Heiligen erst wenige Tage zuvor wiedereingeführt. Antoniutti wurde bald darauf zum Nuntius ernannt, die offizielle Zeremonie folgte am 8. Oktober 1937.

Franco konnte sich über diese diplomatischen Fortschritte um so mehr freuen, als er durch diese Anerkennung das Gleichgewicht bei Diplomatie und Handel wieder etwas herstellen konnte. Im Juli 1936 hatte er nur bei den autoritären Staaten Hilfe gefunden, deren Flugzeuge den Aufstand gerettet hatten, zuerst, indem sie die Marokkoarmee nach

Spanien transportieren halfen, und dann, indem sie für Luftüberlegenheit in vielen Schlachten sorgten.

Da er von der italienisch-deutschen Hilfe abhängig war, mußte er notgedrungen die Wünsche seiner Verbündeten berücksichtigen, genauso wie, in noch größerem Ausmaß, die Republikaner die „Ratschläge" der sowjetischen Generale und Diplomaten über sich ergehen lassen mußten. Hitler und Mussolini hatten zwar erklärt, daß sie keinen Fußbreit spanischen Bodens als Gegenleistung für ihre Hilfe an das nationale Spanien verlangen würden, was jedoch nicht bedeutete, daß sie auf andere Vorteile verzichteten. Deutschland brauchte Rohstoffe für seine expandierende Rüstungsindustrie, und Spanien verfügte über Eisen, Wolfram und Mangan. Das Dritte Reich wollte sich daher den größten Teil der spanischen Exporte sichern. Zu diesem Zweck hatte Johannes Bernhardt, jener Geschäftsmann, der als Mittelsmann bei der Entsendung der ersten deutschen Flugzeuge an Franco fungiert hatte, den Vorsitz einer Gesellschaft übernommen, die das Monopol für den Ankauf spanischer Erze fast zur Gänze hergestellt hatte, zum großen Schaden ihrer spanischen – und sogar deutschen – Konkurrenten. Er hatte bereits die Abbaulizenzen in 73 spanischen Bergwerken erworben, als die provisorische spanische Regierung reagierte. Die Technische Junta unter dem Vorsitz von General Jordana, deren wirtschaftliche Abteilung größtenteils von Joaquin Bau abhing, erinnerte daran, daß seit der Diktatur von General Primo de Rivera der ausländische Anteil an spanischen Unternehmen nicht die 25%-Marke überschreiten durfte. Ein Dekret vom 9. Oktober 1937 erneuerte diese Bestimmung. Berlin war besorgt. Kündigten die Gerüchte um die Ankunft eines Vertreters der englischen Regierung etwa einen Richtungswechsel der spanischen Politik an? Würde das baskische Eisenerz nicht wieder den traditionellen Weg nach England nehmen? Göring, der für den Vierjahresplan verantwortlich war, geriet darüber in Wut. Er war der Meinung, daß die „außerordentlichen Dienste", die man Franco geleistet hatte, Berechtigung genug waren für eine „deutsche Kriegsbeute", und riet dazu, im Falle eines spanischen Widerstands dem unfolgsamen Partner „die Pistole an die Brust zu setzen". Botschafter Stohrer, der die Spanier kannte, zog es vor, ihren Stolz nicht zu verletzen. Er sollte jedoch Bekanntschaft machen mit der Kunst, die Zeit verstreichen zu lassen, in der die Spanier wahre Meister sind. Sangroniz, Nicolás Franco und General Jordana erklärten ihm, daß sie nicht gegen die spanischen Gesetze verstoßen konnten, daß man die 73 Fälle einzeln untersuchen müßte, daß die improvisierten Stellen der provisorischen Regierung unerfahren und daher etwas langsam wären. Franco persönlich wiederholte diese Argumente, unter gleichzeitiger Beteuerung, daß die Interessen der befreundeten Mächte größtmögliche Beachtung finden würden. Vielleicht dachte er, daß ihm eine Verzögerung bei dieser Angelegenheit die Möglichkeit für die große Offensive auf Madrid bieten könnte, die ihm seit Ende des Nordfeldzuges im Kopf herumspukte.

Unterdessen freute er sich über die Verbesserung der spanisch-britischen Beziehungen und entsandte einen der großen spanischen Aristokraten nach London, den Herzog von Alba, einen entfernten Nachfahren des Herzogs von Berwick, der den Konservativen wohl gut gefallen würde. Dieser inoffizielle Botschafter sollte in seiner Eigenschaft als Monarchist beweisen, daß das spanische Regime weniger faschistisch war, als es die blaubehemdeten Falangisten mit ihrem zum Gruß erhobenen Arm vermuten ließen.

Eines der Hauptprobleme Francos neben der Kriegsführung war, im Inneren eine ziemlich heterogene Koalition anzuführen, deren politische und soziale Vorstellungen einander nicht selten widersprachen. Ihre Einheit zu bewahren, indem man die Interessen des Vaterlandes in den Vordergrund schob – bei gleichzeitiger Wahrung des Gleichgewichts ihrer Bestrebungen –, war die Kunst, auf die es ankam. Franco versuchte, alle Fraktionen in gerechter Weise in die Entscheidungsgremien einzubinden, reservierte aber einen Ehrenplatz für die „viejas camisas" (Alten Hemden) – Falangisten wie Pilar Primo de Rivera, Schwester von José Antonio, Jesús Suevos, José Antonio Girón, Sancho Dávila und den jungen Schriftsteller Dionisio Ridruejo, einen der glühendsten Propagandisten der national-gewerkschaftlichen Revolution. Dazu gesellten sich Serrano Suñer und Pedro Gamero de Castillo. Franco stellte ihnen Karlisten zur Seite, wie den Grafen von Rodezno und Antonio Oriol, Monarchisten wie den Schriftsteller José Maria Peman, den Diplomaten José Yanguas Messia und Professor Pedro Sainz Rodriguez, aber auch Vertreter der Armee, wie Queipo de Llano, Yagüe, Jordana, Oberst Juan Beigbeder und Oberst Monasterio. Der Krieg schweißte sie im Moment zusammen. Danach würde man weitersehen.

Franco war nicht bereit, Fragen bezüglich der Zukunft eindeutig zu beantworten. Als Monarchist verwarf er die Republik, er verurteilte aber auch jenes Regime, dessen unrühmliches Ende er miterlebt hatte. Er stellte sich damals wohl vor, einen klar strukturierten Staat zu schaffen, der vielleicht, wenn die Umstände es erlauben würden, die Form der traditionellen Monarchie annehmen könnte. In diesem Zusammenhang hatte er die Bitte des Infanten Juan de Bourbon, in der Marine dienen zu dürfen, sehr höflich abgewiesen. Bei Kriegsbeginn hatte derselbe Don Juan schon einmal die Pyrenäen überquert, um in die Armee der Aufständischen einzutreten. Mola hatte abgelehnt und ihn gebeten, Spanien zu verlassen. Die Form der Ablehnung war beim Generalissimus eine andere, und er zählte seine Gründe auf. Der Prinz sollte vielleicht einmal eine große Rolle zu spielen haben, sein Leben war zu wichtig, um es einem derartigen Risiko auszusetzen. Er wurde gebeten, das Ende des Dramas abzuwarten. – Gleichzeitig hielt man so ein mögliches Streitobjekt zwischen den „Kreuzrittern" fern. Dennoch führte Franco die Symbole der Monarchie eines nach dem anderen wieder ein: 1936 hatte er in Sevilla die rot-goldene Fahne hissen lassen, jetzt benützte er das Eigenschaftswort „königlich" wieder, das die Akademien vor 1931 getragen hatten und das per Dekret wiederbelebt wurde.

Weiter ging er unterdessen allerdings noch nicht. Man durfte eine öffentliche Meinung nicht schockieren, die die Wiedereinführung der Monarchie kaum wünschte. Der Aufstand war gegen eine gewisse Form der Republik erfolgt und nicht für die Rückkehr eines Königs. Die Propaganda, die von Serrano Suñer organisiert wurde, sprach davon, ein neues Spanien aufzubauen und nicht in Vergangenes zurückzufallen. Es war besser, an eine vielversprechende Zukunft zu denken als an ein „glorreich untergegangenes Regime", wie der Gründer der Falange sich ausgedrückt hatte.

Im Augenblick war es auch wichtiger, sich um erträgliche Lebensbedingungen abseits der Front zu bemühen. Die nationale Zone war – vor der Eroberung des industriellen Nordens – das ländliche Spanien gewesen; sie konnte daher ihre lebensnotwendigen Bedürfnisse selbst abdecken. In seinem ersten Bericht nach der Ankunft in Salamanca bezeichnete Stohrer die wirtschaftliche Lage als „fast normal": „Die Preise der Produkte sind für den Großteil der Bevölkerung nur wenig gestiegen. Die Vorräte sind sogar umfangreich genug, um später einmal Territorien, die jetzt noch unter roter Kontrolle stehen, zu versorgen. Fast alle anderen

Produkte des täglichen Gebrauchs, wie Kohle oder Treibstoff, sind auch in ausreichenden Mengen vorhanden. Es gibt keinerlei Schwierigkeiten bei der Verteilung der Lebensmittel; Transportmittel sind ausreichend." Das Dekret vom 23. August über die Reglementierung des Weizenhandels, das den Getreidebauern einen fixen Mindestpreis garantierte, paßte in dieses Bild der normalen Versorgung. Am 13. Dezember brachte ein weiteres Dekret der Bevölkerung große Freude, weil es die nationale Lotterie wiederbrachte, „die einzige Möglichkeit, reich zu werden", wie man im einfachen Volk sagte, und, mehr noch, die Möglichkeit, dem Staat Einnahmen zu bringen.

Stohrer glaubte, daß man damals 40% der Bevölkerung noch nicht trauen konnte, daß sie aber keine Gefahr darstellten, solange Franco Siege errang. Dieser konnte also in Ruhe seine Offensive auf Madrid vorbereiten und sogar eine eventuelle Heimkehr italienischer Soldaten ins Auge fassen, im Gleichklang mit einer entsprechenden Ausreise von „Roten", was das Komitee zur Nichteinmischung mit Genugtuung erfüllt hätte. Seit seiner Gründung im Jahr 1936 führte es unendliche und völlig vergebliche Diskussionen, da keiner der darin vertretenen Staaten bereit war, nachzugeben, bevor jene Seite, die er unterstützte, die Oberhand gewonnen hatte.

Dieser Optimismus wurde nun aber urplötzlich auf eine harte Probe gestellt. Gemäß seiner gewohnten Taktik begann das republikanische Hauptquartier Mitte Dezember eine brutale Ablenkungsoffensive auf die exponierten Stellungen um Teruel. Zwei Armeekorps unter General Juan Hernández Sarabia, unterstützt von der Armee des Ostens, warfen sich auf die kleine regionale Hauptstadt, die von nur einer Brigade verteidigt wurde. Im Schneegestöber gelang es den Angreifern – fast ausschließlich Spaniern –, die Stadt zu umzingeln, die Oberst Rey d'Harcourt mit circa 4.000 Mann verteidigte. Nach einer Konferenz mit Varela, Saliquet, Yagüe, Vigón und Martinez de Campos beschloß Franco, seine Pläne zu ändern. Statt des Marsches auf Guadalajara und Madrid würde man eine große Schlacht bei Teruel liefern. Zwei Armeekorps unter Varela und Aranda, verbunden durch die navarresische Division von Oberst Garcia Valiño, erhielten den Auftrag, die belagerte Garnison zu entsetzen. Am 29. Dezember begann die Gegenoffensive bei schneidender Kälte. Zu Silvester erreichten die Navarreser die ersten Häuser der Stadt. Voreilig verkündete die frankistische Propaganda den Entsatz von Teruel. Dann wurde es aber noch kälter, bis −18 Grad. Eine tiefe Schneeschicht bedeckte den Boden und machte jedwede Bewegung fast unmöglich. Die Motoren der Panzer froren ein, die Gliedmaßen der Soldaten ebenfalls. Da auch die Flugzeuge nicht aufsteigen konnten, verloren die Nationalisten einen großen Vorteil. Die Operationen zum Entsatz mußten unterbrochen werden, im Inneren der Stadt gingen die Kämpfe weiter. Am 8. Januar rang sich d'Harcourt zur Übergabe durch. Die nationalistische Propaganda mußte diese Niederlage erklären, und so zieh sie ihn der Ungeschicklichkeit und schob den Mißerfolg der Gegenoffensive dem schlechten Wetter zu. Im Falle eines Erfolges hätte man aus dem Verteidiger von Teruel freilich einen Helden gemacht.

Eine Stärke von Franco war – wie gesagt – seine Fähigkeit, angesichts von Mißerfolgen gelassen zu bleiben. Die Stadt war gefallen; gut, er brauchte sich nicht mehr zu beeilen und wartete, bis die Temperaturen stiegen. Am 17. Januar begannen die Kämpfe von neuem. Die Nationalisten eroberten den Höhenzug zurück, der Teruel im Westen und Norden beherrscht. Hernández Sarabia ließ daraufhin die Milizen des „Campesino" und die Internationalen Brigaden von General Walter zum Gegenangriff antreten. Auf beiden Seiten waren die Verluste hoch, es kam zu einer weiteren Gefechtspause.

Franco nutzte sie, um sein erstes Ministerium zu bilden. Bis dahin hatte die Technische Junta die Verwaltung geleitet. Mit Büros, die zwischen Salamanca, Valladolid und Burgos aufgeteilt waren, und einem Staatschef, der oft zur Front unterwegs war, war es schwierig, eine Politik zu koordinieren und schnell zu handeln. Vielleicht hatten die Diskussionen mit Stohrer und Bernhardt auch für Franco diese Schwächen zutage gebracht. Mit der Bildung eines Regierungsgremiums glaubte der Generalissimus, nun eine bessere Koordinierung zu gewährleisten.

Am 30. Januar 1938 erließ er ein Gesetz, das die Technische Junta auflöste und die Liste der neuen Minister bekanntgab. Seltsam war, daß jene beiden Männer, die Francos Sekretariat vom Beginn des Aufstands an bestritten hatten, Nicolás Franco und Sangroniz, von der Bühne abtraten. Der erste erhielt den Botschafterposten in Lissabon, der andere kam nach Caracas. Gómez de Jordana, der den Vorsitz der Junta geführt hatte, wurde hingegen Vize-Premierminister und erhielt das Außenressort. Die Militärs übernahmen auch zwei wichtige Portefeuilles: General Dávila, der Kommandant der Nordarmeen, wurde Verteidigungs-minister, und der alte General Severiano Martinez Anido, der sich als Gouverneur von Barcelona und als Innenminister im Direktorium Rive-ras den Ruf eines harten Mannes erworben hatte, übernahm die Agen-den für die öffentliche Ordnung. Die Aufgaben des Innenministers fielen hingegen an Ramón Serrano Suñer, den Schwager und – wie ge-munkelt wurde – Inspirator des Caudillo. Er war der Vertreter der neuen Falange, während Fernández Cuesta, ihr Sekretär, dem man die Land-wirtschaft übertrug, der Mann der „viejas camisas" – der Alten Hemden – war. Einem Karlisten, Graf von Rodezno, wurde die Justiz übertragen und dem Monarchisten Pedro Sainz Rodriguez das Unterrichtsministe-rium. Der ehemalige Mitarbeiter von Calvo Sotelo, Andres Amado, be-hielt die Finanzen, die er schon in der Junta geführt hatte. Zwei Ingenieure, Alfonso Peña Soeuf und Juan Antonio Suanzes, sollten das Bautenministerium und die Industrie übernehmen, aber Suanzes, der ein Galicier war wie Franco und ein Freund und Kollege von dessen Bruders Nicolás, genoß das Vertrauen des Generalissimus und war be-rufen, eine noch wichtigere Rolle zu übernehmen.

Im großen und ganzen zeigte die Zusammensetzung dieses Kabinetts den gleichen Willen zum Gleichgewicht wie jene des Nationalen Rates: vertreten waren einerseits solche Männer, die den Kurs von General Primo de Rivera fortsetzten, darunter sogar ehemalige Mitarbeiter, und andererseits Erneuerer, die sich von den totalitären Modellen inspirie-ren ließen. Alle waren aber durch den Katholizismus verbunden und durch den Willen, die Demokratie in Spanien auszurotten, welche ihrer Meinung nach zum Kommunismus führte.

Die Tatsache, daß der erste Ministerrat – mit der Aufgabe, eine „Charta" der Arbeit vorzubereiten – von Jordana geleitet wurde, während Franco in seinem Hauptquartier letzte Hand an seine Offensive legte, zeigt, daß der Krieg Priorität hatte. Der Generalissimus, der das Drängen Musso-linis ignorierte, die Operationen in größerem Rahmen zu planen und zu beschleunigen, bereitete die Frühjahrsoffensive vor. Er wollte die feind-lichen Reserven im Sektor um Teruel mit einer Serie von örtlich be-grenzten Aktionen ausbluten und so die Chance erhalten, die Stadt zurückzuerobern. Dann würde er eine neue, entscheidende Offensive starten. Für diese Aktion bat er den Duce um schwere Waffen, vor allem Panzerabwehrkanonen. Soldaten benötigte er nach erfolgter Aushebung von 40.000 Wehrpflichtigen, die nun, da die gesamte Bevölkerung der nationalen Zone mehr oder minder geschlossen hinter ihm stand, möglich geworden war, keine mehr. Er hatte die größte Artilleriekonzentration seit Beginn des Krieges zu seiner Verfügung (590 Geschütze, nach Aussage von General Diaz de Villegas), und er hatte alle seine Flugzeuge mobilisiert. Als Anfang Februar die Korps von Yagüe und Aranda im Norden von Teruel gegen den Fluß Alfombra vorgingen, brach die rote Front an mehreren Stellen zusammen. Die Frankisten eroberten in nur zwei Tagen rund tausend Quadratkilometer Gelände und machten fast 8.000 Gefangene. Ein Kälteeinbruch stoppte die Operationen für einige Tage. Am 17. überschritten die Angreifer den Alfombra und umzingelten Teruel. Am 20. rückten Truppen in die Stadt ein. „El Campesino" gelang es, sich durchzuschlagen und einen Teil seiner Männer zu evakuieren, er mußte aber umfangreiches Kriegsgerät und 16.295 Gefangene zurücklassen.

Die Schlacht um Teruel war vom republikanischen Kommando gewollt und von Franco in eine Abnützungsschlacht mit Unterbrechungen umgewandelt worden. Sie wurde unter extremen klimatischen Bedingungen geführt und hatte den Feind, nach Berechnungen von Francos Stab, ungefähr 70.000 Tote, Verletzte und Gefangene gekostet. Die Armee, von Prieto aufgestellt, hatte stark gelitten. Gewiß, einige Wochen lang hatte die Propaganda der Barcelona-Regierung triumphierende Meldungen aussenden können, die ihre Freunde aus Frankreich, der UdSSR und den angelsächsischen Ländern wie ihre eigenen Siege verbreitet hatten. Das Endresultat widerlegte diese mannhaften Töne. Die spanischen Kommunisten verstanden es sehr gut. Sie verlangten, gemäß den „Ratschlägen" aus Moskau, den Rücktritt Prietos und die Konzentration der Macht in den Händen von Doktor Negrin, in den sie ihr Vertrauen setzten.

Als Franco nach Burgos zurückkam, untersuchte er die Vorarbeiten zur Charta der Arbeit, dem „Fuero del Trabajo", von der es zwei sehr verschiedene Entwürfe gab. Der eine war von faschistischem Gedankengut geprägt, der andere konservativer gehalten. Franco war, als konservativer Katholik, von der sozialen Doktrin der Kirche beeinflußt, und er kannte sein Volk gut genug, um zu wissen, daß große gesellschaftliche Ungleichheiten den Predigern der sozialen Revolutionen in die Hände spielten. Er vertrat die Meinung, daß sein Regime Spanien für alle Bevölkerungsschichten lebenswert gestalten müsse, für die Armen genauso wie für die Mittelschicht – die er stärken wollte – und für die Reichen. Sehr rasch hatte er die Weisung erlassen: „Kein Heim ohne Dach und ohne Brot". Sie mußte jetzt nur noch in die Tat umgesetzt werden.

Die Republik hatte unter dem Klassenkampf und den zahlreichen Streiks, die manchmal mehr durch die Politik als durch Arbeitskämpfe bedingt waren, sehr gelitten. Daher verbot der „Fuero del Trabajo" die Streiks, setzte aber dafür ein „Arbeitsgericht" ein, das bei den unvermeidlichen Meinungsverschiedenheiten zwischen Arbeitgebern und Arbeitnehmern Schiedsrichter spielen sollte. Beide Seiten wurden in von der Falange geleitete Gewerkschaften eingebunden.

Die Unternehmer wurden als Stützen der Wirtschaft respektiert, aber die Arbeiter hatten ein Recht auf Mindestlohn, der den wirtschaftlichen Gegebenheiten des Landes angepaßt war, sowie auf Familienzuschüsse. Außerdem durften sie nicht ohne Grund entlassen werden, wobei das Arbeitsgericht die Wiederaufnahme des Mitarbeiters verfügen konnte oder aber, im Fall von Mißbrauch, eine Entschädigung. Dabei ging es freilich um Prinzipien, deren Umsetzung in die Praxis in der Wiederaufbauphase eines vom Krieg verwüsteten Landes nicht einfach war. So, wie er war, stellte dieser Fuero tatsächlich einen echten Fortschritt gegenüber dem früheren Regime dar.

Am Tag, als der „Fuero" angenommen wurde, begann die nationalistische Armee wieder einen Angriff. Von Dávila kommandiert, umfaßte sie fünf Korps, die zwischen den Pyrenäen und Teruel standen. Ihre Kommandanten waren: Solchaga, Moscardó, Yagüe, der Italiener Berti und Aranda, der sich im Süden auf das Korps Varela stützte. Die republikanische Armee, die von den vorherigen Kämpfen noch sehr mitgenommen war, gab an mehreren Stellen nach. Am 10. März rückten die Navarreser in Belchite ein, dessen Eroberung 1937 soviel Blut gekostet hatte. Am 13. nahmen Arandas Galicier Montalban ein, während eine motorisierte Kolonne am 14. Alcañiz eroberte, nahe bei Caspe, wo General Rojo sein Hauptquartier hatte, das er vor der Ankunft der feindlichen Truppen am 17. März schnellstens räumen mußte.

In der ersten Phase der Offensive hatte man 7.000 Quadratkilometer erobert, war 220 Kilometer vorgerückt, hatte 10.000 Gefangene gemacht sowie 76 Kanonen und 300 Maschinengewehre erbeutet.

Am 18. bombardierte die italienische Luftwaffe auf Befehl von Mussolini Barcelona, ohne die Zivilbevölkerung zu schonen. Diese Aktion ließ Franco, laut dem deutschen General Veith, vor Wut toben. Er konnte jedoch zu einem Zeitpunkt, da die deutsch-italienische Luftwaffe einen so großen Beitrag zum Sieg seiner Truppen leistete, nicht mit seinem Verbündeten brechen. Dennoch verlangte er, daß diese Angriffe, die von der gegnerischen Propaganda genützt wurden und der nationalen Sache schadeten, sofort eingestellt werden sollten. Am 22. März setzten sich die Truppen zwischen Huesca und Saragossa in Marsch und befreiten Huesca, das von Kriegsbeginn an fast isoliert war. Dann überschritten Yagües Legionäre und Marokkaner den Ebro und drangen in Katalonien ein. Sie brachen nach harten Kämpfen den Widerstand des „Campesino" und eroberten Lerida. Das Korps von Moscardó erreichte Balaguer und schuf einen Brückenkopf jenseits des Segre als Ausgangsposition für einen zukünftigen Marsch auf Barcelona. In den Pyrenäen, wo das Gelände und der Schnee den Vormarsch erschwerten, eroberte Oberst Tella die Staudämme, die Barcelona mit Strom versorgten.

Südlich des Ebro eroberten die Italiener zusammen mit den Navarresen Gandesa und dann, am 18. April, Tortosa. Weiter südlich, in den Bergen des Maéstrazgo, nahmen die Galicier Morella ein, das frühere Hauptquartier des karlistischen Generals Cabrera. Danach marschierten sie in Richtung Mittelmeer, das sie bei Vinaroz erreichten. Dort tauchte am 15. April der Jugendfreund Francos, Alonso Vega, seine rechte Hand ins Wasser und bekreuzigte sich. Von nun an war das republikanische Territorium in zwei Hälften geteilt, die auf dem Landweg nicht mehr in Verbindung treten konnten. Franco hatte einen glänzenden Sieg errungen, der allerdings weniger endgültig war, als seine Offiziere und er selbst dachten.

In Barcelona setzte sich die Verbindung zwischen Negrin und dem internationalen Kommunismus mit seinen Vertretern Pálmiro Togliatti, André Marty, dem Bulgaren Stepanov und den sowjetischen Ratgebern immer mehr gegen Leute wie Prieto durch, die der Meinung waren, der Krieg sei bereits verloren. Mehrere Male hatte Prieto versucht, mit Vertretern Francos im Ausland über Frieden zu sprechen. Der Generalissimus hatte diese Gespräche jedoch unterbunden. Da er sich seines Sieges sicher war, akzeptierte er nur die Kapitulation des Feindes. Nach der

Einnahme des Baskenlandes hatte er die Privilegien der Provinz abgeschafft – während er die der Navarreser respektierte –, um die Basken
für ihre Allianz mit den „Roten" zu bestrafen. Nach dem Einmarsch
seiner Truppen in Katalonien schaffte er am 5. April auch den katalonischen Sonderstatus ab. Er beabsichtigte, den Separatismus zu beseitigen, der der Einheit des Landes im Weg stand. Diese mangelnde
Bereitschaft zu Konzessionen – ähnlich jener der Alliierten am Ende
des Zweiten Weltkriegs – hatte den Nachteil, die „Bis-zum-bitteren-
Ende"-Parolen im gegnerischen Lager zu fördern. Unter dem Druck
von Demonstrationen, die von den Kommunisten organisiert wurden,
bildete Negrin ein neues Kriegskabinett, und Prieto und seine Freunde
mußten gehen. Negrin reiste nach Paris, um Hilfe zu erbitten.
Seit Hitler im März 1938 unter dem Beifall seiner deutschen und öster-
reichischen Anhänger den „Anschluß" vollzogen hatte, war die Lage in
Europa angespannt. Hugh Thomas zitiert die Aussage eines französischen Diplomaten: „Wir werden Österreich in Spanien rächen." Léon
Blum ging sogar soweit, seinen Militärs den Vorschlag zu unterbreiten,
Franco ein Ultimatum zu stellen, demzufolge die fremden Truppen aus
Spanien zu entfernen seien, widrigenfalls Frankreich militärisch intervenieren würde. Der Widerstand von Daladier und General Gamelin,
die überzeugt waren, daß ein solcher Schritt den allgemeinen Krieg zur
Folge hätte – mit dem Risiko einer möglichen Neutralität Englands –,
veranlaßte ihn, seinen Plan aufzugeben. Der Ministerrat in Paris
stimmte jedoch für eine neuerliche Öffnung der Grenze zu Spanien, die
eigentlich nie so hermetisch gesperrt gewesen war. Die sowjetischen
– und sogar französischen – Waffen ermöglichten es den Republikanern, den Kampf fortzusetzen.
Von der Verhärtung des französischen Standpunktes und den Waffenlie-
ferungen (25.000 Tonnen im April) unterrichtet, bemühte sich Franco,
eine französische Intervention zu vermeiden, indem er seine Operationen in die Gegend von Valencia verlegte, wo Miaja verbissen Widerstand leistete. Der nationalistische Vormarsch verlangsamte sich, wenn
auch Aranda am 14. Juni Castellon einnahm. Varela rückte auf Valencia
vor, stieß aber auf die Verschanzungen der Republikaner in der Sierra
d'Espadan. So sah die Lage aus, als ein neuerlicher Paukenschlag erfolgte: In der Nacht vom 24. auf den 25. Juli griff die republikanische
Armee, ganz wie gewohnt, überraschend an, überquerte den Ebro und

drang in die frankistischen Linien ein. Die Schlacht um den Fluß begann.

Negrin hatte von Rojo, seinem Generalstabschef, einen Ablenkungsangriff verlangt, nach der Taktik von Brunete, Belchite und Teruel. Jedes Mal hatte die republikanische Offensive den Gegner überrascht, war aber dann gestoppt worden und mußte dem nationalistischen Gegenangriffen weichen. Die Schlacht um den Ebro lief nach dem gleichen Muster ab. Die Armee von Oberst Modesto Guilloto, einem alten Milizionär von der Madrid-Front, der sich seinen Rang im Feld erworben hatte, umfaßte das V. Armeekorps von Lister und das XV. von Tagueña, unterstützt von insgesamt rund 100.000 Mann der Reservedivisionen. Nach den Plänen von General Rojo sollte diese Armee den Fluß überqueren und das Korps von Aranda in der Flanke packen, worauf es sich entweder zurückziehen mußte oder aufgerieben werden würde. So hoffte man, die Verbindung mit der Barcelona-Armee wiederherzustellen und die frankistische Bedrohung abzuwenden. Das Manöver gelang. Zwischen Fayon im Norden und Cherla im Süden wurde ein 30 Kilometer breiter und 40 Kilometer tiefer Brückenkopf gebildet. Im Zentrum dieser Linie bedrohte Lister den wichtigen Verkehrsknotenpunkt von Gandesa. Nördlich von Fayon entstand ein weiterer, nur 8 Kilometer tiefer Brückenkopf. Der Angriff südlich von Cherla hingegen war gescheitert.

Franco befand sich zu diesem Zeitpunkt in Burgos. Er begab sich nach Alcañiz, wo er sein Hauptquartier aufschlug, und bereitete sich auf die Leitung der Schlacht vor. Wie Pétain vor Verdun, legte er das Hauptaugenmerk auf die Feuerkraft seiner Artillerie. Man mußte den Feind unter einer Walze von Bomben und Granaten zermalmen. Die Reservedivision Yagües, die 13. unter General Barron, war nach Gandesa entsandt worden, um Listers Vormarsch zu stoppen. Diese Veteranen lieferten sich erbitterte Gefechte mit den republikanischen Elitetruppen und konnten sie aufhalten. Weitere Truppen trafen ein, teils aus der Reserve, teils von anderen Korps, wie dem von Aranda, einige sogar von der andalusischen Front. Ab dem 2. August gaben die Republikaner die verlustreiche Offensive auf und gruben sich ein. Die Führung in Barcelona war zufrieden, einen Sieg errungen und ihr Hauptziel erreicht zu haben, indem sie Franco zwang, von seiner Offensive gegen Valencia abzulassen.

Vom 3. August bis zum 30. Oktober tobte unter der heißen Sonne Spaniens eine erbitterte Schlacht, die aus zahlreichen örtlich begrenzten und durch heftiges Bombardement vorbereiteten Angriffen bestand. Die Nationalisten errangen einen Erfolg, indem es ihnen gelang, den kleineren Brückenkopf zwischen Mesquinenza und Fayon zu beseitigen. Blieb nur mehr der große Brückenkopf. Seine Verteidiger hatten – unter Androhung von Exekutionen – Befehl, die Stellung unter allen Umständen zu halten. Die meisten ihrer Offiziere, von Modesto und Lister bis hin zu den Brigadeführern, waren Kommunisten, die es mit der Disziplin sehr genau nahmen. Auf jeden Fall schafften sie es, daß ihre Truppen ausgezeichnet kämpften. Die Frankisten rückten dennoch langsam vor. Innerhalb von sechs Wochen eroberten sie 200 Quadratkilometer zurück, befreiten Gandesa und nahmen Corbera wieder ein. Die rote Front hielt jedoch im ganzen stand, und die Unfähigkeit der nationalistischen Armee, den Durchbruch zu schaffen, brachte im Hinterland eine gewisse Entmutigung hervor und irritierte einige Generale, wie Yagüe und Aranda, die große Operationen, ähnlich denen der Schlacht um Aragón, führen wollten.

Franco äußerte sich darüber unmutig: „Sie verstehen es nicht, Sie verstehen mich nicht", sagte er eines Tages, „ich habe auf 35 Kilometern die Elite der ‚Roten' eingeschlossen, und Sie verstehen das nicht." Nach Aussagen von Stohrers beklagte er sich selbst über seine Generale, die seine Befehle nicht so ausführten, wie er es wünschte. Er legte eine beeindruckende Tatkraft an den Tag, indem er von seinem Feldhauptquartier bei Alcañiz an die Front fuhr, von dort nach Burgos reiste, um den Ministerrat zu leiten, der sich um innenpolitische Probleme zu kümmern hatte, die Sudetenkrise genau beobachtete, die sich tagtäglich verschärfte, und anschließend wieder zur Armee zurückkehrte. Mit einem Tropenhelm auf dem Kopf, verfolgte er die Operationen aus nächster Nähe, was ihm die Vorwürfe Yagües eintrug, „daß er nicht das Recht habe, sich solchen Gefahren auszusetzen, und er verstehe einfach nicht, daß er (Franco) nicht in die vordersten Linien gehört, da er getroffen werden könnte, was alle Spanier sicherlich verhindern möchten". Franco blieb jedoch der Frontsoldat seiner Jugendjahre in Marokko, der sich emotionslos allen Gefahren aussetzte, vielleicht, weil er gleich Napoleon dachte, daß die Kugel, die ihn niederstrecken sollte, noch nicht gegossen worden war.

Franco kannte seine Vorteile genau: Er hatte mehr Soldaten, mehr Geschütze und eine effizientere Luftwaffe zur Verfügung. Ein Abnützungskrieg mußte zwangsläufig zu seinem Vorteil ausgehen. Sein Gegenüber, General Rojo, sollte später eingestehen, daß die sowjetischen Generale aus politischen Motiven die spanische Führung „unter den Bedingungen solcher materieller Unterlegenheit" zu dieser Schlacht gedrängt hatten, „daß es nach den ersten dreißig Tagen mehr ein kollektiver Selbstmord der Volksarmee war als eine Schlacht".

Franco mußte jedoch befürchten – so wie es Negrin erhoffte –, daß die Ereignisse in Mitteleuropa die militärischen Gegebenheiten im Spanischen Bürgerkrieg umstürzen und so die Karten neu verteilen könnten.

7. Kapitel

DIE MÜNCHENER KRISE UND DER ENDGÜLTIGE SIEG

Seit Beginn des Aufstands der Militärs hatten Italien und Deutschland dem nationalistischen Spanien Hilfe von unbestreitbarer Wirksamkeit zuteil werden lassen. Außerdem hatte die Diplomatie der beiden Diktaturen die Absichten Léon Blums gebremst, in Spanien direkter als durch die Öffnung der Grenze für sowjetische Waffen einzugreifen.

Diese Zusammenarbeit war, wie so oft unter Verbündeten, nicht ohne Reibungen gewesen. Franco hatte sich über die Unverfrorenheit Mussolinis alteriert, der Barcelona bombardieren ließ, ohne ihn vorher zu konsultieren. Die Deutschen hatten gegen den Widerstand der Regierung in Burgos in der Frage der Bergwerkskonzessionen gewettert. Franco, der seine Verbündeten reichlich unverschämt fand, mußte Zugeständnisse machen, um sich die Militärhilfe zu erhalten. So hatte er im Juni 1938 den zulässigen Prozentsatz der ausländischen Anteile an den Bergwerksgesellschaften von 25 auf 40 Prozent erhöht und gleichzeitig versprochen, ihn bald noch weiter zu erhöhen.

Alles in allem hatte der Caudillo mehr Gründe, die italienisch-deutsche Hilfe zu begrüßen, als sich über sie zu beklagen, zumal sich die Sudetenkrise im Sommer ausweitete und den Frieden in Europa bedrohte. Ein europäischer Krieg hätte aber möglicherweise eine französische Intervention zugunsten der spanischen Republik bedeutet. Und tatsächlich setzte Negrin, der den sowjetischen Ratschlägen folgte, alles daran, sein Regime zu retten. Franco wußte von der enormen Propaganda, die von den französischen Kommunisten und ihren Verbündeten von der Volksfront gegen ihn betrieben wurde, um ihn als deutschen oder italienischen Agenten abzustempeln, der einem Adolf Hitler bereitwillig sein Land auslieferte. Nicht im Namen des Kommunismus, sondern um der nationalen Verteidigung willen predigte die Volksfront einen antifaschistischen Kreuzzug in Spanien.

Um dem entgegenzuwirken, hatte die Regierung in Burgos über den französischen Botschafter in San Sebastián und Besucher im Hauptquartier Francos der Regierung in Paris die Garantie übermittelt, daß Spanien im Fall eines europäischen Krieges neutral bleiben würde. Die linken Politiker, die in Frankreich an der Macht waren, sahen jedoch keine Veranlassung, dem „Rebellengeneral" nur auf sein Wort hin zu glauben. Während sich die tschechische Krise verschärfte, machte sich Franco Sorgen, weil er aus Berlin nichts mehr hörte. Im Ministerrat des 20. September 1938 schilderte er seine Befürchtungen, daß eine rasche und friedliche Lösung der Sudetenfrage auf Kosten Spaniens erfolgen und eine unerwünschte Intervention der Mächte im Spanischen Bürgerkrieg mit sich bringen könnte. Andererseits: Würde der Krieg ausbrechen, wäre Spanien von seinen Waffenlieferanten isoliert und Angriffen der Franzosen in Marokko und in den Pyrenäen ausgesetzt. Würde Hitler nicht auch die „Legion Condor" zurückrufen? Bernhardt teilte von Stohrer mit, daß der Generalissimus „gekränkt schien" und daß seine Mitarbeiter sagten, Spanien werde „geringschätzig behandelt".

In dieser Verfassung befand sich Franco, als sein inoffizieller Vertreter in Paris, Quiñones de Léon, ins Außenministerium gebeten wurde und die englische Regierung den Herzog von Alba ins Foreign Office bat. Man teilte ihnen mit, daß Frankreich beabsichtige, in Spanien einzugreifen, falls es zum Krieg kommen sollte, daß man aber nicht intervenieren würde, wenn Spanien ernst zu nehmende Garantien für seine Neutralität abgeben könnte. Dazu kam der Bericht von Oberstleutnant Ungria, dem Chef von Francos Nachrichtendienst, daß General Gamelin, Vizepräsident des Obersten Kriegsrates in Frankreich, ihm mitgeteilt habe, er würde die spanische Neutralität respektieren, so Franco diese ausriefe.

Seit dem Rif-Krieg bestanden zwischen den Offizieren beider Armeen kameradschaftliche Beziehungen. Gamelin und Darlan, die mehr darauf bedacht waren, daß die Truppenstärke gegen Osten nicht geschwächt werden dürfe, als sich um die Rettung der Nachbarrepublik, die unter den Einfluß der Sowjets geraten war, Sorgen zu machen, hätten sich gerne mit einem neutralen Spanien abgefunden. Daher auch der Kontakt zu Ungria.

Das französisch-englische Angebot wurde von Franco mit Erleichterung aufgenommen. Er war viel mehr ein spanischer Nationalist denn ein Mitglied irgendeiner faschistischen Internationale, die ohnehin nie über das Planungsstadium hinauskam. Zwar bestand bei der Falange eine gewisse Sympathie für die autoritären Parteien im Ausland, aber eine Vereinigung der Nationalisten, die vom heiligen nationalen Egoismus, dem „sacro egoismo", ausging, konnte wohl nicht zu einer Internationale führen, die derjenigen entsprach, wie sie von der UdSSR dominiert wurde. Bevor Hitler mit seinen Kraftakten begann, hatte er sich nicht mit seinem Verbündeten beraten. Bis 1941 hielt es Mussolini genauso. Als die tschechische Krise ausbrach, dachte auch Franco zuerst an seinen Krieg. Er beeilte sich, seine Zustimmung bekanntzugeben: „Ich bin einverstanden", sagte er zu Ungria. „Sag ihnen, daß Spanien im Falle eines Krieges neutral bleibt, solange sie sich an die Abmachung halten, nicht in unseren Krieg einzugreifen."

Am 26. September machte Francos Botschafter in Berlin, Admiral Magaz, den Leiter der Politischen Abteilung des Auswärtigen Amtes, Woerman, aufmerksam „auf die fürchterliche Katastrophe, in die Spanien durch einen europäischen Krieg gestürzt würde". Er informierte somit seinen Gesprächspartner über den Plan seiner Regierung, mit London und Paris über die Neutralität zu verhandeln. Am 27. teilte Jordana dasselbe den Botschaftern Deutschlands und Italiens in Spanien mit. Von Stohrer stellte fest: „Ich habe den Eindruck gewonnen, daß Franco sich bereits sehr stark in Richtung Neutralität engagiert hat."

Die Unterzeichnung des Münchener Abkommens zwei Tage später machte den Sorgen Francos ein Ende. Hitler war wütend über die Hast des Spaniers, sich von jenen Mächten zu distanzieren, die ihn unterstützt hatten und von denen er noch immer Waffen wollte. Einer vertraulichen Aussage des Fliegergenerals von Richthofen zufolge soll Hitler zu Göring gesagt haben: „Er ist ein Schwein, aber was konnten die armen Kerle machen?"

Davon in Kenntnis gesetzt, entschloß sich Franco zur Beruhigung seines mächtigen Partners zu Konzessionen in der Bergwerksangelegenheit. Er hatte jedoch begriffen, daß es angebracht war, den Krieg zu beenden, bevor eine neue Krise ausbrach. Er erwartete Druck seitens Chamberlains, der den Spanischen Bürgerkrieg durch eine friedliche Lösung beenden wollte. Nach dem Münchener Abkommen sah Negrin die Chance auf einen rettenden Konflikt in weite Ferne gerückt. Er verkündete vor dem Völkerbund in Genf, daß er die Mitstreiter der Internationalen Brigaden nach Hause schicken werde. Daraufhin erklärte Franco, daß italienische Truppen in der Stärke von 10.000 Mann Spanien verlassen und weitere folgen würden. Es bedeutete eine große Befriedigung für die Diplomaten des Nichteinmischungskomitees, daß endlich ein Erfolg verzeichnet werden konnte. Die Verringerung der Truppenstärken mußte auf seiten Barcelonas höher ausfallen als in Burgos, da die Internationalen in der republikanischen Armee einen größeren Anteil hatten als die Italiener in Francos Streitkräften. Während der diplomatischen Krise war die Schlacht um den Ebro weitergegangen, ohne daß sich die militärische Situation besonders verändert hätte. Allmählich begann sich die republikanische Armee zu verbluten. Ab Oktober 1938 änderte sich die Lage. Franco beabsichtigte, die Sierra de Caballs zurückzuerobern und so den Feind in zwei Teile zu spalten. Die Vorbereitungen waren fast abgeschlossen, als Franco vom Tod seines Bruders Ramón erfuhr. Dieser war bei einem Erkundungsflug unter schlechten Wetterbedingungen umgekommen. Als der Generalissimus die bewußte Mitteilung gelesen hatte, sagte er zu seinem Adjutanten: „Dies betrifft nicht die Operationen. Es handelt sich um meinen Bruder Ramón."

Hier läßt sich die gleiche Gefühlskälte – oder Selbstbeherrschung – wie beim Unfall Molas feststellen. Die beiden Brüder hatten vielschichtige Beziehungen gehabt. Ein Foto zeigt sie während des Marokkokrieges lächelnd und offensichtlich glücklich vereint. Der Transatlantikflug hatte Ramón weltweite Bekanntheit verschafft und ihn in Spanien berühmt gemacht. Der Mißerfolg bei einem zweiten Versuch hatte ihn in heftige Opposition gegen Alfons XIII. gestürzt, dem Francisco treu geblieben war. Ramón war ins Exil gegangen und im Triumph zurückgekehrt, nachdem die Republik ausgerufen worden war; er hatte sich zum Abgeordneten der extremen Linken in Andalusien wählen lassen, bevor er eine Aufgabe im Ausland erhielt. Diese Vergangenheit hätte ihn eigentlich auf die republikanische Seite treiben müssen, er hatte sich jedoch für seinen Bruder entschieden, der ihm das Kommando der Basis für Wasserflugzeuge auf den Balearen übertragen hatte, sehr zum Mißfallen von Kindelán und anderen Offizieren dieser Waffengattung. Ramón hatte loyal seinen Dienst versehen, bis er im Unwetter sein Ende fand. Franco betete für diesen „Wirbelwind" von Bruder, aber er ließ sich nicht von seinen Plänen ablenken.

Am 30. Oktober begann der Angriff des Armeekorps von Garcia Valiño nach intensiver Artillerievorbereitung und einem Bombardement der feindlichen Stellungen durch über einhundert Flugzeuge. Diesmal wurde die Frontlinie durchbrochen, die Sierras de Caballs und de Pandals erobert. Die weiteren Schritte waren einfach. Am 11. November eroberte Yagües marokkanisches Korps eine der umkämpftesten Stellungen der gesamten Schlacht, die „Venta de Camposines". Vier Tage danach zogen sich die Reste der republikanischen Armee, ungefähr 15.000 Mann, über den Ebro zurück. In dieser Abnützungsschlacht, die Franco selbst in einer Erklärung an die „Diario Vasco" als „häßlich" bezeichnete, hatten die Republikaner, nach Aussagen des Kommunisten Jesús Hernández, 70.000 Mann verloren. (Genaueren Statistiken zufolge waren es 20.000 Tote, 20.000 Gefangene, 17.000 Schwerstverletzte und 41.000 Verwundete.) Laut den Zahlen, die Franco an von Stohrer weitergab, verloren die Nationalisten 33.000 Soldaten. Nach diesem Aderlaß fiel es der republikanischen Armee sehr schwer, neue Kämpfe erfolgreich zu bestehen. Und so wie auf die Abnützungsschlacht von Teruel die siegreiche Offensive von Aragón gefolgt war, plante Franco, nach der Schlacht am Ebro den entscheidenden Schlag in Katalonien zu führen.

Zu diesem Zweck benötigte er zusätzliches Kriegsgerät. Paradoxerweise bat er die deutsche Regierung darum, obwohl er ihre Unzufriedenheit kannte. Er vertrat die Meinung, Hitler habe sich schon zu weit engagiert, um weitere Lieferungen ablehnen zu können. Damit er den Führer gnädig stimmte, traf er am 19. Dezember die persönliche Entscheidung, den deutschen Gesellschaften bis zu 75 Prozent Anteile an den Bergwerken zu gewähren. Vier Tage danach gab er den Befehl, die militärischen Operationen wiederaufzunehmen. 300.000 Soldaten griffen die roten Stellungen an, die 220.000 Mann mit eher niedriger Kampfmoral verteidigten. Weihnachten wurde somit nicht im Frieden, sondern unter Kriegsgetöse gefeiert.

Es scheint, daß die Republikaner vom frühen Angriffstermin überrascht wurden. General Rojo sah für die katalonische Front eine Verteidigung bis zum äußersten vor, unter gleichzeitigen Ablenkungsangriffen großen Ausmaßes in Andalusien, wo eine Landung in Motril das Gebiet um Málaga zum Aufstand bringen sollte. Es war auch eine Offensive in der Estremadura geplant, die bis zur portugiesischen Grenze vordringen sollte, um so das westliche nationalistische Territorium in zwei Hälften zu spalten. Gerade der zweite dieser Pläne wurde in den ersten Januartagen 1939 ansatzweise in die Tat umgesetzt, aber eine erfolgreiche Weiterführung der Operation gelang nicht.

Die nationalistische Offensive erzielte nämlich äußerst rasch sehr große Erfolge. Der Angriff ging zuerst von den Flanken aus, wo die Korps von Muñoz Grandes, Garcia Valiño und Moscardó nördlich von Lerida vorrückten und, am 4. Januar, den Verkehrsknotenpunkt von Artesa de Segre einnahmen. Im Süden eroberten Solchagas Navarreser und die Italiener von General Gambara die Ruinen von Borjas Blancas und anschließend Montblanch. Zu diesem Zeitpunkt hatten die Angreifer 23.000 Gefangene gemacht und 5.000 tote Feinde begraben. Nun waren Yagües Marokkaner an der Reihe. Der Widerstand wurde schwächer. Die Nationalisten rückten am 14. in Valls und am 15. in Tarragona ein.

Irgendwann einmal im Krieg kommt der Augenblick, an dem die eine Seite ihre Unterlegenheit erkennt und demoralisiert nachgibt. Trotz der Durchhalteappelle der Kommunisten lösten sich in der republikanischen Armee ganze Einheiten auf. Drei Kolonnen – Yagüe vom Südwesten, Gambara vom Westen und Garcia Valiño vom Norden her – marschierten am 26. Januar in Barcelona ein. Die Regierung Negrin und die „roten" Einwohner hatten die Stadt verlassen. Die „Weißen" hatten einen zweieinhalb Jahre langen Alptraum hinter sich, und sie empfingen jubelnd ihre „Befreier". Das ewige Bild der Bürgerkriege…

Die Partie war entschieden. Die frankistische Armee nahm die Verfolgung des nordwärts fliehenden Feindes auf, während die Korps von Moscardó, Garcia Valiño und Muñoz Grandes nach Osten weitermarschierten. Tausende Zivilisten, die von den Erzählungen der roten Propaganda über faschistische Verbrechen und Greueltaten der Marokkaner in kopflose Flucht getrieben wurden, überquerten die Grenze nach Frankreich und strömten in improvisierte Flüchtlingslager, deren Kapazitäten diesem unerwarteten Ansturm nicht gewachsen waren. Am 9. und 10. Februar erreichten Solchagas Navarreser und die Truppen von Muñoz Grandes die Grenze. Die Mitteilung des nationalistischen Hauptquartiers lautete trocken: „Der Krieg in Katalonien ist beendet."

Doch damit war der Bürgerkrieg als solcher noch immer nicht endgültig gewonnen. Die Republik regierte noch ein Gebiet, in dem acht Millionen Einwohner lebten, und hatte noch 800.000 Mann unter Waffen. Ihre Armeekorps zählten 500 Kampfpanzer und rund tausend Feldgeschütze. Die Luftstreitkräfte waren jenen Francos deutlich unterlegen, aber Negrin gab bekannt, daß Stalin 600 Maschinen schicken würde, was ihm die Luftüberlegenheit – den Schlüssel zum Erfolg – gesichert hätte. Aber nur mehr wenige Leute in seinem Lager glaubten an einen Sieg. Präsident Azaña und die Reste des Parlaments waren nach Frankreich geflohen; sie schienen nicht bereit, nach Valencia zurückzukehren. Negrin hatte, vor dieser Flucht, die Überreste der Cortes in Figueras versammelt und Franco den Friedensschluß angeboten. Dieser aber war sich seines Sieges sicher und lehnte ab. So blieb den „Roten" nur die Kapitulation oder der Kampf bis zum bitteren Ende, in der Hoffnung, daß ein großer europäischer Krieg sie retten würde.

Das waren Negrins Überlegungen, aber er mußte verärgert feststellen, daß sich seine westlichen Freunde mit den Tatsachen abfanden und mit der Regierung in Burgos in Verhandlungen traten. Frankreich entsandte den ehemaligen Minister Léon Bérard, einen katholischen Akademiker, um das „gute Frankreich" zu vertreten, für die Frankisten ein Frankreich ohne die Sünden der Volksfront. Das Übereinkommen vom 26. Februar stellte die Nationalisten weitgehend zufrieden. Am 27. anerkannten Frankreich und Großbritannien offiziell die Regierung Francos. Der bereits zurückgetretene Azaña verließ daraufhin sofort die spanische Botschaft in Paris, wo er bis dahin residiert hatte. Der Präsident der Cortes, Martinez Barrios, übernahm gemäß der Verfassung interimistisch die Staatsgeschäfte. Negrin fand sich allein am Steuer eines sinkenden Schiffes wieder. Eigentlich konnte er nur mehr auf Mexiko und die UdSSR im Ausland sowie auf Miaja und die Kommunisten im Inland zählen. Da er die Mutlosigkeit der Offiziere kannte, die der Republik treu geblieben waren, stärkte er die Position der Kommunisten in der Armee, indem er Modesto zum General und Fermin Galan, Barcelo und Lister zu Obersten ernannte. Das alles half nichts mehr, denn Oberst Casado hatte am 15. Februar um Friedensverhandlungen mit Franco angesucht. Der Caudillo bereitete, seit dem 13. Februar, die Schlußoffensive auf Madrid vor. Ohne die Bitten um Frieden abschlägig zu beantworten, ließ er die Truppenbewegungen weiterführen. Das Ende schien nahe.

Am 4. März kam es in Cartagena zu einem Aufstand. Er wurde niedergeschlagen, aber die republikanische Flotte verließ den Hafen und nahm Kurs auf Biserta. Statt dem Ruf von Negrin zu folgen, bildete Oberst Casado am 5. eine Verteidigungsjunta mit Sozialisten wie Professor Besteiro, dem früheren Präsidenten der Cortes, und Wenceslas

Carrillo. Die Anarchisten unterstützten sie. Nun kam es zu Kämpfen unter den Verteidigern von Madrid: die Kommunisten auf der einen Seite, die Militärs und die Sozialo-Anarchisten auf der anderen. Zunächst waren die Kommunisten erfolgreich, sie wurden aber dann von den Anarchisten zurückgedrängt. Am 10. März wurde ein Waffenstillstand beschlossen und die Verhandlungen mit Franco in vollem Umfang aufgenommen. Dieser versprach, ausschließlich Verbrecher zu verfolgen; er verlangte, daß sich die rote Luftwaffe am 25. März ergebe und daß am 27. eine Waffenruhe ausgerufen werde. Jenen Republikanern, die das Land verlassen wollten, stellte er dazu zwei Mittelmeerhäfen zur Verfügung. Da sich aber die republikanischen Flugzeuge nicht am festgesetzten Tag in den angegebenen Fliegerhorsten einfanden, wurden die Verhandlungen abgebrochen.

Am 27. März begann die nationalistische Armee ihren Vormarsch. Sie traf kaum auf Widerstand. Yagüe, der aus der Estremadura losmarschiert war, machte an einem Tag 30.000 Gefangene. Republikanische Soldaten verbrüderten sich mit den „Blauen". Miaja floh nach Oran, Casado nach England. Am 28. März rückten die Frankisten unter dem Jubel der Bevölkerung in Madrid ein. Überall im „roten" Spanien kam es zum Zusammenbruch. Die letzten Schüsse fielen im Hafen von Alicante.

Franco, der die Mühsal des Krieges ohne körperliche Schwächezustände ertragen hatte, litt gerade jetzt an einer Grippe. Dennoch verfaßte er persönlich die Verlautbarung vom 1. April 1939, die den Sieg verkündete:

„Heute, da die rote Armee gefangen und entwaffnet ist, haben die nationalen Truppen ihre letzten Ziele erreicht. Der Krieg ist beendet."

Vierter Teil

DER CAUDILLO

1. Kapitel

NACH DEM SIEG

Franco hatte gesiegt. Das nationale Spanien jubelte ihm zu. Pius XII., der kurz zuvor zum Papst gewählt worden war, schickte ihm bereits am Abend des 1. April ein herzliches Telegramm, das die Idee des Kreuzzuges aus den Anfängen des Krieges bestätigte:

„Indem Wir unser Herz zu Gott erheben, sagen Wir zusammen mit Ihrer Exzellenz innigen Dank für den Sieg des katholischen Spanien, den Wir herbeisehnten. Wir wünschen uns, daß dieses uns so teure Land, nachdem der Friede erreicht ist, seinen alten katholischen Traditionen, die es so groß gemacht haben, neue Kraft verleihe. Wir erteilen Ihrer Exzellenz und dem gesamten edlen spanischen Volk Unseren apostolischen Segen."

Seit dem Herbst 1936 hatte Pius XI. die Verfolgung der Kirche in der republikanischen Zone angeprangert. Dreizehn Bischöfe, 4.184 Priester, 2.365 Klosterbrüder und 283 Nonnen, ganz abgesehen von den „einfachen Gläubigen", waren – manchmal unter abscheulichen Umständen – massakriert worden. Gottesdienste waren von den Milizionären in der republikanischen Zone, ausgenommen im Baskenland, verboten worden. Die Kirche mußte daher jene Spanier als die ihren betrachten, die dafür gekämpft hatten, daß dem Land das Schicksal des heiligen orthodoxen Rußland erspart blieb.

Franco seinerseits hob die Rolle der „Miles christiani", die er seiner Armee gegeben hatte, hervor – selbst wenn es in ihren Reihen marokkanische Muslime gab, was von der roten Propaganda in Erinnerung an die Befreiungskriege Spaniens gegen die Mauren angeprangert wurde, sowie deutsche Flieger und Ausbildner, die als „Naziheiden" verschrieen waren. Der größte Teil der siegreichen Armee setzte sich allerdings aus

163

Spaniern, darunter auch Traditionalisten, zusammen. Aus diesem Grund legte der Generalissimus am 19. Mai, nach der Siegesparade auf der Castellana in Madrid, seinen Degen vor dem Altar der Santa Barbara-Kirche nieder, wo ein feierliches Te Deum stattgefunden hatte.

„Herr", sprach er, „nimm wohlwollend die Mühen dieses Volkes an, das immer Dir gehört hat und das, mit mir und in Deinem Namen, mit großem Heldenmut den Feind der Wahrheit in diesem Jahrhundert besiegt hat." – „Gott, der Herr, in dessen Händen alles Recht und alle Macht vereint ist, leih mir Deine Hilfe, um dieses Volk in die volle Freiheit Deines Reiches zu führen, zu Deinem Ruhm und dem Deiner Kirche." – „Herr, alle Menschen sollen wissen, daß Jesus Christus der Sohn des lebendigen Gottes ist."

Im Europa des Jahres 1939, jenem von Stalin, Hitler, Mussolini und Léon Blum, konnte einen diese Redeweise schon verwundern. Sie konnte europäische Katholiken begeistern, wie Paul Claudel, der dem Caudillo eine Ode gewidmet hatte. Sie vermochte es aber nicht, die Überzeugungen der linken Intellektuellen zu erschüttern, die Franco ein für allemal zum faschistischen Diktator abgestempelt hatten.

Zuvor hatten die Sieger ihren Erfolg gefeiert. Franco hatte seine wichtigsten Mitarbeiter in den Generalsrang erhoben: Dávila, der nach Molas Tod die großen Schlachten im Norden und in Katalonien geführt hatte, Queipo de Llano, dessen Wagemut der Marokkoarmee den Brückenkopf von Sevilla sicherte, Saliquet, Orgaz und Admiral Cervera. Er selbst empfing aus den Händen Varelas das San Fernando-Kreuz mit Lorbeer, das ihm nach seiner schweren Verwundung in El Blutz verwehrt geblieben war. In Generalsmontur, aber mit dem roten Barett der Karlisten und „seiner" traditionalistischen Falange, nahm er die Parade der Truppen ab, die er zum Sieg geführt hatte und die ihn zum Staatschef gemacht hatten: die Legionäre, die einen hohen Blutzoll für ihre Siege bezahlt hatten – 8.000 Tote und 28.000 Verwundete –, die Marokkaner von Varela und Yagüe, Arandas Galicier, die Navarreser von Garcia Valiño und Solchaga, die Falangisten und die Karlisten. Aus den dürftigen Einheiten von 1936 war eine mächtige Armee von mehr als einer Million Soldaten geworden. Und im Motorenlärm der Kampfpanzer, der schweren Artillerie und der überfliegenden Flugzeuge konnten begeisterte Gemüter den Eindruck gewinnen, das große Spanien der katholischen Könige sei im Begriff, wiederaufzuerstehen.

Eine Woche zuvor hatte Franco feierlich von den deutschen und italienischen Fliegern Abschied genommen, die so viel zu seinen Siegen beigetragen hatten und deren Kameraden zu Tausenden auf den spanischen Militärfriedhöfen ruhten. Es war selbstverständlich, daß sich der Generalissimus bei ihnen bedankte. Die Szenen mit den Savoyerkreuz- und den Hakenkreuzfahnen, die neben den „blut- und goldfarbenen" Standarten flatterten, die spanische Hymne zusammen mit dem Horst Wessel-Lied und der „Giovinezza" waren geeignet, ausländische Demokraten zu verstimmen. Diese feierlichen Verabschiedungen stellten aber die beste Antwort auf die Anschuldigungen dar, Franco würde Spanien den fremden Mächten ausliefern. Die Ausländer verließen nämlich Spanien, ohne irgendwelche Truppenabteilungen zurückzulassen. Die spanischen Nationalisten hatten ihren Verbündeten keinen Fingerbreit ihres Territoriums überlassen.

Als Franco die entscheidende Offensive gegen Katalonien vorbereitete, hatte ihn von Stohrer gebeten, dem Antikominternpakt beizutreten, der das Reich, Italien und Japan verband. Franco und Jordana hatten aber gezögert. Der Pakt war gegen die UdSSR und die Weltrevolution gerichtet, als deren Feind sich Spanien bezeichnete, aber er war auch eine Allianz der von Mussolini als „proletarisch" bezeichneten Nationen, die den Plan verfolgte, die Weltkarte, wie sie in Versailles gezeichnet worden war, drastisch zu verändern. Der Beitritt Spaniens barg das Risiko, bei den Staatsmännern in London und Paris neue Verdachtsmomente hervorzurufen. Da Franco aber auf deutsche Hilfe angewiesen war, hatte er zugestimmt – unter der Bedingung, daß dies für eine gewisse Zeit geheim bliebe. Das persönliche Treffen, welches ihm Göring vorschlug, lehnte er hingegen ab, selbst auf das Risiko hin, den Chef der deutschen Luftwaffe zu kränken. So nahm seine vorsichtige und zweideutige Diplomatie ihren Anfang, die er zwischen jenen beiden Staaten praktizierte, die in Europa den Ton angaben, einzig und allein zum Nutzen Spaniens, der sich ab diesem Zeitpunkt mit seinen Interessen deckte.

Seine Pläne gegenüber dem treuen Verbündeten des Britischen Empire waren weniger gunstvoll. Die Republik Frankreich hatte sich, in der Periode der Volksfront, in demokratischer Solidarität geübt, indem sie das republikanische Spanien unterstützte, sich dabei aber von der konservativen Regierung in London bremsen lassen. In Paris hatten die

Rückkehr der Gemäßigten zur Macht und die Siege der spanischen Nationalisten Daladier und Georges Bonnet dazu bewogen, die Regierung Franco anzuerkennen und den greisen Marschall Pétain als Botschafter in Burgos zu ernennen, dessen Zusammenarbeit mit Primo de Rivera gegen Abd-el-Krim – so dachte man – ihn für die Spanier annehmbarer machen würde als irgendein „gewöhnlicher" Diplomat. In Wirklichkeit aber wurde der französische Botschafter sehr kühl empfangen. Franco hingegen war zu Pétain liebenswürdiger als seine Untergebenen, die ihre Feindseligkeit gegenüber Frankreich kaum verbargen.

Positive Gefühle hingegen gab es für das faschistische Italien, das die spanischen Nationalisten so massiv unterstützt hatte. Auch wenn seine Truppen die Blamage von Guadalajara durchgemacht hatten, so hatten sie doch auch Erfolge zu verzeichnen gehabt. Die Waffenbrüderschaft kam zum Tragen. So hatte Franco seinen Dank zum Ausdruck gebracht, indem er einen seiner wichtigsten Minister, Ramón Serrano Suñer, die italienischen Legionäre nach Hause begleiten hieß. Einige Wochen später wurde dem italienischen Außenminister und Schwager des Duce, Galeazzo Ciano, in Spanien ein begeisterter Empfang zuteil. Anläßlich seines Gesprächs mit Mussolini freute sich Serrano Suñer, vom Duce zu hören, daß dieser „den großen Krieg nicht für unmittelbar bevorstehend hielt". Spanien brauchte nämlich den Frieden unbedingt, denn nach den Siegesfeiern trat das ganze Elend zutage, das auf Kriege folgt: 183 Ortschaften zerstört, 250.000 Häuser in Schutt und Asche, zwei Drittel der Eisenbahneinrichtungen und die Hälfte des Fahrzeugparks außer Betrieb sowie 250.000 Tonnen Handelsschifffrachtraum versenkt. So lautete die erste Bilanz des Krieges. Dieser hatte sehr viel Geld gekostet – eine Billion Peseten, sagte der Wirtschaftsfachmann Higinio Paris, 300.000 Milliarden Peseten laut Aussage des kommunistischen Professors Tamames. Die Goldreserven der Spanischen Notenbank waren größtenteils in die UdSSR gebracht worden, um den Kauf von Kriegsmaterial zu ermöglichen. Einige Republikaner hatten bei ihrer Flucht beträchtliche Summen in Devisen und Schmuck mitgenommen, die Früchte von rechtlich zweifelhaften Enteignungen. Dazu kam noch die Inflation, die während des Krieges in die Höhe geschnellt war und die die Peseta schwer in Mitleidenschaft gezogen hatte.

Mehr als all diese Faktoren zählte der Verlust an Menschenleben. Man hat verschiedenste Opferzahlen genannt: sowohl von Soldaten als auch von Opfern von Morden und Hinrichtungen. Gleich nach dem Krieg war von einer Million Toter die Rede, und Jahre später wiederholte Franco in Gesprächen mit seinem Vetter Franco Salgado, die dieser peinlich genau mitschrieb, diese Zahl öfter. Die Historiker, die gerne mit Statistiken operieren, haben heutzutage die Zahl der im Feld gefallenen Soldaten auf 100.000 bis 150.000 reduziert, was vielleicht ein anderes Extrem darstellt. Der Fliegergeneral Ramón Salas Larrazabal schätzt, nach genauen Studien, die Zahl der Toten im Krieg auf 255.292 bis 264.412. Er ist der Meinung, daß man zu diesen Zahlen noch diejenigen dazurechnen müßte, die an den Kriegsfolgen gestorben sind, dazu den Ausfall an Geburten und die Zahl der Exilierten, was die Gesamtzahl der verlorenen Menschenleben auf 1,100.000 Seelen emporschnellen ließe. Der Terror war in beiden Bürgerkriegszonen durchaus vergleichbar gewesen, wenngleich es in der nationalen immer disziplinierter zugegangen war und von wilder Grausamkeit geprägte Exzesse dort nicht vorgekommen waren. Doch Gefangene hatten auch die Nationalen kaum gemacht.

Viele Republikaner flohen freiwillig ins Exil, sei es, um den Repressalien der Sieger zu entkommen, sei es aus ideologischen Gründen. Die einen gingen nach Lateinamerika, andere siedelten sich in Frankreich, Algerien oder Marokko an. Einige Kommunisten begaben sich nach Rußland. Unter diesen Auswanderern befand sich ein großer Teil der spanischen Intelligenzia, mit Männern wie dem Jurist Jimenez Alsua, den Schriftstellern Juán Ramón Jimenez, Americo Castro, Alejandro Casona, dem Romanschriftsteller Sender, dem kommunistischen Dichter Alberti und dem Historiker Claudio Sanchez Albornoz. Wie die meisten politischen Exilanten, sollten sie den Kampf fortsetzen in der Hoffnung, durch ihre Schriften und Reden den Fall ihrer Gegner herbeizuführen.

Zweifellos wäre jedoch die Unterstützung aller Spanier notwendig gewesen, um das Land aus seiner dramatischen Lage zu befreien. Der Bürgerkrieg hatte ein zerstörtes Land hinterlassen, dessen Industrieproduktion um fast ein Drittel und dessen Nahrungsmittelproduktion um über 20 Prozent zurückgegangen waren. – Und Spanien war schon davor ein von verbreiteter Armut gezeichnetes Land gewesen.

Der schlimmste Feind war der Hunger. Während des Krieges hatte die Landwirtschaft in der nationalen Zone eine fast normale Versorgung ge-

167

sichert. Die industriellen Regionen der „roten" Zone mit ihren großen Städten hatten wesentlich stärker unter Beschränkungen gelitten, ungeregelte Bodenreformen hatten die landwirtschaftliche Produktivität zusätzlich abgesenkt. Indem der frankistische Sieg die beiden Teile Spaniens vereinte, begann nun die Ära der Schwierigkeiten für das gesamte Land. Obwohl die Nationale Hilfsorganisation „Auxilio social" große Anstrengungen unternahm, ging die Zeit des Schlangestehens weiter. Wie immer, brachte die Knappheit an Lebensmitteln den Schwarzmarkt und Preiserhöhungen mit sich. Trotz der sozialen Beteuerungen der Regierung wurde die Kluft zwischen arm und reich immer tiefer. Auch in diesem Punkt sollte Spanien von jenen Prüfungen zuerst getroffen werden, die später ganz Europa heimsuchten.

Was sollte nun, da der Sieg erreicht war, aus Spanien werden? Würde es wieder zur Monarchie zurückkehren, wie gewisse Offiziere – Kindelán, Orgaz und Vigón etwa – hofften, die Franco 1936 zur Wahl verholfen hatten? Konnte die Militärregierung, die Sanjurjo und Mola vorgesehen hatten, weiterbestehen? Diese Fragen stellten sich vorerst nur für die Minderheit der überzeugten Monarchisten. Für die anderen rechtfertigte der Sieg die Machtfülle Francos. Daß er auf seinem Posten bleiben sollte, war selbstverständlich.

Bereits am 11. März 1939 hatte er dem italienischen General Gambara gesagt, daß seine Aufgabe noch lange nicht erfüllt sei. Er hatte das Land vor der Revolution gerettet; nun ging es darum, es derart zu verändern, daß es nicht mehr den „Teufeln" in die Hände fallen könne. Das war eine langwierige Aufgabe. Von Stohrer meldete am 17. Februar an die Wilhelmstraße, daß sich seiner Meinung nach die Frage des Regimes nicht sofort stellen würde. „Der große Sieg in Katalonien... wird die Orientierung der Pläne der beiden wichtigsten spanischen Persönlichkeiten, Franco und seines Schwagers, anders gestalten als in der Zeit der Unsicherheit und der Not. Vielleicht wird der Sieg die Hoffnung auf ein permanentes Regime, die Serrano Suñer früher sicherlich gehegt hatte, neu beleben. An der Spitze dieses Regimes wäre Franco Staatschef und Serrano selbst der allmächtige Ratspräsident gewesen."

In einem Punkt irrte der deutsche Botschafter: Franco war nicht bereit, einem anderen – wie nah er ihm auch stehen sollte – die Leitung der Staatsgeschäfte zu überlassen. Man hatte ihm die Macht in einer Zeit voller Tragik angeboten, und er war entschlossen, sie nun auch auszuüben. Er hatte Mitarbeiter, denen er trauen konnte, wie Serrano und Carrero Blanco, aber das Recht auf Entscheidungen behielt er für sich. Die beiden Schwäger hatten weder sein Temperament noch seine Kultur. Franco war zuerst Soldat gewesen, der sich bis zum Sturz von Alfons XIII. von der Politik eher ferngehalten hatte. Die Krise Spaniens hatte ihn zur Einmischung gezwungen, aber er haßte die Konfrontationen der Ideen, die das Vaterland spalteten. Gegen Ende seines Lebens sagte er zu einem Gesprächspartner: „Machen Sie es wie ich, lassen Sie die Finger von der Politik." Im Gegensatz zu Hitler und Mussolini war er kein Volkstribun. Er versuchte auch kaum, mit Effekthaschereien zu operieren, sondern arbeitete lieber mit einigen Vertrauten in seinem Büro. Er redete nicht viel, außer mit sehr engen Bekannten, dafür hatte er die Gewohnheit, zuzuhören und auch die kleinsten Details besprochener Themen in Erfahrung zu bringen. Dabei halfen ihm sein ausgezeichnetes Gedächtnis und seine unerschöpfliche Geduld. Seine unerschütterliche Ruhe war seit den Marokkotagen zur Legende geworden. Wenn er ein Problem zu lösen hatte, dachte er nach, beobachtete und ließ die Dinge heranreifen, bevor er eine Entscheidung traf. Diese Methode hatte seine Generale während des Bürgerkriegs manchmal murren lassen, und nun trieb sie Hitler zur Verzweiflung. Da er kein Ideologe war, paßte Franco seine Pläne und seine Politik oft den Gegebenheiten an. Nur die Resultate zählten. Im Krieg wie in Friedenszeiten war eine seiner größten Tugenden, sich von Mißerfolgen nicht beeindrucken zu lassen und nie den Mut zu verlieren. Weder der Verlust der Flotte im Juli 1936 und die Schlappe vor Madrid im November des gleichen Jahres noch seine isolierte Position in den Jahren 1945–46 gegen die mächtigste Koalition der Geschichte konnten ihn unterkriegen. Jedes Mal überwand er die schwierige Zeit.

In bezug auf Spanien und den Staat hatte er einige präzise Vorstellungen, die er unbedingt in die Tat umsetzen wollte. Zunächst galt es, die nationale Einheit zu sichern. Die dezentralistische Politik der Republik, die Auseinandersetzungen um den Status von Katalonien und dem Baskenland schienen für ihn – wie für viele andere Spanier auch – eine Bedrohung für die Zukunft des Landes und ein Schritt zur Auflösung des Staatsgefüges. Diese wiederum hätte zu einem Spanien der Königreiche von Taïfas führen können, zu jenen mehr als zwanzig Teilreichen im islamischen Spanien, wie sie sich nach dem Ende des Kalifats von

Córdoba gebildet hatten. Diese Bewegung mußte zerschlagen und das zentralistische Spanien der Bourbonen wiederhergestellt werden. Zweitens bestand die Notwendigkeit, die Ordnung aufrechtzuerhalten, ohne die nichts von Bestand ist. Ordnung bedeutete automatisch auch den Respekt vor dem persönlichen Eigentum. Andererseits mußte die Gesellschaft ihren Mitgliedern ein anständiges Leben sichern, auch unter der Gefahr, daß revolutionäre Ideen und Aktionen wiederaufleben könnten. Daraus resultierten seine Sorgen um eine soziale Politik und seine häufigen diesbezüglichen Empfehlungen an seine Mitarbeiter. Es kam für ihn aber nicht in Frage, die Gesellschaft durch Umverteilung der Reichtümer „umzukrempeln". Seine Sozialpolitik bestand darin, Wohnungen zu bauen, die Spanier zur Arbeit anzuhalten und, wenn nötig, den Staat in die Wirtschaft eingreifen zu lassen, um die Industrie anzukurbeln und Arbeitsplätze zu schaffen. Dennoch wurden schon in den vierziger Jahren die ersten sozialen Absicherungen – für Spanien ein Novum –, wie Alters- und Krankenversorgung, Mutterschutz und andere Beihilfen, geschaffen. „Produzieren", lautete die Parole, die er nach dem Krieg, am 5. Juni 1939, in Burgos im Rat der Falange ausgab und die er später immer wiederholte. Eigentlich ging es darum, Spanien aufzubauen, wie er es beim Kern der Legion getan hatte, als er noch der Stellvertreter Millán Astrays gewesen war.

Zuletzt blieb dem Katholiken alter Prägung noch die Aufgabe, den Glauben in Spanien wiederherzustellen. Franco glaubte, daß eine der Ursachen für die spanische Tragödie die Tatsache der Entchristianisierung eines Teils der Bevölkerung war. Seit dem 19. Jahrhundert hatten die Liberalen, die oft aus den Freimaurerlogen kamen, die weltlich denkenden Intellektuellen, wie Giner de los Rios und seine Schüler, und schließlich die Entwicklung des Marxismus und des Anarchismus in den Arbeiterkreisen einen Haß auf die „Pfaffen" geschürt, der seinen Höhepunkt in den beispiellosen Verfolgungen in den republikanischen Gebieten erreichte. Jetzt, da der „Kreuzzug" gesiegt hatte, mußten Franco und die Kirche, die nie aufgehört hatte, ihn zu unterstützen, darangehen, die Herzen der Menschen wiederzugewinnen. Daher betraute Franco die Kirche mit der Aufgabe, die Bürger zu bilden, indem er den Religionsunterricht in den Schulen wiedereinführte, die Scheidung verbot und die kirchliche Heirat anerkannte. Die Klosterschulen wurden großzügig unterstützt, Prozessionen und Wallfahrten kamen wieder auf.

Die staatlichen und militärischen Würdenträger folgten respektvoll den Statuen Christi und der unzähligen Madonnen Spaniens. Am Palmsonntag nahm Franco selbst in den Gärten des Pardo an einer Prozession teil, mit einem großen Palmzweig in der Hand.

Es stimmt, daß die Kirchenfürsten und Priester ihrerseits bei staatlichen Feierlichkeiten mit erhobenem Arm grüßten. Diese Geste bedeutete nicht, daß sich die Kirche dem neuen Staat unterwarf. Ihre Leitfiguren, wie Kardinal Gomá, waren fest entschlossen, jede Bewegung zu verhindern, die Spanien zu einem Nationalsozialismus deutscher Art führen würde. Da Franco eine solche Revolution ohnehin nicht wollte, herrschte zwischen Kirche und Staat perfekte Harmonie, zumindest solange die Kriegsgeneration im Amt war.

Diese herausragende Rolle der Kirche, die zur spanischen Tradition paßte, stellte den großen Unterschied zwischen Franco-Spanien und den Regimen von Hitler und Mussolini dar. Der Caudillo stand Salazar näher als den beiden mächtigen Diktatoren jener Zeit. Er hatte vor, das Werk Primo de Riveras wiederaufzunehmen und berief einige von dessen Mitarbeitern in seinen Stab. Franco glaubte, daß die Monarchie gegenüber dem Diktator undankbar gewesen war, der Marokko befriedet und Spanien einige Jahre des Wohlstands beschert hatte. Er hatte vor, Riveras Politik der Ordnung, der großen Bauvorhaben und der Vermehrung von Spaniens Reichtum durch Arbeit zu übernehmen. Diese Fakten zählten für Franco weit mehr als die Ausarbeitung von Verfassungsgesetzestexten.

Sein brillanter Stellvertreter Serrano Suñer hingegen war ein großartiger Jurist, ein hervorragender Redner und ehemaliger Abgeordneter der CEDA von Gil Robles; er wollte den Staat auf genau definierten verfassungsmäßigen Grundlagen aufbauen. Es scheint, daß er eine Vorliebe für das italienische Modell hatte. Während des Krieges hatte Serrano die Propaganda der nationalistischen Regierung geleitet und dazu eine Mannschaft aus jungen Intellektuellen gebildet, die von den Erfolgen der Diktaturen beeindruckt waren. Sie wollten ein junges, dynamisches Spanien, das bereit war, sich zu verändern und dessen Antriebsmechanismus die Falange gewesen wäre. Serranos Macht hatte sich noch vergrößert, als er dem verstorbenen Innenminister, General Martinez Anido, in dessen Amt nachfolgte. Er war einem gewissen Neid ausgesetzt (man nannte ihn den „cuñadisimo", den Superschwager) und verdächtigte ihn, er wolle Franco manipulieren, da dieser in politischen Dingen weniger erfahren war. Heute weiß man, daß dem nicht so gewesen ist. Während der kritischen Jahre des Regimes arbeiteten die beiden Männer sehr eng zusammen; später nahm Serranos Einfluß ab und hörte schließlich auf, ohne daß der spanische Staat genau definierte Formen angenommen hatte.

Im Jahre 1939 gründete sich dieser Staat auf die Armee, deren unangefochtener Chef Franco war, auf eine Verwaltung, die es wiederaufzubauen galt, vor allem in der ehemaligen republikanischen Zone, und auf die Bewegung. Diese hätte – in einem rein faschistischen Staat – die Rolle der alleinigen Staatspartei wie im Deutschen Reich und in Italien übernommen. Dem war aber in Spanien nicht so. Um dies zu verstehen, muß man sich vergegenwärtigen, daß Franco bis zum Bürgerkrieg Offizier der Monarchie gewesen war, der sich etwas abseits der traditionalistischen und falangistischen Bewegungen gehalten hatte, obwohl er gewiß eine gewisse Sympathie für deren Ideen hegte. Wie der erste italienische Botschafter bei der nationalen Regierung, Roberto Cantalupo, bemerkte, war er „kein Faschist", aber er schätzte den Nationalismus und die Disziplin der Faschismen. Die vielen begeisterten Anhänger, die ihm die Falangisten und die Traditionalisten während des Krieges brachten, waren von großer Bedeutung. Er benutzte sie, kommandierte sie und führte sie zum Sieg, aber gleichzeitig eliminierte er einige Punkte der falangistischen und karlistischen Doktrinen. José Antonio Primo de Rivera hatte vorgeschlagen, die Banken in Konsortien umzuwandeln sowie Kirche und Staat zu trennen. Franco sprach nicht mehr darüber. Unter seiner Leitung wurde die Falange zu einer Reformbewegung, aber ihre national-syndikalistische Revolution überlebte nur mehr als Worthülse auf ihren offiziellen Dokumenten.

Gewisse Falangisten – besonders unter den „Alten Hemden" – wurden sich der fatalen Situation bewußt, in die sie ihr Pflichtgefühl gegenüber einem Anführer brachte, der ihre Ideen nicht vollständig teilte. So kam es denn auch, bemerkte von Stohrer, daß einige daran dachten, sich in aller Ruhe abzusetzen, indem sie einen Posten in einer Botschaft annahmen und den Caudillo Spanien regieren ließen. Andere beschlossen, ihm weiter zu dienen, im Frieden wie im Krieg, auch wenn sie manchmal murrten.

Blieben noch die Monarchisten. Die Karlisten hatten offen Stellung bezogen. Nachdem Fal Conde aus dem Weg geräumt worden war, hatten sie dem Beitritt zur Bewegung zugestimmt. Einige ihrer Führer saßen in den Räten. Der Tod ihres Prätendenten begünstigte diesen Schulterschluß in Erwartung einer Entscheidung über die Rückkehr zur Monarchie. Die Getreuen von Alfons XIII. waren über die nächsten Schritte ebenfalls zerstritten. Die Beziehungen zwischen dem König im Exil und seinem früheren General waren immer noch gut. Franco hatte ihm geschrieben und ihm den Sieg des nationalen Spanien mitgeteilt. Alfons schickte ihm am 9. April einen freundlichen Brief, um ihm zu gratulieren. Darin schrieb er: „Jetzt beginnt der zweite Feldzug, für den alle zusammenstehen und Sie in Ihrem großen patriotischen und heilenden Werk mit einer entschlossenen Begeisterung unterstützen müssen; der übertriebene Individualismus vieler Spanier wird diese Union behindern, aber ich bin guter Hoffnung, daß sie zustande kommt. Auf jeden Fall wiederhole ich, daß ich zu Ihrer Verfügung stehe, um an dieser schweren Aufgabe mitzuarbeiten, wo es in meiner Macht steht, und ich bin sicher, daß Sie Erfolg haben und Spanien über den Weg des Ruhms, der uns allen am Herzen liegt, ans Ziel bringen werden."

Die Spanier sagen manchmal, daß einige unter ihnen „päpstlicher als der Papst selbst" sind. Diese Redensart galt wohl für gewisse Monarchisten, die es gerne gesehen hätten, daß Franco sofort nach dem Sieg den König zurückgerufen hätte. Nun traf er aber keinerlei Anstalten, die Macht aufzugeben. Damit enttäuschte er die Bourbontreuen, unter ihnen hochgestellte Militärs, die bei der Machtübernahme mitgemacht hatten.

Der Krieg war beendet, und nun konnte, was völlig normal war, die siegreiche Armee schrittweise demobilisiert werden. Die republikanischen Soldaten stellten ein schwieriges Problem dar, da es ein notwendiges Nachspiel gab, nämlich die Bestrafung jener Verbrechen, die in der „roten" Zone begangen worden waren. Und es waren viele, oft abscheuliche Verbrechen gewesen. Die frankistischen Publikationen geben düstere Berichte über Morde und Massaker, wie jene im Gefängnis von Madrid oder von Paracuellos. Die „paseos", die Vertreibungen von Menschen, welche man später hinrichtete, die Todesurteile der „Volkstribunale" – all das ist tatsächlich passiert. Wenn die nationale Regierung diese Taten unter den Teppich hätte kehren wollen, um eine Versöhnung aller Spanier zu erleichtern, so wäre es äußerst schwierig für sie gewesen, die Verwandten und Freunde der Opfer außer acht zu lassen, die lauthals nach Gerechtigkeit und rascher, harter Bestrafung schrien.

Man hat auch den Nationalisten Massenhinrichtungen, private Abrechnungen und Fälle vorgeworfen, in denen, wie Franco gegenüber von Faupel zugab, „die Gewehre von alleine losgingen". Da aber in diesem Lager die Ordnung besser aufrechterhalten wurde – besonders in der Periode der Anarchie, die auf den Putsch folgte –, hatte es weniger Rechnungen zu begleichen gegeben. Dazu kommt die Tatsache, daß die Sieger eines Krieges ihren eigenen Leuten gewöhnlich nicht den Prozeß machen wollen – bis auf den heutigen Tag.

Schon im Februar 1939, als ihr Sieg feststand, hatte die Regierung in Burgos ein Gesetz über die politische Verantwortlichkeit erlassen, das die Verteidiger der Volksfront für schuldig erklärte und ein Spezialtribunal für diese Fälle schuf. Gemäß einem Dekret vom 19. Februar 1939 hatten jene Beamten, die der Republik gedient hatten, keine Gefängnisstrafen zu befürchten. Sie konnten jedoch entlassen oder strafversetzt werden. Die republikanischen Offiziere wurden unehrenhaft entlassen und, in einigen Fällen, härter bestraft. Diejenigen, welche Verbrechen begangen hatten, wurden von der Militärgerichtsbarkeit mit aller Schärfe abgeurteilt. Die Mitglieder der diversen „checas" und „Volksgerichte", politische Kommissare und jene Mörder und Totschläger, die sich unter dem Deckmäntelchen des „Anarchismus" in Banden zusammengeschlossen hatten, durften kaum auf Milde hoffen.

Am 1. Januar 1940 betrug die Zahl der Gefangenen 270.719. Am 8. März gab es, einem vertraulichen Brief des Chefs der Gefängnisverwaltung zufolge, deren 260.000, von denen 157.000 auf ihren Prozeß warteten. Die genaue Anzahl der Todesurteile bzw. der Begnadigungen, die Franco gewährt hat, ist unbekannt. Ausländer, die sich damals in Spanien befanden – unter anderen auch angelsächsische Journalisten, die antifaschistisch waren und Sensationen suchten –, haben extrem hohe Zahlen angegeben (194.684 Hinrichtungen laut dem Korrespondenten von Associated Press). Sogar Ciano berichtete nach seiner Reise durch Spanien von täglichen Massenhinrichtungen. Einem Bericht zufolge, der im Dezember 1943 an Franco erging, hatten die Tribunale bis dahin 50.000 Todesurteile gefällt (nach Aussagen von General Ramón Salas Larrazabal waren es deren 22.716, zwischen Januar 1939 und dem

31. Dezember 1950). Die Begnadigungen durch den Staatschef sollen mehr als die Hälfte der Verurteilten gerettet haben.

Diese gnadenlose und schnell operierende Justiz wurde im Ausland heftig kritisiert, und sie erschreckt viele Spanier der heutigen Generation. Sogar ein Serrano Suñer kritisiert sie in seinen Memoiren. Aber drei Jahre Bürgerkrieg erklären derartige „Säuberungen". Es müssen nicht etwaige Reste maurischen Blutes bei den Spaniern ins Spiel gebracht werden, um sie zu erklären. Die Massaker der Russischen und Französischen Revolution, die Millionen Toten in China oder im Iran und nicht zuletzt die Greuel auf dem Balkan zeigen, daß Bürgerkriege stets in einem Blutbad enden.

Ab 1940 löste sich der Druck zunehmend. Die Umsetzung der Doktrin vom Straferlaß durch Arbeitsleistung (ein Tag Gefangenschaft wurde durch zwei Tage Arbeit aufgewogen) verringerte die durchschnittliche Zeit der Gefangenschaft erheblich. Dann befreiten neue Dekrete nacheinander ganze Kategorien von Gefangenen. Ende 1945 hatte sich die Zahl der Gefängnisinsassen auf ein normales Maß von 32.380 reduziert.

2. *Kapitel*

DER KAMPF UM DIE NEUTRALITÄT

Ciano schrieb in seinem Tagebuch, daß Serrano Suñer seine Befriedigung darüber zeigte, als er den Duce sagen hörte, daß der Krieg nicht früher als in ein paar Jahren ausbrechen würde. Er dachte, genau wie sein Schwager, daß Spanien mindestens fünf Jahre Zeit benötigen würde, um wieder einigermaßen zu Kräften zu kommen. Nun aber war, seit der Besetzung der Resttschechei durch Deutschland und jener Albaniens durch Italien, die Lage in Europa gespannt. Ein Vorfall konnte zu einem Krieg führen, den viele für unausweichlich hielten. Unter diesen Bedingungen war eine starke Führung in Madrid von größter Bedeutung.

Franco sicherte seine Machtposition, indem er Queipo de Llano aus dem Weg räumte, der ihn kritisiert hatte und den er für allzu ehrgeizig hielt. Der „Vizekönig" Andalusiens benahm sich gegenüber Franco wie ein Feudalherr, worauf er ihn in Ungnade fiel und als Militärattaché nach Rom geschickt wurde. Daß er widerspruchslos gehorchte, zeigt die grenzenlose Autorität des Generalissimus. Franco gab diese Maßnahme anläßlich der Veröffentlichung der neuen Statuten der Falange am 4. August 1939 selbst bekannt, deren Anführer er „vor Gott und der Geschichte" blieb. Am 9. erschien im offiziellen Bulletin die Zusammensetzung der Regierung. Der stellvertretende Ministerpräsident wurde abgeschafft, die Militärs übernahmen viele Posten. Jede Waffengattung hatte ihr eigenes Ministerium: Varela war für das Landheer zuständig, Yagüe für die Luftwaffe und Admiral Moreno für die Marine. Oberst Beigbeder, der während des Bürgerkriegs die spanische Zone in Marokko verwaltet hatte, übernahm das Außenressort, Muñoz Grandes das Parteisekretariat, Oberstleutnant Alarcón de la Lastra erhielt das Ministerium für Industrie und Handel, und Oberst Valentin Galarza, der eine wichtige Rolle bei der Planung der Militärbewegung gespielt hatte, übernahm das Sekretariat des Premierministers. Der Einfluß der Armee war also zumindest so stark wie derjenige der Falange, die durch Serrano Suñer als Innenminister und durch zwei Minister ohne Portefeuille vertreten war. Ein Traditionalist namens Estebán Bilbao bekam das Justizministerium, und ein Katholik, Professor Ibáñez Martin, wurde

Nachfolger von Pedro Sainz Rodriguez – dem späteren Verschwörer gegen das Regime – im Unterrichtsministerium. Das Finanzressort ging an einen Spezialisten, José Larraz.

Diese Regierungsmannschaft war alles andere als homogen. Heftige Diskussionen sollten zwischen Serrano Suñer und Varela entbrennen: der eine Sprachrohr der Armee und gegen den Falangismus, der andere wieder unterstützte Yagüe. Franco hörte zu, schlichtete und stellte den Frieden wieder her. Er hatte immer das letzte Wort. So kam es, daß er viele Jahre lang die Außenpolitik bestimmte, in jener Zeit, als der Weltkrieg Spanien bedrohte.

Zwei Wochen nach der Bildung dieses Ministeriums erfuhr die Welt mit Bestürzung, daß das Reichsaußenministerium einen Nichtangriffspakt mit der UdSSR geschlossen hatte. Das Foto, das den Händedruck zwischen Stalin und Ribbentrop vor einem unbeteiligt wirkenden Molotow zeigte, erschien weltweit auf den Titelseiten der meisten Zeitungen. Hitler konnte damit ungehindert in Polen vorgehen, und Stalin kam seinem Plan, die „kapitalistischen" Westmächte sich gegenseitig zerfleischen zu lassen, einen großen Schritt näher. Die Regierungen von Frankreich und England mußten entweder klein beigeben, dem Führer Danzig überlassen und zusehen, wie Polen unter die Räder kam, oder sie mußten sich in einen Krieg stürzen, auf den sie schlecht vorbereitet waren. Die Kraftprobe schien immer unausweichlicher zu werden.

Der Stalin-Hitler-Pakt hatte die spanische Öffentlichkeit ebensosehr erstaunt wie die demokratischen Regierungen.Das Organ der Falange, „Arriba", gestand seine „fürchterliche Überraschung". Die Sieger des Bürgerkriegs verstanden nicht, wie Hitler, der Paladin des Antikommunismus und Initiator des Antikomintern-Pakts, sich mit Stalin einigen konnte. Viele Gefangene in den Lagern und Gefängnissen hingegen ließen ihrer Entrüstung gegen Stalin, den „Verräter am Proletariat", freien Lauf.

Franco hatte schon in den düsteren Tagen der Schlacht am Ebro die Haltung Spaniens für den Fall eines europäischen Krieges festgelegt: Seine Regierung würde neutral bleiben. Später wiederholte er das immer wieder, soweit spielte er mit offenem Visier. Er versuchte aber auch, einen Krieg zu verhindern, der Spanien beim Wiederaufbau schaden würde. In seinen Augen war die Sowjetunion der Hauptfeind. Wenn sie nun neutral bliebe, während West- und Zentraleuropa einander wie im Ersten Weltkrieg zerfleischten, so würde sie im rechten Augenblick eingreifen und sehr leichtes Spiel haben, den ihr passenden Frieden diktieren zu können, der die Zerstörung jener Werte nach sich ziehen mußte, für die Franco seinen „Kreuzzug" geführt hatte.

Andererseits verpflichtete ihn die katholische Solidarität zu einem Rettungsversuch für Polen, das in seiner isolierten Position dem Untergang geweiht war. Am 3. September, dem Tag der Kriegserklärung Frankreichs und Englands an Deutschland, sandte er eine dringende Note an die Botschafter der kriegführenden Länder. „Mit der Autorität, die mir aus drei schweren Jahren Krieg zur Befreiung unseres Vaterlandes erwächst, wende ich mich an die Nationen, in deren Händen die Macht liegt, eine Katastrophe ohnegleichen zu entfesseln, damit sie den Völkern die Leiden und die Tragödien ersparen, die Spanien, trotz einer freiwilligen Beschränkung der Zerstörungsmittel, heimgesucht haben und die in diesem Krieg hundert Mal schlimmer würden." Dieser Appell hatte nur wenig Chancen, gehört zu werden, und Franco war sich dessen wohl auch bewußt. Vielleicht dachten jene Politiker, die der Meinung waren, Hitler würde aufgeben, wenn die Alliierten hart blieben, Franco würde nur die Rolle des Spießgesellen spielen, der den deutschen Faschismus vor dem Desaster retten will. Eine Einigung in letzter Sekunde war praktisch unmöglich. Franco ließ daher am 4. September ein Dekret veröffentlichen, das „den spanischen Staatsbürgern strikte Neutralität" vorschrieb.

Der militärische Zusammenbruch Polens unterbrach eine Zeitlang die Kriegshandlungen, bis sie im deutschen Westfeldzug eine Fortsetzung fanden. In einem Interview, das Franco Manuel Aznar, einem Journalisten von „El Sol", gab, erklärte er, er „habe alles getan, damit Polen nicht ausgelöscht werde". Seiner Meinung nach wäre die polnische Katastrophe zu verhindern gewesen, hätte man gleich nach dem Zusammenbruch der Front nachgegeben. Er machte kein Hehl aus seiner Besorgnis über den Vormarsch der Russen, die sich ja – von den Westmächten ungestraft – die drei baltischen Republiken und Ostpolen angeeignet hatten. Man müsse weitere sowjetische Erfolge unbedingt verhindern, schloß er, „und das ist nur möglich, wenn der Friede im Westen wiederhergestellt wird".

Zu diesem Zweck ließ er Ribbentrop durch seinen Botschafter Admiral Magaz ein Angebot für eine Vermittlung zur Friedensfindung überbringen. Hitler hörte sich den Vorschlag erst gar nicht an. London und Paris standen Franco ebenfalls feindlich gegenüber. Also blieb den Spaniern nichts anderes übrig, als den Zusammenstoß der Nationen abzuwarten und ihr Vaterland, so gut es ging, aus den Ruinen wiedererstehen zu lassen.

Im Oktober beschloß Franco, Burgos zu verlassen und zuerst im Schloß von Vinuelas, dann im Pardo seinen Wohnsitz zu nehmen, einem Schloß aus dem 16. Jahrhundert, nur wenige Kilometer von Madrid entfernt. Er sollte dort bis zum Ende seines Lebens residieren.

Die Wirtschaft hatte Vorrang. Einige Fortschritte waren erzielt worden. Die Rückgabe des Goldes, das von den Republikanern nach Frankreich gebracht worden war, sowie eine staatliche Anleihe, die Spanien 5,582 Milliarden Peseten einbrachte, gaben Franco ein wenig finanziellen Spielraum. Am 7. Oktober 1939 beschloß der Ministerrat einen Zehnjahresplan für den nationalen Wiederaufbau. Dieser Plan, der auf die Autarkie des Landes abzielte, sah den Bau von großen Staudämmen vor, die das Land bewässern und die Industrie mit Energie versorgen sollten. Der Mangel an Devisen behinderte den wirtschaftlichen Aufschwung. Die Importe mußten auf ein Minimum beschränkt werden, vor allem auf Erdöl und Textilien. Für die Beschaffung von Devisen mußten Artikel produziert bzw. gefördert werden, die man exportieren konnte, besonders Erze, die von den kriegführenden Nationen benötigt wurden. Große Bauvorhaben wurden eingeleitet, um die Arbeitslosigkeit zu verringern. Franco schrieb: „Eine Volksmasse, die arbeitet, schafft immer Reichtum. Ein arbeitsloser Arbeiter ist totes Kapital, das auf Kosten der Produktion anderer lebt."

Mit Hilfe von Verordnungen schuf Franco ein Wohnbauinstitut, ein Nationales Besiedelungsinstitut, das den Auftrag hatte, trockene Landstriche zu bewässern. Er gründete einen Rat zur wissenschaftlichen Forschung, um das Niveau der Wissenschaften in Spanien anzuheben, die Technik zu verbessern und die wissenschaftlichen Erkenntnisse „im Dienst der geistigen und materiellen Interessen des Landes" unter einen Hut zu bringen. Ein Gesetz zum Schutz der nationalen Industrie kündigte die ehrgeizige Politik der Autarkie an, die der Schiffbauingenieur Juan Antonio Suanzes predigte.

Es war nicht einfach, ein so gewaltiges Programm mit geringen Mitteln zu verwirklichen, zumal die beiden ehemaligen Bürgerkriegszonen unter dem Zeichen der Sparsamkeit vereint waren. Lebensmittelkarten gaben jedem Bürger das Recht, pro Woche einen Deziliter Öl, hundert Gramm Zucker, fünfzig Gramm Linsen, fünfundsiebzig Gramm Trokkenfisch und dreißig Gramm Kaffee zu konsumieren. Alles andere erhielt man nur auf dem Schwarzmarkt, dem „estraperlo". Der sittenstrenge Muñoz Grandes wetterte zwar gegen diese Mißstände, aber es half nichts. Das Problem für das Regime bestand darin, daß sich die Begeisterung des Krieges und des Sieges abnützten.

Um dem Hunger zu widerstehen, so wie man dem Feind getrotzt hatte, wurde an den Patriotismus appelliert. Ein grandioser Leichenzug wurde organisiert, der den Sarg von José Antonio Primo de Rivera von Alicante zum Escorial brachte. Das siegreiche Spanien ehrte den jungen Anführer, dessen Ideen den neuen Staat inspirierten.

Jenseits der Grenzen ging indessen der Krieg weiter. Pius XII. hatte zu Weihnachten einen Appell an die kriegführenden Nationen gerichtet. Franco übernahm diesen Appell anläßlich seiner Neujahrsansprache an die Spanier:

„Unsere Nation, die drei Jahre lang einen heldenhaften Kampf zur Rettung der westlichen christlichen Zivilisation geführt hat, teilt heute die Leiden der anderen europäischen Staaten und erhebt ihre Stimme im Einklang mit der des Kirchenoberhaupts, Italiens und vieler anderer Staaten, die das Ende der Feindseligkeiten fordern, die, wenn sie weitergehen, das Tor des Westens für die asiatische Barbarei öffnen."

Eine Gelegenheit zum Frieden schien sich zu bieten, als wenig später der amerikanische Vizeaußenminister Summer Welles nach Europa kam. Oberst Beigbeder beauftragte den Herzog von Alba, spanischer Botschafter in London, den Amerikaner zu einem Besuch bei Franco in Madrid einzuladen und ihm eine konzertierte Aktion der Neutralen vorzuschlagen, die sich in San Sebastián hätten treffen können. Nun jedoch weigerte sich Welles – der Mussolini in Rom und Hitler in Berlin getroffen hatte –, mit Franco zusammenzukommen. Diese befremdliche Haltung eines Vermittlers, der den Frieden zu retten versuchte, kann durch die Vorurteile erklärt werden, welche die amerikanischen Demokraten Franco gegenüber hegten. Für sie war er nur ein Vasall der Achsemächte. Es ist auch denkbar, daß das Außenministerium in Washington Franco für seine freimaurerfeindliche Politik bestrafen wollte.

Eine der fundamentalen Thesen des Generalissimus war, daß die Freimaurerei im Lauf des 19. Jahrhunderts die Kräfte Spaniens untergraben hatte, daß sie mitverantwortlich für den Zerfall des spanischen Großreichs gewesen war und, danach, für die Entchristianisierung während der Zweiten Republik; daß sie ferner die Volksfront und die rote Republik unterstützt hatte. Aus diesem Grund hatte er, wie vor ihm Lenin, Mussolini und Hitler, während des Bürgerkriegs die Freimaurerei verboten und am 1. März 1940 ein sehr hartes Gesetz erlassen, das die „Sekte" und den Kommunismus verbot. Diese Maßnahmen konnten nur die Feindseligkeit der angelsächsischen Politiker verstärken, bei denen der Einfluß der Freimaurer, zusammen mit den demokratischen Ideen, besonders groß war.

Der Frühling kam näher, und man mußte mit dem neuerlichen Ausbruch der Kämpfe in Zentraleuropa rechnen. Während des Winters hatte die sowjetische Aggression gegen Finnland ernste Divergenzen zwischen der heftig antisowjetischen Haltung Spaniens und der deutschen Propaganda offenbart. Das italienisch-spanische Bündnis hingegen schien enger als je zuvor. Die Zeitungen in Madrid und Rom feierten wortreich die Heldentaten von Mannerheims Soldaten in Finnland und zeigten genauso deutlich ihre Verachtung für die Rote Armee. Damit waren sie London und Paris näher als Berlin. Das Ende des finnischen Abenteuers brachte die Kriegshandlungen wieder zum Erliegen. Die Verhärtung der italienischen Position seit der Reise von Summer Welles aber weckte in Madrid neue Ängste. Sollte im Mittelmeer ein Krieg ausbrechen, so wären die Balearen und Marokko großen Risiken ausgesetzt. Franco ließ die kriegführenden Nationen wissen, daß Spanien sein Territorium gegen jeden Angriff verteidigen würde. Diese Erklärung war jedoch, angesichts der relativen Schwäche seiner Luftwaffe und Marine, gewagt.

Am 9. April 1940 eroberte die Deutsche Wehrmacht Dänemark und Norwegen im Handstreich. Am 10. Mai begann Hitler die Offensive gegen Frankreich, unter Mißachtung der Neutralität Hollands, Belgiens und Luxemburgs. Der Durchbruch der Panzerverbände der Wehrmacht bei Sedan zeigte klar die militärische Überlegenheit Deutschlands. Die spanische Diplomatie veränderte ihre Position nicht. Spanien blieb neutral. Die Presse hingegen verschwieg nicht ihre Begeisterung für die Leistungen der alten Kampfgefährten. Angesichts der Gefahr, die Frankreich bedrohte, versuchte Ministerpräsident Paul Reynaud, alle

Kräfte zu mobilisieren, indem er die Sieger von 1918 an die Spitze der Armee zurückholte. Weygand folgte Gamelin auf den Posten des Oberkommandierenden, und Pétain kam in die Regierung. Dieser hatte seine Aufgabe als Botschafter in Madrid mit Würde absolviert. Franco erzählte Jahre danach, er habe dem Marschall abgeraten, nach Paris zu gehen: „Gehen Sie nicht hin... Schützen Sie Ihr hohes Alter vor; die, die den Krieg verloren haben, sollen ihn auch beenden und den Friedensvertrag unterzeichnen. Gott sei Dank waren Sie hier, abseits, ohne Verantwortung. Sie sind der Sieger von Verdun, halten Sie Ihren Namen von den Niederlagen anderer fern."

Pétain hörte nicht auf ihn. Er sah es als seine Pflicht an, den Posten zu anzunehmen, den man ihm anbot. Er antwortete: „Das Vaterland ruft mich. Es wird vielleicht der letzte Dienst, den ich ihm erweisen kann." – „Sehr bewegt umarmte er mich und trat seinen Opfergang an", schließt Franco.

Der Generalissimus gab dem Marschall wenig Chancen, ein Wunder zu vollbringen wie 1914 an der Marne. Eigentlich war nach der Kapitulation der Holländer und Belgier sowie nach der Einschiffung des britischen Expeditionskorps in Dünkirchen das Schicksal Frankreichs besiegelt.

Die französische Regierung versuchte, den Kriegseintritt Italiens zu verhindern, und schlug dem spanischen Botschafter Lequérica vor, in Madrid französisch-italienische Verhandlungen zu eröffnen. Bevor Franco jedoch antworten konnte, teilte ihm sein Botschafter in Rom die Entscheidung des Duce mit, in den Krieg einzutreten. Mussolini hatte, geblendet von den deutschen Triumphen, beschlossen, sich einen Teil der Beute zu sichern. Hatte Franco dieselbe Idee? Die spanischen Fachleute auf dem Gebiet des Frankismus sind sich in diesem Punkt nicht einig. Professor Ricardo de la Cierva, der so etwas wie der „offizielle Historiker" Francos war, glaubt, daß diese Versuchung bestand, aber nur von kurzer Dauer war. Serrano Suñer, damals der wichtigste Mitarbeiter des Caudillo, hatte eine Erklärung abgegeben, allerdings mit gewissen Untertönen, die diese Ansicht bestätigen würde.

Um die spanische Politik jener Zeit zu verstehen, muß man sich in die Stimmung Europas nach den verblüffenden Siegen Deutschlands versetzen. Daß die französische Armee weggefegt worden war, wie zuvor die polnische und die dänische, schien zu beweisen, daß nichts die mächtige deutsche Kriegsmaschinerie aufhalten konnte. Andererseits gab die Art, wie Hitler die kleinen neutralen Staaten behandelt hatte, den europäischen Staatschefs zu denken. Franco hatte das Glück, gute Beziehungen zu beiden Diktatoren der Achse zu unterhalten, die bereits die Herren über den größten Teil Europas waren. Die Waffenbrüderschaft und die faschistische Verbundenheit sprachen für ihn.

Konnte Spanien daher nicht seinen Nutzen aus der Neugestaltung der Weltkarte ziehen, die durch den Sieg der Achse bewirkt würde? Spanien war eine der Großmächte der Neuzeit gewesen. Es hatte diesen Platz durch die Schläge, die ihm bald Frankreich, bald England versetzten, eingebüßt, bevor die Vereinigten Staaten im Jahr 1898 das Imperium endgültig zerschmetterten. Jetzt bot sich die Gelegenheit, diesen Verlust wieder wettzumachen. Durfte man sie ungenutzt verstreichen lassen?

Das Unglück war, daß dieser Krieg zu früh begonnen hatte. Mit knapp 200 einsatzfähigen Flugzeugen, einer Flotte, die nicht imstande war, die Inselgruppen zu verteidigen, mit alten, vom Krieg gezeichneten Waffen, einer desolaten Wirtschaft und angesichts der Tatsache, daß man einem Teil der Bevölkerung kaum vertrauen konnte, war es nicht möglich, sich auf einen langen Krieg einzulassen. Franco versuchte also, ihm aus dem Weg zu gehen, plante aber gleichzeitig, die „historischen Ungerechtigkeiten", die Spanien hatte hinnehmen müssen, zu korrigieren. Es war ein schwieriges Unterfangen, das viel Ruhe und Geschick verlangte. Am 3. Juni schrieb er an Hitler einen Brief, den der Generalstabschef General Vigón nach Belgien brachte und in dem er den Führer zu seinen Siegen beglückwünschte „in einem Kampf, den mein Volk verfolgt, als wäre es sein eigener". Nach dieser Beweihräucherung erklärte der Caudillo, daß die verheerende wirtschaftliche Lage und die extremen Schwierigkeiten, seine Überseegebiete zu verteidigen, ihn dazu zwängen, neutral zu bleiben. Die Taktik, die Franco im Verlauf dieser gefährlichen Jahre verfolgen sollte, scheint hier zum erstenmal auf: eine Flut an freundlichen Beteuerungen und gleichzeitig ein vorsichtiges „non possum" – ich kann nicht –, wenn es darum ging, sich zu engagieren. Am selben Tag wurde von Stohrer von Beigbeder empfangen, und dieser teilte ihm mit, wie die möglichen Kriegsziele Spaniens aussehen würden: Marokko, das Gebiet um Oran in Algerien sowie Gebiete in Französisch-Äquatorialafrika. Das war nicht wenig. Der Botschafter gab die Wünsche nach Berlin weiter.

Währenddessen brach Franco aber auch nicht mit England. Churchill versuchte, Spanien neutral zu halten und entsandte als Botschafter einen der wichtigsten Männer seiner Partei, den früheren Außenminister Sir Samuel Hoare. Die Jugend Spaniens, von den deutschen Erfolgen begeistert, und von der Presse, welche von England die Rückgabe Gibraltars forderte, beeinflußt, demonstrierte lautstark gegen Hoare, was diesen jedoch nicht aus der Ruhe bringen konnte. Die britische Politik verfügte über einen Trumpf: die Armut Spaniens. Es benötigte Weizen, Baumwolle, Erdöl und viele andere Güter, die nur aus Übersee kommen konnten. Dazu mußte die englische Flotte sie erst einmal durchlassen. Aus Angst, daß diese Importe anschließend in die Staaten der Achse weitergereicht werden könnten und um ein Druckmittel gegen Madrid in der Hand zu behalten, ging London mit Transitgenehmigungen sehr sparsam um. Diese Anwendung des „ehernen Gesetzes" auf die Diplomatie war zweifellos erfolgreich. 1940 wurde der Ton der Briten versöhnlicher, und die Regierung in London bot Franco an, ihm ihre Weizenreserven zu verkaufen, die sie in Lissabon lagerte, wenn Spanien seine Neutralität garantiere. Franco akzeptierte. Die Spanier zu ernähren, war ihm wichtiger als der Felsen von Gibraltar.

Dies hinderte den Ministerrat vom 12. Juni 1940 aber nicht daran, zu erklären, daß angesichts der Tatsache, daß Italien in den Krieg eingetreten war, Spanien seinen Status von „neutral" auf „nicht kriegführend" änderte. So wurde Solidarität zum Verbündeten der Bürgerkriegszeit demonstriert. Für die meisten Beobachter war dies ein weiterer Schritt in Richtung Krieg, aber Franco beruhigte gleichzeitig den englischen Botschafter mit der Erklärung: „Die Nicht-Kriegführung bedeutet nicht, daß es Veränderungen an der Neutralität geben wird."

Zwei Tage danach setzten sich jedoch in Marokko spanische Truppen in Bewegung. Der internationale Status von Tanger wurde durch den Konflikt zwischen Italien und den Westmächten gestört. Die öffentliche Meinung im nationalistischen Lager betrachtete den besonderen Status dieser Stadt, die in der spanischen Zone Marokkos lag, als eine Demütigung aus der Zeit des schwachen Königreichs unter Alfons XIII. War es nicht an der Zeit, diese Frage zu klären? Die spanische Diplomatie agierte vorsichtig. Lequérica machte dem neuen französischen Außenminister Baudouin den Vorschlag, daß Spanien den marokkanischen Hafen provisorisch besetzen würde. Jetzt, da die Niederlage Frankreichs außer Zweifel stand, konnte Baudouin dies wohl kaum ablehnen, und so besetzte die spanische Armee völlig friedlich die internationale Stadt.

Was den Sinn dieser Operation völlig zunichte machte, war die triumphale Verbreitung der Meldung in der spanischen Presse. Viele Historiker sahen in den alliiertenfeindlichen Tiraden das Werk von Serrano Suñers Propagandisten. Es ist nur erstaunlich, daß Franco sie nicht unterband, wenn er sie für kontraproduktiv hielt. Er duldete diese lauten Jubelrufe, entweder weil er die öffentliche Meinung in Spanien für den Fall einer Krisensituation unter Druck halten wollte oder weil sie in seine Politik gegenüber Rom und Berlin paßten.

Der Fall von Paul Reynaud und die Machtübernahme durch Pétain veränderten die Situation in Frankreich; sie gaben Spanien die Gelegenheit, eine wichtige diplomatische Rolle zu spielen. Baudouin bat Lequérica, er möge doch durch die Regierung in Madrid erfragen lassen, welche Bedingungen Deutschland für einen Waffenstillstand und für den Frieden stellen würde. Als die Waffenstillstandsabkommen zwischen Frankreich und den Achsemächten unterschrieben waren und Pétains Anrecht auf die französischen Überseegebiete anerkannt war, konnte Spanien endlich aufatmen: Der Krieg entfernte sich von seinen Grenzen. Dafür kam die Deutsche Wehrmacht in die Westpyrenäen. Zwar handelte es sich um die Armee einer befreundeten Macht, aber Hitler war ein unbequemer Partner. Man hatte in Madrid erfahren, daß der Führer von einigen Winkelzügen der zweigleisigen Politik Francos unterrichtet war. Gerüchte gingen um, Hitler wünsche sich einen Nachfolger für den Caudillo, der verläßlicher und weniger bedächtig wäre. Die alliierte Presse hatte dies verlauten lassen. Dieser Nachfolger konnte der Luftwaffenminister Yagüe sein, der sich über die knausrige Regierung ärgerte, die ihn am Aufbau einer schlagkräftigen Luftwaffe hinderte, welche Spanien benötigte, und den man beschuldigte, Offiziere unter sich dienen zu lassen, die eine freimaurerische Vergangenheit hatten. Nach einem heftigen Wortwechsel, bei dem der Kriegsminister General Varela anwesend war, beschloß Franco, Yagüe von seinem Posten zu entfernen. Juan Vigón, Generalstabschef und Monarchist, folgte ihm nach.

Hitler war nun Herr über das kontinentale Europa, mit Ausnahme der UdSSR, die aber ein vertraglicher „Freund" war. Wenn Großbritannien den Frieden ablehnen sollte, den er ihm anbot, mußte der Führer etwas unternehmen. Die Presse sprach von einer Invasion Englands, aber dazu wäre eine Flotte nötig gewesen, die Deutschland nicht hatte. Blieben also die britischen Stützpunkte im Mittelmeer, von denen Gibraltar der wichtigste war, oder aber eine Aktion gegen Portugal, Englands alten Verbündeten. Das entsprach genau der Position Napoleons nach Tilsit. Der Kaiser hatte, über die Allianz mit Spanien, Portugal angegriffen und dann die Präsenz seiner Truppen in Nordspanien nutzen wollen, um die Bourbonen vom Thron zu vertreiben. Das Abenteuer, in das er sich stürzte, sollte ihm zum Verhängnis werden. Hitler versuchte keine Invasion in Portugal; dafür ließ er von seinem Generalstab die „Operation Felix" ausarbeiten, welche die Eroberung Gibraltars zum Ziel hatte. Spanien reklamierte den „Felsen" für sich, den es während des Spanischen Erbfolgekrieges verloren hatte. Im 18. Jahrhundert hatten Philipp V. und sein Sohn Karl III. mehrere Male vergebens versucht, die Festung wieder zurückzuerobern. Dann hatte der Überfall Napoleons die Spanier in eine Allianz mit England getrieben, und das Thema Gibraltar war tabu gewesen.

Jetzt, auf einmal, bot sich die Chance, die jahrhundertealte Schmach zu tilgen. Die spanische Presse verlangte lautstark danach. Plakate an Mauern und Wänden verkündeten Gibraltars Zugehörigkeit zu Spanien. In einem Bericht vom 2. Juli schrieb Oberst Antonio Barroso, der Militärattaché Spaniens in Frankreich: „Ich glaube nicht, daß sich eine derartige Gelegenheit, die Schmach von Gibraltar zu beseitigen und den Engländern ihre Vormachtstellung in Portugal zu entreißen, in Zukunft noch einmal bieten wird."

Hitler konnte also annehmen, daß es ihm leichtfallen würde, Franco zu überzeugen, seine Truppen Spanien passieren zu lassen, um Gibraltar zu erobern und die Engländer ins Meer zu treiben. Er schickte Canaris nach Madrid, um die Frage mit dem Caudillo und seinen Mitarbeitern zu erörtern. Der Admiral hatte bereits während des Bürgerkriegs Missionen bei Franco erfüllt. Er konnte offen sprechen. Spielte er damals schon sein doppeltes Spiel, das ihn später das Leben kosten sollte? Sah er die Fakten klarer als die anderen deutschen Entscheidungsträger? Auf jeden Fall riet er Franco, entgegen seinem Auftrag, neutral zu bleiben. Diese Unterredung sollte die Vorsicht des Generalissimus nur noch verstärken.

Er dachte nicht daran, sich gegen Salazar zu stellen, der die traditionelle portugiesische Linie des Bündnisses mit England verfolgte; vielmehr ließ er von seinem Bruder Nicolás, Botschafter in Lissabon, einen Vertrag aushandeln, nach dem sich beide Regierungen verpflichteten, ihre Politik abzustimmen, um die Unantastbarkeit ihrer Territorien zu erhalten. Churchill mußte in diesem Schritt eine Bestätigung für den Willen Spaniens sehen, seine Neutralität aufrechtzuhalten, und setzte daher, im Einklang mit den Vereinigten Staaten, seine Weizen- und Erdöllieferungen in solchem Ausmaß fort, daß Spanien überleben konnte. Da der Premierminister sich um den bedrohten Stützpunkt Gibraltar Sorgen machte, gaukelte er dem Herzog von Alba Aussichten vor, daß Spanien die Möglichkeit bekommen würde, sich auf Kosten von Französisch-Marokko zu vergrößern, und sprach vage von einer möglichen Lösung des Gibraltar-Problems nach dem Krieg.

Diese Situation des Gleichgewichts brach zusammen, als Hitler nach einem Besuch von Canaris in der Gegend um Gibraltar beschloß, den englischen Flottenstützpunkt zu erobern. Er verlangte von Spanien nun freie Bahn für seine Truppen bis nach Gibraltar. Diese Erlaubnis hätte aber den Krieg Spaniens mit dem Britischen Empire – und wahrscheinlich anschließend mit den Vereinigten Staaten – zur Folge gehabt. Nun entwickelte sich die Luftschlacht über England aber zugunsten der Briten. Ein guter Grund, vorsichtig zu sein.

Franco sagte jedoch nicht direkt nein. Er wiederholte die Liste seiner territorialen Ambitionen: Marokko, das Gebiet um Oran, Gebietserweiterungen im Rio de Oro (südlicher Teil der Westsahara) sowie in den spanischen Zonen des Golfs von Guinea. Zu Recht erinnerte er an Spaniens Mangel an Kriegsgerät und Rohstoffen und fragte nach, was seine Verbündeten ihm liefern könnten, sollte er in den Krieg eintreten.

Am 15. August 1940 schrieb er an Mussolini, um ihm seine Lage zu schildern. Er erinnerte den Duce an den Beitrag, den er zum neuen Europa geleistet hatte, und an die Notwendigkeit, Spanien erst auf den Krieg vorzubereiten. Er versicherte, daß er dazu bereit wäre, aber erst, wenn er sich dazu imstande sähe. Bevor er sich in das Abenteuer stürzen würde, verlangte er Garantien.

Erriet Mussolini die Schachzüge seines Partners? Er antwortete jedenfalls mit einer Ermutigung, zu handeln: „Sollte Spanien nicht am Krieg teilnehmen, würde es sich in der Geschichte Europas selbst an den

Rand manövrieren." Und er schloß: „Auf jeden Fall wird ihm jeder moralische Anspruch auf eine Lösung seiner afrikanischen Probleme fehlen."

Zur gleichen Zeit hatte der deutsche Generalstab seine Planungen abgeschlossen und machte Druck auf Franco. Aus diesem Grund schickte der Caudillo seinen engsten Mitarbeiter, Serrano Suñer, mit einer großen Abordnung nach Berlin. Ziel dieser Mission war es, die deutschen Politiker von der Freundschaft Spaniens zu überzeugen und sie zu bitten, abzuwarten, bis Spanien für einen Krieg bereit sei. Es schien sonderbar, daß Außenminister Beigbeder in Madrid blieb. Zu Beginn seines Mandats hatte man ihn für germanophil gehalten, er hatte sich aber – unter dem Einfluß einer englischen Mätresse, wie Franco zu Serrano Suñer sagte – immer mehr Sir Samuel Hoare genähert. Von Stohrer sah in ihm einen Gegner. Es schien also besser, einen vertrauenswürdigen Mann nach Berlin zu entsenden.

Serrano Suñer hatte im Krieg zwei Brüder verloren, und er hatte scharfe Reden gegen die Haltung der Franzosen und Engländer gehalten. Für Beobachter schien er der „Mann der Achse" in Madrid zu sein. In Wahrheit war dieser Katholik italophil, ein Bewunderer des Duce und des Faschismus. Die deutsche Gründlichkeit gefiel ihm gar nicht, und er befürchtete eine deutsche Vorherrschaft, der er durch einen Bund der südländischen romanischen Staaten begegnen wollte.

Durch sein erstes Gespräch mit Ribbentrop erfuhr er, daß Deutschland mit der spanischen Politik unzufrieden war, an der es eine gewisse Doppelgleisigkeit feststellte. Die Aussagen Serranos über die spanischen Gebietsansprüche in Afrika stießen auf wenig Echo, und seinen Bericht über die Versorgungsmängel in Spanien hielt man für übertrieben. Die Forderung der Deutschen nach einem Stützpunkt auf den Kanarischen Inseln, die Ribbentrop vorbrachte, entsetzte Serrano.

Am darauffolgenden Tag empfing ihn Hitler etwas freundlicher, zeigte aber die gleiche kalte Schulter, als Serrano auf die Gebietsansprüche in Französisch-Nordafrika zurückkam. Der Führer sagte nicht nein, verschob aber die Entscheidung auf die Zeit nach dem Friedensschluß. Er schlug ein Treffen mit Franco an der französisch-spanischen Grenze vor, weil er ihn wahrscheinlich in einem persönlichen Gespräch überzeugen wollte. So wurde das Treffen von Hendaye beschlossen.

Als Serrano, via Rom, nach Madrid zurückkehrte, war es ihm gelungen, jeder Verpflichtung aus dem Weg zu gehen. Nach Aussagen von Ciano in dessen Tagebuch war Hitler eher gegen einen Kriegseintritt Spaniens, „weil er teurer käme, als das Ganze wert ist." – „Insgesamt", notierte der italienische Minister, „ist die Mission von Serrano nicht sehr glücklich verlaufen. Der Mann hat nicht gefallen, und er konnte den Deutschen auch gar nicht gefallen." Serrano selbst verurteilte deren „Mangel an Taktgefühl". Ciano fand aber auch, daß „Spanien seit geraumer Zeit viel verlangt und nichts dafür leistet".

Franco und Serrano hatten Zeit gewonnen, aber sie wußten, daß der deutsche Druck nicht nachlassen würde. Am 13. Oktober schien der Generalissimus seinen gefährlichen Freunden einen Gefallen zu erweisen, indem er Beigbeder entließ, der dem Geschick von Samuel Hoare und den Reizen von Miss Fox zum Opfer gefallen war. Serrano wurde neuer Außenminister. Der Industrieminister Alarcón de la Lastra wurde ebenfalls durch einen falangistischen Ingenieur namens Demetrio Carceller abgelöst. Franco übernahm die Leitung des Innenressorts, wo Serrano einen gewissen Einfluß auf seine alten Mitarbeiter behielt.

Gleichzeitig wurden der rasche Prozeß und die Hinrichtung des früheren Präsidenten der „Generalität" von Katalonien, Lluis Companys, sowie des republikanischen Innenministers Julián Zugazagoitia vollzogen, die beide in Frankreich festgenommen und an Spanien ausgeliefert worden waren, wo man sie für den Tod vieler Nationalisten verantwortlich machte.

Am 23. Oktober 1940 kam Hitler nach Hendaye, um sich mit Franco zu treffen, nachdem er am Vortag eine Zusammenkunft mit dem stellvertretenden Ministerpräsidenten Frankreichs, Pierre Laval, gehabt hatte. Am 24. wollte er sich dann mit Pétain beraten. Der Führer befand sich in einer unangenehmen Lage. Da seine Luftwaffe nicht fähig gewesen war, die Luftüberlegenheit über England zu erringen, war jeder Gedanke an einen Blitzkrieg und an eine Invasion auf den Britischen Inseln illusorisch geworden. Der Krieg würde noch lange dauern. Deutschland mußte daher versuchen, den Kontinent, den es militärisch beherrschte, zu organisieren, und daher stammte auch die Idee, mit den beiden westeuropäischen Staatsmännern zu konferieren. Die Vichy-Regierung schien die Idee des Waffenstillstandsvertrags zu akzeptieren, der ihr ihre Flotte und ihr großes Kolonialreich beließ. In Dakar hatten die Vichy-Truppen einen britisch-gaullistischen Landungsversuch abgewehrt. Das Ansehen des greisen Marschalls Pétain war unbestritten. Seit dem englischen Angriff auf die in Mers-el-Kebir vor Anker liegende französische Flotte schien die Feindseligkeit zwischen Engländern und Franzosen groß – und sie war es auch in gewissen Kreisen. Das bewog die Reichsführung in Berlin dazu, auf die französische Karte zu setzen, was Hitler bei seinem Treffen mit Pétain auch vorhatte.

Die spanischen Ansprüche auf den westlichen Maghreb zu befriedigen, hätte diese Politik zum Scheitern gebracht, und das Risiko hätte darin bestanden, daß französische Kolonien abtrünnig würden. Die Unterredung von Hendaye stand also unter dem Zeichen der Ungewißheit.

Über das Treffen wurde oft geschrieben. Bekannt ist, daß Franco zu spät kam – nicht aus Berechnung, wie einige behaupteten, sondern weil die Lokomotive seines Zugs so altersschwach war wie das gesamte rollende Material Spaniens. Nach den protokollarischen Begrüßungen und dem Abnehmen der deutschen Ehrenformation begaben sich Hitler, Ribbentrop, Franco, Serrano und die beiden Dolmetscher in den Sonderwaggon des Führers, wo die Diskussion begann.

Hitler zeichnete ein optimistisches Bild der militärischen Lage. Er lud Spanien ein, sich an einem Krieg zu beteiligen, der schon gewonnen sei, und fragte, was es dazu beitragen könne. Er meldete großes Interesse an der Vertreibung der Engländer von Gibraltar, was ihre Flotte von Operationen im Mittelmeer ausgeschlossen hätte. Zu diesem Zweck wollte er Franco jenes moderne Gerät zur Verfügung stellen, das die uneinnehmbare Festung zu Fall bringen würde. Er bot auch seine Hilfe an, um die Kanarischen Inseln gegen einen eventuellen englischen Angriff zu befestigen. Was Marokko anging, so versprach er, die Ansprüche Spaniens zu berücksichtigen, sollte es in den Krieg eintreten, sagte aber auch, daß er im Moment nichts tun könne. Erst nach dem Krieg würden die Territorien neu verteilt werden. Jetzt aber müßte sich Spanien seinen Platz im neuen Europa verdienen.

Franco antwortete ausführlich, indem er zunächst seine Treue zur Achse bekräftigte und seinem Wunsch, in den Krieg einzutreten, Ausdruck verlieh. Gleichzeitig versicherte er, daß dies nicht sofort möglich sei. Er zeichnete noch einmal das düstere Bild der Lage, in der sich Spanien befand. Dann sprach er – mit großer Leidenschaft, wie Serrano sagte – von den spanischen Gebietsansprüchen auf Marokko und Oran.

War er in diesem Augenblick ehrlich, oder forderte er bewußt zuviel, um sich eine Ablehnung zu holen, die seine Untätigkeit gerechtfertigt hätte? Diese Frage mit letzter Gewißheit zu beantworten, wird unmöglich bleiben. Man darf jedoch nicht vergessen, daß die Propaganda des Regimes sehr viel vom „Großreich" sprach, das es zu errichten galt. Um seine Ansprüche auf den Maghreb zu rechtfertigen, bediente es sich derselben Argumente wie die italienischen Kampagnen bezüglich Tunesien, indem es auf die Geschichte und auf die spanische Herkunft vieler europäischer Siedler in Algerien verwies. José Maria de Areilza und Fernándo Castiella, zwei wichtige, propagandistisch sehr aktive Intellektuelle des Regimes, schrieben ein dickes Buch, „Spanische Gebietsansprüche", in dem sie die Beschwerdepunkte ihrer Nation gegen Frankreich und England aufzählten, deren sich die frankistische Propaganda gewiß bedient hätte, hätte die Friedenskonferenz nach einem deutschen Sieg stattgefunden. Nach 1945 behaupteten die Sprecher der spanischen Regierung, das alles wäre geschehen, um Hitler und seinen Mitarbeitern Sand in die Augen zu streuen. Diese These scheint allerdings doch etwas an den Haaren herbeigezogen.

Auf jeden Fall erbat Franco eine Frist für den Kriegseintritt. Auf dieses „ja, aber" antwortete Hitler mit einer ähnlichen Formulierung: „Spanien würde nach dem Friedensschluß zufrieden sein, wenn…" Aus diesem Grund schlug Ribbentrop ein Bündnis vor, in dem sich Spanien verpflichtete, in den Krieg einzutreten, wenn Deutschland es verlangen würde. Eine derart kategorische Verpflichtung lehnte Franco ab, schlug aber Modifikationen vor.

Als die Diskussion beendet war, zogen sich die Delegationen zurück, bevor sie zum Abendessen wieder zusammentrafen. Die beiden Diktatoren waren einer mit dem anderen unzufrieden. Baron de las Torres, der Diplomat, der Franco als Dolmetscher diente, erzählte, er hätte Hitler zu Ribbentrop sagen hören: „Mit diesen Kerlen kann man nichts machen." Serrano zufolge sagte Franco zu ihm: „Diese Leute sind unerträglich. Sie wollen, daß wir ohne Gegenleistung in den Krieg eintreten. Wir können ihnen nicht trauen, wenn sie sich nicht formell vertraglich verpflichten, uns sofort jene Territorien zu überlassen, die uns, wie ich es ihnen erklärt habe, von Rechts wegen zustehen; anderenfalls werden wir uns nicht in einen Krieg einlassen. Unsere neuen Opfer wären nur durch das Gegenstück dessen, was dann unser zukünftiges Großreich würde, aufzuwiegen. Nach dem Sieg würden sie uns, entgegen ihren schönen Beteuerungen, überhaupt nichts geben, wenn sie sich vorher nicht formell dazu verpflichten."

Die beiden Staatschefs und ihre Gefolgschaft trafen einander wieder in Hitlers Speisewagen und plauderten freundschaftlich, dann wiederholten sie ihre Argumente und gingen, Einvernehmen vortäuschend, auseinander. Nach seiner Rückkehr nach San Sebastián verfaßten Franco und sein Schwager einen Entwurf zum Protokoll, der den Deutschen durch den Botschafter Espinosa de los Monteros überreicht wurde. Durch diese diplomatische Note, die – so Serrano Suñer – einem Abkommen gleichkam, trat Spanien dem Dreimächtebund zwischen Deutschland, Italien und Japan bei. Spanien verpflichtete sich, an der Seite der Achsemächte in den Krieg gegen England einzutreten, „sobald diese ihm die Militärhilfe geliefert hätten, die für seine Vorbereitung notwendig war… während Deutschland wirtschaftliche Hilfe, Nahrungsmittel und Rohstoffe versprach", die für das Volk im Krieg gebraucht wurden.

Zum Schluß versprachen die Achsemächte – außer der Rückgabe Gibraltars an Spanien –, ihm in Afrika auf Kosten des Britischen Empires ein gleich großes Territorium wie jenes für Frankreich als Kompensation für seine Gebietsabtretungen zu überlassen.

Man könnte als Bilanz der Unterredung von Hendaye sagen, daß Franco den unmittelbaren Kriegseintritt Spaniens abgewendet, seine Kriegsziele offengelegt und fast an den Mann gebracht hatte. Aber alles blieb vage und würde von der Entwicklung der Situation abhängen.

Eine Woche danach wiederholte Franco seine Argumente in einem langen Brief an Hitler, in dem er seine nordafrikanischen Ansprüche begründete und beiläufig daran erinnerte, daß Frankreich immer der Feind Spaniens und Deutschlands gewesen sei. Hitler änderte seine Position nicht. Er wollte Frankreich unbedingt schonen, zumindest bis zum Frieden.

Serrano Suñer schreibt diesbezüglich in seinen Memoiren: „Wenn Hitler die Vorschläge, die von spanischer Seite formuliert wurden, angenommen hätte, wäre Spanien in den Krieg eingetreten. Aber Hitler war sehr interessiert an der Allianz mit Frankreich. Wichtig waren ihm, unter anderem, die Schiffe der französischen Kriegsflotte in Toulon und Biserta. Marschall Pétain verlangte von Hitler, als Vorbedingung für seine politische Freundschaft, die Sicherheit, daß die französischen

Rechte auf Algier und Oran gewahrt blieben... genauso wie die Erhaltung seines Protektorats in Marokko und Tunesien. Franco begriff, daß Hitler seinen Ansprüchen nicht nachgeben würde, und beschloß, eine Verteidigungshaltung einzunehmen, um unseren Kriegseintritt zu vermeiden oder... die Invasion unseres Territoriums." Ein Gegner Francos, Joaquin Satrustegui, faßte all diese Überlegungen in einer boshaften Quintessenz zusammen, die gar nicht so falsch war: „Es war Pétain, der uns vor dem Krieg bewahrt hat."

Es wäre jedoch angebracht, sich daran zu erinnern, daß Franco, sogar in Hendaye, nicht sofort mitmachen wollte. Der Mann war vorsichtig genug, um sich nicht, wie es Mussolini im Juni 1940 tat, kopfüber ins Abenteuer zu stürzen, ohne die nachfolgenden Ereignisse zu berücksichtigen. Er sollte dies später unter Beweis stellen.

Hitler ließ nämlich nicht locker. Weniger als einen Monat nach dem Treffen, am 23. Oktober 1940, wurde auf sein Betreiben eine neue Verhandlungsrunde eröffnet. Der Führer war vom Angriff der Italiener auf Griechenland und dem anschließenden Fiasko seines Verbündeten unangenehm überrascht worden, zumal dadurch dessen militärische Schwäche offenbar wurde. Er wollte nun definitiv einen Schlußstrich unter das Thema Gibraltar setzen, dem Schlüssel zum Mittelmeer, und lud Serrano in seine Residenz nach Berchtesgaden ein.

Franco befragte seine militärischen Minister. Admiral Moreno vertrat die Meinung, Spanien dürfe und könne nicht in einen Krieg eintreten. Varela riet, gar nicht zu antworten, aber Serrano sagte: „Wenn wir nicht hingehen, finden wir sie vielleicht in Vitoria." Der Ministerrat entschied somit, der Einladung Folge zu leisten.

Hitler eröffnete die Konversation mit der Erklärung, man müsse rasch handeln, er habe 230 Divisionen unter Waffen, und davon seien 185 sofort verfügbar. Er wolle nun die Gibraltar-Frage endgültig lösen. Alles sei dafür vorbereitet. Serrano Suñer antwortete, er wäre nicht über das Thema der Diskussion informiert worden, und nun fehlten ihm dazu die entsprechenden Instruktionen des Caudillo. Er wiederholte die spanischen Argumente über den Hunger in der Bevölkerung und betonte, daß einzig und allein die Weizenlieferungen aus Übersee die Situation lindern könnten. Hitler kannte diese alte Leier schon, von Stohrers Berichte bestätigten ihren Wahrheitsgehalt. Wieder gewährte der Führer einen Aufschub.

Ein dritter Versuch von deutscher Seite fand statt, als Canaris am 7. Dezember nach Madrid kam, um sich direkt mit Franco zu unterhalten, den man in Berlin für umgänglicher hielt als Serrano. Canaris erklärte, die deutschen Divisionen könnten sich schon am 10. Januar 1941 in Richtung Gibraltar in Marsch setzen. Franco antwortete wieder, Spanien sei nicht bereit. Canaris fuhr noch zum Felsen, um die Befestigungen zu inspizieren, aber er schnitt das Thema nicht mehr an. Spanien kehrte zu seiner provisorischen und wackligen Halbneutralität zurück. Wacklig deswegen, weil von Stohrer schon am 20. Januar Franco eine Note überreichte, in der Hitler ihn aufforderte, binnen 24 Stunden zu sagen, ob er nun in den Kriegseintritt einwilligen werde oder nicht. Das roch schon sehr nach einem Ultimatum. Franco entgegnete, daß er unmöglich innerhalb einer derart kurzen Frist werde antworten können. Der Dialog mit dem Botschafter begann aufs neue. Von Stohrer übergab ein bedrohliches Memorandum, das den Rat enthielt, möglichst nicht „einen Weg zu gehen,… der nur in einer Katastrophe enden kann. Wenn sich der Caudillo nicht unverzüglich für den Kriegseintritt an der Seite der Achsemächte entscheidet, sieht die deutsche Regierung nur mehr das Ende des nationalen Spanien voraus." In der Antwort Francos hieß es frostig, daß er „nur den Weg beschreite, der für seine Nation am günstigsten sei"; er weigerte sich, deutlicher zu werden.

Hitler war nun überzeugt, daß sich Franco an England verkauft hatte, um jene Nahrungsmittel zu erhalten, die den Spaniern ein karges Leben ermöglichten. In einem persönlichen Brief an den spanischen Diktator drückte er sein Bedauern über dessen Haltung aus, die der Sache der Achse schadete, und warnte ihn, daß der Brite, sollte er gewinnen, sich gegen Spanien wenden würde. „Nie, Caudillo, wird man Ihnen Ihren Sieg verzeihen."

Franco vertagte seine Antwort bis nach seiner Rückkehr aus Italien, wohin er auf Einladung von Mussolini fahren sollte. Hitler hatte dem Duce diesen Schritt vorgeschlagen, da er annahm, daß dieser den Caudillo vielleicht eher umstimmen könnte. Die Unterredung fand in Bordighera statt, gerade als die Italiener in Afrika militärische Niederlagen erlitten. Die italienischen Politiker, allen voran Mussolini, verstanden gut, daß Franco sich unter ungünstigen Bedingungen nicht auf einen Krieg einlassen würde. Der Duce machte ihn dennoch darauf aufmerksam, daß das Schicksal der Welt dabei war, sich zu entscheiden. Spanien könne nicht abseits stehen, denn ein Sieg der Demokratien würde den Spaniern keine Gebietsansprüche mehr gestatten. Im Gegenteil, „die erste Nation, die betroffen sein wird, ist Spanien".

Franco antwortete sehr ausführlich. Nachdem er Mussolini für seine Hilfe im Bürgerkrieg gedankt hatte, erklärte er ihm den traurigen Zustand des Landes. Spanien könne nicht mehr als 300.000 Männer unter Waffen halten, da es an Nahrung mangle, genauso wie an Erdöl, Kohle, Kautschuk und Waffen. Dann unterstrich er seine Haltung noch ein wenig und sprach von seiner Verbitterung, nicht in den Krieg eintreten zu können. Würde Deutschland ihm liefern, was er benötigte, er würde der Sache der Achse seine Unterstützung zukommen lassen. Es hinge eben alles vom Reich ab.

Da Franco sich mit Mussolini leichter tat – man war als Südländer unter sich –, nutzte der Caudillo die Gelegenheit, die deutsche Politik zu kritisieren – eine Politik, die offensichtlich größeren Wert auf Frankreich legte und Spanien nicht jenen Platz einräumte, der ihm zukäme. Die Spanier wären schockiert über diese „Bevorzugung des historischen Feindes von Spanien und Deutschland". Deshalb auch wäre die Unterredung von Hendaye ein Mißerfolg geworden. Franco fügte hinzu, daß, selbst wenn Deutschland alle verlangten Lieferungen durchführen könnte, Spanien erst dann zu den Waffen greifen würde, „wenn die Deutschen ein besseres Verständnis der spanischen Lage an den Tag legten", besonders in der Frage der Kolonien.

Mussolini zog die Lehre aus diesen Unterredungen, als er seinen Bericht an Hitler mit den Worten schloß: „Auch wenn Deutschland bereit wäre, alle verlangten Lieferungen zu leisten, wären doch ohnehin mehrere Monate nötig, um alles versandfertig zu machen." Es wäre wohl besser, „sich darauf zu beschränken, Spanien als politischen Verbündeten der Achse zu behalten". De facto beschloß das Oberkommando der Wehrmacht am 15. Februar 1941, die Operationen gegen Malta und Gibraltar zu vertagen. Am 22. wies Ribbentrop von Stohrer an, den Druck auf die spanische Regierung einzustellen.

Franco hatte, auf dem Rückweg nach Spanien, in Montpellier eine Unterredung mit Pétain. Dieser hatte, indem er den stellvertretenden Ministerpräsidenten Laval verstieß, der französisch-deutschen Entente praktisch ein Ende bereitet, obwohl er die Zusammenarbeit formell sicherstellte, um Hitler nicht zu irritieren. Die diplomatische Heuchelei verlangte, daß die beiden Staatsmänner herzliche Worte fanden. Die Regime in Madrid und Paris ähnelten in gewissen Punkten einander, und es bestand der Hintergedanke, eines Tages ein Bündnis der romanischen Staaten zu bilden, um die germanische Vorherrschaft zu kompensieren. Auch verband sie das gemeinsame Schicksal ihrer Bevölkerungen, die von der englischen Blockade zu unzureichenden Rationen gezwungen wurden und der Geißel des Schwarzmarktes ausgesetzt waren. Der Unterschied bestand darin, daß Franco über politische Bewegungsfreiheit verfügte, die Pétain als Chef eines zur Hälfte besetzten und vom Sieger ausgeplünderten Staates nicht hatte.

Für diese politische Handlungsfreiheit lieferte der Caudillo den Beweis, als er, nach seiner Rückkehr, in Madrid das Protokoll von Hendaye verwarf, da „die Entwicklung der Dinge die Umstände überholt hatte, die im Oktober in Betracht gezogen worden waren". Seine Aktion fiel zeitlich mit den neuen Zielsetzungen Hitlers zusammen, der, obwohl er gegen „diesen Jesuiten Serrano Suñer" wetterte, sich damit abfand, „die Spanier nicht unter Druck zu setzen, bis die allgemeine Situation in Europa klarer ist". Er mußte nämlich seinem italienischen Verbündeten in Libyen und auf dem Balkan zu Hilfe eilen. Die spanische Neutralität unter diesen Umständen zu zerstören und sich einer unangenehmen Guerilla auszusetzen, war nicht angeraten. In gewisser Weise diente das faschistische Italien Franco zum zweitenmal, wenn auch diesmal unfreiwillig.

Die Invasion auf dem Balkan durch die Deutsche Wehrmacht brachte Franco in einem Punkt in eine heikle Position: Dort gab es, seit die katholischen Könige die Juden aus Spanien vertrieben hatten, eine große jüdische Gemeinschaft, vor allem in Saloniki. Diese Sephardim hatten die Sprache ihrer Vorfahren, einen Teil ihrer Bräuche und eine gewisse Verbundenheit zu Spanien bewahrt. Im Jahre 1924 hatte General Primo de Rivera ihnen das Recht gewährt, die spanische Staatsbürgerschaft wiederzuerlangen. Es läßt sich nicht behaupten, daß sehr viele die Gelegenheit ergriffen hätten – aber das Eintreffen der Deutschen bedrohte sie nun ernsthaft.

Franco hatte sich kaum jemals um die jüdische Frage in Spanien kümmern müssen, da die Zahl der dort lebenden Juden äußerst gering war. Gewisse Erklärungen, in denen er die Weisheit von Ferdinand und Isabella lobte, die das jüdische Problem in Spanien gelöst hatten, wurden

196

getan, um den Nationalsozialisten zu gefallen. Gleichzeitig ließ er aber die Juden aus Westeuropa, die vor der Deutschen Wehrmacht flohen, durch Spanien reisen. Angesichts der Gefahr, in der sich die Sephardim befanden, befahl er seinen diplomatischen Handlungsbeauftragten, jenen einen spanischen Paß zu geben, die ihn beantragten. Somit rettete er über 60.000 griechischen Juden das Leben, ohne jedoch mit den Nationalsozialisten in Konflikt zu geraten.

Der Blitzfeldzug auf dem Balkan, die Eroberung Kretas durch die deutschen Fallschirmjäger – alles schien zu beweisen, daß die Wehrmacht unbesiegbar war. Dann stellte der Angriff auf die Sowjetunion Spanien erneut vor die Frage des Kriegseintritts.

Die öffentliche Meinung des Landes war vom Stalin-Hitler-Abkommen unangenehm überrascht worden. Und wenn die hitlerfreundlichen Kreise noch sosehr behaupteten, das Manöver des Führers hätte die geplante Umzingelung durch die Siegermächte von Versailles verhindert – das Bündnis zwischen dem Vorkämpfer des Antikommunismus und den Sowjets hatte einen schlechten Beigeschmack. Aber jetzt, da der Führer einen Kreuzzug gegen den Bolschewismus begann, tilgte er in den Augen der spanischen Öffentlichkeit seine Schuld, während Churchill, der eine „Allianz mit dem Teufel" eingehen wollte, alle Sympathien einbüßte. Franco berief seinen Ministerrat ein, der lange debattierte. Die UdSSR war während des gesamten Bürgerkriegs Feind des nationalen Spanien gewesen. Ihr den Krieg zu erklären, wie von Stohrer vorschlug, schien nur logisch. Es bedeutete aber auch, sich in den Weltkrieg zu stürzen, was die „galicische Diplomatie" bis dahin vermieden hatte. Schlußendlich schlug Serrano Suñer vor, eine Division Freiwillige zu entsenden, die das Pendant zur ehemaligen „Legion Condor" darstellen sollte. So konnte das nationale Spanien die moralische Schuld begleichen, die es gegenüber seinen Verbündeten aus dem Bürgerkrieg empfand.

Dies war die Geburtsstunde der „Blauen Division". Sie umfaßte 18.000 Freiwillige, die von Offizieren der regulären Armee befehligt wurden, welche sich ebenfalls freiwillig gemeldet hatten. Kommandiert wurde die Division von General Muñoz Grandes. Sie zählte in ihren Reihen viele Falangisten, wie Ridruejo und Agustin Aznar, Persönlichkeiten wie den Juristen Fernándo Maria Castiella, den Arzt Muñoz Calero und den Grafen de Montarco, Angehörige der Verwaltung, aber auch

Abenteurer und Arbeitslose. Für viele Falangisten, die wegen der Verhinderung der von ihnen angestrebten sozialen Revolution und überhaupt wegen der Zähmung ihrer Bewegung durch Franco enttäuscht waren, bot die „Blaue Division" die Möglichkeit zu einer heroischen Art von „innerer Emigration". Nach kurzer Ausbildung wurden die Männer am 14. Juli in fröhlicher Stimmung nach Deutschland entsandt.

Damals glaubte das nationale Spanien an einen deutschen Endsieg. Am 24. Juni hatte Serrano Suñer in einer Ansprache den berühmten Ausruf getan: „Rußland ist schuldig!" Anläßlich des 18. Juli hielt Franco vor dem Nationalrat eine Rede, in der er England und die Vereinigten Staaten beschuldigte, die Weizenlieferungen aus Argentinien zu blockieren und die Allianz der Demokratien mit „Stalin, dem verbrecherischen Diktator" verurteilte.

Die Briten ließen, mit Ausnahme eines Vorfalls zwischen Serrano Suñer und Sir Samuel Hoare, das Gewitter vorbeiziehen. Die Sicherheit von Gibraltar war einige verletzende Worte wert. Sie behielten es sich vor, die Rechnung später zu präsentieren.

3. Kapitel

GLEICHGEWICHT MIT SCHWIERIGKEITEN

Mit Beginn des deutsch-sowjetischen Krieges erklärte Franco, es gäbe zwei parallel verlaufende Konflikte: Den einen zwischen den Achsemächten und Sowjetrußland, in dem Spanien Kriegspartei war, wie es durch die Präsenz der „Blauen Division" an der Ostfront offensichtlich wurde, und den anderen zwischen England und der Achse, in dem Spanien sich neutral verhielt. Diese Betrachtungsweise wurde weder in London noch in Washington geteilt. Die englischen Politiker, die mit dem Herzog von Alba verhandelten, kannten den Wunsch Francos, die iberische Neutralität zu erhalten, besser als die Amerikaner, die im Namen der demokratischen Prinzipien alle Diktaturen gleichermaßen verurteilten. Exilrepublikaner, von denen einige Lehrstühle an amerikanischen Universitäten innehatten, taten ihr Bestes, um die Vorurteile gegen Franco zu verstärken.

So kam es, daß eine Zeitung von Exilrepublikanern in New York, die „España libre", am 25. Juli 1941 verkündete, die Engländer und Amerikaner hätten vor, die portugiesischen Azoren und die spanischen Kanaren zu besetzen. Dann kam die Nachricht, daß die republikanischen Generale Miaja und Asensio mit dem amerikanischen Geheimdienst über die Errichtung einer kleinen Armee zur Landung auf den Kanarischen Inseln verhandelten. Diese Streitmacht sollte die frankistischen Garnisonen in Kämpfe verwickeln und so den Engländern den Grund für eine Intervention liefern. Die spanische Regierung war erregt und verlangte eine Erklärung vom Außenministerium in Washington, welches die Meldung als unbedeutendes Gerücht abtat. Franco glaubte diesem Dementi allerdings nicht so ganz, zumal nach der Unterredung zwischen Roosevelt und Churchill, aus der die Atlantik-Charta hervorging, neue Informationen über Pläne für eine amerikanische Intervention gegen die spanischen und portugiesischen Inselgruppen im Atlantik, gegen Dakar und gegen Französisch-Marokko nach Madrid gelangten. Diese Situation bewog Franco, ein Treffen mit dem portugiesischen Diktator Oliveira Salazar am 12. Februar 1942 in Sevilla zu vereinbaren.

Zu diesem Zeitpunkt hatte sich der Krieg bereits entgegen den Wünschen des nationalistischen Spanien weiterentwickelt. Die Serie der großen Erfolge der Deutschen Wehrmacht war von der Winteroffensive der Roten Armee unterbrochen worden. Moskau war nicht gefallen, die Deutschen hatten sich sogar zurückziehen müssen. Die Gefahr, die Franco bei Kriegsbeginn geahnt hatte, bewahrheitete sich nun. Da Deutschland unter schwierigsten Bedingungen zu kämpfen hatte, konnte es im Westen kaum agieren, zumal die materielle Unterlegenheit seiner Marine gegenüber den englisch-amerikanischen Verbänden offensichtlich wurde. Seit dem Überraschungsangriff der Japaner auf die amerikanische Pazifikflotte in Pearl Harbor befanden sich die Vereinigten Staaten im Krieg, und die Übermacht ihrer Industrie und ihrer Wirtschaft zerstörte das Gleichgewicht der Kräfte, noch bevor die US-Streitkräfte kampfbereit waren. Unter diesen Bedingungen war es für die iberischen Nationen wichtig, die militärischen Operationen von ihrem Hoheitsgebiet fernzuhalten. Daher galt es, alle Mittel ihrer Diplomatie dahingehend einzusetzen. Das nationale Spanien hatte Portugal einen Schutz gegen eine eventuelle deutsche Offensive geboten. Nun konnte Portugal, als traditioneller Verbündeter Englands, Spanien einen entsprechenden Dienst erweisen. Die beiden Staaten stimmten überein, ihre Neutralität zu verteidigen, und so war es leicht, zu einer Vereinbarung zu gelangen.

Es war das erste Treffen der beiden iberischen Diktatoren. Der sittenstrenge portugiesische Professor und der spanische Generalissimus waren beide eifrige Katholiken und erklärte Feinde des Kommunismus; sie schätzten daher einander. Franco sollte später sagen: „Salazar ist der vollkommenste und verehrungswürdigste Staatsmann von allen, die ich jemals kennengelernt habe." Ihre jeweiligen Allianzen mit kriegführenden Nationen waren kein Hindernis für ihr Bündnis. Franco und Serrano bemerkten gegenüber Salazar, daß Hitler Verständnis gezeigt hatte, als Spanien sich weigerte, in den Krieg einzutreten. Franco weigerte sich außerdem, jenen Staatsmann zu verurteilen, der ihm die „Legion Condor" geschickt hatte und der den größten Teil der Anstrengungen im Kampf gegen den Bolschewismus übernahm.

Zwei Tage später verkündete er in Sevilla – etwas unvorsichtig – diese seine Gefühle vor dem spanischen Offizierskorps. Nachdem er den antibolschewistischen „Kreuzzug" gelobt hatte, rief er aus: „Genau in diesem Augenblick kämpft ein Teil der Welt um die Zerstörung des Walls, der zwanzig Jahre lang die russischen Horden aufgehalten und die westliche Zivilisation verteidigt hat. Jetzt sehen wir, wie man diesen Wall zerstören und wie man Europa zur potentiellen Beute für den Kommunismus machen will. Wir haben keine Angst davor. Sollte es gefährlich werden, sollte der Weg nach Berlin für die Bolschewiken offenstehen, so wird es nicht bloß eine Division Freiwilliger sein, die sich auf den Weg macht, nein, es würde sich eine Million zum Abmarsch bereit finden." Diese Worte schockierten die Briten, dürften aber bei den Deutschen wenig Eindruck gemacht haben, wenn man dem Satz nach urteilt, den Goebbels am 16. Februar in sein Tagebuch schrieb: „Franco hat eine sehr aggressive Rede gegen den Bolschewismus gehalten. Es wäre nützlicher gewesen, dem Bolschewismus den Krieg zu erklären."

Bei seiner Rückkehr nach Madrid erfuhr Franco am 22. Februar 1942 vom Tod seines Vaters, zu dem er schon lange keinen Kontakt mehr gehabt hatte. Er ließ ihn standesgemäß beisetzen, um den Schein zu wahren, ohne aber seine Geschäfte zu unterbrechen.

Mit Frühlingsbeginn gewann die Deutsche Wehrmacht wieder die Oberhand. Die Alliierten hatten große Schwierigkeiten, den Vormarsch Japans aufzuhalten. Spanien konnte sich daher einer gewissen Ruheperiode, die es zu seiner wirtschaftlichen Genesung nutzte, erfreuen. Franco trieb diese voran, trotz aller Schwierigkeiten, die der Weltkrieg mit sich brachte. Er hatte vor, lebenswerte Wohnungen und ein Netz von Staudämmen zu errichten, das die Landwirtschaft zu jeder Zeit mit ausreichenden Wassermengen versorgen würde. Er sah eine Aufforstung von 180.000 Hektar und die Instandsetzung von 12.000 Straßenkilometern vor; zur Stärkung der Industrie hatte er am 25. September 1941 das „Instituto Nacional de Industria" (INI), das Nationale Industrie-Institut, gegründet, dessen Aktivitäten hohe Kosten verursachten, das aber zum Aufschwung der spanischen Wirtschaft entscheidend mit beitrug.

Diese Vorhaben waren angesichts der knappen finanziellen Mittel schwer in die Tat umzusetzen. So war es notwendig, für ihre schrittweise Verwirklichung eine mäßige Inflation in Kauf zu nehmen und Preise und Löhne unter Kontrolle zu halten. Einerseits zeigte der „Fuero del Trabajo", der im Bürgerkrieg in Kraft getreten war, den echten Wunsch, den Arbeitern zu besseren Lebensbedingungen zu verhelfen; andererseits zwang die wirtschaftliche Lage zu einer nur sparsamen Anhebung des Lebensstandards. „Die Entlohnung der Arbeit wird das ausreichende Minimum sein, das der Arbeiter benötigt, um sich und seiner

Familie ein würdiges Leben zu ermöglichen", stand im „Fuero". In Wirklichkeit verdiente das Volk gerade genug, um zu überleben – und nicht mehr. Viele Spanier halfen sich jedoch weiter, indem sie mehreren Beschäftigungen gleichzeitig nachgingen, um finanziell über die Runden zu kommen.

Unter der Leitung von Pilar Primo de Rivera versuchte die Frauensektion der Falange eine großangelegte soziale Aktion, zusammen mit der Volkswohlfahrt und den katholischen Hilfsorganisationen. Auch brachten die Ferienlager der Jugendorganisation der Falange Kinder aller Klassen zusammen, da man hoffte, auf diese Weise eine Jugend ohne Standesbarrieren zu schaffen. Diesen Kindern wurden die Schwerpunkte der falangistischen Doktrin beigebracht, es sorgten aber auch Geistliche dafür, daß die katholischen Lehrsätze gleichermaßen unterrichtet wurden.

Auch wenn die Bewegung oberflächlich das Gerüst des Regimes darstellte, so wehrten sich Armee und Kirche dennoch gegen ihre Vorherrschaft. Kardinal Gomá hatte mehrere Male die heidnischen Tendenzen des deutschen Nationalsozialismus verurteilt, und er befürchtete, daß diese – über die Falange – auch das spanische Volk erreichen könnten. Einige seiner Warnungen waren der Pressezensur von Professor Tovar, einem Gefolgsmann Serrano Suñers, zum Opfer gefallen. Ein anderer Kirchenfürst, Kardinal Segura, erhob Einwände gegen die Person des Caudillo. Segura, den seine Qualitäten und das Wohlwollen des Königs zum Erzbischof von Toledo und Primas von Spanien gemacht hatten, war von der Republik, die er unverhohlen bekämpfte, und, wie er selbst sagte, vom apostolischen Nuntius des Landes verwiesen worden. Der frankistische „Kreuzzug" hatte seine Rückkehr nach Spanien ermöglicht, allerdings nach Sevilla, wo er den verstorbenen Kardinal Illundain ersetzte. Er legte einen strengen Radikalismus in bezug auf die Moral und hinsichtlich seiner Reaktionen auf den neuen Staat an den Tag. Nachdem er sich gegen das Anbringen einer Gedenktafel mit den Namen der gefallenen Falangisten an seiner Kathedrale gesträubt hatte, begann er seinen Privatkrieg gegen Franco. Dieser nahm alles hin – entweder aus Respekt gegenüber dem Kirchenfürsten oder um weitere Spannungen mit der katholischen Bevölkerung und dem Vatikan zu vermeiden, zumal es auch um den Fortbestand des Konkordats von 1851 und damit um das Bestellungsrecht der Bischöfe ging.

Franco war Katholik; er verstand sich aber auch als der Erbe der spanischen Könige, und als solcher weigerte er sich, auf die traditionellen Rechte der spanischen Monarchie zu verzichten. Er hatte die Jesuiten nach Spanien zurückgeholt und das Kruzifix wieder in die Schulen und die Gerichtssäle gebracht. Er hatte das republikanische Gesetz über die Scheidung abgeschafft (was, je nach Standpunkt, teilweise zu schmerzlichen oder gar zu komischen Situationen führte) und der Kirche weitreichende Privilegien im Rahmen der Schulbildung eingeräumt. Nun aber wurden diese Bemühungen im Vatikan, wo sich der Einfluß der Christdemokraten ausbreitete und der verbannte katalanische Kardinal Vidal y Barraguer Gehör fand, kaum berücksichtigt. Erst am 7. Juni 1941, mehr als zwei Jahre nach dem Glückwunschtelegramm Pius' XII. an Franco, bereitete ein Vertrag, der von Serrano Suñer und dem Nuntius Cicognani unterzeichnet wurde, dem „Investiturstreit" ein Ende. Die Kirche ging aus diesem Vertrag als Sieger hervor. Man beließ dem Staatschef zwar das Recht, eine Liste von Kandidaten vorzulegen, die vom Nuntius gemeinsam mit der Regierung aufgestellt wurde, aber in der Praxis war es der Nuntius selbst, der, ohne Widerstände der Vertreter des Staates, die erste Auswahl traf. Das Abkommen war auch nur provisorischer Natur, ein Konkordat sollte erst ausgehandelt werden, was das Selbstwertgefühl der Spanier zu stärken imstande war.

Dieser relative Erfolg hätte die Situation Serrano Suñers stärken sollen. Tatsächlich aber erfolgte er zu einem Zeitpunkt, da die Stellung des zweiten Mannes im Staat zu wackeln begann. Serrano, der vor dem Bürgerkrieg nicht falangistischer als Franco gewesen war, hatte in der Falange das Hauptelement des autoritären Regimes gesehen, das er unter der Führung des Caudillo aufbauen wollte, doch hatte er seine Visionen nicht vollständig umsetzen können. Die Falange kontrollierte die Propaganda, die Gewerkschaften inklusive der Studentenvertretung und die einzige Frauenbewegung in Spanien. Sie war aber zu groß für Kader, die nicht immer vom Geist des José Antonio erfüllt waren, und hatte in ihren Reihen Anhänger unterschiedlicher Tendenzen, die einander manchmal sogar diametral entgegengesetzt waren. Wir haben gesehen, daß die Kirche die Intellektuellen wie Tovar oder Ridruejo verdächtigte, dem Nationalsozialistenmus nahe zu stehen. Der Sekretär der Gewerkschaftsorganisation, Gerardo Salvador Merino, der die Notwendigkeit einer national-gewerkschaftlichen Revolution gegen die

Banken und Kapitalisten hervorhob, erschien den Konservativen als „verkappter Roter", und es gab in der Armee zahlreiche Konservative. Als am 31. März 1940 eine Parade von Gewerkschaftern auf der Castellana in Madrid stattfand, wo die siegreiche Armee im Vorjahr ihren Triumph gefeiert hatte, protestierte General Varela dagegen. Der Gewerkschaftsführer war dennoch auf seinem Posten verblieben. Als er aber einen Vertrag mit der Deutschen Arbeitsfront über die Entsendung von 100.000 spanischen Arbeitern ins Dritte Reich abschloß, erlitt er eine Niederlage. Franco gestattete nur 15.000 Arbeitern die Reise ins Reich, genausoviel, wie nach Gibraltar gingen. Die Neutralität durfte nicht in Gefahr gebracht werden. Am 13. September wurde Salvador Merino abgesetzt und unter Hausarrest gestellt, weil er irgendwann einmal einer Freimaurerloge angehört hatte.

Im Frühjahr 1941 wurde ein zweiter Schritt vollzogen. Gewisse Falangisten warben darum, in Spanien Institutionen einzurichten, wie sie das „neue Europa" hatte. Serrano Suñer verlangte dies in einer Rede am 2. Mai. Da die Propagandastelle diesem Vorschlag zuviel Bedeutung beimaß, schickte der Generalissimus Tovar zurück auf die Universität, zu seinen altgriechischen Studien, und Ridruejo wieder in die Arme der Musen. Dann holte er Oberst Valentin Galarza, den Unterstaatssekretär in der Staatskanzlei, einen der Mitorganisatoren des Putsches von 1936, ins Innenministerium, das er selbst leitete, seit sein Bruder ins Außenressort übergewechselt war. Zur Nachbesetzung des vakanten Postens wählte er den Kapitän zur See Luis Carrero Blanco, einen Mitarbeiter von Admiral Moreno, den Autor eines Buches über die Marine und ihre Bedeutung. So begann eine Zusammenarbeit, die bis zur Ermordung Carrero Blancos in der Endphase des Regimes (bis 1974) dauern sollte.

Dieser mächtige Seemann mit seinen klaren Ideen, streng katholisch und autoritär, war kein Freund der Falange; er war Monarchist, aber antiliberal und gegen die Freimaurer, und er sollte die graue Eminenz des Caudillo werden. Mehr als dreißig Jahre hindurch bereitete der arbeitswütige Admiral die Arbeitsunterlagen seines Chefs vor, ohne daß man den Einfluß abschätzen könnte, den er aus seinem Schattendasein heraus ausübte. Er war das Gegenteil von Serrano Suñer. Während dieser nicht zögerte, gewisse Ideen des „lieben Paco" zu kritisieren, verlegte sich der disziplinierte Carrero eher auf Vorschläge und gehorchte ansonsten, wie es sich für einen Soldaten gehört. Als Seemann gab er sicher den Seemächten Großbritannien und USA mehr Gewicht, deren Überlegenheit in Marineangelegenheiten offensichtlich war. Damit stand er in vielen Punkten im Widerspruch zu Serrano, den er ein Jahr später überflügeln sollte.

Weitere Ernennungen änderten zusätzlich die Führungsmannschaft des Regimes. General Dávila, Nachfolger von Mola in der Führung der Nordarmee, wurde Generalstabschef, und General Orgaz, ein überzeugter Monarchist, wurde Hochkommissar in Marokko. Die Afrikaarmee blieb jedoch unter dem Kommando von Yagüe, der nur für kurze Zeit in Ungnade gefallen war. Auch die Führung der Falange selbst wurde erschüttert. Fernández Cuesta überließ das Generalsekretariat José Luis Arrese Magra, der zur Zeit der Affäre Hedilla ins Gefängnis geworfen worden war. Ein Veteran, der Franco nahestand, José Antonio Girón, Verfechter von sozialen Reformen, wurde Arbeitsminister, und Miguel Primo de Rivera, der seinen Rücktritt als Chef der Provinz Madrid wenige Tage zuvor eingereicht hatte, wurde Minister für Landwirtschaft. Schlußendlich wurde General Moscardó Chef der falangistischen Milizen.

Man konnte den neu ernannten Personen ihre Qualifikation als alte Falangisten nicht absprechen, aber die Vorhaben zur politischen Reform wurden dadurch dennoch auf einen nicht näher bestimmten Zeitpunkt verschoben. Damit hatte die Armee einen Erfolg erzielt. Einige Beobachter deuteten diese Umbesetzungen als einen Schritt hin zu den Bourbonen. Sie irrten sich genauso.

Am 28. Februar 1941 war Alfons XIII. verstorben, nachdem er seine Rechte an seinen jüngsten Sohn Juan weitergegeben hatte. (Der älteste Sohn, Jaime, war taubstumm und kam daher für die Nachfolge nicht in Frage.) Franco, der dem König bis zu seinem Fall gedient und ihn danach mit Respekt behandelt hatte, ordnete eine dreitägige Staatstrauer an und verkündete, daß Alfons, sobald es die Umstände erlaubten, im königlichen Pantheon des Escorial beigesetzt werden würde. Er schrieb an Don Juan de Bourbon einen Kondolenzbrief, in dem er ihm von der „glänzenden Zukunft" erzählte, die ihn erwartete, und in dem er ihn vor einer „kleinen Gruppe" seiner Anhänger warnte, die viel Lärm mache und ihn womöglich kompromittieren könnte. Es handelte sich um den früheren Unterrichtsminister der ersten Francoregierung, Pedro Sainz Rodriguez, um den Fliegeroberst Ansaldo und den Intellektuellen Vegas

Latapie, die mit der britischen Botschaft gemeinsam das Spiel der Alliierten spielten und glaubten, daß eine Niederlage der faschistischen Regime auch den Untergang Francos mit sich bringen würde. In der Armee gab es Generale wie Kindelán und Aranda, die solchen Überlegungen nahe standen. Andere, wie Vigón und Orgaz, dienten, obwohl sie Monarchisten waren, dem Staat, den der Caudillo geschaffen hatte, und vertraten die Ansicht, daß dieser eines Tages Don Juan berufen würde, dessen Recht auf Nachfolge Franco ja anerkannte. Es stimmt aber, daß die Opposition der Karlisten und Falangisten gegen eine Wiedereinführung der konstitutionellen Monarchie gewichtig war.

Don Juan schien sich zunächst auf die Seite der Anhänger einer befristeten Restauration zu schlagen; als sich aber der Krieg zugunsten der Alliierten wendete, bekundete er seine Ungeduld, den Thron zu besteigen und zu herrschen. Daraus folgerte ein langes Streitgespräch mit Franco, sehr zum Schaden des Bourbonen, da der Caudillo weiterhin das Spiel bestimmte und die verschiedenen, ihm untergebenen Interessengruppen unter Kontrolle hielt.

Nachdem Franco als höchster Anführer der Falange die Vorschläge seiner Mitarbeiter, dem totalitären Ideal, das er in seinen Reden predigte, auch entsprechende Strukturen zu geben, abgelehnt hatte, dachte er in einem kuriosen Paradoxon daran, die alten Cortes wiedereinzuführen. Seinen Cortes aber würden die Imponderabilitäten des allgemeinen Wahlrechts und die Parteienkämpfe erspart bleiben. Er trug sein Projekt im Nationalen Rat der Falange vor. Das neue Parlament würde aus „procuradores" bestehen, aus Bevollmächtigten von Rechts wegen (Bürgermeister der Provinzhauptstädte, Universitätsrektoren, Direktoren von Schulen und Akademien), „procuradores", die vom Staatschef ernannt und solchen, die von den Gewerkschaften ausgewählt werden sollten. So würde man weise Personen, ohne Parteiabhängigkeit, auf einen Nenner bringen. Diese Versammlung hätte den Auftrag, die Gesetzesvorlagen der Regierung zu prüfen und zu beschließen sowie das Recht, die Gesetze zu korrigieren. Wie in allen Parlamenten, sollte die erforderliche Arbeit in Kommissionen erfolgen, die Sitzungen des Plenums wären reine Formsache. Alles in allem handelte es sich um ein Organ zur Zusammenarbeit und nicht um eine politische Kraft, die einen Gegenpol zur ausführenden Gewalt darstellte. Am 17. Juli 1942 wurden die Cortes in dieser Form neu errichtet.

Das war eine Niederlage für Serrano. Dieser weilte im Juni 1942 in Italien und äußerte sich, laut dem Tagebuch von Ciano, scharf über seinen Schwager. Sein Fall schien jedoch nicht unmittelbar bevorzustehen. Mit dem Sommer kam dann der große Aufbruch in den Urlaub. Franco verbrachte ihn im „Paso de Meiras", in seinem heimatlichen Galicien. Serrano befand sich in Benicasim, Varela im Norden des Landes. Da detonierte die „Bombe von Begoña". Am 15. August, als die Menschen aus einer Messe kamen, die für den Seelenfrieden der 150 Toten des Tercio de Begoña im Krieg gehalten wurde, kam es zu einer Schlägerei zwischen Karlisten und Falangisten. Ein Falangist namens Juan Dominguez warf eine Handgranate, die einige Leute verletzte. Man nahm zwei Falangisten fest: Dominguez, ehemaliger Angehöriger der „Blauen Division", und einen gewissen Calleja.

Der Vorfall eskalierte zur politischen Affäre, als Varela erklärte, es handle sich um ein Attentat der Falange gegen die Armee. Der kriegsversehrte Calleja wurde begnadigt, Dominguez hingegen hingerichtet, trotz aller Bemühungen von Serrano Suñer, dem Gouverneur von Léon, Perales, und anderer Falangisten. Es scheint, daß Franco einen Konflikt zwischen zwei der wichtigsten Säulen seines Regimes vermeiden wollte – und es gelang ihm. Nur wenige Falangisten, wie Perales und Ridruejo, legten ihr Amt nieder. Gleichzeitig entledigte sich der Caudillo jener Mitarbeiter, die allzu auffällig waren. Varela wurde durch General Asensio Cabanillas ersetzt, Galarza durch einen Richter namens Blas Pérez. Franco scheint gezögert zu haben, Serrano Suñer zu entfernen, der mit der Begoña-Affäre überhaupt nichts zu tun hatte. Carrero Blanco gab dem Caudillo zu bedenken, daß „in diesem Fall die Spanier sagen werden, daß er es ist, der in diesem Land das Sagen hat, und nicht Eure Exzellenz". Franco war etwas verlegen und teilte Serrano seine Entscheidung direkt mit. (Die übliche Prozedur war, dem entlassenen Minister ein Dankesschreiben zu schicken.) So ging Serrano zurück in die Jurisprudenz.

Für ihn mußte nun ein Nachfolger auf einem äußerst schwierigen Posten gefunden werden, zu einer Zeit, da der Krieg endlos zu dauern schien und alle Welt auf die von Stalin geforderte Eröffnung einer zweiten Front durch die Alliierten wartete. Franco holte den Grafen Jordana zurück, einen Militär und verläßlichen Mann, den man eher für anglophil hielt. Im Ausland fragte man sich, ob Franco jetzt den Kurs wechselte.

Jordana legte im Ministerrat des 19. September 1942 einen Bericht vor, der die Unmittelbarkeit der Gefahren nicht verhehlte. Wenn die Amerikaner die Kanarischen Inseln direkt oder über republikanische Hilfstruppen angriffen, hätte Spanien unter schwierigen Bedingungen zu kämpfen. Die Inseln könnten nur eine kurze Scheinverteidigung – zur Wahrung der Ehre – auf die Beine stellen, sobald die mächtige Flotte der Vereinigten Staaten auftauchte. Spanien würde auch in einen Kampf um Gibraltar und Marokko hineingezogen werden, sollte sich die französische Armee in Afrika mit den Amerikanern verbünden, was man in Madrid für wahrscheinlich hielt. Drei Jahre geschickter Diplomatie wären umsonst gewesen. Dazu kam, daß das spanische Volk noch immer – wie alle Völker Kontinentaleuropas – schlecht ernährt und von den Lieferungen aus Übersee abhängig war. Der Armee mangelte es an schweren Waffen, und sie mußte für den Fall einer Bedrohung auf Lieferungen aus Deutschland warten.

Jordana unterhielt sich mit dem amerikanischen Botschafter Carlton Hayes, einem katholischen Historiker, der Spanien freundlicher gesinnt war als seine Vorgänger, ohne jedoch mit dessen Regime zu sympathisieren. Jordana beklagte sich über die tendenziösen Meldungen in der amerikanischen Presse. Waren diese das Vorspiel zu einer Invasion? Hayes beruhigte ihn. Er erzählt in seinen Memoiren, daß er von Plänen der alliierten Generalstäbe für einen Angriff gegen Französisch-Nordafrika und die Kanarischen Inseln erfahren hatte. Damals hatte er zu bedenken gegeben, daß eine solche Aktion der Deutschen Wehrmacht den Weg nach Marokko öffnen würde, mit Unterstützung der spanischen Armee, wohingegen, mit Hilfe der Diplomatie, Spanien neutral erhalten werden konnte. Seine Meinung fand Gehör. Die Beunruhigung der spanischen Politiker, die dieses Faktum ja nicht kannten, wuchs jedoch, als sie erfuhren, daß ein starker Flottenverband in der Bucht von Algeciras, vor Gibraltar, ankerte.

Am 8. November, um 1 Uhr früh, verlangte Carlton Hayes auf der Stelle, Graf Jordana zu sprechen. Dieser empfing ihn im Morgenmantel. Der amerikanische Diplomat bat um eine sofortige Audienz bei Franco, um ihm eine Botschaft von Roosevelt zu überreichen. Angesichts dieser unchristlichen Stunde trug dieser Schritt alle Anzeichen eines Ultimatums. Telefonisch benachrichtigt, riet Franco seinem Außenminister, er solle herausfinden, welche Mitteilung ihm der Botschafter überbringen wolle. Jordana erklärte Hayes, daß Franco auf der Jagd und noch nicht in den Pardo zurückgekehrt sei. Während man auf ihn wartete, kam man ins Gespräch. Carlton Hayes zeigte Jordana den Brief des Präsidenten. Dazu schrieb er in seinen Memoiren: „Nie sah ich den Gesichtsausdruck einer Person sich so schnell und so radikal verändern wie den des Grafen Jordana. Er wechselte von intensiver Unruhe zu einer grenzenlosen Erleichterung, während er uns sagte: ,Ah! Spanien ist nicht im Spiel'."

Franco, der davon in Kenntnis gesetzt worden war, konnte nun in aller Ruhe den Botschafter empfangen und den Brief des Präsidenten der Vereinigten Staaten lesen, der an den „lieben General Franco" adressiert war. Roosevelt erklärte, daß er vom Plan der Deutschen und Italiener erfahren habe, Französisch-Afrika zu besetzen, und daß er eine starke Armee entsende „zu dem alleinigen Zweck, Amerika zu verteidigen". „Ich hoffe", so fuhr er fort, „daß Sie der Garantie, die ich Ihnen gebe, voll vertrauen, daß diese Operation in keiner Weise gegen die Regierung oder das Volk Spaniens gerichtet ist, und auch nicht gegen Marokko oder andere spanische Territorien, sei es im Mutterland oder in Übersee. Ich glaube auch, daß die Regierung und das Volk Spaniens ihre Neutralität bewahren und sich aus dem Krieg heraushalten wollen. Spanien hat von den Alliierten nichts zu befürchten."

Laut Carlton Hayes „versicherte Franco auf herzliche und ruhige Art, daß er Roosevelts Garantien akzeptiere". Er wiederholte dies auch gegenüber Samuel Hoare. Die Neutralität war gerettet.

Blieb wohl noch eine mögliche Reaktion Deutschlands. Die militärische Lage der Achsemächte erlaubte jedoch kaum eine Ausweitung der Operationen, zumal Rommel in El Alamein dem britischen Druck weichen mußte, von Paulus in Stalingrad festsaß und der zweite Winter an der Ostfront vor der Tür stand. Die Besetzung der entmilitarisierten Freien Zone im Süden Frankreichs war die einzige mögliche Reaktion Hitlers. Am 27. November teilte Jordana dem Herzog von Alba mit, ein Diplomat der deutschen Botschaft habe ihm gegenüber behauptet, seine Regierung hege keinerlei Absicht, den freien Durchzug durch spanisches Gebiet zu verlangen. In Madrid konnte man aufatmen.

4. Kapitel

DIE WARNUNGEN FRANCOS VOR DER BOLSCHEWISTISCHEN BEDROHUNG

Der Rückzug der Achsemächte setzte nunmehr an allen Fronten ein. Im Lauf des Herbstes sollte sich diese Bewegung noch verstärken. Ohne die noch beträchtliche militärische Macht Deutschlands zu unterschätzen, mußten Franco und seine Generale, die 1940 alle an ein unbesiegbares Deutsches Reich geglaubt hatten, zugeben, daß der Ausgang des Krieges noch nicht feststand. Aranda und Kindelán waren die ersten, die ihre Meinung revidierten. Sollte nun Deutschland den Krieg tatsächlich verlieren, würde das sowjetische Rußland ihn gewinnen. Wenn der Damm der Wehrmacht bräche, würde sich die rote Flut über Europa ergießen, wo sie von den Fünften Kolonnen der militanten Kommunisten und der Arbeiter, die vom Elend des Krieges genug hatten, unterstützt würden. Angesichts dieser düsteren Aussichten kehrte Franco zu seiner Politik von 1939 zurück und versuchte den Anglo-Amerikanern die Fehler ihrer Rußlandpolitik klarzumachen.

Dies erwies sich indes als völlig chancenloses Unterfangen. Weder die Engländer, die 1941 ihre einzige Rettung in einer Allianz mit Stalin gesehen hatten, noch die Amerikaner, die in Hitler „das Böse an sich" sahen, von dem man den Erdball zu befreien hatte, waren bereit, Franco zuzuhören. Viele von ihnen steckten ohnehin alle Diktatoren, den Caudillo eingeschlossen, in die gleiche Schublade.

Dieser bediente sich seiner eigenen Taktik. Nachdem er sein Bündnis mit Salazars Portugal noch verstärkt hatte, wandte er sich an Sir Samuel Hoare, dessen konservative Herkunft ihn möglicherweise für die spanischen Argumente zugänglicher machte. Am Ende des Banketts, das er am 6. Januar 1943 zum Anlaß des Festes der Heiligen Drei Könige für das diplomatische Korps gab, teilte er dem britischen Botschafter seine Befürchtungen mit. Seinen Informationen zufolge hatte Churchill in Moskau einer Teilung Europas in Einflußsphären zugestimmt, die den Sowjets den Kontinent bis zum Rhein überließ. Der Caudillo warnte die Briten vor den Sowjets, die davon träumten, der Welt ihre Ideologie zu oktroyieren. Wenn er, mit einem gewissen Optimismus, glaubte, daß Spanien sich verteidigen könnte, so zeigte er, daß England, sollte es sich am Kontinent einem derart mächtigen Feind gegenübersehen, in eine Isolation geriete, die es den Vereinigten Staaten ermöglichen würde, den Rest der Welt zu beherrschen. Es wäre für England wie für Europa günstiger, mit Deutschland einen vernünftigen Frieden anzustreben. Samuel Hoare teilte diese Überlegungen seiner Regierung mit, die in einem Memorandum, das am 19. Februar an Franco übergeben wurde, negativ antwortete. Das britische Kabinett stritt jegliche Vereinbarung hinsichtlich einer Teilung Europas ab, erklärte aber seinen festen Entschluß, den Krieg bis zum siegreichen Ende weiterzuführen. Danach würden die Vereinigten Staaten und Großbritannien über die Sicherheit Europas wachen.

Franco ließ sich nicht überzeugen. Die Katastrophe von Stalingrad verstärkte seine Befürchtungen im Hinblick auf einen sowjetischen Sieg. Er sandte neue Warnungen an London, diesmal in pathetischem Ton: „Wenn sich der Lauf des Krieges nicht wendet, ist es offensichtlich, daß die sowjetischen Armeen tief in deutsches Territorium vordringen werden… Wenn dies geschieht, wird dann ein Rußland, dem alle deutschen Geheimnisse ziviler und militärischer Produktion zur Verfügung stehen, nicht die größte aller Gefahren für den Kontinent und England selbst darstellen?"

Er erinnerte an das Völkergemisch Zentraleuropas „ohne Zusammenhalt und Einheit" und sah voraus, daß der Kommunismus, nachdem die jeweiligen Länder vereinnahmt waren, dort herrschen würde. „Wenn Rußland Deutschland besetzt", so sagte er voraus, „wird nichts und niemand es aufhalten können. Wenn es Deutschland nicht gäbe, müßten wir, die Europäer, es erfinden, und es wäre lächerlich, zu glauben, daß seine Rolle von einem Bund von Letten, Polen, Tschechen und Rumänen übernommen werden könnte, der sich sehr rasch in einen Bund sowjetischer Staaten verwandeln würde."

Diese Prophezeiungen, die später von den Ereignissen größtenteils bestätigt wurden, brachten den Entschluß Englands, zuerst mit Hitlerdeutschland abzurechnen, nicht ins Wanken. Sir Samuel Hoare erklärte Jordana, daß die Sowjetunion am Ende des Krieges völlig erschöpft sein würde, während die westlichen Alliierten immer noch über starke Streitkräfte verfügten. Noch nie sei Großbritannien so mächtig gewesen. „Ich akzeptiere also nicht die These, daß es eine russische Bedrohung für das Nachkriegseuropa gibt. Ich kann auch die Idee nicht akzeptieren, daß sich Rußland nach dem Krieg in eine antieuropäische Politik stürzen wird."

Die Standpunkte waren unvereinbar. Die spanische Diplomatie mußte daher andere Wege finden. Man dachte an die Bildung eines Blocks neutraler Staaten, der eingreifen sollte, um die kriegführenden Nationen zur „Raison" zu bringen. Laut einer Depesche von Moltkes, der die Nachfolge von Stohrers in Madrid angetreten hatte, hatte Jordana der Schweiz, Irland und Schweden vorgeschlagen, sich zusammenzuschließen, um zu einem bestimmten Zeitpunkt einen Friedensplan vorzulegen. Der gleiche Vorschlag erging an Portugal, dem – für den Fall der Zustimmung – die Rolle zufallen sollte, England zu überzeugen. Es scheint, daß Ungarn, Rumänien und sogar bestimmte Deutsche diesen Plan insgeheim guthießen. Aber das Unternehmen wurde ein Mißerfolg. Die angesprochenen kleinen Staaten fühlten sich zu schwach, um sich in den Streit der Großen einzumischen. Andererseits war das frankistische Spanien zu eng mit den Achsemächten verbunden gewesen, als daß man es nicht verdächtigte, den beiden großen Diktatoren zu einem Frieden verhelfen zu wollen, den sie, angesichts ihrer mißlichen Lage, wohl suchten. Die Hypothese war durchaus real für Mussolini, der bereits bei der Unterredung in Bordighera Franco gegenüber sein Bedauern geäußert hatte, aus dem Krieg nicht herausfinden zu können. Sie war es nicht für Hitler, der immer noch an den Endsieg glaubte. Was die Alliierten betraf, die sich auf der Siegesstraße befanden, so verkündeten sie, daß der Krieg erst mit der bedingungslosen Kapitulation des Feindes enden würde. Als General Jordana zum 450. Jahrestag der Rückkehr Christoph Columbus' nach Spanien eine Rede hielt, in der er sagte, der Krieg spiele der kommunistischen Revolution in die Hände, und in der er an den Frieden appellierte, gelang es ihm nur, den Staatssekretär Cordel Hull und von Ribbentrop in einem Punkt zu einer einhelligen Meinung zu bringen: nämlich den Krieg weiterzuführen.

Blieb nur mehr der Vatikan. Zumindest er konnte nur den Frieden wünschen. Sein Einfluß auf die Katholiken beider Seiten war nicht zu unterschätzen. Franco, der eine Inspektionsreise nach Andalusien unternahm, bei der er die Gelegenheit wahrnahm, sich mit Queipo de Llano zu versöhnen, appellierte am 9. Mai von Almeria aus an den Weltfrieden.

„In diesen Tagen, in denen die Welt im Blut und im Haß erstickt, erhebt

Spanien seine Stimme und vereint sich mit dem Papst, um an das Gewissen der Völker zu appellieren. Nach drei Jahren Krieg ist es recht, an den Frieden zu denken, den Haß zu zerschlagen und die Völker einander näher zu bringen... Wir sehen es als unsinnig an, den Frieden weiter hinauszuschieben. Ich sage dies, weil hinter der Fassade etwas viel Schlimmeres lauert: der Kommunismus."

Hitler, der weit davon entfernt war, diesen Worten Beifall zu spenden, bat Franco am 15. Juni, seine Friedensappelle einzustellen, zumal sie den Eindruck vermitteln konnten, Deutschland sei schwach, wo es doch gerade davor stand, im Osten eine Großoffensive zu starten.

Die Ereignisse sollten seine Hoffnungen begraben. Nachdem das Afrikakorps die Lufthoheit verloren hatte, mußte es sich in Tunesien ergeben. Die Schlacht um Kursk brachte für die deutschen Panzer nicht den erwarteten Durchbruch. Von nun an mußte sich die Deutsche Wehrmacht ohne Unterbrechung vor der russischen Dampfwalze zurückziehen, bis an jene Grenze, die sie im Juni 1941 überschritten hatte und viel weiter noch, in das Herz Deutschlands hinein. Italien, das schwache Glied der Achse, brach zuerst zusammen. Die Landung der Alliierten auf Sizilien und die Eroberung dieser Insel zeigten die Mutlosigkeit einer Armee, die zuviele Niederlagen erlitten hatte, und einer Bevölkerung, die von den Bombardierungen demoralisiert war. Am 25. Juli stellte sich der Faschistische Große Rat gegen den Duce, dem er bis dahin immer seine Zustimmung gewährt hatte. Unter den Rebellen befanden sich der Schwiegersohn Mussolinis, Ciano, der alte Marschall De Bono, Dino Grandi und Bottai, alle ehemalige Mitarbeiter des Duce. Sie waren der Meinung, Mussolini solle zum Wohl der Nation zurücktreten. Die Bindungen zwischen Italien und Spanien waren zu eng, die frankistische Presse hatte das faschistische Italien allzusehr gepriesen, als daß dieses Ereignis nicht ein starkes Echo in Spanien ausgelöst hätte. Die Gegner des Regimes glaubten, daß der Fall Mussolinis und der bevorstehende Untergang Hitlers auch das Ende Francos bewirken könnten. Diese Aussicht stärkte die Exilrepublikaner. Martinez Barrios und General Miaja begannen eine Propagandatournee in Südamerika. Indalecio Prieto, Albornoz in Mexiko und Miguel Maura im besetzten Frankreich versuchten die verschiedenen Fraktionen des früheren Regimes zu vereinen und sich den Monarchisten zu nähern.

Die Kommunisten, von denen noch einige in den asturischen Widerstandsgruppen kämpften, versuchten ihre Zellen in den Städten wieder-aufzubauen. Einige waren verhaftet und hingerichtet worden. Andererseits hinderten die Erfahrungen aus dem Bürgerkrieg die anderen Linksgruppierungen daran, sich mit den Leuten aus Moskau einzulassen.

Diese Aktivitäten der Verlierer von 1939, in Spanien wie im Ausland, beunruhigten die Monarchisten, die endlich Don Juan de Bourbon auf dem Thron sehen wollten, und lieferten ihnen ein Argument, um die Rückkehr zur Monarchie zu verlangen. Wenn Franco fiel, so glaubten sie, bestand die Möglichkeit, daß die Alliierten den Republikanern die Macht zurückgeben könnten. Um den Intrigen ein Ende zu bereiten, sollte Franco zurücktreten und seinen Platz dem legitimen König überlassen. Übrigens verfolgte Don Juan eine liberale politische Linie, die der des Franco-Staates genau entgegengesetzt war. In ihrem Bestreben, Franco aus seiner Position zu verdrängen, wandten sich gewisse Monarchisten, wie Pedro Sainz Rodriguez, an Samuel Hoare. Für den Fall einer Invasion der Iberischen Halbinsel zogen sie die Bildung einer Regierung auf den Kanaren in Betracht, die Don Juan zum König ausrufen würde. Da die Polizei von diesen Plänen erfuhr, floh der ehemalige Minister mit einem anderen Kritiker, Vegas Latapie, nach Portugal, wo sie Gil Robles wiedersahen, der sich auch Hoffnungen machte, wieder eine Rolle spielen zu können. Von dort aus konnten sie dann ihre Ratschläge an den Grafen von Barcelona schicken, der scheinbar auf ihre Linie einschwenkte.

In Spanien selbst sah ein Teil der hohen Persönlichkeiten in der Monarchie eine Rückzugsmöglichkeit. Im Juni hatten 27 Honoratioren, darunter der Herzog von Alba, Ex-Minister Valentin Galarza, Ex-Botschafter Yanguas Messia, Admiral Moreu, der Stellvertretende Sekretär der Bewegung, Juan Manuel Fanjul, und Professor Alfonso Garcia Valdecasa, einer der Gründer der Falange, Franco eine Bittschrift zugunsten der Monarchie gesandt, um, wie sie sagten, die Alliierten daran zu hindern, die Republik der Volksfront wiederherzustellen. Diese Persönlichkeiten hatten aber kaum Rückhalt. Franco wußte das. Seine Zensur blockierte die mögliche Propaganda der Kritiker. Im Gegenteil: Das Fußvolk des Kreuzzugs blieb dem Generalissimus treu. Am 8. Juni etwa wurde ihm eine Treuebekundung im Namen von 30.000 ehemaligen Gefangenen der „Roten" überreicht. Seine Jahrgangskameraden, die sich in der Militärakademie von Toledo versammelt hatten, spendeten ihm Beifall. Der Verrat der Anhänger von Don Juan konnte ihn nicht sonderlich aufregen. Er ließ die untreuen Räte aus dem Nationalen Rat entfernen, schickte den Grafen der Anden ins Exil und bereitete sich darauf vor, das schwierige diplomatische Spiel zu bestreiten, das der Niedergang der Achse mit sich brachte.

Je sicherer der Sieg für die Anglo-Amerikaner wurde, desto stärker wurde auch der Druck, den sie auf Spanien ausübten, damit es seine Kontakte zu den ehemaligen Verbündeten löse. Am 19. Juli, kurz bevor Franco auf Urlaub fuhr, überbrachte Carlton Hayes die Wünsche (oder Forderungen) seiner Regierung. Die spanische Presse sollte ihre Unterstützung der deutschen Standpunkte beenden. Weiters behauptete man, die „Blaue Division" widerspreche der behaupteten Position der Nicht-Kriegführung. Dies wäre einfach nicht glaubhaft, solange spanische Soldaten in Rußland kämpften. Franco wollte aber nicht nachgeben, zumindest nicht sofort, denn der Rückruf der „Blauen" war, laut Doussinague, im Prinzip bereits beschlossen worden. Der Caudillo verkündete weiterhin seine Neutralität im Krieg, soweit er den Westen betraf, aber nicht im „Kreuzzug" gegen den Bolschewismus. Außerdem wollte er seine Schuld gegenüber Deutschland begleichen. Der Presse ließ er hingegen strikte Anweisungen in Sachen Neutralität zukommen und reiste auf sein Schloß im galicischen Meiras.

Dorthin überbrachte ihm Sir Samuel Hoare den Katalog der Vorstellungen der britischen Regierung. Der Botschafter wiederholte die Vorwürfe gegen die Germanophilie der spanischen Politiker. Er warf der Franco-Regierung vor, deutsche Unterseeboote in Santander geduldet zu haben und Besatzungen von beschädigten U-Booten und Flugzeugen, die sich nach Spanien geflüchtet hatten, nach Deutschland zurückkehren zu lassen. Er warf ihr außerdem vor, die Tätigkeit deutscher Spione in Spanien und Marokko zu dulden und große Mengen Wolfram an Deutschland zu verkaufen. Bei seiner Rückkehr nach England ließ er keine Gelegenheit aus, die Presse von seiner energischen Aktion zu informieren, worauf er als Nationalheld gefeiert wurde. Zweifellos empfand der Botschafter, der so manche Demütigung über sich hatte ergehen lassen müssen, solange die Vormachtstellung Hitlers gehalten hatte, eine gewisse Befriedigung, nun seinerseits die Freunde der Achsemächte zu demütigen. Dabei hatte er aber den spanischen Stolz falsch eingeschätzt. Franco, der ihm seelenruhig zuhörte, ließ eine Protestnote an die britische Regierung schicken und vertagte die Maßnahmen, die von ihm verlangt wurden. Die Nachwehen dieses Streits waren noch nicht abgeklungen, als man am 8. September 1943 von der italienischen Kapitulation erfuhr. Sie war seit dem Fall Mussolinis voraussehbar gewesen, und die Beteuerungen Badoglios zur Bündnistreue hatte wohl niemand besonders ernst genommen. Der Zusammenbruch Italiens verstärkte die Ängste der spanischen Konservativen über die Zukunft des Regimes. Nur die Monarchie, mit der Unterstützung Englands, konnte ihrer Meinung nach neue Katastrophen verhindern. Noch am selben Tag baten die Generale Dávila, Varela, Solchaga, Saliquet, Monasterio, Ponte und natürlich Kindelán den Armeeminister Asensio, er möge Franco einen Brief übergeben, in dem sie seinen Rücktritt und die Wiederherstellung der Monarchie verlangten. Franco antwortete nicht einmal. Er war der Meinung – und glaubte es bis zu seinem Tod –, daß einer liberalen Monarchie das gleiche Ende beschieden sein würde wie jener von Alfons XIII. und daß damit die Volksfront und der Kommunismus wiederkämen. Der „Kreuzzug" wäre so umsonst gewesen. Also hielt er es für seine Pflicht, sich zu widersetzen, und er fühlte sich dieser Aufgabe durchaus gewachsen.

Er begann wieder mit seiner Außenpolitik von 1940, das heißt: den Stärksten zufriedenzustellen, ohne die Beziehungen zum Schwächsten zu lösen. Diesmal hatten die Gesprächspartner die Positionen gewechselt. Um den Anglo-Amerikanern zu gefallen, beschloß er den Rückruf der „Blauen Division". Ein entsprechendes deutsch-spanisches Abkommen wurde am 12. Dezember 1943 unterzeichnet. Es ließ den spanischen Soldaten die Möglichkeit, sich freiwillig in ein besonderes Bataillon zu melden. Tatsächlich gab es noch bis zum Endkampf um Berlin spanische Freiwillige. Die anderen kehrten nach Spanien zurück, wo sie noch lange ein signifikantes Abzeichen trugen, das als ruhmreich angesehen wurde.

Eine weitere heikle Frage stellte sich nach der deutschen Reaktion in Italien. Deutschland hatte den Stiefel gleichsam im Spaziergang besetzt und Mussolini befreit. Dieser hatte sodann eine Republik mit sozialistischen Tendenzen gegründet. Sollte man sie in Madrid anerkennen? Es wäre anständig gewesen, es zu tun. Der Duce hatte einst die spanischen Putschisten unterstützt, die ebenfalls keine tiefere legale Berechtigung hatten, als die italienische faschistische Republik. Eine Anerkennung wäre aber auch unvorsichtig gewesen. Nun versuchte Franco aber vor allem, Spanien und sein Regime zu retten, die er für untrennbar hielt. Jordana machte in seinem Namen darauf aufmerksam, daß die diplomatischen Beziehungen mit dem Königreich Italien bestanden, nicht mit einer Partei. Spanien erkannte also die Republik von Salò nicht an. Der italienische Konsul in Málaga, Monreale, konnte danach in Madrid nur ein Büro eröffnen und eine inoffizielle Rolle spielen. Nach der alliierten Landung in Nordafrika hatte Spanien José Antonio de Sangroniz zum Vertreter bei de Gaulle ernannt, während gleichzeitig José Felix de Lequérica in Vichy blieb. In der italienischen Affäre handelte die Diplomatie Francos übrigens völlig im Einklang mit dem Vatikan, der es ablehnte, den Staat Mussolinis anzuerkennen.

Diese geschickten Schachzüge schwächten den Druck der Alliierten keineswegs ab. Ende 1943 kam Carlton Hayes auf die russische Frage zurück. Er versicherte, daß die UdSSR keine Gefahr für Europa darstellen würde. Weshalb beharrte Spanien also darauf, sie anders zu behandeln als die restlichen Staaten, mit Ausnahme der schmutzigen Allianz zwischen Nazideutschland und dem heidnischen Japan? Der Anlaß waren diesmal gewisse Telegramme zwischen Jordana und Laurel, dem Präsidenten eines philippinischen Staates von Japans Gnaden, daß die Vereinigten Staaten eine feindliche Haltung gegenüber Spanien einnahmen. Jordana entschuldigte sich. Diesmal mußte der spanische Stolz nachgeben.

Dieser Rückzieher hinderte die englische und amerikanische Presse nicht daran, eine sehr heftige Kampagne gegen den frankistischen Staat zu führen. Gleichzeitig stoppten die USA die Erdöllieferungen an Spanien. Im Ministerrat vom 2. Februar 1944 sprach Jordana sogar wieder von einer möglichen Invasion. Truppen wurden in den Norden des Landes entsandt. Franco erklärte später, daß „die ersten Tage des Jahres 1944 die gefährlichsten für Spanien waren". Um Stalin zufriedenzustellen, der die Eröffnung einer zweiten Front verlangte, hatten die alliierten Generalstäbe eine Invasion der Iberischen Halbinsel in Betracht gezogen, eine Operation ohne großes Risiko. Stalin hatte diesen Plan jedoch zurückgewiesen, wie ein Telegramm vom 7. Februar beweist, und seine Alliierten waren zum französischen Operationsziel zurückgekehrt.

Jordana bot Samuel Hoare an, den Verkauf von Wolfram an Deutschland zu verringern – das ewige Feilschen der Schwachen. Die Ablehnung Stalins zur iberischen Invasion brachte aber eine Abschwächung der anti-spanischen Kampagne. Franco, den Samuel Hoare „gelassen gefunden hatte, mit dem ruhigen Stimmchen eines Hausarztes, der versucht, einen nervösen Patienten zu beruhigen", hatte am 6. Januar die Treuebekundung seiner Generale entgegengenommen, die er in Einzelgesprächen wieder in den Griff bekommen hatte. Seine Polizei hatte einen Brief des Grafen von Barcelona abgefangen, in dem dessen Feindseligkeit gegen das Regime offenbar wurde. Franco fertigte ihn ab: „Wir bewegen uns auf die Monarchie zu. Sie verhindern, daß wir sie erreichen." Nur eine autoritäre Monarchie, die mit der Bewegung zusammenarbeiten würde, könnte Erfolg haben. Darauf antwortete der Prätendent, daß das Regime ohnehin von den Verlierern des Bürgerkriegs gestürzt würde, „die von der täglich stärker werdenden internationalen Stimmung gegen das totalitäre Regime, das Sie aufgebaut haben, begünstigt werden". Don Juan glaubte, auf den Thron zuzusteuern, in Wahrheit aber entfernte er sich davon.

Die Alliierten unterbrachen bald ihre Attacken gegen Franco-Spanien und handelten mit Jordana einen Vertrag aus, der am 29. April 1944 unterzeichnet wurde. Spanien reduzierte seine Wolframverkäufe an Deutschland auf die symbolische Menge von vierzig Tonnen. Es erklärte sich damit einverstanden, das deutsche Konsulat in Tanger zu schließen, die deutschen Agenten des Landes zu verweisen und die italienischen Schiffe aus seinen Häfen herauszulassen, die es seit dem 8. September 1943 blockierte. Am 25. Mai lobte Churchill in einer Rede im Unterhaus die spanische Neutralität und unterstrich die Dienste, die sie bei der alliierten Invasion Nordafrikas geleistet hatte. Dieses Lob mochte Franco und seinen Außenminister erfreuen, auch wenn die amerikanische Haltung, besonders der Kreis um Roosevelt und die First Lady, weniger zuverlässig war. Dazu durfte man nicht vergessen, daß die Konservativen zwar ein gewisses Maß an Verständnis aufbrachten, die Arbeiter jedoch ihrer Freundschaft mit den Exilrepublikanern die Treue hielten. Ein Besuch Samuel Hoares bei Jordana, dem er „als Freund" den Rat gab, die Monarchie wiederherzustellen, zeigte die Grenzen des Wohlwollens der Tories und ihren Plan, aus Spanien einen Satelliten Englands zu machen.

Der Sieg der Alliierten in der Normandie beendete die deutsche Präsenz in den Pyrenäen. Von nun ab trennte Frankreich Spanien und Deutschland wieder. Der Caudillo vertraute Hayes an, daß Hitler in weniger als einem Jahr kapitulieren müßte. Er bot die Hilfe Spaniens beim Wiederaufbau des kriegsgeschädigten Europa an. Er glaubte, gerade in diesem Augenblick den sicheren Hafen erreicht zu haben, als die Kräfte der Demokratien drauf und dran waren, einen Sturmangriff gegen sein Regime zu beginnen, den man für unaufhaltsam halten konnte.

Fünfter Teil
KÖNIG OHNE KRONE

1. Kapitel

DER ANGRIFF AUF FRANCO

Im Verlauf der Diskussionen über den Kriegseintritt Spaniens an der Seite der Achsemächte hatte Hitler bemerkt, daß England im Fall eines Sieges als erstes ein Regime in Spanien etablieren würde, das die Fortführung von Francos Werk unmöglich machte. Der Graf von Barcelona sagte ungefähr dasselbe, allerdings von einem anderen Standpunkt aus. Der Sieg der Demokratien über den Faschismus mußte bei den Verbannten und ihren Freunden in Spanien den Wunsch wecken, sich zu rächen und den spanischen Diktator zu stürzen. Zu diesem Zweck konnten sie auf sowjetische Unterstützung zählen. Auch Stalin wollte seine Revanche, und er hielt die Chancen für eine kommunistische Machtergreifung auf der Iberischen Halbinsel, so wie er es auf dem Balkan versuchte, für durchaus real, wenn Franco nur erst stürzte.

Es gab damals noch kleine Widerstandsgruppen in Asturien, Léon und Galicien. Die spanische Kommunistische Partei hatte eine „Nationale Spanische Union" gebildet, in die sie „Weggefährten" rief. Sie wollte im südlichen Frankreich Teile der bewaffneten Gruppen versammeln, die dann nach Spanien einmarschieren und einen allgemeinen Aufstand initiieren sollten. Dies lag durchaus im Bereich des Wahrscheinlichen. Der Rückzug der Deutschen aus Südfrankreich und der Volksaufstand, der ihn begleitet hatte, sowie die Anwesenheit vieler Kommunisten und ihrer Sympathisanten in der provisorischen Verwaltung begünstigten diese Sammelbewegungen. Die Regierung in Paris, wo die Kommunisten Billoux und Tillon an der Seite de Gaulles saßen, ließ sie gewähren, sei es, weil sie machtlos war oder weil sie den Antifaschisten diese Genugtuung gönnte. Franco hatte, in Erwartung eines bewaffneten Überfalls dieser Banden, Truppen unter dem Kommando von Yagüe an der Grenze konzentriert. Zwischen 3. und 7. Oktober war der erste Versuch einer Invasion gescheitert. Am 17. marschierten 500 Mann in das Aran-Tal ein, wurden aber von allen Seiten angegriffen und zogen sich hastig nach Frankreich zurück, bis auf jene, die in Gefangenschaft gerieten. Eine Tatsache hatte zum Scheitern dieser Pläne beigetragen: Die Bauern hatten die Invasoren nicht unterstützt, sie hatten sie manchmal sogar an die Ordnungskräfte verraten. Dies war der Beweis dafür, daß die Spanier keinen neuen Bürgerkrieg wollten. Nach acht Jahren Krieg und wirtschaftlicher Not, jetzt, da der Frieden in der Welt möglich schien, wollten sie nur zu einem normalen Leben zurückkehren. Seit 1940 hatte Franco nach und nach die Kriegsgefangenen freigelassen. Diese hatten sich, bis auf einige wenige Unentwegte, in die Bevölkerung integriert. Viele von jenen, die Spanien auf der Flucht vor der frankistischen Armee verlassen hatten, waren zurückgekehrt. Die Sieger hatten sich ebenfalls größtenteils beruhigt. All dies erklärt, weshalb Franco auf die Unterstützung seines Volkes vertraute. Der Versuch einer roten Invasion kam sehr gelegen, um seine weniger begeisterten Anhänger daran zu erinnern, daß eine Rückkehr zur Republik, zur Uneinigkeit und zur gewaltsamen Abrechnung mit den Siegern immer noch möglich war und daß ihr Interesse in der Wahrung des Status quo lag.

Die Ereignisse im Oktober 1944 hatten jedoch die französische Feindseligkeit offenbart. Kommunisten und Sozialisten begannen wieder mit ihren Schmähschriften gegen den „faschistischen General" und „Komplizen Hitlers". Die einzige mögliche Hilfe für Franco war Churchill. Der Caudillo schlug dem britischen Premier eine englisch-spanische Entente vor, um der sowjetischen Vormachtstellung in Europa entgegenzuwirken. England lehnte höflich ab, es blieb der Allianz mit Rußland treu, „der „permanenten englisch-russischen Zusammenarbeit in der Festigung der zukünftigen Weltorganisation, wichtig nicht nur für seine Interessen, sondern auch für die Erhaltung des Friedens und des Wohlstandes in Europa".

Der Salto vom deutschen zum englischen Trapez war somit nicht gelungen. Im Ausland konnte Franco nur auf Portugal und den Vatikan zählen. Diese prekäre Lage veranlaßte den Grafen von Barcelona, am 19. März 1945 von seiner Residenz in Lausanne aus ein Manifest zu senden, in dem er die Gefahren einer Wiederkehr der Republik unterstrich, die totalitären Vorstellungen Francos verurteilte und eine liberale Monarchie vorschlug, deren König er sein sollte.

Diese Erklärung wurde in Spanien nur von jenen gehört, die den Sender der Alliierten empfingen, da die Zensur die Verbreitung des Manifests verbot. Der Prätendent war dazu verurteilt, seine Meldungen ausschließlich in ausländischen Medien zu verbreiten. Er brauchte sich über die Haltung der spanischen Militärs keine Illusionen zu machen. Franco hatte die Kommandoposten an seine Mitarbeiter aus dem Bürgerkrieg verteilt: Varela war Hochkommissar in Marokko, Muñoz Grandes Militärkommandant in Madrid und Solchaga in Barcelona, Dávila war Generalstabschef und Orgaz sein Stellvertreter, Saliquet war Präsident der Militärgerichtsbarkeit, und Moscardó kommandierte die Garde des Staatschefs.

Die Kirche kam dem spanischen Regime zu Hilfe. Erzbischof Monsignore Pla y Deniel erließ einen Hirtenbrief, in dem er dem Himmel dankte, daß Spanien vom Krieg verschont geblieben war, und Franco, daß er dem Druck der Kriegstreiber widerstanden hatte. Er verkündete auch die Rechtmäßigkeit des spanischen Staates, verbunden allerdings mit der Empfehlung, dem Land festverankerte Institutionen zu geben.

Reichte dies aus, um dem Druck der Demokratien zu widerstehen, die von ihrem Sieg so beflügelt waren? Schon anläßlich der Konferenz von San Francisco hatte Mexiko am 19. Juni 1945 einen Antrag votieren lassen, nach dem Regierungen, die mit Hilfe der Streitkräfte der betreffenden Länder eingesetzt worden waren und die gegen die Alliierten gekämpft hatten, von einer Mitgliedschaft bei den Vereinten Nationen ausgeschlossen wurden. Damit war klarerweise Spanien gemeint.

Am 30. Juni brach Panama seine Beziehungen zu Madrid ab. Es war eindeutig, daß die linksorientierten Regierungen Lateinamerikas, die in engen Beziehungen zu den verbannten spanischen Republikanern standen, einen rücksichtslosen Kampf gegen den Diktator führen würden. Die Zerstrittenheit der Exilanten war jedoch für Franco ein Vorteil. Auf der einen Seite standen die Sozialisten und die Gemäßigten unter Alvaro de Albornoz, Martinez Barrios und Indalecio Prieto, auf der anderen die Kommunisten und ihre Weggefährten, wie der ehemalige Premierminister Negrin.

Franco mußte sich also noch vor der Potsdamer Konferenz, bei der sich die drei Sieger des Krieges – Stalin, Churchill und Truman, der Nachfolger von Roosevelt – treffen sollten, etwas einfallen lassen. Sein Außenminister Lequérica schlug ihm vor, den Einfluß der Falange zu verringern und ihren Generalsekretär Arrese abzusetzen, trotz seiner Loyalität und seiner Bemühungen, die Bewegung von ihren totalitären Ideen zu säubern. Franco hörte nicht auf ihn. Er rührte die Falange, deren Anführer er war, nicht an. Hingegen hob er die katholische Seite seines Staates hervor.

Am 17. Juli 1945 verabschiedeten die Cortes per Akklamation die Charta – oder Fuero – de los Españoles, das „Grundgesetz der Spanier". Wie alle Erklärungen, war auch sie voll von guten Absichten. Der Fuero garantierte den Spaniern die gleichen Rechte wie in den Demokratien, erinnerte sie aber auch an ihre Pflichten. Von katholischer Grundhaltung, anerkannte er „die Wahrung der Würde, der Integrität und der Freiheit des Individuums", verkündete die Gleichheit der Bürger vor dem Gesetz, das Recht auf Schulbildung, das freie Wohnrecht sowie das Recht, für eine wählbare Funktion kandidieren zu können. Der Staatsbürger konnte auch nicht willkürlich verhaftet oder länger als 72 Stunden in Haft gehalten werden, ohne daß man ihn einem ordentlichen Gericht vorführte.

Glaubens- und Gewissensfreiheit wurden zwar verkündet, aber nur die katholische Kirche war offiziell anerkannt. Der Staat, der sich – wie die alte Monarchie – auf den Katholizismus berief, verbot die Scheidung, was allerdings nichts Neues war.

Der Fuero sah auch vor, daß die Regierung eine zeitweilige Aufhebung gewisser Paragraphen verfügen konnte. Diese Beschränkung war eine nützliche Vorkehrung für den Fall, daß Spanien angegriffen würde. Sie erfüllte mehr als einmal ihren Zweck.

Der Fuero konnte den Eindruck einer Liberalisierung des Regimes vermitteln, genauso wie die Abschaffung des faschistischen Grußes zeigte, daß Spanien vom „verdammten" Regime abrückte. Die Idee einer Veränderung wurde durch die tiefgreifende Umbildung des Kabinetts bestätigt. Nun mußte doch der Minister und Generalsekretär der Falange, Arrese, aus der Regierung ausscheiden, und sein Posten blieb unbesetzt. Lequérica, der diese Maßnahme vorgeschlagen hatte, mußte ebenfalls seinen Hut nehmen, genauso wie der Handelsminister Demetrio Carceller, der Minister für Straßenbau, Vigón, und sein Kollege im Justizressort, Eduardo Aunos. Arrese war gegen die Monarchie, Vigón hingegen dafür. Man konnte Franco nicht vorwerfen, daß er eine Tendenz stärker vertrat als die andere.

Die gleiche Tendenz zeigte sich bei der Wahl der neuen Minister. Fernández Cuesta, einer der Gründer der Falange, übernahm das Justizministerium, und der Flieger González Galarza, einer der wenigen Offiziere, die Alfons XIII. treu geblieben waren, als dieser ins Exil ging, trat ins Kabinett ein. Dominantes Merkmal bei der Erstellung der neuen Regierung war der Appell an den militanten katholischen Sektor. Der Präsident der Katholischen Aktion, Alberto Martin Artajo, ein umsichtiger baskischer Jurist, wurde Außenminister, der nicht minder gottesfürchtige Ibáñez Martin, offensichtlich Mitglied des Opus Dei, behielt das Unterrichtsressort. Mit Fidel Dávila, seinem Mitarbeiter in siegreichen Stunden, im Armeeministerium, seinem Jugendfreund Suanzes im Industrieressort und Blas Pérez sowie Girón, die ihre Posten für Inneres und Arbeit behielten, verfügte Franco über eine zuverlässige Mannschaft. Dieser Diktator verlangte übrigens von seinen Mitarbeitern nur Loyalität und Kompetenz. Da er ihnen vertraute, gestattete er ihnen großen Handlungsfreiraum, aber er entließ sie, ohne zu zögern, wenn sie keinen Erfolg hatten oder wenn er sie für amtsmüde hielt.

Mit diesen Männern sollte er den Fährnissen, die von außen drohten, trotzen. Bei der Konferenz der „drei Großen", die beschlossen, das Schicksal Europas nach dem Krieg zu bestimmen, verlangte Stalin, die Alliierten sollten mit dem „letzten faschistischen Diktator" brechen und die francofeindlichen demokratischen Bewegungen in Spanien unterstützen. Truman, der in der Innenpolitik kompetenter war als in der Bewältigung von weltweiten Problemen, scheint ihm eher passiv zugehört zu haben. Churchill hingegen plädierte zwar nicht für Franco, aber für Spanien, das er wieder als liberale Monarchie sehen wollte, mit einem König, der mütterlicherseits englischer Herkunft war und auf britischen Schiffen gedient hatte und also dem Vereinigten Königreich freundlich gesinnt gewesen wäre. Er ließ den Vorschlag Stalins scheitern.

Das Unglück für Franco war, daß die Wahlen in England die Konservativen zu Fall brachten. Auf Churchill folgte Clement Attlee, der im Bürgerkrieg die Republikaner unterstützt hatte. Ein Foto, das ihn mit emporgereckter Faust inmitten der Anführer der spanischen Volksfront zeigte, war um die Welt gegangen. Die drei alliierten Regierungen ließen nun wissen, daß sie einen Beitrittswunsch Spaniens zur UNO nicht befürworten würden, da seine Regierung mit Hilfe der Achsemächte an die Macht gekommen war und enge Bindungen zu diesen Staaten unterhalten hatte. Spanien erfüllte in ihren Augen somit nicht die für eine Mitgliedschaft nötigen Bedingungen.

Dieses Kommuniqué war angetan, die Anhänger des Regimes zu entmutigen und dessen Feinde zum weiteren Kampf zu bewegen. Franco schien sich jedoch nicht darüber aufzuregen, nicht einmal dann, als der pensionierte Serrano Suñer ihm einen Brief sandte, in dem er ihm riet, seinen Platz für den König zu räumen. Der Caudillo appellierte an die Würde des spanischen Volkes: „Da Spanien... sich so ungerecht behandelt fühlt, sieht es sich gezwungen, zu erklären, daß es nicht um einen Platz in den internationalen Konferenzen bettelt und daß es keinen solchen Platz annehmen würde, der nicht im Zusammenhang steht mit seiner Geschichte, seiner Bevölkerung und den Diensten, die es dem Frieden und der Kultur erwiesen hat." Seine Überlegung basierte auf zwei Tatsachen. Auf nationaler Ebene standen Monarchisten und Republikaner, die alle seinen Rücktritt forderten, als politische Feinde einander gegenüber und neutralisierten sich so gegenseitig. Am 20. August 1945 kamen 95 überlebende Abgeordnete des Debakels von 1939 in Mexiko zusammen und wählten Martinez Barrios zum Präsidenten der Republik. Dieser ernannte Giral zu seinem Premierminister. Sollte Franco zurücktreten, so bestand die Gefahr eines neuerlichen Zusammenstoßes zwischen Linken und Rechten. Nun fürchteten die Spanier aber nichts mehr als einen neuen Bürgerkrieg. Auf internationaler Ebene war die Entente zwischen der kapitalistischen Welt und der UdSSR früher oder später zum Scheitern verurteilt. Franco mußte also bis zu diesem Bruch durchhalten. Ein Kuriosum am Rand war die Tatsache, daß Gibraltar sich zum Trumpf im Spiel der Spanier wandelte. Sosehr Attlee auch Sozialist war – eine kommunistische Republik vor den Toren des englischen Stützpunkts wünschte er sich ganz gewiß nicht. Dies wurde klar, als sein Außenminister Bevin erklärte, es wäre ein Fehler, militärisch in Spanien zu intervenieren oder einen Bürgerkrieg zu provozieren.

Da er den Stolz seines Volkes kannte, setzte Franco auf die Reaktion, die durch die Einmischung der Ausländer in das nationale Geschehen hervorgerufen werden mußte. Daher brachte er auch den typisch spanischen Satz in Umlauf: „Wir Spanier kümmern uns wenig um das, was man im Ausland über Spanien denkt."

Tatsächlich aber lieferte er Beweise für seinen guten Willen, indem er seine Truppen aus Tanger zurückzog und Pierre Laval informierte, daß Spanien ihm angesichts des Drucks der Alliierten nicht länger Asyl gewähren könne. Das hieß, einen Mann zu opfern, der während des Bürgerkriegs viel gekämpft hatte, um die verschiedenen französischen Regierungen daran zu hindern, sich voll für die „rote" Republik zu engagieren. Als Franco Kommandant der Legion war, hatte er geschrieben: „Im Krieg muß man das Herz vergessen." Um sein Spanien zu retten, warf er nun Ballast ab. Laval wurde in Frankreich hingerichtet.* Das alles reichte nicht, um den Haß der Linken weltweit zu vermindern. Sie hatte 1939 die Erniedrigung der republikanischen Niederlage erlitten, hatte zusehen müssen, wie Franco sich mit Hitler und Mussolini unterhielt, wie seine Falangisten die Hand zum faschistischen Gruß erhoben und wie die „Blaue Division" in den deutschen Reihen kämpfte. All das war in ihren Augen unverzeihlich. In den meisten Ländern, die unter der deutschen Besatzung jahrelang gelitten hatten, hatten die Erniedrigungen, die Einschränkungen und die alliierte Propaganda eine Mentalität erzeugt, die von den Kommunisten zur Vernichtung ihrer Gegner ausgenützt wurde. Während sie „Säuberungsaktionen" durchführten, die den frankistischen von 1939 in nichts nachstanden, saßen sie in den Regierungen neben Sozialisten und Christdemokraten und verlangten von den „Großen", sie sollten Franco stürzen. Diese Haltung war in Frankreich besonders stark, wo die Volksfront nach der Demission de Gaulles die Macht wieder übernommen hatte. Es war also die 4. Republik, die den Angriff auf Franco wieder in Schwung brachte. Drei militante Kommunisten, Santiago Alvarez, Salvador Zapirain und Cristino Garcia, die heimlich die Grenze überschritten hatten, wurden in dieser Zeit gefaßt, abgeurteilt und erschossen. Das Parlament in Paris war entrüstet. Der Ex-Kommissar der Internationalen Brigaden in Albacete, André Marty, hatte Franco schon als Gefahr für den Weltfrieden bezeichnet und den Abbruch der Beziehungen Frankreichs zu Spanien verlangt, was Stalin bereits in Potsdam vorgeschlagen hatte. Die Exekution der kommunistischen Anführer lieferte den Vorwand, ihm zu folgen. Am 27. Februar 1946 erklärte die französische Regierung, daß ab

---

* Es stimmt, daß er weiterhin einigen Ministern von Laval Asyl gewährte, wie Gabolde, Abel Bonnard, General Bridoux, auch den italienischen Generalen Roatta und Gambara sowie dem Rexistenführer Léon Degrelle und Otto Skorzeny.

dem 1. März die Grenze zwischen Frankreich und Spanien geschlossen sei. Franco reagierte, indem er seinerseits sofort die Grenze dichtmachte. Da Spanien nur durch Frankreich Straßen- oder Eisenbahnverbindungen mit dem Rest Europas unterhalten konnte, war diese Maßnahme äußerst unangenehm.

Am 5. März 1946 veröffentlichten die Außenminister der USA, Großbritanniens und Frankreichs – Byrnes, Bevin und Bidault – eine Verurteilung des spanischen Regimes und den Wunsch, daß sich seine Gegner einigten, um „den friedlichen Rücktritt Francos zu erreichen". Die Anspielung auf Verhandlungen, die zwischen Vertrauensmännern des Grafen von Barcelona und sozialistischen Gesandten stattgefunden hatten, war eindeutig. Aber das alles waren vorerst nur Worte. Der kommunistische Druck verstärkte sich. Die Satellitenstaaten der Sowjetunion brachen im April ihre diplomatischen Beziehungen zu Spanien ab: Rumänien, Jugoslawien, Bulgarien und Polen, das die republikanische Exilregierung von Giral anerkannt hatte. Sein Delegierter, Oskar Lange, spielte vor dem Sicherheitsrat der UNO den Ankläger. Und was für einen Ankläger! Spanien hätte Nationalsozialisten aus allen Ländern aufgenommen. 200.000 modern bewaffnete Deutsche gäbe es dort. Schlimmer noch: Ein Deutscher namens Bergman von Segerslay sollte ein Team von deutschen Wissenschaftern leiten, die am Bau der spanischen Atombombe arbeiteten. Und Lange nannte sogar den Ort, an dem dieses Komplott gegen die demokratische Welt geschmiedet wurde: Ocaña.

Es war schwierig, ein so phantasievolles Bild zu zeichnen. Die 200.000 Deutschen gab es nicht. Von kerntechnischen Anlagen in einem Land zu sprechen, in dem der Strom nicht ausreichte, in Madrid den ganzen Tag lang die Lifte in Betrieb zu halten, war wohl ein schlechter Witz. Was Ocaña betraf, so kannte Lange den Namen, weil sich dort ein Gefängnis befand, wo gewiß einige seiner kommunistischen Genossen schmorten. Und doch hörte der Sicherheitsrat diesen Schauermärchen ernsthaft zu, beschloß, eine Unterkommission aus fünf Mitgliedern zu bilden, die einen Bericht ausarbeiten sollten, und vertagte die Sache auf den Herbst.

Die Westmächte mußten einfach wissen, daß das einzig Wahre an diesen Behauptungen die Präsenz von einigen Flüchtlingen aus dem faschistischen Europa in Spanien war. Dennoch stimmten sie in Stalins Verwünschungen ein. Franco wertete dies einmal mehr als Beweis dafür, daß die Freimaurerei ihm seine Siege nicht verzieh. Im Dezember 1946 kam der „Fall Spanien" zurück an die UNO, diesmal vor die Generalversammlung. Der Delegierte der USA, Tom Connally, wiederholte ungefähr den Text der April-Erklärung der drei westlichen Außenminister. Franco sollte zugunsten einer provisorischen Regierung zurücktreten, die „die demokratischen Freiheiten respektiere". Bis dahin würde Spanien von allen Organisationen, die von der UNO abhingen, ausgeschlossen. Polen, unterstützt von der UdSSR, Jugoslawien, Mexiko, Venezuela, Norwegen und Belgien, verlangte den Abbruch der diplomatischen Beziehungen zu Spanien, das in den lateinamerikanischen Staaten, wie Argentinien, Peru, Kolumbien und Kuba, einige Verteidiger fand. Es half alles nichts. Am 8. Dezember empfahl die Generalversammlung der Vereinten Nationen ihren Mitgliedern, ihre Botschafter oder Gesandten aus Madrid abzuziehen. Frankreich, das Vereinigte Königreich und die USA hatten mit dem kommunistischen Block gestimmt, Kanada, Südafrika und die arabischen Staaten hatten sich der Stimme enthalten.

Es war, angesichts der Verhältnisse im Reiche Stalins und in dem ihm wie ein reifer Apfel in den Schoß fallenden Osteuropa eine für die westlichen Demokratien beschämende Maßnahme, aber sie behinderte kaum das Leben in Spanien selbst. Eher bot sie Gelegenheit, an den Stolz des Spaniers zu appellieren, der nur schwer akzeptieren konnte, daß Ausländer über ihn zu Gericht saßen. Franco war ein zu guter Stratege, um nicht mit dieser psychologischen Waffe zum Gegenangriff überzugehen. Während die UNO über seine Verurteilung debattierte, prangerten Francos Informationsorgane die Unverschämtheit dieser Ausländer an, die Spanien wie eine Kolonie behandelten. Am 9. Dezember versammelte sich vor dem königlichen Palast eine riesige Menschenmenge, die nicht nur aus Franco-Anhängern bestand. Es gab auch Liberale, wie Doktor Marañon und den Nobelpreisträger für Literatur Jacinto Benavente. Der Caudillo war kein großer Redner, aber er fand dennoch die richtigen Worte, um die Anwesenden zu berühren.

Nachdem er den roten Terror erwähnt hatte, der in zwölf europäischen Nationen wütete, „die gestern noch unabhängig waren" und der an jenen Terror erinnerte, den ein Teil Spaniens erfahren hatte, rief er aus: „Wir dürfen uns nicht wundern, daß die Söhne von Giral und der Pasionaria Unterstützung bei den offiziellen Vertretern dieser armen Völker finden."

Die Mitglieder der UNO machte er, nicht ohne eine gewisse Ironie, auf-merksam, daß „außer für den Fall eines internationalen Faschismus, der ihnen ihre Entscheidungen aufzwingen würde,... niemand das Recht hat, sich in die internen Angelegenheiten der Nationen einzumischen". Dann, nachdem er den friedlichen Geist Spaniens bekräftigt hatte, fuhr er fort: „Genauso wie sie ihren Frieden verteidigen und verwalten, so werden wir unsere Siege verteidigen und verwalten. Die Weltlage und ihre Schandflecke geben unserem glorreichen Kreuzzug nur noch mehr Sinn. Man muß bedenken, was ohne ihn in diesen schlimmen Zeiten für Europa sich ereignet hätte. Vereinen wir die große Kraft unserer Ver-nunft mit der Kraft unserer Einheit. Damit und mit Gottes Schutz wird nichts und niemand unseren Sieg verhindern können."

In ganz Spanien fanden gleichzeitig gewaltige Kundgebungen statt. In Sevilla empfahl Queipo de Llano, der seinen alten Schwung wieder-fand, den Spaniern, „Franco ihren ganzen Glauben zu schenken" und, wenn nötig, „Spanien in ein neues Numantia zu verwandeln".

Hätten die Diplomaten der UNO nachgedacht, sie hätten an der Wirk-samkeit ihrer Sanktionen zweifeln müssen. Es war offensichtlich, daß ihr Einmischungsversuch nur den Schulterschluß des Volkes mit seinem Führer zur Folge hatte.

„... Die Interventionspolitik der UNO offenbarte eine so vollständige Unkenntnis der spanischen Psychologie, daß ein Historiker in ferner Zukunft sich vielleicht fragen wird, ob nicht ein subtiler angelsächsi-scher Machiavelli die Spanienaffäre initiierte, um Franco zu retten und zu verhindern, daß Spanien in die bolschewistische Einflußsphäre ab-glitt. Es wäre zweifellos zuviel der Ehre für die Lenker der internatio-nalen Versammlung."

Diese Sätze aus dem Jahr 1959 gelten noch immer. Kommunisten und Liberale, die von Exilanten mangelhaft informiert wurden, deren Wün-sche für Realität hielten und so ein Bild Spaniens vor Augen hatten, das nicht der Wahrheit entsprach, dachten, daß ihre Intervention eine unauf-haltsame Bewegung hervorrufen würde. Tatsächlich jedoch irritierten sie die Spanier nur, trieben sie in die Arme Francos und diskreditierten diejenigen, die sie indirekt empfahlen.

Angesichts dieses Zulaufs der Massen dachte Franco daran, sich über ein Referendum den Segen des Volkes zu holen, der ihm noch fehlte, und so gleichzeitig die Zukunft seines Regimes abzusichern.

2. *Kapitel*

MONARCHIE OHNE KÖNIG

Die ausländischen Botschafter verließen Madrid, wie von der UNO empfohlen; an ihre Stelle traten Chargés d'affaires. Nur der päpstliche Nuntius sowie die Botschafter Portugals und der Schweiz blieben. Materiell entstand kein großer Schaden, moralisch zog Franco sogar Nutzen aus dieser Maßnahme. Denn nur die unentwegtesten Gegner, seien es Republikaner oder Monarchisten, hofften, aus dem „Bannfluch der Demokratien" Kapital schlagen zu können. Auf republikanischer Seite waren es die selbsternannten Staatsmänner in Mexiko, die sich ereiferten. Aus Mangel an Voraussicht oder Sektierertum hatten sie die Katholiken, die 1931 untätig das neue Regime hingenommen hatten, ebenso gegen die Republik aufgebracht wie jene Militärs, die nicht gegen die Proklamation opponiert hatten. Azaña und Besteiro waren gestorben, der eine im französischen Exil, der andere im Gefängnis. Blieben nur mehr Martinez Barrios, Giral und vor allem Prieto und Negrin; letztere waren seit langem verfeindet. Der eine setzte auf die englische Trumpfkarte, der andere auf die sowjetische.

Den zweiten Schwerpunkt der Opposition bildeten der Graf von Barcelona und seine Berater. Don Juan hatte am Bürgerkrieg teilnehmen wollen, war aber davon abgehalten worden, zuerst durch General Mola, der nicht mehr an die Monarchie glaubte, und dann durch Franco, der den Erben Alfons' XIII. „in Reserve" halten wollte. Freilich konnte der Caudillo nicht voraussehen, daß das ungestüme Bestreben der Monarchisten, die Macht zurückzugewinnen, in Feindschaft umschlagen würde. Manche von ihnen verhielten sich so, als hätte Franco eine royalistische Erhebung „verdrängt". Aber die Militärs hatten am 18. Juli 1936 erklärt, daß sie gegen die Volksfront und nicht gegen die Republik zu Felde zogen. Man mußte bis zu Francos Einzug in Sevilla warten, um zu sehen, wie die rot-gelb-rote Flagge gehißt wurde. Das nationale Lager hatte Monarchisten, Karlisten und Falangisten umfaßt, und die beiden letzteren Gruppierungen waren nicht daran interessiert, sich für die Bourbonendynastie besonders einzusetzen.

In seinem Bestreben, das Königtum wiederherzustellen, nahm Don Juan, der aus Lausanne ins portugiesische Estoril übersiedelt war, um seinen Anhängern näher zu sein, Verbindung mit Prieto auf, der wesentlich zum Sturz der Monarchie beigetragen hatte. Wie sein Ahnherr Heinrich IV. wünschte der Prätendent, daß sich die Spanier um den Thron scharen und dadurch wieder zueinanderfinden sollten. Aber die Republikaner wollten nur eine Republik zulassen, allerhöchstens verstanden sie sich zu einem Referendum über die künftige Staatsform, denn sie glaubten, daß sie daraus als Sieger hervorgehen würden. Solche Meinungsverschiedenheiten vereitelten die mehr oder weniger geheim geführten Verhandlungen, die eine Abfolge von Annäherungen, Vertagungen, Wiederaufnahme und neuerlicher Verzögerung waren. In deren Verlauf schalteten sich auch Beigbeder und General Aranda ein, der vielleicht davon träumte, militärischer Oberkommandierender des neuen Regimes zu werden.

Franco verfolgte solche Stolpertänze ohne große Beunruhigung. 1947 beschloß er, seinem Staat eine feste Form zu verleihen. Die faschistische Lösung wäre eine Diktatur gewesen, in der das Oberhaupt seinen Nachfolger bestimmen kann, gemäß der antiken Formel des Marcus Antonius oder, uns geschichtlich näher, in Hitlers Deutschem Reich und in Pétains „Etat Français". Aber dieses System hatte mit Rudolf Heß und Admiral Darlan keine günstigen Resultate gezeigt. Und dann war der Faschismus auf den Schlachtfeldern Rußlands zugrunde gegangen. Die Republik? Franco verabscheute sie; er fand, sie sei mit der Mentalität der Spanier unvereinbar. Blieb also die Monarchie. Doch die war 1931 gestürzt worden. Franco, in einer Soldatenfamilie aufgewachsen und an der Militärakademie Toledo erzogen, hatte eine gefühlsmäßige Bindung an das Königtum. Aber er wollte keine Wiederkehr einer liberalen Monarchie, wie sie Don Juan anpries, denn, so sagte er des öfteren in Gesprächen mit seinem Cousin Franco Salgado, sie würde scheitern und der Republik ein zweites Mal den Weg bereiten. Aus seiner Sicht war die einzige Lösung der Rückgriff auf die autoritäre Monarchie früherer Zeiten, die sich nicht auf politische Parteien gestützt hatte, sondern auf die eigentlichen sozialen Kräfte: die Familie, die Gemeinschaft und – ein Zugeständnis an die Doktrin der Falangisten – das Syndikat. Dieses feste Gefüge würde er zu gegebener Stunde dem Nachkommen Alfons' XIII. hinterlassen, falls dieser auf die Bedingungen einging. Wenn nicht, würde er einen Regenten einsetzen, in der Hoffnung, daß ein geeigneter, würdiger Bourbone gefunden werde.

Daraufhin verfaßten die Juristen des Caudillo einen Gesetzesentwurf, dessen erster Paragraph eindeutig besagte, Spanien sei ein katholischer, sozialer und repräsentativer Staat, der sich, gemäß seiner Tradition, als Königreich deklariere. Doch im Paragraphen II hieß es wörtlich: „Das Amt des Staatschefs übernimmt der Caudillo Spaniens und Führer der ‚Nationalen Bewegung', Generalissimus der Streitkräfte Don Francisco Franco Bahamonde."

Durch dieses Gesetz wurde ein Rat des Königreichs – „Consejo del Reino" – geschaffen, bestehend aus dreizehn Mitgliedern unter dem Vorsitz des Präsidenten der Cortes. Er umfaßte den höchsten kirchlichen Würdenträger, den Generalkapitän des Heeres oder den rangältesten Generalleutnant, den Chef des Obersten Generalstabs, den Präsidenten des Institutes von Spanien, vier Repräsentanten der Cortes und drei vom Staatsoberhaupt ernannte Mitglieder. Dieses Gremium sollte im Fall einer unvorhergesehenen Machtvakanz den Cortes Francos Nachfolger vorschlagen, denn unter normalen Umständen behielt sich der Caudillo das Recht vor, „einen König oder einen Regenten" zu nominieren.

König sollte ein Spanier dynastischen Gebluts werden, mindestens dreißig Jahre alt und katholisch. Er würde den Eid auf die Grundgesetze abzulegen haben. Gab es keinen geeigneten Thronanwärter, würden die Cortes einen Regenten wählen. Solche Absicherungen waren offenbar durch die liberale Einstellung Don Juans motiviert, die Franco nicht guthieß. Der Kronprätendent protestierte unter Berufung auf die natürliche Erbfolge, die in den Monarchien Geltung hat. Genaugenommen hatte er recht. Das Mißliche dabei war, daß Alfons XIII. Spanien zwar in dem sehr ehrenvollen Bestreben verlassen hatte, ein Blutvergießen zu vermeiden, daß aber dennoch Blut in Strömen geflossen war und der Sieger des Krieges alle Macht erhalten hatte – auch jene, eine Monarchie nach seinen Vorstellungen zu schaffen.

Als die Cortes den Entwurf dieses Sukzessionsgesetzes angenommen hatten, wurde für den 26. Juli ein Referendum darüber anberaumt. Diesem ging eine Propagandakampagne voraus, bei der die Zensur keine Kritik an dem Text zuließ, der den Staatsbürgern vorgelegt wurde. Gegnern blieben nur das Nein oder die Enthaltung, um ihre Ablehnung zu bekunden. Am Vorabend der Abstimmung appellierte Franco in einer Rundfunkrede an die Spanier, das Gesetz zu billigen.

Damit wurde ihnen zum erstenmal seit 1936 eine politische Entscheidungsmöglichkeit zugestanden. Sie gingen sehr zahlreich zu den Urnen. Die ausländischen Journalisten, welche die Volksbefragung beobachteten, meldeten nichts über Unregelmäßigkeiten. Von 17,178.812 Stimmberechtigten folgten 15,219.565 dem Aufruf des Staates. Man zählte 14,145.163 Ja-Stimmen, 722.666 Nein-Stimmen und 336.592 leere Formulare. Damit hatten 82% der Stimmberechtigten für das Gesetz gestimmt, der Erfolg war unbestreitbar.

Dieses Ergebnis verschaffte Franco in einem großen Teil des Auslandes einen Prestigegewinn, wohl auch, weil es nicht an die 99%-Vorgaben der kommunistischen Staaten heranreichte. Bei dem Referendum hatten paradoxerweise die Fangalisten für die Monarchie gestimmt, obwohl sie diese aus tiefstem Herzen verwarfen, und überzeugte Monarchisten hatten Francos Gesetz abgelehnt oder Stimmenthaltung geübt.

De facto hatte man für oder gegen den Generalissimus abgestimmt. Dieser empfing seine Investitur durch das spanische Volk, das nichts mehr fürchtete als einen neuen Bürgerkrieg und auf stabile Verhältnisse hoffte, durch die das Land den Weg aus dem Elend finden und neue Fährnisse vermeiden sollte. Mit solch massivem Rückhalt nahm der Caudillo zwei weitere Vorhaben in Angriff: die völlige innere Befriedung herbeizuführen und Spanien einen Platz im Konzert der Nationen zu verschaffen.

Noch vor dem Referendum hatte Franco einen beachtlichen Erfolg errungen. Der neue Präsident Argentiniens, Juan Domingo Perón, ergriff energisch Partei für Spanien. Sein Delegierter bei der UNO stimmte gegen die Sanktionen. Dann entsandte er einen Botschafter nach Madrid. Im Juni 1947 unternahm seine Frau Eva Duarte de Perón, das Idol der argentinischen „descamisados" (Besitzlosen), eine Europareise und hielt sich auch in Madrid auf, wo sie mit jenen Ehren empfangen wurde, die einem Staatsoberhaupt gebühren. Es kam zu einer Kundgebung wie im Dezember 1946 vor dem Königlichen Palast, als „Evita" auf einem Balkon an der Seite Francos die Menschenmenge grüßte.

Die Freundschaft Argentiniens war nicht nur auf diplomatischer Ebene wertvoll, sie brachte den Spaniern auch erhebliche materielle Hilfe. Mit Beschluß vom 30. Oktober 1946 gewährte die argentinische Regierung einen Kredit in der Höhe von 350 Millionen Pesos, der es ermöglichte, in Argentinien 400.000 Tonnen Getreide, 120.000 Tonnen Mais und große Quantitäten von Fleisch zu beschaffen. Im Austausch lieferte Spanien seinem Partner Olivenöl, Kork und Industriegüter. Zu einem Zeitpunkt, als sich die Ernährungslage in Spanien besorgniserregend gestaltete, war Peróns Unterstützung so kostbar wie vordem jene Mussolinis und Hitlers während des Bürgerkriegs. General Perón durchbrach den Kreis internationaler Ächtung, in dem die Demokratien das Spanien des Caudillo einschließen wollten. Damit gab er jenen Staaten, die sich weigerten, den Sanktionen gegen Franco beizupflichten, ein Beispiel. Es handelte sich dabei um Staaten, seien es arabische oder lateinamerikanische, die durch jahrhundertealte gemeinsame Vergangenheit und Kultur Beziehungen zu Spanien hatten. Um die Sympathien der arabischen Völker zu gewinnen, sprachen die spanischen Diplomaten vom langen Zusammenleben mohammedanischer und christlicher Gemeinschaften im Mittelalter, wobei sie über die blutigen Ereignisse der Reconquista elegant hinweggingen. Die Moschee von Córdoba, die Giralda, die Alhambra und Averroes – das war Musik in den Ohren moslemischer Politiker. Allerdings verlangten sie ihrerseits für Hilfeleistungen, daß Spanien vor seinen Freunden die Sache der durch die Zionisten bedrohten Einheit Palästinas vertrete – ein Einverständnis, das durchaus möglich war. In Lateinamerika gab es drei divergierende Gruppen von Staaten: diejenigen, die zu den spanischen Republikanern hielten, das waren Mexiko, Guatemala, Panama und Uruguay, solche, die mit dem Franco-Regime sympathisierten – Argentinien, San Salvador, Costa Rica, die Dominikanische Republik, Peru und Paraguay –, und solche, die abwarteten, weil sie es sich nicht mit den USA verderben wollten. Um sie für sich zu gewinnen, mußte sich Franco mit Washington verständigen.

Die Kommunisten und Sozialisten in den USA hatten nicht die Bedeutung wie im Europa der Nachkriegszeit, deshalb war das Terrain für spanische Diplomaten günstiger. Franco entsandte den Journalisten Manuel Aznar, der, aus der gemäßigten Linken kommend, besser als ein Falangist geeignet war, sich in einem demokratischen Umfeld zu bewegen. Er meldete, daß der Erfolg des Referendums im amerikanischen Außenministerium Eindruck gemacht hatte. Doch noch mehr zählte die wachsende Spannung zur Sowjetunion. Die Truman-Doktrin zur Verteidigung der vom kommunistischen Expansionsdrang bedrohten Völker würde über kurz oder lang den Bruch der unnatürlichen Allianz herbeiführen, die nur zustande gekommen war, um Hitler gemeinsam zu bekämpfen. Wie George Kennan, der amerikanische Botschafter in Moskau, zu bedenken gab, war das Spanien Francos einem Rotspanien vorzuziehen. Es lag also im Interesse der USA, ihre Attacken gegen das Land einzustellen.

Diese Kursänderung zeigte sich im Verlauf der UNO-Debatten während des Herbstes 1947. Oskar Lange brachte den Fall Spanien erneut zur Sprache. Da sich Franco den nachdrücklichen Weisungen der Weltorganisation nicht gebeugt hatte, beantragte der polnische Delegierte Wirtschaftssanktionen gegen Spanien. Der Vertreter El Salvadors lehnte sie ab, daraufhin ging die Frage zur Bearbeitung an den Sicherheitsrat. Der polnische Antrag erhielt 21 gegen 6 Stimmen, aber es gab 20 Stimmenthaltungen, darunter jene der USA. Da die Mehrheit nicht erreicht wurde, sollte der „Fall Spanien" wohl ad acta gelegt werden.

Das bedeutete aber keineswegs, daß Truman seine Arme für den spanischen Diktator öffnete. Als Außenminister George Marshall seinen wirtschaftlichen Hilfsplan vorlegte, um zu verhindern, daß Europa dem Kommunismus anheimfiel, blieb Spanien davon ausgeschlossen. Da es nicht für die gemeinsamen Ziele gelitten hatte, schien man es nun für seine Neutralität bestrafen zu wollen. Deutschland hingegen hatte ein Anrecht auf Kredite von seinem alten Feind. Wen die USA züchtigten, das war der autoritäre Staatsmann, den Truman ebenso zutiefst verabscheute wie Cromwell, Ludwig XIV., Napoleon, Hitler und Stalin. Für ihn gab es keinen Zweifel, daß Franco in diese „Hölle der Diktatoren" gehörte. Noch dazu wußte der Logenbruder Truman, daß der spanische Staatschef in „Arriba" unter dem Pseudonym Jakin Boor Artikel gegen die Freimaurer schrieb. Damit erwarb er sich keinerlei Anspruch auf Nachsicht.

Doch Franco konnte warten. Wenn schon nicht den Präsidenten, so suchte er wenigstens amerikanische Parlamentarier zu gewinnen, um eine Lobby für Spanien zu bilden, die Druck auf die amerikanische Exekutive ausüben könnte. Dabei ging es ihm auch um die „Falken" und schließlich um einen Rückhalt bei den amerikanischen Katholiken, vor allem bei Kardinal Spellman, der ihn während des Krieges besucht hatte und den er schätzte. Dieses politische Manöver begann damit, daß der Caudillo elf amerikanische Abgeordnete zu einem eineinhalbstündigen

Gespräch empfing; sie schieden mit sehr günstigen Eindrücken von diesem antikommunistischen General. Weitere Kontakte folgten. Franco empfing auch den Vizepräsidenten Barkley, den ehemaligen Vorsitzenden des Nationalkonvents der Demokraten (und Präsidenten von Coca-Cola) James Farley sowie den Senator Chan Gurney, der den Militärausschuß des Senats leitete. Martin Artajo und Franco klärten all diese Besucher über die spanische Neutralität und die Niederwerfung des Kommunismus auf und stellten ihnen die Frage, was sie davon halten würden, wenn Spanien ein Satellit der Sowjetunion wäre. Das wirkte. Um Aznar bei dessen Bemühungen zu unterstützen, entsandte Franco seinen früheren Außenminister Felix de Lequérica, den er wegen seiner Tüchtigkeit schätzte, nach Washington. Dieser gewandte und dem Caudillo treue Baske organisierte die spanische Lobby nach den bei amerikanischen Politikern üblichen Methoden – ein nicht ganz lupenreines und bisweilen kostspieliges Verfahren. Er mußte sich gegen hohe Beamte des amerikanischen Außenministeriums, wie etwa Atger Hiss, die entschiedene Gegner Francos waren, zur Wehr setzen. Aber er fand auch Freunde. Die Senatoren Tom Conally aus Texas, Pat Mac Carran aus Nevada, Owen Brewster aus Maine und der Abgeordnete Alvin O'Konsky übten Kritik an der antifrankistischen Politik und sprachen sich für die Aufhebung der Sanktionen und die Gewährung von Krediten an die Madrider Regierung aus.
Und für Franco arbeitete die Zeit. In Asien beherrschte Mao den Norden Chinas und war drauf und dran, Tschiang Kai-schek vom Festland zu vertreiben. In Deutschland zwang die Blockade Berlins die USA zur Errichtung der gewaltigen risikoreichen Luftbrücke. In der Tschechoslowakischen Republik beging der antikommunistische Außenminister Jan Masaryk Selbstmord oder wurde beseitigt. In Griechenland zog sich der Kampf gegen die kommunistischen ELAS-Partisanen hin. Spanien, wo General Alonso Vega und seine Guardia Civil die Gruppen der Guerilleros nach und nach ausschalteten, bot für die amerikanischen Strategen keinen Anlaß zur Besorgnis.* Admiral Nimitz äußerte sich gegenüber George Marshall, daß die Vorherrschaft im Mittelmeerraum

---

* Dieser Krieg im Dunkel verursachte ziemlich hohe Verluste: auf seiten der Guerilleros 2.173 Tote und 3.000 Gefangene. Die Guardia Civil verzeichnete 257 Tote und 370 Verwundete, die Polizei und die Kriminalpolizei verloren 23 und das Heer 12 Mann.

eine Verständigung mit Spanien erfordere. Im Februar 1948 nützte Admiral Forrest P. Sherman, Befehlshaber des amerikanischen Mittelmeergeschwaders, einen Privatbesuch in Madrid für eine Begegnung mit Generalissimus Franco. Dies waren die ersten Schritte in Richtung einer Allianz.

Ab diesem Zeitpunkt hätte Franco Kredite benötigt, um die Wirtschaft seines Landes wieder auf eine gesunde Basis zu stellen. Die einfachste Lösung wäre die Einbeziehung in den Marshall-Plan gewesen. In diesem Sinn beantragte der spanienfreundliche Abgeordnete O'Konsky im Kongreß eine Abstimmung über die Zusatzklausel, sie erbrachte 149 Pro- und 52 Kontrastimmen. Aber Truman legte sein Veto ein. Doch er stellte es den Banken frei, den – noch immer, wenn auch nicht mehr völlig verwerflichen – Spaniern Darlehen zu gewähren.

Frankreich hingegen öffnete am 10. Februar 1948 die seit 1946 gesperrte Grenze. Die französischen Industriellen sowie die Hoteliers und Geschäftsleute der Côte Basque wiesen schon seit langem darauf hin, daß sie am meisten unter den antispanischen Maßnahmen zu leiden hatten. Die französischen Exporte nach Spanien hatten beträchtliche Rückgänge zu verzeichnen, wovon andere Staaten profitierten. Durch solche Erfahrungen veranlaßt, seinen links-christdemokratischen Dogmatismus aufzugeben, erklärte Georges Bidault: „Die ganze Welt hat Beziehungen zu Spanien aufgenommen, nur Frankreich nicht... Ablehnen können die Wiederaufnahme diplomatischer Beziehungen zu Spanien nur jene Leute, denen besonders daran gelegen ist, die angelsächsischen Interessen auf der (Iberischen) Halbinsel zu fördern."

Die spanische Regierung nahm diesen Erfolg mit stiller Genugtuung zur Kenntnis. Hingegen lief die Propaganda auf Hochtouren, als am 9. April 1948 ein neues Handelsabkommen unterzeichnet wurde, das „Franco-Perón-Protokoll". Argentinien eröffnete von neuem Kredite, zu einem Zinsfuß von 2,75%. Spanien bezog weiterhin Getreide und andere Viktualien, stellte aber die Transportmittel Bahn und Schiffe. Man nahm die Errichtung eines Zollfreilagers in Cádiz für argentinische Waren mit Bestimmungsorten in Europa in Aussicht. Dem Anschein nach war das Band der spanisch-argentinischen Freundschaft fester denn je. In Wahrheit aber gebot die Wirtschaftskrise, die sich in Argentinien abzeichnete, solcher Euphorie rasch ein Ende zu setzen. Ein Zerwürfnis war die Folge. Im Gegensatz dazu erweckten die im Mai mit Frankreich und Großbritannien abgeschlossenen Handelsverträge keinerlei Begeisterung, erwiesen sich aber als dauerhaft.

Es war augenscheinlich, daß sich die „Monarchie ohne König" konsolidierte. Franco nannte sie lächelnd eine „organische Demokratie", zum Unterschied von den auf freien Wahlen basierenden Formen. Ein Beweis für die Konsolidierung war die Zusage des Grafen von Barcelona, mit dem Caudillo zusammenzutreffen. Diese Begegnung fand am 25. August auf dem Meer statt. Don Juan kam auf seiner Jacht „Saltillo" und begab sich an Bord von Francos Jacht „Azor", wo er mit den Ehrenbezeigungen für einen Admiral empfangen wurde. Drei Stunden lang sprach der Generalissimus mit dem Prätendenten, dem er den Weg zum wiedererrichteten Thron verwehrte, über die Zukunft der Dynastie. Franco behandelte den Grafen von Barcelona, wie es diesem seinem Rang nach gebührte. Aber seit dem Manifest von 1945 hielt er ihn für einen Liberalen, der – es sei denn, er hätte sich geändert – die Monarchie zugrunde richten würde. Doch wenn sein Sohn Juan Carlos, damals zehn Jahre alt, in Spanien „gemäß den guten Grundsätzen" erzogen werden würde, könnte er den Fortbestand der autoritären Monarchie gewährleisten. Der junge Prinz war in Fribourg in die Grundschule gegangen. Die Logik gebot, daß er seine Ausbildung in jenem Land fortsetzen sollte, das er eines Tages regieren würde. Über diesen Punkt einigten sich die beiden Gesprächspartner. Im November kamen Juan Carlos und sein Bruder Alfonso nach Spanien. So wurde die Zukunft der Dynastie gesichert.

Die Nachricht über das Treffen konsternierte die antifrankistischen Monarchisten, die noch immer Gespräche mit Republikanern vom Gepräge Prietos führten. Einer von ihnen, Vincente Gay, dachte wahrscheinlich an den wankelmütigen König Ferdinand VII., als er sagte: „Nos ha borboneado" – „Er (Franco) hat uns bourbonisiert." (Ferdinand VII. ist in Spanien in schlechter Erinnerung, da er, um seine Thronrechte zu wahren, Napoleon zu Hilfe rief, was zum auslösenden Moment für den Freiheitskampf der Spanier gegen die Franzosen wurde.) Ein anderer sprach vom „Fußtritt, den ein Herr seinem Diener versetzt". Prieto seinerseits überließ unter Berufung auf seinen schlechten Gesundheitszustand Trifon Gomez die Aufgabe, die Unterredungen fortzusetzen, welche ohnehin kaum Aussichten auf Resultate eröffneten.

In Francos Lager reagierte die Falange mit Beunruhigung, als sie von diesem neuen Schritt in Richtung Monarchie erfuhr. Ein Flügel der Bewegung, die „Garde Francos", zeigte ihren wachsenden Unmut, aber ohne Folgen. Die Unzufriedenen beider Seiten hatten nur geringen Einfluß auf die Masse der Bevölkerung, zumal die Menschen sahen, daß es langsam aufwärts ging. Der Lebensstandard der Vorkriegszeit wurde allmählich wieder erreicht. Unter der Leitung von Suanzes entstanden die Fabriken des INI, des „Instituto Nacional de Industria", und Staudämme wurden errichtet. Eine unglückselige Verkettung von Umständen bewirkte, daß diese Arbeiten in einer Dürreperiode erfolgten, was zu vielen „chistes" – etwa Kalauern – anregte, für welche die Spanier schwärmen. Eines Tages freilich mußten auch die Spötter einsehen, daß diese Konstellation der Bevölkerung diente. In Erwartung des Regens bezog man in die Planung großer Bauvorhaben die Errichtung von Kraftwerken ein; in den Städten tauchten die „Vespas", die italienischen Motorroller, auf, und man ging daran, eine spanische Version zu produzieren. Ein Klein-PKW, der „Biscooter", die in Spanien nachgebaute Kreation des französischen Konstrukteurs Voisin, rollte auf den Autostraßen dahin. Er sah zwar nicht elegant aus, aber er fuhr, und das zählte.

Es kam noch besser. Franco verhandelte mit dem italienischen FIAT-Konzern über die Errichtung eines Autowerks, der SEAT – Sociedad Española de Automoviles de Turismo –, die in Barcelona nach italienischen Plänen Kleinwagen der Type „600" herstellen sollte. Schlußendlich sei noch auf die von einem spanischen Ingenieur namens Alejandor Goiecoechea in den staatlichen Planungsbüros konstruierten hypermodernen Garnituren des „Talgo" hingewiesen, die die Bahnstrecken der Halbinsel befuhren. Diese gewaltigen, bei zu niedrigem Lohnniveau unternommenen Anstrengungen waren verheißungsvoll. Es genügte nun, eine andere Gangart einzuschlagen, um Kredite zu erhalten. So ergaben sich wieder Kontakte zu den USA.

Im November 1948 hatten die Spanier eine Enttäuschung hinnehmen müssen. Sie hatten gehofft, daß der Republikaner Thomas Dewey den Platz Trumans einnehmen werde. Aber Truman, den ein Foto in der Zeitschrift „LIFE" mit dem Freimaurerschurz zeigte, wurde wiedergewählt. General Marshall, der für die Politik verantwortlich war, die zur Niederlage Tschiang Kai-scheks geführt hatte, demissionierte 1949; sein Nachfolger als Außenminister wurde der Anwalt Dean Acheson. Nun bestand die Gefahr, daß die für Spanien günstigen militärischen

Erwägungen bei diesem Demokraten nur sekundäre Bedeutung hatten. Er verfolgte eine doppelgesichtige Politik. Durch die Botschaft in Madrid ließ er die Oppositionellen ermutigen, und was Kreditansuchen an amerikanische Banken betraf, praktizierte er etwa das gleiche Verfahren der kleinen Schritte wie sein Vorgänger während des Krieges, als es sich um Getreide und Treibstoff gehandelt hatte, hütete sich aber, die antispanischen Umtriebe der Sowjetunion bei der UNO zu begünstigen. Dies zeigte sich, als der Fall Spanien wieder vor dieses Forum kam. Der polnische Delegierte stellte den Antrag, der Sicherheitsrat möge die spanische Situation einer genauen Betrachtung unterziehen und dementsprechend handeln. Seine Eingabe wurde mit 36 gegen 9 Stimmen bei 12 Enthaltungen abgelehnt. Kolumbien und Brasilien schlugen indes vor, den Mitgliedstaaten freizustellen, Botschafter nach Madrid zu entsenden. 25 Sitzungsteilnehmer stimmten dafür, 16 dagegen und 16 enthielten sich der Stimme, darunter die USA und deren westeuropäische Verbündete.

Die Mehrheit wurde nicht erreicht, alles blieb auf dem Status quo, doch es ließ sich abschätzen, wieviel Terrain durch Martin Artajos diplomatische Bemühungen seit 1946 gewonnen worden war. Kurz darauf, im Oktober, begab sich Franco nach Portugal. Es war eine der offiziellen Auslandsreisen, wie er sie während seiner Laufbahn als Staatschef nur sehr selten unternahm. An der Universität Coimbra zum Doktor honoris causa promoviert, hielt Franco eine Rede, in der er, unter deutlicher Absage an den Kapitalismus und den Marxismus, seine Absicht bekundete, das Los des spanischen Volkes durch wirtschaftlichen Fortschritt zu verbessern. „Die Umwälzung", so schloß er, „wird durch die katholische Weltanschauung erfolgen oder auf dem kommunistischen Weg in die Irre führen, wo wir in ein neues Zeitalter der Tyrannis und der Barbarei zurückgeworfen werden." Zu einem Zeitpunkt, da Pius XII. den Kommunismus feierlich in Acht und Bann tat, konnte keine Äußerung orthodoxer klingen.

Der so freundliche Empfang in Portugal war keine Überraschung. Um so mehr staunten die Spanier, als sie erfuhren, daß Dean Acheson an Senator Conally einen Brief geschrieben hatte, den die „New York Times" veröffentlichte. Darin bekannte der Außenminister ganz offen, die Ächtung durch die UNO im Jahr 1946 sei ein Fehler gewesen, und Franco sei zu fest in Spanien verankert, als daß man über ihn hinwegsehen könne. Acheson betonte aber auch, daß die feindselige Haltung jener westeuropäischen Staaten, in denen die Sozialisten großen Einfluß ausübten, eine Verbindung des Franco-Staates mit jenen Staaten, die der NATO angehörten und in den Genuß der Marshallplanhilfe kamen, unmöglich mache. Er meinte ferner, wenn Franco den Protestanten freie Religionsausübung gewähre, die Gewerkschaften und freie Wahlen zulasse und die Zollschranken beseitige, würden ihn die USA ohne Vorbehalte unterstützen. Doch der Wunsch, den Protestanten dieselben Rechte wie den Katholiken einzuräumen, schien reine Utopie, zumal dieser Gedanke im Hirtenbrief der Bischöfe vom 28. Mai 1948 zurückgewiesen wurde. Ebensowenig waren die anderen Vorschläge akzeptabel, da sie in zu großem Gegensatz zur Struktur der „organischen Demokratie" standen.

Lequérica begann seine Kampagne von neuem, diesmal bei Parlamentariern und Journalisten des rechten Lagers. Sie besuchten einen freundlichen, milden Franco, und als sie in die USA zurückkehrten, waren sie im großen und ganzen für die Sache Spaniens eingenommen und geneigt, Druck auf Truman auszuüben. Diese positive Entwicklung der Lage hätte wohl noch weiter angedauert, als der Koreakrieg ausbrach. Die USA machten sich die Abwesenheit des sowjetischen Vertreters im Sicherheitsrat zunutze, um das Mandat für die Sicherheit Südkoreas zu erlangen, des Opfers der Aggression aus dem Norden. Niemand zweifelte daran, daß hinter Nordkorea die Sowjetunion stand; somit begann ein Stellvertreterkrieg zwischen den beiden größten Mächten der Welt. Douglas MacArthurs Hypothese, daß der große Krieg 1951 ausbrechen werde und daß es irrwitzig sei, in dieser Situation Groll gegen das Spanien Francos zu hegen, schien sich zu bestätigen. Wie in der öffentlichen Meinung der sogenannten freien Nationen – und für die kleinen Kreise der Meinungsmacher – Stalin wieder zum asiatischen Tyrannen wurde, nachdem er noch zu Roosevelts Zeiten ein guter Demokrat gewesen war, so wandelte sich Franco plötzlich zum hellsichtigen spanischen Patrioten, ein wenig reaktionär, gewiß, aber das konnte man ihm nachsehen, um so eher, als die Iberische Halbinsel für die USA eine wichtige Basis in Europa bilden sollte. Daher ist es nicht verwunderlich, daß im November 1950 die Generalversammlung der UNO mit 38 zu 10 Stimmen – Ostblockstaaten, Mexiko, Uruguay und Israel – bei 12 Enthaltungen, darunter Frankreich und Großbritannien, eine Resolution faßte, welche die Mitgliedstaaten ermächtigte, wieder Botschafter nach Madrid zu entsenden. Die USA hatten diesmal für die Rückkehr zum normalen Status votiert.

Somit kündigten sich bessere Zeiten an. Truman entsandte Stanton Griffis als Botschafter nach Madrid; am 1. März 1951 überreichte er dort sein Beglaubigungsschreiben. Er war ein bedeutender Unternehmer, Präsident der Filmgesellschaft Paramount, der Typus des Selfmademan. Und er kam, um über Handel und Kredite zu sprechen, aber auch über amerikanische Stützpunkte in Spanien. Dies deckte sich mit den Wünschen Francos. Der von der UNO und der NATO ausgeschlossene, aber bei der FAO (Food and Agriculture Organization) zugelassene Caudillo antwortete allen, die ihm dringend nahelegten, sich um die Aufnahme in diese Organisationen zu bemühen, er ziehe eine direkte Übereinkunft mit den Vereinigten Staaten vor, was durchaus im Sinn hoher amerikanischer Militärs war. Am 17. Juli 1951 kam es zwischen Franco und dem zum Chef des Einsatzstabes der US-Flotte ernannten Admiral Forrest Sherman zu einem Treffen, bei dem die Grundlagen für eine militärische Allianz geschaffen wurden: Finanzhilfe und Lieferung moderner US-Waffen an Spanien als Gegenleistung für das Recht, die spanischen Luftwaffen- und Marinebasen zu benützen. Leider starb Sherman bei seiner Rückkehr nach Neapel an einem Herzinfarkt.

Die Verhandlungen zogen sich hin. Ein strittiger Punkt war die Frage der Protestanten, hinter der sich vielleicht auch jene der Freimaurer verbarg. Martin Artajo gehörte zu den toleranten Vertretern des spanischen Katholizismus, doch in dem Moment, als er mit dem Heiligen Stuhl über ein Konkordat verhandelte, wollte er keinen Konflikt mit einer Gruppe von Bischöfen heraufbeschwören, die der höchst streitbare Kardinal Segura zur Verteidigung der Kirche aufgerufen hatte. Damit ein völliges Einverständnis mit den USA erreicht werden konnte, mußte die Wahl Dwight D. Eisenhowers zum Präsidenten im November 1953 abgewartet werden.

Zum Zeitpunkt der Gespräche mit Admiral Sherman war Franco eben mit der Umbildung seiner Regierung beschäftigt. Im März und April 1951 hatten Proteste gegen die Erhöhung der Straßenbahntarife und Streiks die Unzufriedenheit bestimmter sozialer Schichten, der Arbeiter und der Studenten, offenbart, ohne die Stabilität des Regimes zu gefährden. In Presse und Rundfunk des Auslandes wurde die Bedeutung dieser Vorgänge maßlos übertrieben; mit Meldungen über den Niedergang des spanischen Diktators lag der Westen auf einer Linie mit den Sowjets. Doch vielleicht erkannte Franco die Zeichen. Dennoch beließ er Innenminister Blas Pérez und Arbeitsminister Girón de Velasco im Amt. Fernández Cuesta wurde wieder Minister-Generalsekretär der in einer Zeit monarchistischer Intrigen erstarkten Bewegung, und auch der Luftfahrtminister blieb auf seinem Posten. Hingegen folgte Francos Kampfgefährte Agustin Muñoz Grandes im Heeresministerium auf General Dávila. Joaquin Ruiz Giménez, ein junger katholischer Politiker, Sohn eines Ministers des Königreichs, übernahm das Unterrichtsministerium und trat damit zur Festigung von Martin Artajos „nationalem Katholizismus" an. Artajo selbst verblieben die auswärtigen Angelegenheiten, in denen er soeben große Erfolge erzielte. Der Aufstieg von Francos engem Mitarbeiter und gelegentlichem Ideenlieferanten Luis Carrero Blanco vom Staatssekretär zum Ministerpräsidenten wurde in der Presse nicht entsprechend hervorgehoben. Aber die Eigentümlichkeit grauer Eminenzen besteht eben darin, nicht sichtbar zu sein.

Antonio Iturmendi, ein der Tradition verhafteter Mann, vertrat das karlistische Element. In den für die Wirtschaft zuständigen Ministerien vollzog sich ebenfalls ein Wechsel. Suanzes, nunmehr Präsident des INI, übergab das Portefeuille der Industrie an den Vizepräsidenten dieser Organisation, den Katalanen Joaquin Planell, und der Bankfachmann Manuel Arburúa erhielt das Handelsressort. Außerdem wurde ein neues Ministerium geschaffen, in dem seltsamerweise die Sachgebiete Information und Fremdenverkehr gekoppelt waren. Die Aufgabe, zu informieren und die Information zu zensurieren, war zuerst der Falange und dann der „Educación Nacional" zugefallen. Es wurde ein unabhängiger Dienst eingerichtet und der katholische Falangist Gabriel Arias Salgado mit dessen Leitung betraut. Dieser ehemalige Priesterseminarist hatte sich aus seiner Vergangenheit den Drang des Moralisten bewahrt; darin war er den Bischöfen sehr ähnlich. Er wünschte die strikte Anwendung der katholischen Maximen, was angesichts der erfolgreichen ausländischen Bücher und Filme einigermaßen schwierig war. Manchmal leistete das extreme Eiferertum seiner Zensur dem Regime in Kreisen der Intellektuellen und bei der Jugend schlechte Dienste. Doch gleichzeitig erschloß der Auf- und Ausbau der Einrichtungen für den Fremdenverkehr dem Wirtschaftsleben Spaniens eine unerwartete Goldmine.

Das Programm dieses siebenten Kabinetts Francos zeigte das Bestreben, von der Autarkie abzugehen, die Lebensmittelkarten abzuschaffen und die Privatindustrie bei der Durchführung der großen Vorhaben zur Modernisierung der notleidenden Provizen zu unterstützen. Die amerikanische Hilfe sollte diese Unternehmungen fördern. Dennoch hätte dies alles nicht genügt, und ohne konsequente fiskalische Reform kam der Staat nicht am chronischen Defizit und an der Inflation vorbei.

Bei den Verhandlungen mit den Vereinigten Staaten blieb eine wesentliche Frage noch offen: Die spanischen Gesprächspartner Arburúa und Vigón wollten die nationale Souveränität nicht verschachern. Die militärischen Stützpunkte sollten unter spanischer Oberhoheit verbleiben. Im April 1953 kam es zum Einverständnis über diesen heikelsten Punkt. Im Fall eines Angriffs gegen das freie Europa würden die Amerikaner die auf ihren spanischen Basen stationierten Waffen einsetzen können, ohne die Spanier befragen zu müssen. Franco akzeptierte diese strategische Notwendigkeit; sie war Gegenstand einer Geheimnote. Im August setzte der Caudillo seine Minister von dem definitiven Projekt in Kenntnis. Am 26. September unterzeichneten Martin Artajo und James C. Dunn, amerikanischer Botschafter in Madrid, jene drei Abkommen, die de facto ein Bündnis der beiden Staaten herbeiführten.

Die USA verpflichteten sich, Spanien jene Waffen zu liefern, die es zu seiner Verteidigung brauchte, und sagten Wirtschaftshilfe in noch unbestimmter Höhe zu. Im Gegenzug überließ ihnen Spanien Sektoren seines Territoriums, welche die Amerikaner für Luftwaffe, Marine und ihre Techniker benützen konnten. Dennoch verblieben diese Basen unter spanischer Souveränität und konnten nach Ablauf von zehn Jahren an Spanien zurückgegeben werden, sofern die Vereinbarung nicht erneuert werden sollte. Die für derartige Anlagen bestimmten Gebiete waren Torrejón de Ardoz, nicht weit von Madrid, was im Fall eines Atombombenangriffs für die Hauptstadt sehr gefährlich gewesen wäre, Saragossa und Morón für die Luftwaffe sowie Rota bei Cádiz für die Flotte.

Spanien erhielt zunächst 226 Millionen Dollar, zum Großteil für militärische Zwecke; doch weitere Zahlungen sollten folgen und der Ankurbelung der Wirtschaft dienen. Die den Militärkrediten beigemessene

Bedeutung erklärt sich aus den Zusammenhängen: Der Krieg zwischen den beiden Supermächten schien nahe. Viele glaubten, daß die sowjetischen Panzerdivisionen binnen weniger Wochen bis zur Atlantikküste vorstoßen könnten. Widerstand wäre nur hinter den natürlichen Schutzwällen der Pyrenäen und der Alpen möglich. Die Iberische Halbinsel, in verhältnismäßiger Nähe zu Amerika, konnte als Befestigung und als „Flugzeugträger" der westlichen Streitkräfte dienen. Eben deshalb hatte der amerikanische Generalstab seinerzeit von Truman verlangt, er möge sich über seine politischen Vorurteile hinwegsetzen. Franco selbst und seine Generale wußten, daß die spanische Armee mit ihren veralteten deutschen Panzern, die nun mit ein wenig moderneren Motoren ausgestattet worden waren, nicht in der Lage wäre, einem sowjetischen Angriff standzuhalten. In jenen Tagen hörte man in Madrid oft, daß dann nur die Guerillataktiken übrigblieben, wie unter Espoz y Mina und dem Priester Merino im Kampf gegen Napoleon. Das Bündnis mit den USA bot die Möglichkeit, das Heer unter geringen Kosten neu auszurüsten. Franco ergriff die günstige Gelegenheit mit um so größerer Genugtuung, als sie ihm einen Weg eröffnete, um aus jener Isolierung auszubrechen, in der ihn die Sozialisten und Kommunisten Westeuropas festgehalten wissen wollten.

Auf politischer Ebene war ein gewaltiger Erfolg erzielt worden. Das Spanien Francos, noch vor kurzem von den siegreichen Demokratien abgelehnt, ja wie ein Aussätziger behandelt, stieg in den Rang eines Verbündeten der mächtigsten Demokratie der Welt auf. Der Generalissimus wurde ein ehrenwerter Partner für jene amerikanischen Staatsmänner, die ihn früher aufgefordert hatten, seinen Platz zu räumen – eine schöne Genugtuung!

Auch ein zweites diplomatischen Ereignis steigerte das Prestige des Caudillo bei seinem Volk: die Unterzeichnung des Konkordats, des ersten, das der Vatikan seit dem Ende des Zweiten Weltkriegs abschloß. Die vordem von Serrano Suñer getroffene Vereinbarung hatte nur den Charakter eines Provisoriums. Der definitive Vertrag sollte das Werk der „Nationalkatholiken" Martin Artajo, Ruiz Giménez und Fernando Maria Castiella werden, der aufeinanderfolgenden Botschafter, welche die Verhandlungen geführt hatten. Sie alle waren so erzkatholisch, daß sie die Rechte der Kirche keinesfalls zu schmälern gedachten. Franco selbst sagte: „Wenn wir Katholiken sind, dann sind wir es mit jenen

Verpflichtungen, die sich von diesem Bekenntnis herleiten. Für die katholischen Staaten stehen die Fragen des Glaubens an erster Stelle der Verpflichtungen des Staates." Die Kirche war als societas perfecta, als „vollkommene Gesellschaftordnung", anerkannt, daher erhielt sie den Hauptanteil an der Obsorge für das Unterrichtswesen, die Erziehung der Jugend und für die Ehe.* Ein Bischof durfte nicht ohne Zustimmung des Papstes belangt werden, ein Pfarrer nicht ohne das Placet seines Bischofs. Gotteshäuser waren tabu – dies sollte der Polizei einige Jahre später arge Verlegenheiten bereiten, aber 1953 schien ein Konflikt zwischen dem frankistischen Staat und der Kirche unvorstellbar. Autorisiertes religiöses Schrifttum unterlag nicht der Zensur. Staat und Klerus arbeiteten zusammen. Vorläufig, bis zur definitiven Durchführung des Konkordats, übernahm der Staat die Besoldung der Priester.

Als Franco der Kirche die moralische Führung der Gesellschaft und die Jugenderziehung überließ, sah er darin nur Vorteile für das Regime, das er mit seinem „Kreuzzug" begründet hatte. Die Bischöfe feierten ihn als Retter der Altäre. Pius XII. verlieh ihm den Christus-Orden am Großen Band und ernannte ihn zum Ritter der „Milites Christi" – eine sehr hohe Auszeichnung, die nur vier anderen Personen zuteil wurde. Die Eintracht der Kirche und des spanischen Staates schien unzerstörbar. Dies war die Sternstunde des für ihn persönlich schönsten Jahres in der Regierungszeit von Don Francisco Franco.

---

* Man konnte wohl eine Zivilehe schließen, aber unter der Bedingung, daß man sich als Agnostiker bekannte. Damit waren so komplizierte Prozeduren verbunden, daß sich die meisten Atheisten kirchlich trauen ließen.

3. Kapitel

DIE KRISE VON 1956

Die Zeiten der Stürme schienen vorbei. Nun war es wichtig, die Wirtschaft des Landes auf Touren zu bringen, um seinen Bewohnern ein besseres Leben zu ermöglichen. 1952 wurden die Lebensmittelkarten abgeschafft, und damit kam auch das Ende des Schwarzmarktes. Francos Befehl lautete: „Produzieren!" Der Staat selbst gab ein Beispiel mit dem INI, dem „Instituto Nacional de Industria", das die Funktion eines Wegbereiters der spanischen Industrie übernahm, indem es Fabriken errichtete, die bisher aus Mangel an Kapital oder Wagemut nicht gebaut worden waren. In Zusammenarbeit mit den Banken wurde der Staat zum Industriemagnaten, als er den metallurgischen Konzern der „Empresa Nacional Siderurgica" schuf; zum Hotelier durch die Anlage der „paradors" für den Fremdenverkehr; zum Mineralölproduzenten mit der Firma „Calvo Sotelo"; zum Fabrikanten, der in der SEAT Personenkraftwagen, in der „Pegaso" Lastwagen und in den „Construcciones Aeronauticas" Flugzeuge herstellte; zum Lieferanten von Energie aus Wasserkraft; und zum Bergwerksbesitzer, der durch die „Adaro" die Förderung in den Minen betrieb. Private Unternehmer folgten bald nach. Andere Wirtschaftstreibende nahmen den Bau von Eigentumswohnungen in Angriff. Die Resultate waren beachtlich. Von der Zahl 100 im Jahr 1940 ausgehend, stieg der Index 1950 auf 126, 1954 auf 175 und 1956 auf 206. Die Produktion an elektrischer Energie betrug 1952 3 Milliarden Kilowattstunden, 1954 bereits 10,5 und 1956 13,7, die Kohlenförderung wurde von 9,300.000 t auf 17,200.000 t gesteigert.
Diese forcierte Industrialisierung hatte eine Massenzuwanderung von bisher bäuerlichen Bevölkerungskreisen in die Großstädte zur Folge. Um mehr als ein halbes Jahrhundert später vollzog sich in Spanien eine Entwicklung, die andere Staaten Europas zu Zeiten der Errichtung gigantischer Industrieanlagen durchgemacht hatten. Diese nicht in geregelten Bahnen verlaufende soziale Umwälzung hatte die Entstehung von Elendsvierteln in den Randzonen der Ballungszentren zur Folge, wo Barackensiedlungen ihre ganze Trostlosigkeit zur Schau stellten, etwa im „pozo del Tio Raimundo" von Madrid. Solche innere Migration brachte zwar eine Teillösung für das alte Problem der landwirtschaftli-

chen Taglöhner, die in den südlichen Anbaugebieten Spaniens die längste Zeit des Jahres arbeitslos waren, schuf aber auch ein städtisches Proletariat, das geschickte Agitatoren manipulieren konnten.

Dennoch vernachlässigte die spanische Regierung nicht die Landwirtschaft. Zwecks Gewinnung weiterer bewässerter Bodenflächen arbeiteten die Experten Pläne für die umfassende landwirtschaftliche Erschließung aus, um in den Notstandsregionen Badajoz und Jaén Abhilfe zu schaffen. Die unzureichend bewirtschafteten oder sogar brachliegenden Latifundien wurden vom „Instituto Nacional de Colonización" angekauft. Schließlich startete man eine Kampagne, um die Versteppung weiterer Landstriche durch Aufforstung zu verhindern. Zwischen 1940 und 1956 waren davon 1,033.288 Hektar betroffen.

Allerdings hatte diese schöne Medaille auch ihre Kehrseite. Die für die Industrialisierung erforderlichen Importe waren kostspielig. Deshalb ergab sich ein Nettodefizit der Handelsbilanz, um so mehr, als sich in den Jahren geringeren Ertrags wegen Dürre, Frost und anderer Kalamitäten die Ausfuhrmengen landwirtschaftlicher Güter verminderten. Andererseits erschienen die Budgets der INI-Unternehmen vielen Beobachtern als zu großzügig bemessen. In Südeuropa schufen verwandtschaftliche Beziehungen, Freundschaft und politische Verbrüderung manchmal fragwürdige Rechte. Ein erheiternder Umstand dabei ist, daß der Vorwurf des Nepotismus, der sich damals gegen die Frankisten richtete, auch im demokratischen Spanien nicht erloschen ist und etwa der sozialistischen Regierung Felipe González immer wieder schwer zu schaffen macht. Jedenfalls wuchs das Außenhandelsdefizit von Jahr zu Jahr. Um die Lücken zu füllen, griff die Regierung wieder auf die Gold- und Devisenreserven zurück, setzte inflationistische Maßnahmen, deren Begleiterscheinung, nämlich Preissteigerungen, der kleine Mittelstand und die Arbeiter zu spüren bekamen. Die Lage war schwierig geworden.

Dazu kam noch die Marokkokrise. Sie war eine Folge des Sieges der USA und der Sowjetunion im Zweiten Weltkrieg, denn beide Mächte waren entschlossen, die Kolonialreiche der Europäer zu zerstören – im Namen philanthropischer Prinzipien, ein fadenscheiniger Deckmantel für die merkantilen Interessen der einen und die revolutionären Taktiken – Lenins Erbe – der anderen Großmacht.

Bei ihrem Treffen in Anfa hatte Präsident Roosevelt mit großzügigen

Versprechungen Sultan Mohammed V. ben Jussef in seinen Hoffnungen auf Unabhängigkeit bestärkt. Damit untergrub der Präsident die Positionen seines französischen Verbündeten und des neutralen Spanien. Nach Kriegsende forderte der Sultan Reformen, die, aus der Sicht der Kolonialherren, das Ende des Protektorats herbeizuführen imstande waren. Unter normalen Bedingungen hätten sich die beiden Schutzmächte verständigt und eine gemeinsame Politik verfolgt. Aber die Männer der französischen Vierten Republik lehnten Franco ab. Die spanische Regierung war sich darüber durchaus im klaren, arbeitete auf sich allein gestellt, versagte es sich aber nicht, dem unbequemen Nachbarn manchmal einen Streich zu spielen. Seit dem Abzug seiner Truppen aus Tanger glaubte Spanien seine Positionen gesichert, schon aufgrund des Prestiges von Franco sowie der Loyalität des Kalifats, der Stammesoberhäupter und der alten Kämpfer.

Ein erster Grund zur Besorgnis ergab sich, als die Vierte Republik die Entscheidung traf, den seit 1926 auf La Réunion verbannten Abd-el-Krim nach Südfrankreich zu schaffen. Doch er entkam seinen Bewachern, flüchtete nach Ägypten und gründete dort ein Komitee zur Befreiung des Maghreb als Sammelbewegung für die Nationalisten in den unter französischer Herrschaft stehenden Territorien. So bereiteten Georges Bidault und seine Leute jene Ruten vor, die bald darauf die französischen Siedler und Soldaten verprügeln sollten.

Spanien, das die Freundschaft mit den Arabern pflegte, um aus seiner Isolation herauszufinden, stellte sich taub, als seine moslemischen Freunde auf die Anerkennung der Unabhängigkeit von Madrids marokkanischen Protektoratsgebieten drangen. Als General Juin in seiner Eigenschaft als französischer Generalresident nach Rabat entsandt wurde, um die Schachzüge des Sultans zu vereiteln, traf er sich in Tetouan mit dem spanischen Hochkommissar General Varela. Zwischen diesen beiden Militärs, die im scherifischen Reich Frontdienst geleistet hatten und das Land kannten, schien ein Einverständnis möglich, da sie genau wußten, daß die „Weißen" solidarisch sein sollten. Aber Juin kehrte nach Frankreich zurück, und Varela starb. Die Annäherung blieb aus.

Das Verhältnis zwischen dem Sultan und dem neuen französischen Residenten General Guillaume war durch wachsende Spannungen gekennzeichnet. Guillaume glaubte, die Lösung des Problems bestehe darin, Mohammed ben Jussef durch den Pascha von Marrakesch, Sidi

Hadschi Thami el Glaoui, und die moslemischen Traditionalisten, die über die „modernistische" Haltung der Herrscherfamilie empört waren, vom Thron stoßen zu lassen. Man schrieb den August 1953. Die französische Regierung ließ ihrem Repräsentanten freie Hand. El Glaoui war ein zuverlässiger Freund Frankreichs, und Absetzungen von Sultanen waren in der Geschichte Marokkos häufig vorgekommen. Paris billigte den Gewaltstreich des Generals und expedierte den Herrscher samt Familie und Harem zuerst nach Korsika, dann nach Madagaskar.

All dies ging ohne Wissen Madrids vonstatten. Bidault behandelte Spanien wie einen bedeutungslosen Vasallen, als er erklärte, Marokko stehe unter französischem Protektorat, und Spanien habe dort lediglich durch ein Zugeständnis Frankreichs Gebiete. Diese brüske Vorgangsweise schockierte die Regierung in Madrid; sie weigerte sich, die vollendeten Tatsachen hinzunehmen. Als neuen Sultan hatten die Ulemas von Fez Mohammed ben Arafa auserkoren, einen frommen Greis, Vater des abgesetzten Sultans und völlig unfähig, eine Krise zu bewältigen. Franco erwies sich umsichtiger als sein Hochkommissar General Garcia Valiño, der protestieren wollte. Der Caudillo befahl, Mohammed ben Arafa die Anerkennung zu versagen, jedoch ohne einen Konflikt heraufzubeschwören. In den Moscheen der spanischen Zone wurde also weiterhin das Freitagsgebet im Namen des legitimen Sultans gesprochen.

Valiño hatte die politischen Manöver der Franzosen ganz offen durchkreuzen wollen. Er hatte Flüchtlingen aus der französischen Zone, wie Allal el Fassi, dem Führer der nationalistischen Istiklal-Partei, und Achmed Balafredsch freundliches Gehör geschenkt und ließ Radio Tetouan mit Rabat polemisieren.

Die Tatsachen gaben den Spaniern recht. Die Mehrheit der marokkanischen Bevölkerung lehnte den französischen Willkürakt entschieden ab. Den Nationalisten in den Städten schlossen sich die Landbewohner an, für die das religiöse Oberhaupt, der Sultan, nicht von den „Rumi" und deren fanatischen Gefolgsleuten abgesetzt werden konnte. Die französische Regierung geriet in Turbulenzen und wechselte die Residenten nach dem Gutdünken der kurzlebigen Kabinette. Nachfolger von General Guillaume wurde ein Zivilist, Lacoste, dann Grandval, ein „linker Gaullist", und schließlich General Boyer de la Tour, dem es beschieden sein sollte, bei der Aufhebung des Protektorates den Vorsitz zu führen.

Indessen beharrte Spanien auf seinem Standpunkt. Garcia Valiño entsandte eine Delegation marokkanischer Würdenträger unter Leitung des Großwesirs nach Madrid. Franco empfing sie am 1. Februar 1954. „Spanien", so sagte er, „wird entschlossen die Einheit Marokkos verteidigen, nach den Buchstaben wie auch gemäß dem Geist der Vereinbarungen, ohne Situationen zu akzeptieren, die unserem Empfinden widersprechen, aber auch gegen die internationalen Moralbegriffe und gegen den Sinn gemeinsam getroffener Abmachungen verstoßen. Wir sind sicher, daß die Kraft der Vernunft letztlich über die Unvernunft der Gewalt obsiegen wird."

Durch ein solches Eintreten für die Sache der Marokkaner gewann er die Einstellung der Moslems für Spanien. Allerdings ging er damit das Risiko ein, daß der marokkanische Nationalismus im größeren, französischen, Teil des Scherifats triumphieren würde. Welche Absichten verfolgte also Spanien in seiner Zone?

Im Oktober 1955 griffen Berberstämme französische Außenposten an. Der Generalresident Boyer de la Tour beschuldigte die spanische Regierung, sie dulde Ausbildungslager der marokkanischen Mudschahedin. Garcia Valiño versicherte Franco und Martin Artajo, dies entspreche nicht der Wahrheit. Rabat wich kein Jota von seiner Position ab. In Paris stand gerade die Entscheidung über das Los des Sultans als Zwangsmaßnahme der Franzosen auf der Tagesordnung. Ministerpräsiden Edgar Faure, ein eher pragmatischer als dogmatischer Jurist, sah ein, daß ben Arafa das Volk niemals für sich gewinnen würde. Blieb also die Alternative, eine Regentschaft einzurichten oder Mohammed ben Jussef die Rückkehr zu erlauben. Die Parteien lieferten einander nutzlose Wortgefechte, da beschleunigte der Pascha von Marrakesch den Entscheidungsprozeß. In der Erkenntnis, daß die französischen Verschleppungstaktiken ja doch mit der Rückberufung des Sultans enden würden, so wie die Tunesienkrise durch die Rückkehr Bourguibas nach Tunis und das Bauernopfer des Bei Lamine beigelegt worden war, verlangte el Glaoui am 25. Oktober 1955 selbst diesen Schritt. Am 6. November unterzeichneten Mohammed ben Jussef und der französische Außenminister Pinay eine Erklärung, die besagte, daß die Verhandlungen über die Unabhängigkeit Marokkos eröffnet seien. Am 16. November hielt der Sultan in seinem Königreich triumphalen Einzug und genoß die Genugtuung, el Glaoui gedemütigt zu sehen. Dieser mußte vor ihm – und den Pressefotografen – niederknien, um Verge-bung zu erbitten.

Solch plötzliche Wende stellte Franco vor ein unerwartetes Problem. Wie es schien, fand die spanische Auffassung ihre Bestätigung: Der Staatschef war für die Legitimität des Sultans eingetreten; dieser war zurückgekommen. Aber nun konnte Madrid mit ihm nicht mehr im Rahmen des Protektorates verfahren, sondern hatte es mit dem Ober-haupt eines unabhängigen Staates zu tun. Der Sultan, dem es bereits gelang, die Franzosen loszuwerden, würde auch der spanischen Ober-hoheit über den Norden des Landes ein Ende setzen wollen. Franco hatte persönliche Gründe, die marokkanische Frage mit besonderem In-teresse zu verfolgen. In jenem Land hatte er fünfzehn Jahre seines Le-bens verbracht, im Kampf gegen Rebellen und im Umgang mit den loyalen Kräften. Er hatte versucht, die Marokkaner zu verstehen, wie sein Artikel „Xauen le triste" in der „Revista de Tropas coloniales" nach dem von Primo de Rivera befohlenen Rückzug zeigt. Und er machte aus seinen Sympathien für die Marokkaner kein Hehl. Während des Bürger-kriegs hatte er großen Nutzen aus seinem Einverständnis mit den füh-renden Köpfen des Protektorates gezogen, und 1940 hatte er den Traum gehegt, dieses große Land an Spanien anzuschließen. Diese Möglich-keit war nun geschwunden, da in der demokratischen Welt der Antiko-lonialismus regierte, und Franco selbst hatte den Marokkanern seiner Zone weitgehende Autonomie versprochen. 1955 gewann er den Ein-druck, daß die Franzosen zu rasch vorgingen, daß Marokko für die Un-abhängigkeit noch nicht reif sei. In einem Gespräch mit amerikanischen Journalisten betonte er die Gefahren übereilter Demokratisierung in ei-nem kaum homogenen Land. „Demokratische Systeme ganz einfach dorthin zu verpflanzen, wäre ein schwerer Fehler", sagte er. „Der Sultan ist nicht nur ein politisches Oberhaupt, sondern als Fürst der Rechtgläu-bigen auch der Verteidiger des moslemischen Glaubens. Wenn man über ihn diskutieren darf, ist es mit seiner Autorität vorbei." Im Verlauf eines Interviews mit dem Direktor der Agentur EFE ging er ausführli-cher auf dieses Thema ein: „Uns ist bewußt, welch verderbliche Aus-wirkung allzu eilige, verantwortungslose politische Maßnahmen von anderer Seite für den Frieden, die Ordnung und auch für den Fortschritt des marokkanischen Volkes haben können. Eben weil wir dieses Volk kennen und lieben, ermessen wir, wie unheilvoll es für seine Zukunft und für die Erhaltung seiner Unabhängigkeit wäre, auf dieses Territorium, wo seit altersher die Neigung besteht, Zwistigkeiten mit der Waffe auszutragen, die Ränke und inneren Fehden politischer Parteien europäischen Stils zu übertragen. Wollte man dieses Volk vernichten, könnte man sich, so glaube ich, keine infernalischere Methode ausdenken."

Diese Äußerungen erfolgten zu spät. Durch die Wahlen in Frankreich waren die Sozialisten und deren Verbündete wieder an die Macht gekommen. Aus grundsätzlichen und aus realistischen Erwägungen des im Augenblick Nützlichen wollten sie das „Bleigewicht Marokkos" abwerfen, zumal sich die Algerienkrise ausweitete. Am 2. März 1956 unterzeichneten der französische Außenminister Pinay und der marokkanische Premier Sidi Embarek Bekkai jenen Vertrag, der Marokko die Unabhängigkeit brachte.

Spanien blieb nichts anderes übrig, als Frankreichs Beispiel zu folgen. Es war bereits zu Zusammenstößen zwischen marokkanischen Demonstranten und den Ordnungskräften gekommen. Resignierend entschloß sich Franco zur Aufgabe. Aber er wollte in Harmonie scheiden – nicht als Verlierer, sondern als Freund. Da das Protektorat keine raison d'être mehr hatte, zogen sich die Spanier zurück, hielten aber die wirtschaftlichen und kulturellen Beziehungen zum nordafrikanischen Nachbarn aufrecht.

Am 4. April traf der Sultan auf dem Flughafen Madrid ein, wo ihn Franco persönlich mit großem Gepränge empfing. Von der Maurischen Garde des Caudillo begleitet, fuhren die beiden Staatschefs unter dem Jubel der Zuschauer durch die Hauptstadt. Dem scherifischen Herrscher schienen diese Ehrungen freilich keine besondere Genugtuung zu bereiten. Er gab sich sehr kühl, und seine Diplomaten erörterten äußerst zielstrebig die Fragen des Übergangs von der spanischen zur marokkanischen Verwaltung. Erst bei Tagesanbruch des 7. April wurden die Vereinbarungen unterfertigt.

Sie betrafen nur den Norden Marokkos. Spanien behielt das kleine Gebiet um Ifni südlich von Agadir und die Westsahara, 266.000 Quadratkilometer, bewohnt von circa 20.000 Nomaden und einigen Tausend Städtern, Wüstengelände, an dem für die Kolonialmacht nur die fischreichen Küstengewässer, die großen Phosphatvorkommen sowie die Möglichkeit von Erdölfunden interessant waren. Aber wenige Jahre später sollte Marokko auch dieses Territorium einfordern.

Es ist nicht bekannt, wie Franco tatsächlich darüber dachte. Seinen Ministern erklärte er, daß die Umstände keine andere Wahl ließen. Er wußte, daß viele der Offiziere die Ansicht vertraten, er gebe sehr rasch einen Besitz aus der Hand, der Spanien viel Blut gekostet hatte. Aber die Disziplin gestattete keine offene Kritik am Caudillo.* Wichtig war nun, daß, wie Carrero Blanco an Franco schrieb, der neue Staat kein Feind Spaniens werde und nicht unter kommunistischen Einfluß gerate. Der Caudillo wandte sich in einem persönlichen, durch Artajo überreichten Brief an Präsident Eisenhower. Darin rief er die USA dazu auf, Marokko bei seinen ersten Schritten als unabhängiger Staat behilflich zu sein.

Diese Vorgänge hatten, nicht zuletzt infolge von Arias Salgados System der Informationskontrolle, die öffentliche Meinung nicht erregt. Wenn man den Aufruhr, den jede Kolonialkrise in Frankreich auslöste, mit dem Schweigen der Spanier vergleicht, dann muß man die Funktionstüchtigkeit des Madrider Regimes anerkennen.

Außerdem hatte das „antikolonialistische" Spanien von 1956 – welch ein weiter Weg seit 1940! – Eingang in die demokratische Welt gefunden. Mitte Dezember 1955 hatten der Sicherheitsrat und dann die Generalversammlung der UNO Spanien die Pforten der internationalen Organisation geöffnet: durch die Aufnahme als Vollmitglied, gemeinsam mit fünfzehn anderen neuen Mitgliedstaaten. Der amerikanische Goldregen setzte ein – 2.636,398.185 Peseten als Subvention und 1.655,375.000 als Darlehen. Viele Spanier erwarteten sich rasche Veränderungen, was im Titel eines sehr erfolgreichen Filmlustspiels zum Ausdruck kam: „Bienvenido, Mister Marshall".

Dies war der Zeitpunkt, zu dem oppositionelle Kräfte erneut offen in Erscheinung traten. Wieder kam es, wie schon 1951, sporadisch zu Streiks in Regionen mit Arbeiterbevölkerung, denselben Gebieten, aus denen sich die roten Kämpfer rekrutierten. Sie zeigten die Hartnäckigkeit von Gegnern aus Kerngruppen, die im nun schon nicht mehr existierenden Untergrund überlebt hatten. Diese Aktionen wurden von der Kommunistischen Partei, die sich im Ausland installiert hatte, ferngesteuert. Über leistungsfähige Funkgeräte rief sie die militanten Kräfte

---

* Allerdings wurde gemeldet, daß Zöglinge der Militärakademie von Saragossa zum Zeichen ihres Protestes ein Franco-Gemälde verbrannten.

auf, den Kampf nicht aufzugeben. Einige Verbindungsleute passierten die Grenze, was riskant war, denn im Fall der Verhaftung drohten ihnen harte Strafen.

Manchmal fanden sie Bundesgenossen in katalanischen und baskischen Nationalisten, die zwar die Waffen niedergelegt hatten, aber den Siegern, die den Zentralismus der Bourbonen wiedereingesetzt und gefestigt hatten, nach wie vor feindselig gegenüberstanden. Man könnte die Frage stellen, ob es 1939 nicht klug gewesen wäre, sich mit dem im Grund konservativen katalanischen Bürgertum und den in ihrer Mehrheit konservativen und klerikalen Basken zu verständigen, um ihnen eine Autonomie wie jene in Navarra zu gewähren. Doch zur Zeit des Sieges der Nationalspanier herrschte die Auffassung vor, daß Regionalismen zum Zerfall der Nation führen würden. Spanien sollte „einig" sein. Noch dazu waren die „Separatisten" die Verbündeten der Roten gewesen und trugen einen Teil der Verantwortung für die Greueltaten. Als das Feindbild noch deutlich vor Augen stand, konnten solche kompromittierenden Handlungen nicht verziehen werden.

Die Bürger der gemaßregelten Provinzen hatten keinen besonderen Grund zu Klagen. Unter der Ägide des Caudillo gingen sie ihren zuweilen recht einträglichen Geschäften nach. Aber ihre Söhne waren nicht so gefügig, sie begannen an der Universität und manchmal auch auf der Straße zu randalieren, wobei sie wußten, daß die Polizei, die „Grauen", gegen sie weniger brutal vorgehen würden als gegen „Söhne des Volkes". Unerwartete Schützenhilfe fanden diese Unruhestifter durch Priester, die innerlich den Regionalisten nahestanden oder von dem Wunsch nach Sozialreformen bewegt waren, wie er manchmal auch von der Falange geäußert, aber von den Wirtschaftsexperten des Regimes eingebremst wurde. Es ist kein Zufall, daß einige dieser Kleriker, z. B. P. José Maria de Llanos, als Feldkuraten der Falange begonnen hatten, bevor sie zu den Roten überwechselten.

In der Falange selbst erregte die monarchistische Ausrichtung des Regimes Mißstimmung. 1954, als der Infant Juan Carlos das Abitur ablegte, fand nach einem Austausch nicht ganz aufrichtig höflicher Noten ein Treffen zwischen Franco und Don Juan auf einem Landgut des Grafen von Ruiseñada statt. Don Juan hatte die Erwägung geäußert, seinen Sohn auf die Universität Löwen zu schicken. Aber Franco bestand darauf, daß er in Spanien studiere. Ein künftiger König müsse sein Land kennen. Der Prinz würde an der Militärakademie Saragossa beginnen, dann an die Marine- und Luftwaffenakademie überstellt werden und schließlich an die Universität gehen. Er wurde auch Kanditat für den Thron zu einem mehr oder weniger fernen Zeitpunkt.

Dieser Aspekt war vielen Falangisten gar nicht recht. Die ganz jungen und natürlich kompromißlosesten unter ihnen begannen zu singen: „Wir wollen keinen blöden König". Falangistische Studenten machten Fernández Cuesta Vorwürfe, weil die Bewegung ins Abseits gerate. Der Antagonismus zwischen Monarchisten und Falangisten zeigte sich z. B. während der ersten Gemeinderatswahlen, als in Madrid die ersteren mit einer eigenen Liste gegen die letzteren antraten. Nach Francos Vorstellungen gehörten die einen wie die anderen der Bewegung an. De facto ergaben sich zwischen ihnen Gegensätze wie in den Zeiten der Parteien, und als bekannt wurde, daß die „Blauen" die Royalisten mit 225.000 zu 51.000 Stimmen überrundet hatten, bezichtigten die Verlierer nach lupenreiner spanischer Tradition die Regierung gigantischer Betrugsmanöver, um ihren Günstlingen zum Sieg zu verhelfen. Auf den Hochschulbereich übertragen, nahmen diese Rivalitäten dramatische Formen an. Junge Falangisten attackierten Studenten, die zum Sozialismus, Kommunismus, Karlistentum oder zu Don Carlos tendierten. Daraus entwickelten sich Wortgefechte und Schlägereien.

Zu Beginn des Jahres 1956 forderten die „Kritischen" die Abschaffung des SEU (Sindicato Estudiantil Universitario), der Hochschülerschaftsorganisation, der sämtliche Studenten beitreten mußten, welche aber – ihrer Meinung nach – nichts anderes als ein bürokratischer, von Falangisten beherrschter Apparat war. Der Rektor Pedro Lain Entralgo unterstützte sie. Die Spannung wuchs. Ein Manifest für die Abhaltung eines Studentenkongresses, das Werk der mehr oder minder dissidenten Falangisten Ridruejo und Sánchez Mazas, aber auch des Kommunisten Miguel Herzog, provozierte am 8. Februar einen ersten Krawall. Als junge Falangisten am Vorabend des Todestags von Matias Montero, der zu Zeiten der Republik von Roten ermordet worden war, eine Gedenkfeier veranstalteten, kam es erneut zu Unruhen. Ein junger Falangist namens Miguel Alvarez wurde von einer Kugel in den Kopf getroffen – laut Angaben der Polizei von einem Burschen aus seiner Gruppe abgefeuert. Lebensgefährlich verletzt, wurde er operiert und gerettet.

Die Wogen der Empörung gingen hoch. Kam wieder die Zeit der Attentate, wie sie dem Bürgerkrieg vorangegangen waren? Man hörte, daß die Falangisten eine schwarze Liste jener Personen angelegt hatten, die zu beseitigen wären, falls ihr Kamerad sterben sollte. General Rodrigo, der Generalkapitän von Madrid, selbst der Falange nahestehend, teilte den Rädelsführern mit, er sei fest entschlossen, jeglichen Aufruhr zu unterdrücken. Franco, der solchem Aufbrausen der Jugend keine große Bedeutung beimaß, war mit seinem Kriegsminister Muñoz Grandes auf der Jagd. Seit er im Pardo residierte, hegte er für das Waidwerk und auch den Angelsport die gleiche Begeisterung wie seine gekrönten Vorgänger. Diese kurzen Ausflüge in die Natur halfen ihm, „in Form zu bleiben". Nach Madrid zurückgekehrt, brachte er die Dinge wieder ins Lot, wie damals im Jahr 1942, nach der „Bombe von Begoña". Unter Fernández Cuesta hatte sich die Disziplin der Falange gelockert, Unterrichtsminister Ruiz Giménez hatte zugelassen, daß sich an den Universitäten ein verkappter Liberalismus entwickelte und die Agitation begann. Deshalb mußten die beiden ihre Positionen zur Verfügung stellen. In das Sekretariat der Falange berief Franco den getreuen Arrese, und das Ressort Unterrichtswesen übertrug er Jesús Rubio, einem langgedienten Staatssekretär dieses Ministeriums. Blieb nur mehr, die Urheber der Tumulte zur Räson zu bringen. Die Polizei nahm rund fünfzig Verdächtige fest, behielt aber nur acht in Gewahrsam. An der Seite der kommunistischen Studenten, wie Ramón Tamames, Enrique Miguel Herzog und Javier Pradera Cortazar, fanden sich etwa der alte Mitarbeiter von Serrano Suñer und falangistische Dichter Dionisio Ridruejo, Miguel Sanchez Mazas, Sohn des bewährten falangistischen Ministers, und andere Akademiker dieser Richtung. Die Artikel 14–18 des „Fuero de los Españoles" wurden außer Kraft gesetzt, die Universität Madrid wurde geschlossen. Der Öffentlichkeit erklärte man, die Zwischenfälle seien das Resultat kommunistischer Umtriebe. De facto wollten die Kommunisten keinen Kampf in einem Land, „das nicht mehr das Spanien von 1937 war", sie setzten vielmehr auf die Karte des antifrankistischen Zusammenschlusses und hatten indirekte Verbindungen zu den Unzufriedenen durch Parteigenossen wie den Autor Jorge Semprún, der in seiner Autobiografie berichtete, daß der Student „Campillo" an drei verschiedenen Fakultäten inskribiert hatte, um dort Agitation zu betreiben. Manche, wie Tamames, Sohn eines bedeutenden Chirurgen und aus großbürgerlichem Milieu, erklärten ihre Hinwendung zum Kom-

258

munismus damit, daß nur die Kommunisten Franco bekämpften. Andere argumentierten in der gleichen Tonart, ohne zu bedenken, daß es recht abwegig war, das Rußland Stalins als Vorbild für Freiheitsliebe anzusehen. Nicht weniger seltsam war das auch später zu beobachtende Phänomen, daß Söhne hochrangiger Männer des Regimes als Wortführer der Agitation an den Universitäten auftraten – eine einleuchtende Bestätigung der Theorien Sigmund Freuds.

Die Lehre aus diesen Ereignissen war, daß die Arbeit an den Grundgesetzen abgeschlossen werden mußte, um dem Regime einen festen Halt zu verleihen. Franco setzte sein Vertrauen in die Falange. Er beauftragte Arrese, diesen Zukunftsplänen eine schriftliche Form zu geben. Der Generalsekretär nahm seine Aufgabe ernst. Er organisierte Großkundgebungen tausender Militanter im Blauhemd, hatte die Genugtuung, zu sehen, wie sich eine Bewegung der Anhänger bildete, und ging ans Werk. In zündenden Reden an die Massen betonte Franco, daß die Monarchie nicht ohne die Falange zu existieren vermöge, während letztere ohne erstere durchaus existieren könne. Arrese glaubte diesen Überlegungen zu folgen, indem er in seinen Plänen das Hauptgewicht auf die Bewegung legte. Generalsekretär und Nationaler Rat der Falange sollten die wichtigen Organe der künftigen Staatsform stellen. Der vom Nationalen Rat gewählte Generalsekretär sollte – ebenso wie der Präsident der Cortes – vom Staatsoberhaupt für die Ernennung eines Regierungschefs mit fünfjähriger Amtsdauer zu Rate gezogen werden. Sollte wieder ein König eingesetzt werden, dann würde er herrschen, ohne zu regieren wie die gekrönten Häupter Nordeuropas.

Der Rat sollte Gesetzesvorlagen (-entwürfe) vor ihrer Erörterung in den Cortes prüfen und gegebenenfalls ablehnen. Desgleichen konnte er die Regierung abberufen. Die Bewegung stand allen Spaniern offen. Aber nur ihre Mitglieder waren wählbar. Dieses System hatte den Nachteil, daß es die Staatsbürger in zwei Kategorien einteilte: in eine höhere und eine mit geringeren politischen Rechten, was im Widerspruch zum „Fuero de los Españoles" stand.

Gegen diesen Plan opponierten selbstverständlich alle anderen Kräfte des Francismus. Iturmendi für die Traditionalisten, Martin Artajo für die Christdemokraten und der Graf von Valellano für die Monarchisten wandten sich mit Memoranden an den Caudillo, in denen sie Arreses Projekt scharf kritisierten. Den entscheidenden Schritt tat der hohe Klerus. Die Kardinäle Pla y Deniel, Erzbischof von Toledo, Arriba y Castro, Erzbischof von Tarragona, und Quiroga Palacios, Erzbischof von Santiago, teilten Franco mit, daß die Kirche einen Plan mißbillige, der auf eine Rückkehr zum faschistischen und peronistischen Totalitarismus abziele, gegen die Glaubenslehre verstoße und eine Spaltung der Kräfte des 18. Juli bewirken würde. Franco nahm dies zur Kenntnis, berief Arrese zu sich und führte am 7. und 8. Januar 1957 zwei lange Gespräche mit ihm. Dann verschwand das Exposé des Generalsekretärs im Archiv. Die letzte Chance der Falange war dahin.

Gleichzeitig entstand ein anderer Konflikt, zwischen den Falangisten, die im Rat durch die Minister Girón und Arrese vertreten waren, und den Wirtschaftsfachleuten. Ursache waren die finanzielle und soziale Lage. Die Inflation trieb die Preise hinauf. Selbst samt der außerordentlichen finanziellen Zulage am 18. Juli und der Weihnachtsremuneration, seit 1952 in Geltung, reichten die Löhne und Gehälter nicht mehr aus. Eine Erhöhung um 27% wurde beschlossen. Trotzdem brachen in Barcelona, Pamplona und Viscaya Streiks aus. An der Universität Barcelona kam es erneut zu Tumulten. Ende April genehmigte die Regierung eine weitere Anhebung der Bezüge, so daß die Löhne in diesem Jahr insgesamt um 40% stiegen. Um die arbeitende Bevölkerung zu beschwichtigen, gefährdete man die Stabilität der Staatsfinanzen. Zu Ende des Jahres 1956 befanden sich die Gold- und Devisenreserven auf einem Tiefstand. In Gesprächen mit seinem Cousin Franco Salgado gab Franco zu, daß seine Minister ausgelaugt seien. Deshalb habe er beschlossen, seine mit Wirtschaftsfragen befaßten Mitarbeiter auszuwechseln und mit neuen Männern einen neuen Weg zu beschreiten. Damit war der langjährige Arbeitsminister Giron mit seinem Versuch, einen Wohlfahrtsstaat nach den Idealen der Falange zu schaffen, an der mangelnden Orientierung an den wirtschaftlichen Möglichkeiten Spaniens gescheitert. Die Schaffung von Alters- und Krankenversorgung, Mutterschutz und diversen Beihilfen sowie die Errichtung von zahlreichen Erholungsstätten und Sanatorien einerseits und von Arbeiteruniversitäten und -ausbildungsstätten andererseits – schon in den vierziger Jahren begonnen –, war aber das bleibende Verdienst seines Ministeriums.

4. Kapitel

DER AUFRUF AN DIE TECHNOKRATEN

Das Kabinett des 25. Februar 1957, das achte des Regimes, brachte insofern Überraschungen, als die markantesten Persönlichkeiten in der Regierung der letzten Jahre nun ausschieden: Muñoz Grandes, Girón de Velasco, Martin Artajo, Blas Peréz und Manuel Arburúa. Arrese verblieb im Kreis der Mitarbeiter Francos, aber als Ressortchef eines neugeschaffenen Ministeriums für Wohnungsbau. Sein Nachfolger im Generalsekretariat der Bewegung war der national Delegierte der Syndikate, José Solis Ruiz, ein Andalusier, der aus der Militärgerichtsbarkeit kam. Ein anderer – navarresischer – Falangist, ehemaliger Syndikatsfunktionär und dann Botschafter, übernahm das Arbeitsministerium. Muñoz Grandes, der unter den hohen Militärs nur Freunde hatte, überließ das Heeresministerim dem Chef von Francos Militärkanzlei, General Barroso. In den Rang eines Generalkapitäns erhoben, wurde er zum zweiten Mann der Armee. Dieser war es, der im Fall eines plötzlichen Abgangs des Caudillo die Aufrechterhaltung der Ordnung gewährleisten sollte.

Der ehemalige Außenminister Martin Artajo, nunmehr Sekretär des Staatsrates, wurde durch den Botschafter beim Vatikan, Fernando Maria Castiella, ersetzt. Die Vergangenheit dieses Professors der Jurisprudenz wies einige Fakten auf, die dazu angetan waren, bei den Alliierten heftiges Mißfallen auszulösen. Er war Soldat der „Blauen Division" an der Ostfront gewesen und hatte gemeinsam mit Areilza das Buch „Reivindicaciones de España" (Die Ansprüche Spaniens) geschrieben, in dem sich die Autoren im Zusammenhang mit Gibraltar kritisch über die Briten äußerten. Aber er hatte sich dem Klima des triumphierenden Liberalismus angepaßt und stand nun gänzlich auf jener antisowjetischen Linie, die Francos Wünschen entsprach. Castiella sollte auf seinem Posten reüssieren. Das Innenministerium ging in die Hände von Francos altem Kameraden Alonso Vega über. Als Kommandant der Guardia Civil hatte er die Schlacht gegen die Untergrundkämpfer gewonnen. Nun kam es darauf an, daß er seine Talente als Administrator unter Beweis stellte.

Neue Männer repräsentierten die Regierung auf dem Gebiet der Wirtschaft. Nur der Industrieminister verblieb im Amt. Der katalanische Professor Pedro Gual Villabi übernahm die Leitung des „Nationalen Wirtschaftsrates". Der bisherige Verwaltungsdirektor der „Banco Popular", Mariano Navarro Rubio, übernahm das Finanz- und ein junger Nationalökonom namens Alberto Ullastres das Handelsressort. Admiral Carrero Blanco blieb nach diesem Revirement, das er selbst empfohlen hatte, selbstverständlich Staatssekretär beim Regierungspräsidenten. An seiner Seite erschien ein neuer Mann, den man manchmal als graue Eminenz des Admirals ansah: Laureano López Rodó, Leiter des neugeschaffenen „Technischen Generalsekretariats bei der Regierungspräsidentschaft". Dieser junge Professor für Verwaltungsrecht an der Universität von Santiago de Compostela gehörte der Falange seit 1935 an und hatte durch seine präzise durchdachten Schriften das Vertrauen Iturmendis und Carrero Blancos gewonnen. Er war bereits Mitarbeiter Carreros, noch bevor er zu einem der wichtigsten Köpfe der letzten Jahre von Francos Ära avancierte.

Die Zugehörigkeit vieler Minister zur „Sociedad Sacerdotal de la Santa Cruz y del Opus Dei" war vielen Spaniern, vor allem den Falangisten, nicht ganz geheuer. Sickerte da eine Art „weißer" Freimaurerei in die Regierungsstellen ein? Opus Dei, 1928 vom Priester José Maria Escriva de Balaguer gegründet, hatte an den spanischen Universitäten soliden Rückhalt. Diesem Laienorden gehörten viele Intellektuelle von Rang an. Die Universität in Pamplona, die Balaguer später gegründet hatte, genoß einen Ruf, wie ihn die von unglückseligen politischen Auseinandersetzungen heimgesuchten staatlichen Hochschulen bei weitem nicht erreichten. Es steht außer Zweifel, daß die Mitglieder des Opus Dei im großen und ganzen Konservative waren und daher Franco nahestanden. Aber diese Gemeinschaft bestritt, sich mit Politik zu befassen. Doch einige Männer aus ihren Reihen waren sehr intensiv politisch tätig; eben deshalb verwechselte die öffentliche Meinung in Spanien – zu Recht oder zu Unrecht – jene Politiker, die dem Opus Dei angehörten, mit der Vereinigung als solcher.

Zudem erregten bestimmte Gepflogenheiten von Ullastres allgemeine Aufmerksamkeit. So etwa, daß er um 9 Uhr morgens in sein Ministerium kam, wo die hohen Beamten – und auch manche andere Herren – nicht gerade durch Pünktlichkeit glänzten. Diese strenge Pflichttreue verschaffte dem „Neuner-Ungeheuer"* eine gewisse Popularität. Aber die Spötter waren vor Erstaunen baß, als einige Monate später das Programm der Regierung bekannt wurde. Sie setzte einen Sparkurs auf die Tagesordnung. Die „Technokraten" propagierten die Einschränkung der Ausgaben, ein Ende der Vergabe von Importlizenzen, mit der Freunde der Minister oder der hohen Beamten betraut worden waren, die Liberalisierung des Außenhandels sowie die Besteuerung importierter Luxusartikel. Schließlich votierten die Cortes für eine Steuerreform, die dem Staat eine Erhöhung der Einnahmen um 26% bringen sollte. Alles in allem bedeutete dies eine Abkehr von den staatswirtschaftlichen Tendenzen, die etwa in der INI zum Ausdruck gekommen waren, und eine deutliche Hinwendung zu einer liberalen, am Weltmarkt orientierten Wirtschaftspolitik. Dieses Rezept versprach ein noch größeres Wirtschaftswachstum, aber freilich auch die Inkaufnahme von Wachstumsbeschwerden und sozialen Spannungen.

Bereits im Januar 1958 war Spanien der OEEC beigetreten und im November der Bank für Wiederaufbau und Entwicklung (BIRD). In einem Dekret vom 4. Juni 1958 wurden die Bedingungen für eine Aufnahme der Beziehungen zum Internationalen Währungsfonds festgelegt. Bis dahin hatte Spanien infolge des Krieges und aus nationalistischen Gründen eine Politik der Autarkie betrieben. Nicht ohne Mühe hatten die Technokraten Franco zum Anschluß an die internationalen Organisationen bewogen, denen er mißtraute, und hatten ihn gebeten, ihre Ratschläge zu befolgen. In voller Übereinstimmung damit wollte Navarro Rubio die spanische Wirtschaft auf einen rigorosen Stabilisierungsplan ausrichten, Franco zögerte. Er meinte, „daß unsere Ressourcen gering sind und so verwaltet werden sollten wie bisher". Auch bezweifelte er „das Wohlwollen der internationalen Organisationen uns gegenüber" und befürchtete, „daß wir auf Gnade und Ungnade den ausländischen Gläubigern ausgeliefert wären, die keine Bedenken hätten, uns in eine gefährliche Lage zu bringen, wenn sich die Dinge nicht so entwickeln sollten, wie wir voraussahen". Dies hatte er zu Navarro gesagt. Im Februar 1958 drohte der Europa-Direktor des Internationalen Währungsfonds, der sich damals in Madrid aufhielt, nach Washington

---

* Im Spanischen ein Wortspiel, abgeleitet von „el abominable de las nieves", das Schneeungeheuer, der Jeti, nannte man Ullastres „el abominable de las nueve", das Ungeheuer der Neun.

zurückzukehren und die Spanier ihrem Schicksal zu überlassen, falls der Plan zur Stabilisierung nicht durchgeführt werde. Navarro Rubio informierte den Caudillo über die Situation, und dieser erteilte schließlich seine Zustimmung.

Am 1. Juli 1959 kündigte Ullastres anläßlich der Eröffnung der Messe von Barcelona die Realisierung eines Stabilisierungsplanes an, den er als Vorbereitung auf die künftige Mitgliedschaft im Gemeinsamen Markt darstellte. Nach Verhandlungen mit dem Internationalen Währungsfonds und der OEEC sowie einem Besuch bei den amerikanischen Finanziers, die Botschafter Areilza über die spanischen Bedürfnisse auf dem laufenden hielt, arbeitete Ullastres auf den Eintritt Spaniens in die EWG hin, zumal die Hilfe der USA gewährleistet war, um jene Devisenabgänge auszugleichen, die für die erste Zeit nach der Freigabe des Außenhandels zu gewärtigen waren. Am 22. Juli wurde die Verordnung über die Stabilisierung der Peseta und die Freigabe des Handels offiziell veröffentlicht. Gemäß den Ausführungen von Ullastres in den Cortes würde der Übergang von der geschlossenen zur internationalen Wirtschaft die ökonomische Expansion sichern.

Gemäß dieser Verordnung wurde die Peseta abgewertet. Für einen Dollar mußte man 60 statt, wie bisher, 42 Peseten wechseln. Die Ausgaben der öffentlichen Hand wurden beträchtlich reduziert, der Zinsfuß wurde erhöht. Gleichzeitig wurde die Liberalisierung der Importe verfügt und Spanien für ausländisches Kapital geöffnet. Aber die Löhne und Gehälter wurden eingefroren. Wie alle Stabilisierungsmaßnahmen, forderte Navarro Rubios Versuch seine Opfer. Wenn die Spekulanten unter den Nutznießern der Exportlizenzen Pleite machten, mußten viele kleine Firmen schließen, und ihrem Personal bliebe nichts anderes übrig, als sich bei den Arbeitsämtern zu melden oder auszuwandern. Westeuropa hatte sich auf das Abenteuer des Gemeinsamen Marktes eingelassen, und auf das Elend der Nachkriegszeit war Wohlstand gefolgt. Diese Länder hatten Bedarf an qualifizierten Arbeitskräften und Hilfsarbeitern, und sie zahlten gut. Die Bereitschaft zur Emigration gab es bereits, und eine 1956 geschaffene Auswanderungsbehörde befaßte sich mit den Arbeitern, die ins Ausland gingen. Diese Tendenz verstärkte sich; man sah Eisenbahnzüge voll armer Teufel und junger Frauen nach Deutschland, Frankreich, in die Schweiz und in die Benelux-Staaten abreisen, mit Holz- oder Pappkoffern, in der Hoffnung auf D-Mark oder

Francs. Auch dies war kein neuartiges Phänomen. Schon früher waren spanische Proletarier, wie ihre italienischen Vettern, nach Südamerika oder Nordafrika ausgewandert. Nun lagen ihre Ziele in den europäischen Ländern, von wo sie ihren Familien per Postanweisung Geld schickten, was dem Staat Devisen brachte.

In jenen schwierigen Jahren wurde auch eine ausländische Geldquelle entdeckt, die für die spanische Wirtschaft fundamentale Bedeutung erlangen sollte: der Fremdenverkehr. Das trockene Klima des Landes, das den Sommerurlaubern verhieß, praktisch keine Regentage in Hotelzimmern verbringen zu müssen, die Eigenart der Kulturdenkmäler, der Reiz des Flamenco und nicht zuletzt die niedrigen Preise, die es Touristen ermöglichten, mit ihrem Ferienbudget ein paar Urlaubstage länger zu bleiben und dies unter günstigeren Bedingungen als in ihren Heimatländern – all dies lockte abertausende Europäer nach Spanien. Die Tourismuszahlen zeigen die Aufwärtsentwicklung deutlich: 1951 verzeichnete man die Einreise von 1,269.197 Personen, davon 72.633 im Ausland lebenden Spaniern, 1954 waren es 1,952.266, 1957 schon 3,187.015 und 1959 4,194.686, davon 332.023 rückreisende Spanier.

Diese Fremden brachten nicht nur Geld, sondern auch ihre lockeren Sitten mit, welche die älteren Leute konsternierten, der Jugend aber gefielen. An Stränden, wo die Guardia Civil mit äußerster Prüderie die Schicklichkeit der Badeanzüge überwachte, tauchte der Bikini auf, und in den Lokalen redete man über die Schwedinnen und Engländerinnen, die „latin lovers" ihre Reize und manchmal auch Bargeld boten. Die ehrwürdige alte spanische Moral geriet ins Wanken. 1957 wandten sich die Bischöfe in einem gemeinsamen Hirtenbrief gegen das „Heidentum" und „die skandalöse Freizügigkeit von Gruppen und Paaren, die das nachahmen, was sie von den Idolen des Films und des Theaters sehen".

Alberto Ullastres hatte, als er sein Amt als Minister antrat, gesagt, daß ein Staat nicht ad infinitum nur mit dem Fremdenverkehr und den Überweisungen der Gastarbeiter rechnen könne. Um Spaniens Wirtschaft noch besser abzusichern, träumten die Nationalökonomen davon, die Entwicklungspläne sukzessive zu verwirklichen und so die Grundlagen der Industrie auf eine breitere Basis zu stellen und zu konsolidieren, wie es Frankreich getan hatte. Diese Aufgabe fiel Laureano López Rodó zu. Er sollte viele Jahre die spanische Wirtschaftsplanung und -expansion repräsentieren.

Aber nicht alle Schwierigkeiten waren wirtschaftlicher Natur. Zum Zeitpunkt der marokkanischen Unabhängigkeitserklärung hatte Carrero Blanco vorausgesehen, daß Spanien mit dem neuen Staat Probleme haben und sogar genötigt sein werde, „Kleinkriege" zu führen. Tatsächlich zögerte die marokkanische Regierung nicht, die Rückgabe der Enklave Ifni an das Scherifenkönigreich zu fordern. Da Castiella dazu nicht bereit war, griffen die Harkas* der marokkanischen Irregulären am 23. November 1957 das Gebiet von Ifni an. Die spanischen Vorposten wurden überrannt, aber die Stadt selbst behauptete sich. Von den nahen Kanarischen Inseln wurden Verstärkungen in Marsch gesetzt. Die Überrumpelung war nicht gelungen. Fancos Reaktion: Er entsandte Flotteneinheiten in die Gewässer vor Agadir. Aber seinen persönlichen Aufzeichnungen war zu entnehmen, daß er kaum an die Möglichkeit glaubte, Ifni zu halten. Die Marokkaner verlegten ihre Angriffsbewegungen in Richtung El Aaiun in der Spanischen Sahara. Frankreich, das Marokko der Unterstützung algerischer Rebellen bezichtigte, bot Spanien Hilfe an. De facto operierte nun die französische Luftwaffe gemeinsam mit der (spanischen) Legion und spanischen Fallschirmtruppen. Die Marokkaner wurden wieder geschlagen. In seiner Besorgnis über mögliche Auswirkungen dieser Niederlagen auf Marokko selbst intervenierte der amerikanische Außenminister John Foster Dulles mit der Forderung nach Einstellung der Kampfhandlungen. Franco bereitete keine Schwierigkeiten. Er tat so, als hielte er die Angreifer tatsächlich für Irreguläre. Daraufhin erklärte Erbprinz Hassan, das Streben nach Rückgewinnung der Sahara und der spanischen Besitzungen Melilla und Ceuta gehe zu Lasten einer anderen, früheren Generation. Die spanischen Unterhändler taten so, als würden sie das glauben. So wurde die Krise bereinigt – zumindest bis auf weiteres.

Nun konnte man sich wieder inneren Problemen zuwenden. Franco hielt sich für sein Alter gut, aber er wurde nun sechsundsechzig, und das nach einem sehr bewegten Leben. In seinem Schloß Pardo lebte er sehr genügsam, ohne jegliche Extravaganz. Nicht einmal seine Feinde wußten von irgendeiner außerehelichen Affäre zu berichten. Kein Tabak. Nur zwei Gläser Wein zum Essen. Nachher eine Tasse koffeinfreier Kaffee oder Kamillentee. 1950 hatte seine Tochter Carmen den jungen

---

* Lokal formierte Einheiten, eine Art Ortswehr.

Arzt Cristóbal Martinez Bordiu, Marquéz de Villaverde, geheiratet. Mit ihren Kindern, von denen der erstgeborene Sohn Francisco gemäß einem Sondergesetz das Recht hatte, den Namen Franco zu führen, lebte sie in Madrid. So konnte der Caudillo in seinen Mußestunden Großvaterfreuden genießen. Militäraudienzen gab er jeweils am Dienstag, Zivilaudienzen am Mittwoch, und den Vorsitz im Ministerrat führte er am Freitag. Diese Sitzungen dauerten sehr lange, mit Pausen für die Mahlzeiten. Franco gab seinen Ministern freie Hand, ihre Ideen so wortreich zu entwickeln, wie sie wollten. Der Samstag und der Sonntag waren der Jagd, Ausritten oder Spaziergängen gewidmet. Oder aber der Malerei. Abends saß er vor dem Fernsehgerät oder ließ sich Filme vorführen; dazu lud er manchmal die Darsteller ein. Er selbst hatte das Drehbuch zu dem Film „Raza" geschrieben, der aber kein Meilenstein der siebenten Kunstgattung wurde. Ein gemeinsames Rosenkranzgebet des Ehepaares beschloß in der Regel den Tag.

Dieses ruhige Leben wurde durch Inspektionsreisen in die Provinzen unterbrochen. In Ansprachen an die Bevölkerung kam Franco immer wieder auf seine Standardthemen zurück: Einheit und Fortschritt durch Arbeit in Disziplin. Gemeinsam mit den Funktionären, den Vertretern der Wirtschaftszweige und den Notabeln informierte er sich über die Situation des Gebietes, das er besuchen wollte. Es kam vor, daß er den Ministerrat in einer der Regionshauptstädte versammelte: in Barcelona, Sevilla, San Sebastián oder auf seinem Landgut Pazo de las Meiras in Galicien, wohin er sich nach dem 18. Juli auf Sommerferien begab.

Er fühlte sich noch immer rüstig, und die Frage der Nachfolge bereitete ihm weniger Sorgen als den politischen Kreisen Spaniens. Im Prinzip stand seine Entscheidung fest: da sich Don Juan durch sein Manifest von 1945 und durch seinen Liberalismus selbst ausmanövriert hatte, war es Prinz Juan Carlos, dem die Krone zustand – unter der Bedingung, daß er bereit wäre, den Eid auf die Grundgesetze des Regimes zu schwören. Franco legte großen Wert darauf, seine prinzipiellen Gedanken dazu am 17. Mai 1958 in den Cortes selbst bekanntzugeben. Sie bestanden aus einer Verbindung von Elementen der kirchlichen Soziallehre und der sechsundzwanzig Punkte der Falange. Die Monarchie sollte „katholisch, sozial und repräsentativ", die Einheit des Volkes und der Gebiete Spaniens unantastbar sein. Die Beteiligung der Bevölkerung an der Gesetzgebung sollte durch vermittelnde Instanzen erfolgen:

die Familie, die Gemeinde, das Syndikat und andere gesetzlich anerkannte Körperschaften.

Einheit war das oberste Gebot der Monarchie, die Franco zu errichten beabsichtigte. Doch sogar in seinem eigenen Lager kam es zu heimlichen Fehden der „Clans". Die von Franco vorgegebene definitive Orientierung auf ein Königtum hin störte die Falangisten, die eine Zeremonie voll Symbolkraft als empörendes Ärgernis empfanden. Denn nach dem Krieg wollte der Caudillo zur Erinnerung an seinen „Sieg über den Kommunismus" in Cuelgamuros, nicht weit vom Escorial, in der Felslandschaft der Sierra ein riesiges Kloster sowie eine Basilika errichten – ein „Pharaonenwerk". Dort sollten die Überreste der Soldaten katholischer Konfession aus beiden Lagern, im Jenseits versöhnt, ruhen. Franco beschloß, auch den Leichnam José Antonio Primo de Riveras überführen zu lassen, der 1939 in der Klosterkirche des Escorial beigesetzt worden war, zum heftigen Mißfallen der Monarchisten, denn diese betrachteten den Escorial als ein königliches Pantheon, das nur Herrschern vorbehalten war. Miguel, der Bruder des Toten, und Pilar Primo de Rivera gaben ihr Einverständnis. Doch daß man José Antonio auf solche Weise „delogierte", erschien den Blauhemden als posthume Beleidigung des Gründers der Falange. Am 30. März 1959 griffen die Wortführer der Verbitterung Admiral Carrero Blanco, den sie für diese Demütigung verantwortlich zeichneten, mit aller Schärfe an. Aber ihre Verwünschungen änderten nichts am Geschehen. Am 2. April wohnte der Caudillo der Einweihung der Basilika bei, die den Benediktinern unter Abt Justo Perez de Urbel übergeben wurde, dem Vikar der Frauensektion der Bewegung und hervorragendem Kenner mittelalterlicher Geschichte. Franco wußte, daß dies die Stätte war, an der er selbst eines Tages zu Grabe getragen werden würde.

Der Pomp der Einweihung des „Tales der Gefallenen" wurde durch jenen bei der Ankunft des amerikanischen Präsidenten Dwight D. Eisenhower in Madrid im Dezember 1959 sogar noch übertroffen. Die spanische Metropole bereitete dem Oberhaupt des mächtigsten Staates der Welt einen begeisterten Empfang. Daß für den bewußten Tag Scharen von politischen Claqueuren aufgeboten wurden, steht außer Zweifel. Aber sie gingen unter in der Million von Madrilenen, die auf der langen Strecke vom Flughafen bis zum Königspalast dicht gedrängt Spalier standen. In einem langsam fahrenden Wagen grüßten die beiden

Staatschefs die Menge. So dankte Madrid dem amerikanischen Präsidenten, dessen Besuch als schlagender Beweis für die Widerlegung jener Kampagnen erschien, die seine Amtsvorgänger und deren Alliierte nach dem Krieg geführt hatten.

An und für sich hatte dieser Besuch nicht solche politische Bedeutung wie das Treffen von Hendaye. Es fiel keine Entscheidung über das Schicksal Spaniens. Professor Suarez veröffentlichte das stenografische Protokoll des Gesprächs der beiden Staatsmänner. Eisenhower berichtete über seine Eindrücke im Verlauf der Reise nach Italien, Pakistan, Indien, Afghanistan und nach Paris und zog daraus den Schluß, daß den Völkern die Freundschaft und Hilfe der USA lieber wären als jene der Sowjetunion. Was Spanien betreffe, sei er hocherfreut über eine Zusammenarbeit wie durch die Aufnahme in die OEEC, und er hoffe, Spanien werde ebenfalls den Weg zur „europäischen Vereinigung" finden. Er schloß mit den Worten: „Manche Staaten haben, was Ihr Land betrifft, noch immer einige Vorurteile und festgefahrene Ideen. Diese sollten überwunden werden."

Franco dankte den USA für ihre Unterstützung und ging ausführlich auf die Entwicklung in Marokko ein sowie auf die Gefahren, die durch eine Parteienherrschaft dort entstehen könnten. Seiner Auffassung zufolge brauchte Marokko zehn Jahre des Friedens und der Aufbauarbeit, um Schwierigkeiten zu vermeiden, welche sich die Sowjets bestimmt zunutze machen würden. Dann sprach er über die Entwicklung in der Sowjetunion, wo man dank der Parteidisziplin große Fortschritte erziele, aber mit dem Haß der unterjochten osteuropäischen Völker rechnen sollte. Die kommunistische Expansion gehe weiter. Franco erwähnte das politische Mittel der Subversion, das die Sowjets in Afrika einsetzten. Über diesen Punkt waren die beiden Männer einig, wie es kaum ein Thema gab, über das sie verschiedener Meinung gewesen wären. Eisenhower meinte, es würde im Interesse Spaniens liegen, die öffentliche Meinung in den USA für sich zu gewinnen, indem Franco den Protestanten Religionsfreiheit gewährte. Dieser antwortete, daß sich das Problem nicht wirklich stelle, denn unter tausend Spaniern gebe es keinen einzigen Protestanten. Die Schwierigkeiten gingen von den Bischöfen aus. Aber die Angelegenheit würde geprüft werden. Dies war nur ein winziges Detail im Vergleich zu der strategischen Bedeutung Spaniens für die amerikanischen Militärs. Die beiden Staatschefs schieden voneinander im Zeichen gegenseitiger Zufriedenheit. Besonders freute sich Franco über die Madrilenen. Im Vertrauen sagte er zu Franco Salgado: „Das war ein wahrer Volksentscheid über meine Außenpolitik." Nach Eisenhowers Abreise traten die inneren Angelegenheiten wieder an die erste Stelle. Die durch den Stabilisierungsplan auferlegten Einschränkungen bewirkten Unzufriedenheit der Syndikatsorganisation und herbe Kritik von seiten der Christlichen Arbeiterjugend sowie der HOAC* – der aus der „Katholischen Aktion" hervorgegangenen Arbeiterbruderschaften – die, geschützt durch die im Konkordat festgelegten Vorrechte, eine bei anderen spanischen Organisationen ungekannte Redefreiheit hatten. Dies erfolgte zu jenem Zeitpunkt, als Arrese demissionierte, aus Ärger darüber, daß ihm Navarro Rubio jene Kredite verweigerte, die er zur Durchführung seines großen sozialen Wohnbauprogramms gefordert hatte – ein weiterer Rückschritt der sozialen Komponente in der frankistischen Koalition.

Parallel dazu ging es langsam, aber stetig auf dem Weg zur Monarchie vorwärts. Nun stellte sich die Frage nach dem Universitätsstudium des Prinzen Juan Carlos, der seine militärische Ausbildung abgeschlossen hatte. Generalleutnant Martinez Campos, Vorsitzender der Prüfungskommission, riet zur Inskription an der ehrwürdigen Universität von Salamanca. Franco stimmte zu. Aber die Umgebung des Grafen von Barcelona, namentlich die mit dem Opus Dei verbundenen katholischen Intellektuellen Calvo Serrer und Perez Empid sowie Sainz Rodriguez, erhoben Einwände. In Salamanca gab es als Professoren Antonio Tovar, ehemaliger Mitarbeiter von Serrano Suñer und vor kurzem noch der Sympathien für den Nationalsozialismus verdächtig, den notorischen Agnostiker – und künftigen sozialistischen Bürgermeister von Madrid – Tierno Galván sowie Garcia Blanco, der die „Gesammelten Werke" des erst unlängst der Häresie beschuldigten Miguel de Unamuno ediert hatte. Aus diesem Grund lehnte Don Juan die Universität Salamanca ab. Eine weitere Begegnung zwischen dem Caudillo und dem Prätendenten fand in der Provinzhauptstadt Cáceres statt. Franco erreichte bei einer Begegnung mit dem Grafen von Barcelona in Las Cabezas die Zusage, daß Juan Carlos in Madrid studieren werde. Als Residenz bot der Caudillo das Schloß Zarzuela an. Professor Torcuato Fernández Miranda,

---

* Hermandades Obreras de Acción Católica.

ein Falangist, sollte als eine Art „Studienpräfekt" fungieren und Abbé Federico Suárez Verdaguer, Historiker und Mitglied des Opus Dei, wurde mit der moralischen und geistigen Erziehung des Prinzen betraut. Die Hochschullehrer, die ihn in ihre Fachgebiete einweihen sollten, waren die prominentesten Wissenschafter Spaniens. Diese Sorgfalt war ein Zeichen dafür, daß der Caudillo die Meinung vertrat, früher oder später werde Juan Carlos in Spanien herrschen.

Doch statt einer Annäherung schufen diese Begebenheiten eine noch größere Distanz zwischen Franco und dem Prätendenten. Franco fügte in das nach dem Treffen von Las Cabezas verfaßte Kommuniqué drei Begriffe ein: „Nationale Bewegung", „Caudillo" und, vor allem, „in Übereinstimmung mit dem Nachfolgegesetz". Sie stehen in dem vom Informationsministerium herausgegebenen Text. Die Monarchisten waren ungehalten. Als Franco hörte, daß vor seiner Begegnung mit Don Juan das Gerücht kursierte, er werde die Macht übergeben, zuckte er nur die Achseln. Zu Franco Salgado sagte er: „Ich habe es schon bei verschiedenen Gelegenheiten und bei politischen Versammlungen gesagt – solange ich gesund bleibe und noch die körperlichen und geistigen Fähigkeiten besitze, werde ich die Führung des Staates nicht aus der Hand geben".

Der Grimm der „Don Juanisten" war kein Grund zur Besorgnis. Sie waren bekannt und wurden dementsprechend eingeschätzt. Neueren Datums, wenn auch nicht völlig unerwartet, war die Tatsache, daß ein Teil des Klerus zur Opposition wechselte, und zwar in jenen Provinzen, denen nun Separatismus vorgeworfen wurde: den Gebieten der Katalanen und Basken. Nach dem Sieg der „Nationalen" und dem Segen Pius' XII. für diese waren derartige Strömungen unterschwellig vorhanden geblieben, ohne sich aber zu manifestieren. Pius XII. starb am 9. Oktober 1958. Sein Nachfolger Johannes XXIII. erklärte im Gespräch mit dem spanischen Botschafter beim Vatikan, Francisco Gomez de Llano, „die syndikale Einheit stehe nicht im Widerspruch zu der Doktrin der Kirche…". Er stellte ausdrücklich fest, daß „das Regime Spanien auf materiellem Gebiet Frieden und Ruhe und auf spirituellem Gebiet reiche Früchte gebracht" habe – was der Botschafter auch prompt nach Madrid telegraphierte. Doch diese Ansicht stand sehr wohl im Widerspruch zum Partikularismus der katalanischen und baskischen Priester, die ihr nationalistisches Ideal über alles stellten. Ihre Kirchen, Pfarrhäuser und

Seminare wurden zu Propagandazentren, in denen Kleriker und Laien, vor der Polizei in Sicherheit, in aller Stille konspirierten. Im Frühjahr 1960 unternahmen sie, in merkwürdiger zeitlicher Abstimmung, einen Vorstoß gegen den zentralistischen Staat. Im Baskenland erklärte P. Santos Arana auf einer Versammlung der HOAC in Bilbao, die „schweigende Kirche" gebe es nicht nur in den kommunistischen Staaten, sondern auch in der Heimat der Basken. Am 30. Mai veröffentlichten 339 baskische Kleriker einen Brief an ihre Bischöfe, in dem sie ihnen Willfährigkeit gegenüber den spanischen Unterdrückern vorwarfen. Die Kirchenfürsten antworteten in einem gemeinsamen Schreiben, wiesen die Behauptungen zurück und ermahnten diese Priester, sich „jeglicher Verbindung fernstehender Dinge mit ihrem Priesteramt zu enthalten". In Katalonien ließ sich der Abt von Monserrat, P. Escarré, nicht die Gelegenheit entgehen, sein Katalanentum zu betonen, und Franco beklagte sich über die Gleichgültigkeit des Erzbischofs von Barcelona, Msgr. Modrego.

Gemäß dem Turnus seiner gewohnten Inspektionsreisen kam der Caudillo Ende April nach Katalonien. Dort hatte es wegen eines an sich bedeutungslosen Vorfalles in einer Kirche eine Auseinandersetzung zwischen Luis de Galinsoga, Chefredakteur der größten spanischen Tageszeitung „Vanguardia", und einem katalanischen Prediger gegeben. Einige Äußerungen des Journalisten hatten die Katalanen als Beleidigung aufgefaßt, und der Inhaber der Zeitung, Graf von Godo, hatte ihn entlassen. Franco gab seinem allzu eifrigen Anhänger unrecht; seinen Posten übernahm Manuel Aznar, der Spanien während der schwierigen Jahre mit Erfolg bei der UNO vertreten hatte.

Der Aufenthalt des Caudillo, bei dem die dem katalanischen Bürgertum am Herzen liegenden Wirtschaftsfragen erörtert wurden, verlief zufriedenstellend. Vor seiner Ankunft hatte die Polizei katalanisch gedruckte Flugblätter sichergestellt, in denen Franco beschuldigt wurde, er verwehre „all seinen Ländereien die Freiheit", sei „ein Unterdrücker und schlechter Mensch". Einer der Verfasser war ein junger Mediziner und leitender Funktionär der „Katholischen Aktion" namens Jordi Pujol. Mit diesem Text machte er sich wegen Beleidigung des Staatschefs strafbar, wurde allerdings nicht zur Rechenschaft gezogen.

Franco kehrte nach Madrid zurück, zufrieden, wie er seinem Cousin sagte. Doch bei einem Konzert anläßlich der Hundertjahrfeier des katalanischen Dichters Juan Maragall in Anwesenheit der Minister stimmte ein Teil des Publikums die nationalistische katalanische Hymne an. Es kam zu Zwischenfällen und einigen Verhaftungen. Jordi Pujol wurde schließlich doch vor ein Militärtribunal gestellt und zu sieben Jahren Gefängnis verurteilt.* Während des Verfahrens sagte er aus, er sei von der Polizei gefoltert worden. Dadurch entfesselte er eine Kampagne, in die sich auch Abt Escarré einschaltete. Die ausländische Presse, feindselig wie immer, stürzte sich auf dieses Thema, um das spanische Regime erneut zu belasten. Solche Gehässigkeit kam nicht unerwartet. Das Abdriften eines Teiles der Geistlichkeit und der katholischen Organisationen ins Lager der Opposition war eine neue, schwerwiegende Tatsache. Man konnte beobachten, wie sich in der katholischen Welt Spaniens zwei Strömungen bildeten – die des sozialen Engagements und die regionalistische –, die immer mehr in Gegensatz zum Regime gerieten. Damit kam einer seiner Pfeiler ins Wanken.

Auf diese Vorgänge reagierte der Caudillo insofern, als er daran erinnerte, was unter seiner Führung für die Kirche getan worden war. Zwischen 1939 und 1959 hatte man 66 Priesterseminare errichtet, dafür hatte der Staat 3 Milliarden Peseten ausgegeben. Im Verlauf einer Reise durch Andalusien sprach Franco über die materiellen Leistungen seiner Ära und beklagte „die Verständnislosigkeit wichtiger kirchlicher Kreise". Trotz allem beharrte er auf seiner strikten Ablehnung des liberalen Leitsatzes einer Trennung von Kirche und Staat, denn der Staat könne „auf die Segnungen der christlichen Erziehung" nicht verzichten. Der hohe Klerus Andalusiens brachte dem Caudillo seine Verbundenheit durch den Bischof von Málaga, den ehemaligen christdemokratischen Journalisten Angel Herrera und den Erzbischof von Sevilla, Bueno Monreal, zum Ausdruck. „Die Eintracht zwischen Kirche und der Zivilgewalt ist in Spanien beispielhaft", beteuerte der Nachfolger des Kardinals Segura.

Der 18. Juli 1961, der 25. Jahrestag der nationalen Erhebung, brachte eine weitere Demonstration der Stärke. Am Vorabend fand die gewohnte Militärparade statt, doch nach dem Defilee der Truppen marschierten 50.000 Veteranen, die meisten von ihnen im Blauhemd der

---

* Nach Verbüßung seiner Strafe wurde er entlassen und ist zum Zeitpunkt der Niederschrift dieses Buches Präsident der Generalitat Kataloniens.

Falange, an ihrem alten Befehlshaber vorbei. Viele dieser bewährten ehemaligen Kämpfer Francos hatten nun, mehr oder weniger deutlich ausgeprägt, kahle Köpfe, Embonpoints oder runde Rücken, aber ihr Auftreten bezeugte, daß das Regime noch auf soliden Grundlagen im Volk beruhte.

Knapp zwei Monate später ergaben sich neuerliche Friktionen mit der königlichen Familie. Prinz Juan Carlos war nun im richtigen Alter, um sich zu verheiraten. Man sprach über eine mögliche Verbindung mit Prinzessin Sophie, der Tochter König Pauls von Griechenland. Der spanische Botschafter in Lissabon, Exminister Ibáñez Martin, versuchte vergeblich, Genaueres in Erfahrung zu bringen. Am 13. September 1961 gab der Hof zu Athen die Verlobung der beiden Fürstenkinder bekannt – ohne daß die spanische Regierung zuvor informiert worden wäre. Damit zeigte Don Juan, daß nur er allein in Angelegenheiten seiner Dynastie zuständig sei. Franco befand sich auf seiner Jacht „Azor", als man ihm die Neuigkeit mitteilte. Nach kurzem Überlegen sandte er ein Glückwunschtelegramm an den Prinzen. Doch als ihm Don Juan den Orden vom Goldenen Vlies verleihen wollte, lehnte er ab.

Die Hochzeit, die den spanischen Monarchisten Auftrieb gab, sollte im Frühjahr 1962 in Athen gefeiert werden. Fast hätte sie in einem veränderten politischen Klima stattgefunden. Kurz vor Weihnachten, als Franco in einem Revier bei Madrid jagte, explodierte sein Gewehr und verletzte ihn an der linken Hand. Man mußte ihn unter Narkose operieren. Zuvor berief er Muñoz Grandes und Alonso Vega zu sich und übertrug ihnen die Aufrechterhaltung der Ordnung. Die beiden brauchten sich nicht zu bemühen, denn niemand regte einen Finger. Aber in politischen Kreisen fragte man sich beklommen, was geschehen wäre, hätte Franco an jenem Tag den Tod gefunden. Die zweite Frage lautete: War die Explosion der Waffe Zufall oder gezielt herbeigeführt und, wenn es sich um ein Attentat handelte – wer hatte es verübt? Alonso Vega vertraute einige Tage später López Rodó an, daß „manipulierte Munition" den Unfall verursachte habe. Ein mit dem 31. Oktober 1961 datierter Bericht des Botschafters in Buenos Aires, José Maria Alfaros, besagte, daß ein alter Falangist namens Manuel Yañez Calvo, Rabauke aus den freien französischen Streitkräften des Zweiten Weltkrieges, auf Kuba zum Guerilla ausgebildet wurde und sich gemeldet hatte, um in Spanien Attentate durchzuführen. Dennoch können aus diesem Zusammenhang keine Schlüsse gezogen werden. Jedenfalls war der Caudillo einer Gefahr entgangen. Er kehrte in den Pardo zurück, ohne sich offensichtlich besonders zu beeilen, in der Nachfolgefrage definitive Entscheidungen zu treffen.

Zu Beginn des Jahres 1962 veränderte sich die Weltlage. In den USA folgte der junge Demokrat John F. Kennedy auf Eisenhower, mit knappem Vorsprung vor Richard Nixon. Zum erstenmal hielt ein Katholik, irischer Herkunft, seinen Einzug ins Weiße Haus. Aber dieser Multimillionär repräsentierte den „amerikanischen Liberalismus", d.h. die Linke. Während des Spanischen Bürgerkrieges hatte er sich mit spanischen Republikanern fotografieren lassen. A priori stand er dem frankistischen Spanien also weniger positiv gegenüber als sein Vorgänger.

Vor den Küsten der USA erbrachte die kubanische Revolution Fidel Castros eine brisante Situation für ganz Lateinamerika, wo sich die im Elend dahinvegetierenden Massen auf den Ruf Castros oder Che Guevaras aus ihrer Apathie erhoben. In Spanien selbst erregte der neue kubanische Staatschef galicischer Abstammung durch den Robin Hood-Stil seiner Machtergreifung im Studentenmilieu brennendes Interesse. Hunderte junge Leute ließen sich nach dem Vorbild des kubanischen Rebellenführers Vollbärte wachsen.

In Marokko starb Mohammed V. im Verlauf einer an sich unbedeutenden Operation. Sein Sohn Hassan hatte – ob zu Recht oder nicht – einen miserablen Ruf. In Diplomatenkreisen hörte man oft, daß er bestrebt sei, durch die lautstarke Forderung nach Rückgabe der spanischen Enklaven im Königreich Popularität zu erlangen, zumal er sich von der Istiklal bedroht fühlte. Daher war seine Thronbesteigung für Spanien ein weiterer Grund zu Besorgnis.

Unter solchen Bedingungen intensivierte Francos Regierung ihre Bemühungen um Europa. Die Beziehungen zu Paris besserten sich, seit auf die Marxisten der Nachkriegszeit Kabinette der „Droite", der Rechten, gefolgt waren. Das Frankreich de Gaulles gehörte zu den freundlich gesinnten Mächten. Als die Verteidiger des französischen Algerien nach Madrid kamen, wurden sie von der Polizei überwacht, um zu verhindern, daß Spanien zu einem Zufluchtsland der Gegner de Gaulles werde und neue französisch-spanische Spannungen entstünden* (s. S. 276). Wirtschaftliche Gründe geboten eine Annäherung an die europäischen Staaten. Wie der Nationalökonom Amando de Miguel feststellte, erhöhte sich das Bruttonationalprodukt im Zeitraum von 1950 – 1960 jährlich um 3,3%. Daher suchte das reicher, wenn auch noch nicht reich gewordene Spanien einen modus cooperandi mit der EWG. Am 9. Februar 1962 richtete Fernando Castiella an den französischen Außenminister und Vorsitzenden der Gemeinschaft, Couve de Murville, ein Verhandlungsangebot im Hinblick auf eine Assoziierung oder sogar einen Beitritt zum Gemeinsamen Markt. Letzterer schien wegen der Unterschiede zwischen dem spanischen Regime und den westlichen Demokratien nicht ohne Schwierigkeiten realisierbar, aber eine Assoziierung, die es ermöglichen würde, spanische landwirtschaftliche Produkte auf den westlichen Markt zu bringen, lag im Bereich des Möglichen.

Diese Aussichten wirkten auf die diversen spanischen Oppositionsgruppen tief beunruhigend. Sie versuchten, durch eine Kampagne im Ausland gegenzusteuern, um die demokratischen Staaten zur Ablehnung des spanischen Angebots zu bewegen, da dieses von einem „faschistischen" Regime ausging. Diese Aktionen sollten dann Mitte Juni zum Kongreß der Europäischen Bewegung in München führen.

Zuvor aber fanden zwei bedeutsame Ereignisse statt. Am 14. Mai 1962 wurde in Athen die Hochzeit von Prinz Juan Carlos und Prinzessin Sophie gefeiert. Da die Braut griechisch-orthodox und der Bräutigam katholisch war, bedurfte es komplizierter Verhandlungen, um das Ansehen beider Konfessionen zu wahren. Die Prinzessin hatte versprochen, zum katholischen Glauben überzutreten. Somit konnte sie einmal Königin von Spanien werden.

Als Vertreter der Regierung anläßlich der Trauung des vermutlichen künftigen Königs entsandte Franco seinen Marineminister Admiral Abarzuza auf dem Kreuzer „Canarias". Er überbrachte der Braut eine Diamantbrosche. Das hinderte fünftausend nach Athen gereiste Monarchisten nicht daran, ein gekröntes „J" ins Knopfloch zu stecken und über den „Usurpator" schlecht zu reden.

Gleichzeitig kam es in Spanien zu einer massiven Streikwelle. Sie ging von einigen metallverarbeitenden Betrieben des Baskenlandes aus, griff auf Bergleute in Asturien und León über, erfaßte dann wieder das Baskenland und konzentrierte sich auf mehrere Schwerpunkte in Andalu-

---

* Zu S. 275: Dennoch reiste General Salan auf Verfügung von Serrano Suñer von Madrid nach Algier, was Francos heftiges Mißfallen erregte.

sien und Katalonien. Studenten demonstrierten in Madrid und Barcelona. Die Anstifter versuchten, die „Werktätigen" und die Studenten zum gemeinsamen Kampf zu vergattern. Wo saßen diese Drahtzieher? Für die offizielle Propaganda gab es keinen Zweifel: in Moskau. Es wäre zutreffender gewesen, zu sagen: in den Arbeiterkommissionen, d.h. den illegalen kommunistischen Gewerkschaften, denn sie waren es, die durch die Forderung nach Lohnerhöhung oder besseren Arbeitsbedingungen die Interessen der Arbeiterschaft verfochten, um die sich die zugelassenen, an die Weisungen der Regierung gebundenen und zu bürokratischen Syndikate nicht ausreichend zu kümmern schienen.

Die europäischen Gegner Francos, welche die spanische Revolution mit jener Inbrunst erwarteten wie die Urchristen die Wiederkehr des Messias, glaubten, daß nun die Stunde dafür gekommen sei. Am 13. April waren auf einem großen Treffen in Rom die Wiedergänger des Bürgerkriegs zu sehen: Luigi Longo, Pietro Nenni, Alvarez del Vayo, Juan Moesto, Santiago Carrillo und der chilenische Dichter Pablo Neruda. Sie riefen die Welt zum Kampf für die Freiheit des spanischen Volkes auf. Einen Monat später schrieb Carrillo in der „Humanité", daß „die Massenbewegung die Diktatur in unserem Land sehr bald vernichten wird". Aber er sollte sich täuschen. Der oberste Syndikatschef Solis Ruiz begab sich nach Oviedo, um den Konflikt in den Bergwerken beizulegen. Durch Anhebung des Kohlepreises konnten die Unternehmer die Lohnerhöhung finanzieren, was die Arbeiter mehr interessierte als der Sturz der Diktatur. Die Scharen der Streikenden schmolzen zusammen. Im Juni herrschten im Land wieder normale Arbeitsverhältnisse. Laut Gesetz war der Streik verboten. Dennoch hatten sich die Ausstände gehäuft. Um sie zu beenden, hatten die Unternehmer mit den illegalen Gewerkschaften verhandelt. Hohe kirchliche Würdenträger wie Kardinal Pla y Deniel, der Bischof Pedro Gurpide von Bilbao und Antonio Añoveros, Bischof von Cádiz, unterstützten die Forderungen der Streikenden, während die führenden Köpfe der HOAC und der JOAC* darauf aus waren, sich am Arbeitskampf zu beteiligen.

Franco präzisierte seinen Standpunkt in einer Rede vor den „alfereces provisionales", den einstigen zeitverpflichteten Offizieren des Bürgerkriegs, auf einer Versammlung in Garabitas, einem der Schlachtfelder

---

* Juventudes Obreras de Acción Católica.

in der Nähe von Madrid. Wieder warnte er vor den Gefahren des Kommunismus und des Liberalismus, „der dem Kommunismus die Tore öffnet", und rief die Spanier zur Einigkeit auf. Aber diesmal sprach er auch vom Klerus und von der Unterwanderung weltlicher Organisationen der Kirche durch Agenten Moskaus und über die Exzesse mancher baskischer Priester. Dann erklärte er: „Es gibt auch Leute, die auf mein Alter spekulieren. Ich kann Ihnen nur sagen, daß ich mich so jung fühle wie Sie, daß nach mir alles geregelt sein wird, und zwar gut geregelt, und gewährleistet durch den Willen der Spanier." Die Zuhörer, alte Kämpfer seiner Truppen, jubelten ihm begeisterter zu denn je.

Acht Tage später wurde in München der Kongreß der Europäischen Bewegung eröffnet, auf dem die Widersacher aus der spanischen Rechten und Linken – unter Ausschluß der Kommunisten – eine gemeinsame Plattform bildeten und an die europäischen Demokraten appellierten, sie mögen nicht zulassen, daß Francos Spanien in die Europäische Gemeinschaft aufgenommen werde. Da gab es Namen aus schon fernen Tagen der spanischen Zeitgeschichte: Salvador de Madariaga, hochrangiger Autor, unentwegter Liberaler und ehemaliger Vertreter der Zweiten Republik beim Völkerbund, sowie Gil Robles, einstiger Chef der CEDA, der Franco zum Generalstabschef des Heeres ernannt hatte und nur durch Zufall nicht wie Calvo Sotelo von Republikanern ermordet worden war. Im Juli 1936 hatte er Franco seine Dienste angeboten, aber dieser hatte abgelehnt, weil die Falange dagegen gewesen war. Enttäuscht ging der Politiker zur Opposition über, wurde einer der Berater des Grafen von Barcelona und versuchte mit Prieto, eine Versöhnung zwischen Monarchisten und Sozialisten herbeizuführen. Nach München war er gekommen, um diesen Bund zu besiegeln, in Gegenwart der Delegierten vieler Gruppierungen, von Monarchisten der Spanischen Union bis zur baskischen Nationalpartei und zum falangistischen Dichter und Dissidenten Ridruejo, der mit der Brandfackel verfolgte, was er einst angebetet hatte – oder vice versa. Außerdem gab es einen höheren, als „Beobachter" bezeichneten Funktionär der „Katholischen Aktion", eine zwiespältige, aber klug gewählte Position. In Reden gingen Madariaga und Gil Robles „im Namen der überwältigenden Mehrheit der Spanier" mit dem Regime, das sie bekämpften, zu Gericht. Sie verlangten Garantien für fünf Punkte: repräsentative und demokratische Institutionen, Recht zur Bildung politischer Parteien, Garantie der Bürgerrechte und der Gewerkschaftsfreiheit sowie Regionalautonomie.

Die europäische Presse, im allgemeinen ohnehin gegen das frankistische Spanien eingestellt, widmete dieser Konferenz, in der die Bildung einer geschlossenen Front gegen den Diktator verkündet wurde, prompt breiten Raum – ohne sich zu fragen, welches konkrete machtpolitische Potential denn hinter diesen 118 Spaniern stand, die vorgaben, im Namen des gesamten Volkes zu sprechen. Im übrigen war es paradox, diesem Volk Vorteile verwehren zu wollen, welche eine Verbindung mit dem Gemeinsamen Markt bot, nur weil sich eine Diktatur dafür einsetzte. Aber die Gegner sahen bloß ein einziges Ziel vor sich: den Sturz Francos.

Der Caudillo reagierte mit der Aufhebung des Artikels 14 des „Fuero de los Españoles", was ihm Handhabe bot, die Kongreßteilnehmer als „ewige Feinde Spaniens" auf die fernen Kanarischen Inseln zu verbannen. Gil Robles zog es vor, ins Exil zurückzukehren. Aber die Anwesenheit von Monarchisten bei dem Münchner Treffen ergab in der öffentlichen Meinung ein häßliches Bild. Professor Suarez legte Aufzeichnungen des Caudillo vor, darin ist zu lesen: „Lösung: Das System der Regentschaft für einen Zeitraum von zehn Jahren, Vorschlag an die Cortes zur Bestimmung eines Regenten, der, von den Cortes gebilligt, einem gesamtstaatlichen Referendum ausgesetzt wird, das 51% der Stimmen erfordert, um Geltung zu erlangen".

Angesichts der Tatsache, daß „die Einrichtung der Monarchie im Volk keine Wurzeln hat und weil ein starkes Staatsoberhaupt da sein muß", dachte Franco daran, „die Ernennung des Prinzen aufzuschieben". Und er schloß: „D.(Don) Juan das Problem der Abdankung vor Augen führen und D. Juanito (Juan Carlos) das der völligen Identifikation mit dem Regime. Beratung mit den traditionellen Gruppen, Aufruf zur Einigkeit unter D. Juanito… Wenn kein Einverständnis, kann man D. Alfonso in Erwägung ziehen."

Don Alfonso war der erstgeborene Sohn von Don Juans älterem Bruder Don Jaime, der, taubstumm, zugunsten des Grafen von Barcelona für sich und seine Nachkommen auf die Thronrechte verzichten hatte müssen. Den karlistischen Thronprätendenten Carlos Hugo von Bourbon-Parma betrachtete Franco als Ausländer, der keinen Anspruch auf die Krone hatte* (s. S. 280). Was Europa betraf, bekundete der Caudillo in Valencia seinen festen Entschluß, den Rechten Spaniens Anerkennung zu verschaffen. Er fügte hinzu: „Doch ganz bestimmt werden wir unsere gesunden inneren Verhältnisse und unseren Frieden nicht gegen das Wohlwollen des Auslandes eintauschen." Aber in einem Interview für die „New York Times" klang seine Erbitterung durch, als er vom Überdruß Spaniens sprach, „das im Lager des Westens steht, wo man es wie einen Feindstaat behandelt".

Wahrscheinlich unter dem Eindruck seines Jagdunfalls und bewogen durch seine Zweifel an den Bourbonen, schuf er bei der Bildung einer neuen Regierung Mitte Juli 1962 das Amt eines stellvertretenden Ministerpräsidenten und besetzte es mit General Muñoz Grandes, seinem alten Kampfgefährten aus Marokko, der ihn vertraulich mit „Paco" anredete. Dieser Mann schien befähigt, die Ordnung aufrechtzuerhalten und der Bewegung Respekt zu verschaffen. Man wußte, daß er gegen die monarchistische Lösung war, und es hieß, er sei Falangist. Nach dem Bürgerkrieg war er kurze Zeit im Generalsekretariat der Bewegung tätig gewesen, bevor er Kommandant der „Blauen Division" wurde – was er den Amerikanern mit einem gewissen Stolz unter die Nase rieb. Er stand im Ruf der Ehrlichkeit, persönlicher Anspruchslosigkeit und absoluter Treue zum Caudillo; allerdings war sein Gesundheitszustand labil.

Zehn Minister verblieben im Amt, einen Wechsel vollzog Franco bei den drei Militärs: er ernannte General Martin Alonso für das Landheeres- und Admiral Nieto Antuñez für das Marineressort. Die Luftfahrt ging an einen Flieger, General Lacalle. Unter den Zivilisten gab es zwei „Männer der Zukunft": den Schiffsbauingenieur López Bravo und den Rechtsgelehrten Manuel Fraga Iribarne. Ersterer, ganze neununddreißig Jahre alt, Mitglied des Opus Dei wie Ullastres, der zum Generaldirektor für den Außenhandel ernannt wurde, zeigte sich – gemäß der Tendenz der Technokraten – entschlossen, die Interessen der INI, die ein beträchtliches Defizit aufwies, einzuschränken und die Privatindustrie zu fördern. Fraga Iribarne, neuer Informationsminister, war das „Paradepferd" im Stall Francos. Mit überdurchschnittlicher Leistungsfähigkeit und einem ebensolchen Gedächtnis begabt, sollte er noch eine große Rolle spielen. Er galt als Falangist, weil er Direktor des Instituts für

---

* Zu S. 279: Die karlistische Linie war während des Bürgerkrieges ausgestorben, ihre Ansprüche waren nur aufgrund eines Testamentes auf Hugo von Bourbon-Parma übergegangen.

politische Studien und Nationaldelegierter der Verbände der Bewegung gewesen war. De facto war er ein Mann der Rechten aus einer Generation, die nicht gekämpft hatte. In seiner Eigenschaft als Intellektueller wollte er den Sektor der Information, die durch Dirigismus und Engstirnigkeit bei der Meinungsbildung Kritik erregte, liberaler gestalten und schließlich auf die Tonart des Westens abstimmen.

In seinen Bemühungen, eine Lösung der Fragen des Hochschulwesens herbeizuführen, berief Franco den Professor für anorganische Chemie, Manuel Lora Tamayo, in sein Kabinett, der – ein wichtiges Detail – die Bezeichnung seines Ministeriums, Nationaler Unterricht, in „Unterricht und Wissenschaft" änderte. Um den Erfordernissen einer Epoche gerecht zu werden, in der die Technik Vorrang hat, schien es angebracht, an den Universitäten die naturwissenschaftliche Forschung voranzutreiben. Die Idee war gut. Die Schwierigkeit lag freilich darin, sie in einem Bereich zu realisieren, in dem sich die Politik und der Aktivismus bestimmter Studentenkreise, die mit den Sympathien der einen und der Apathie der Mehrheit rechneten, als Störfaktor auswirkten.

Das Regierungsprogramm sah ein beschleunigtes Wirtschaftswachstum und eine europaorientierte Politik vor – Aufgaben, welche schon das frühere Kabinett hätte lösen können. De facto hatten die auf ihren Posten verbliebenen Minister nur die vor der Umgestaltung initiierten Maßnahmen zu ergreifen. Die überraschendste daran war die Verstaatlichung der Bank von Spanien, was, wie Ricardo de la Cierva anmerkte, nicht einmal die Zweite Republik gewagt hatte. Nicht weniger bedeutsam war eine Änderung im Strafgesetzbuch: Das Streikrecht wurde anerkannt, sofern der Streik nicht politischen Zwecken diente. Problematisch war dabei, diese Unterscheidung zu treffen, wenn die Arbeiterkommissionen geschickt Politisches und soziale Ansprüche vermengten. Bisher war der Streik als „Aufstand" strafbar. Nun wurde er zu einem Anrecht. Mit diesem Zugeständnis näherte sich die spanische Regierung den westlichen Demokratien an, reagierte aber auch auf den ausdrücklichen Wunsch in dem zwei Monate zuvor veröffentlichten Hirtenbrief der Bischöfe. So versuchte sich der katholische Staat Spanien einer Kirche anzupassen, die seit dem Beginn des Pontifikats von Johannes Paul XXIII. im Wandel begriffen war.

Die angekündigten Aktivitäten zeitigten ihre Erfolge. 1962 bis 1965 verzeichnete die spanische Wirtschaft eine jährliche Zuwachsrate von

8–9%. Im September 1962 beliefen sich die Devisenreserven auf 1,038 Mill. Dollar, davon 429 Mill. in Gold. Der Fremdenverkehr, dessen Entwicklung alle Voraussagen übertrag, milderte das infolge eines spürbaren Anstiegs der Importe entstandene Handelsbilanzdefizit. In den Kaufhäusern gab es Berge von Waren und auf den Straßen immer mehr Autos, denn nun war man schon soweit, daß auch ein kleiner Beamter oder Facharbeiter einen Neuwagen anschaffen und in Raten bezahlen konnte. Nach demselben System konnte man von risikofreudigen Unternehmern eine im Bau befindliche – manchmal nicht ganz gebrechenfreie – Wohnung erwerben. Mehr als 50% der Familien waren oder wurden Eigentümer ihrer Wohnungen. Zwar war die Armut aus Spanien, namentlich den südlichen und westlichen Provinzen, nicht verbannt, aber das Bürgertum entwickelte sich positiv. Der Mittelstand, vor dem Bürgerkrieg ein geringer Bevölkerungsanteil, nahm an Zahl zu und wurde zu einem wertvollen Element des Gleichgewichts im spanischen Gesellschaftssystem. Streiks konnten die Dinge nicht mehr aus dem Lot bringen. Bei den Arbeitern gab es freilich noch immer heiße Eisen: manchmal ereiferten sie sich wegen zu geringer Löhne, besonders, wenn man diese mit dem Lohnniveau in den reichen Ländern Westeuropas verglich. Doch immerhin hatte Francos Regime eine fortgeschrittene soziale Gesetzgebung sowie soziale Absicherungen geschaffen und für Streitfälle zwischen Arbeitgebern und Arbeitnehmern ein Arbeitsgericht, das, laut Aussage der Unternehmer, dazu tendierte, dem Arbeiter recht zu geben und ihn jedenfalls vor willkürlicher Entlassung zu schützen. Und schließlich gab es Beschäftigung für nahezu die gesamte arbeitsfähige Bevölkerung. Anläßlich der Eröffnung der XXII. Wirtschaftsmesse von Saragossa konnte Laureano López Rodó, seit der Regierungsumbildung von 1962 „Kommissar für den Entwicklungsplan", mitteilen, daß die Arbeitslosigkeit auf 1,4% gesunken war.

So sah das Bild eines im Aufschwung begriffenen Spanien aus, wie es Franco in seiner Ansprache zum Jahresende 1962 entwarf. Er nannte eindrucksvolle Zahlen: Die Produktion von Zement z.B. war von 4,4 Millionen t auf 6 Millionen t gestiegen, die der Schiffswerften von 20.000 t auf 170.000 t. Spanien wurde zu einer ernstzunehmenden Industriemacht.

Mit seinen nunmehr siebzig Jahren konnte Franco Umschau halten, konnte betrachten, was in seiner Ära geleistet worden war, und zufrieden sein. Dennoch enstand eine Kluft zwischen dem betagten Staatschef, dem Sachwalter traditioneller spanischer Wertbegriffe, die er sein gesamtes Leben lang verteidigt hatte, und den neuen Generationen, die von Freiheit und Wohlleben träumten. Die Spanier kamen mit den westlichen Gesellschaftsformen in Berührung; sie sahen, daß sie selbst nicht so reich waren wie die Ausländer, die als Touristen ins Land reisten oder in deren Ländern sie studierten. Und sie fragten sich, ob die Demokratie, von „denen aus dem Westen" als universales Patentmittel angepriesen, nicht auch Spanien auf die gleiche Stufe wie Frankreich oder England stellen würde. Die Söhne des gehobenen Bürgertums gingen in die USA, um ihre Kenntnisse oder ihr Englisch zu perfektionieren. Sie kamen zurück, erfüllt von den Idealen des mächtigsten Landes der Welt: Freiheit und Busineß. Andere junge Leute wieder, die als Intellektuelle gelten wollten, sahen im Kommunismus Heil und Glück. Stalin war aus der Mode gekommen; nun waren die „Helden" Fidel Castro oder Mao. Als Anhänger des Frankismus wurde man an spanischen Hochschulen wie ein Außerirdischer angesehen.

In der Arbeiterschaft, wo die alten „Roten" sich lange Zeit still verhielten, ohne sich dem siegreichen Regime anzuschließen, gewann die kommunistische Propaganda wieder an Terrain, wie die Streiks in Asturen, im Baskenland und anderen Gebieten bewiesen.

Die Kluft reichte bis in die Kirche: Die einen hielten an Traditionalismen fest, die anderen arbeiteten auf eine liberale Kirche nach belgischem oder französischem Vorbild hin und machten sich dabei sogar zu Komplizen der revolutionären Gewerkschaften und der baskischen Terroristen, die damals aktiv wurden.

Auch die Sitten änderten sich. Die Familie herkömmlichen Gepräges zeigte Auflösungserscheinungen. Viele junge Frauen sagten sich vom Ideal eines kinderreichen Ehebundes los. Die Apotheken verkauften immer häufiger Verhütungsmittel, und da Abtreibung streng bestraft wurde, boten Reisen nach London jenen unvorsichtig gewesenen Damen, die genügend Geld besaßen, die Möglichkeit, eine unerwünschte Mutterschaft zu vermeiden.

Einen schlagenden Beweis für diesen sozialen Wandel erbrachte der Vergleich zwischen der „Semanta Santa", den Karwochenfeiern in Madrid um 1950, und dem, was zwanzig Jahre später daraus geworden war. Die Prozessionen der Gläubigen vor den sieben Kirchen am Gründonnerstag gab es nicht mehr. Autobesitzer fuhren lieber an die Küste oder in die Sierra. Und die Reisebüros machten glänzende Geschäfte damit, ihre Kunden durch Europa oder nach Marokko zu verfrachten.

Die Rhetorik von 1939 mit ihren großen Worten von „Vaterland", „Opfer" und „Heldentum" erschien archaisch. Nach dem Münchner Kongreß entwickelte sich die iberische Spielart jener menschlichen Species, die Henry de Montherlant als „bifteck-dodo", als „Konsumtrottel", geißelte. Solcher Hedonismus bewirkte im übrigen, daß dem Regime keine Gefahren erwuchsen. Die „schweigende Mehrheit" hatte nicht die geringste Lust, wieder zu den Waffen zu greifen. Auch wenn die Getreuen sagten: „Nach Franco die Institutionen" und der Caudillo selbst bekräftigte: „Alles ist geregelt und gut geregelt", erwarteten viele Spanier – vor allem die Jugend –, daß sich nach dem Abgang des Staatschefs so manches ändern werde.

5. Kapitel

FRANCOS ZWEITE VOLKSABSTIMMUNG

„Juanito" – Juan Carlos – hatte seine Bewährungsproben zu bestehen.
Seit seiner Ankunft in Spanien erzählt man sich – mehr oder weniger
hinter vorgehaltener Hand – viel Abträgliches über ihn. Es hieß, er sei
unintelligent und somit nicht imstande, dereinst zu herrschen. Die jungen Falangisten sangen ein Lied, aus dem hervorging, daß sie keinen
„gekrönten Idioten" wollten. Die Linke schlug in dieselbe Kerbe. Beliebt bei den Offiziersaspiranten, mit denen er die Militärakademie absolviert hatte, konnte er sich an der Universität nicht das gleiche Maß
an Sympathien erwerben. Hohe Funktionäre, die Gelegenheit hatten,
ihm die Modalitäten ihrer Dienstzweige zu erklären, widersprachen solchen Verleumdungen: sie waren voll des Lobes über die Liebenswür-
digkeit des Prinzen. Dies stimmte Franco geneigter, und Prinzessin
Sophie ihrerseits gewann Señora Franco spontan für sich.
In einem ihrer privaten Gespräche sagte der Caudillo zu Franco Salgado, der Prinz mache auf ihn „einen ausgezeichneten Eindruck. Gewiß,
seine Gegner setzten das Gerücht in Umlauf, er sei nicht sehr intelligent
und es fehlten ihm die Grundlagen... er verhält sich als junger Mensch,
der gut spricht, selbständig denkt und nicht nachsagt, was er von seinen
Verwandten und Freunden hört... Doña Sofia besuchte Carmen und
blieb fast zwei Stunden bei ihr. Diese Begegnung war sehr erfreulich,
denn die Prinzessin ist ungemein gescheit und sympathisch."
So entstand ein gutes Einvernehmen zwischen dem Enkel Alfons' XIII.
und dem alten General, der diesem König einst gedient hatte. Zweifellos trug diese innere Beziehung wesentlich zur endgültigen Entscheidung des Caudillo bei. Francos vordringliches Interesse galt nun einer
Erneuerung des Abkommens mit den USA, d. h. dem Abschluß eines
definitiven Vertrags zwischen gleichberechtigten Partnern. Präsident
Kennedy wollte – in Anbetracht der wirtschaftlichen Fortschritte Spaniens – die gewährten Subventionen reduzieren. Für die Verhandlungen
ernannte Franco einen Außenseiter zum Botschafter in Washington:
Antonio Garrigues. Dieser katholische und liberale Jurist, Mitglied einer Familie von Notabeln, hatte in der Zweiten Republik einen hohen
Posten in der Justiz bekleidet und dann einen Platz unter den Großunter-

nehmern des Landes eingenommen. Seine Ehe mit einer Amerikanerin und seine Beziehungen zu den Kreisen der amerikanischen Hochfinanz eröffneten ihm Möglichkeiten, wie sie ein Karrierediplomat vielleicht nicht gehabt hätte.

Die Erörterungen, im Januar 1963 begonnen, schienen sich im April festzufahren. Garrigues übersandte Franco persönlich das Protokoll eines Gesprächs mit dem amerikanischen Außenminister Dean Rusk, in dem er dem Caudillo auch seine eigenen Ansichten über die Situation mitteilte. Er empfahl, die Abkommen vorläufig ruhen zu lassen und die USA zu bitten, sich für die Aufnahme Spaniens in die NATO – unter denselben Bündnisbedingungen wie für die Mitgliedstaaten – und in den Gemeinsamen Markt zu verwenden. Er riet auch, nicht mehr Subventionen zu beantragen, sondern statt dessen Kredite aufzunehmen, die der Wirtschaftsentwicklung zugute kommen würden. Was die militärische Allianz betreffe, so müsse sie bilateral funktionieren, d. h. die USA sollten Spanien Beistand garantieren, falls das Land angegriffen werden sollte – politische Kreise in Madrid befürchteten einen neuerlichen Gewaltstreich König Hassans II. –, und Spanien würde in einem Krieg gegen die Sowjetunion an der Seite der USA stehen. Wahrscheinlich akzeptierte Franco diese Vorschläge, denn Garrigues nahm die Unterredungen wieder auf, diesmal mit dem amerikanischen Verteidigungsminister Robert S. McNamara, und die beiden setzten die Verhandlungen fort, trotz heftiger Attacken antifrankistischer Kräfte gegen Spanien, die durch die Hinrichtung des Kommunisten Grimau ausgelöst worden waren.

Am 7. November 1962 hatte die Madrider Polizei Julián Grimau, Mitglied des Zentralkomitees der spanischen KP, verhaftet. Während des Bürgerkriegs war er hoher Funktionär der Polizei von Barcelona gewesen. Er wurde beschuldigt, im „Tscheka"-Gefängnis* in der Avenida Berenguer zahlreiche Personen gefoltert und umgebracht zu haben. In die „Dirección-General de Securidad" eingeliefert, stürzte er sich aus einem Fenster, wurde aber ärztlich behandelt, nach Ausheilung seiner Verletzungen vor ein Militärtribunal gestellt und zum Tod verurteilt.

Die gesamte Linke, Kommunisten und deren Sympathisanten, Soziali-

---

* Damals nach sowjetischem Vorbild so benannt. Die Tscheka war die berüchtigte Geheimpolizei während der ersten Phase nach der russischen Oktoberrevolution.

sten, verstärkt durch einige Mitstreiter aus dem christdemokratischen Lager wie François Mauriac und Giorgo La Pira, wetteiferten in der Verdammung des spanischen faschistischen Regimes. Emsige Propaganda bewirkte Interventionen zugunsten des Verurteilten von Königin Elisabeth II., die sich in anderen Fällen weniger mitfühlend gezeigt hatte. Chruschtschow höchstpersönlich sandte ein Telegramm an Franco. Doch dieser blieb unerbittlich. Für einige Zeit bot der Staatschef aus der Sicht der weltweiten Linken wieder das Bild eines erbarmungslosen Blutsäufers.

Kurz darauf ereignete sich im Paßamt der Madrider Polizei eine Explosion, bei der es 35 Verletzte gab. Zwei Anarchisten wurden verhaftet; sie fanden den Tod nach der uralten spanischen Exekutionsmethode der „schändlichen" Garotte. Dann wurde der Anarchist „Caraquemada" – „Verbranntes Gesicht" – an der Pyrenäengrenze getötet.

Die öffentliche Meinung Spaniens regte sich kaum. Anders als gewisse Intellektuellenkreise, wollte der Durchschnittsspanier in Frieden leben und nicht an den Bürgerkrieg zurückdenken; er betrachtete die Hitzköpfe, denen es auf Revanche ankam, ohne Sympathien. Die Politiker allerdings waren sehr wohl beunruhigt. Das Kesseltreiben gegen den „frankistischen Terror" barg das Risiko, daß die Vereinbarungen mit dem Gemeinsamen Markt verzögert oder die Beziehungen zur Kirche beeinträchtigt würden. Im Oktober 1962, also vor dem Fall Grimau, hatte sich der Kardinalerzbischof von Mailand, Giovanni Battista Montini, in einem Telegramm an Castiella gegen die Repressalien ausgesprochen, die den Streiks gefolgt waren, und die Begnadigung zum Tod verurteilter junger Männer gefordert. Castiella, der den Kirchenfürsten aus seiner Amtszeit als spanischer Botschafter beim Vatikan kannte, mußte ihn „enttäuschen": Es waren bis zu diesem Zeitpunkt keine Todesurteile verhängt worden. Montini war nicht immer ein Gegner der „Nationalspanier" gewesen. Unter den französischen Dokumenten über die Ursachen des Krieges findet sich eine Depesche des Botschafters Roux vom 8. Juli 1938, in der erwähnt ist, daß Msgr. Montini der französischen Regierung in milden Worten Vorwürfe machte, weil diese beharrlich die spanischen Republikaner unterstützte, die keine Chance mehr hatten, den Sieg zu erringen. Und den kaum sehr gottesfürchtigen Ausspruch des Conte Cavour zitierend „Es gibt nichts Tadelnswerteres als zwecklose Handlungen", riet der Prälat des vatikanischen Staatssekretariates, den Krieg nicht sinnlos zu verlängern und die Gefahr her-aufzubeschwören, daß das Lager Francos in den Totalitarismus abgleite. Damit folgte er damals getreulich der politischen Linie seines Oberen, des Kardinal-Staatssekretärs Eugenio Pacelli. Doch in Mailand verlieh Montini, der Christdemokrat alter Schule, seinen Worten und Handlungen einen leichten Linksdrall, vielleicht nur, um einen Bruch zwischen den Massen der Arbeiterschaft seiner stark marxistisch durch-setzten Erzdiözese und der Kirche zu verhindern.

War Kardinal Montini ein Ausnahmefall, oder repräsentierte er eine starke Tendenz innerhalb der katholischen Kirche der Nachkriegszeit? Das soeben eröffnete II. Vatikanische Konzil – für ein katholisches Land von enormer Bedeutung – sollte eine für das traditionsgebundene Spanien enttäuschende Antwort auf diese Frage geben. In einer Welt, in der der Katholizismus, ja die gesamte Christenheit überall an Terrain verlor, ging es nicht mehr darum, den Ungläubigen, den Schismatikern und Häretikern, Dogmen aufzuzwingen, sondern vielmehr darum, von ihnen toleriert zu werden. Die Theologen und Prälaten Frankreichs, wo Kirche und Staat getrennt sind, mußten einen Modus vivendi mit den Antiklerikalen finden; diejenigen aus vorwiegend protestantischen Län-dern verteidigten diese These mit geringerer Härte. Die hohe, zum größ-ten Teil schon betagte Geistlichkeit Spaniens bot das Bild eines Nachzüglertrupps. Msgr. Escriva de Balaguer, der Gründer des Opus Dei, sagte zu Jacinto Argaya, dem Bischof von Mondoñedo, daß die spanischen Bischöfe auf dem Konzil in dieselbe Kategorie wie die gua-temaltekischen fielen.

Am 3. Juni 1963 starb Johannes XXIII.; am 21. Juni wurde Kardinal Montini zum Papst gewählt und nahm den Namen Paul VI. an. Daß er von einem politisch und gewerkschaftlich pluralistischen Spanien träumte, ist sicher; daß er das Vorhaben von Francos Ex-Minister Ruiz Giménez, die Gründung einer christdemokratischen Partei nach italie-nischem Modell, wohlwollend betrachtete, ist wahrscheinlich. Aber Franco hatte vor kurzem die vom Untergang bedrohte Kirche Spaniens wieder in all ihre Rechte eingesetzt. Es war eine heikle Angelegenheit, mit ihm so umzugehen, wie einst Papst Pius XI. mit Maurras* verfahren war, zumal Franco seinen Ministern erklärte, als Stellvertreter Christi auf Erden stehe der Papst außer Diskussion.

Durch das neue Pontifikat Pauls VI. schien sich in den Beziehungen zwischen dem Vatikan und Madrid nichts zu ändern. Man tauschte Komplimente aus, etwa so wie die Fechtpartner einander grüßen, bevor sie die Klingen kreuzen. In einer Hinsicht zeitigte diese Wandlung innerhalb der Kirche ein für Spanien günstiges Resultat. Die USA drängten die spanische Regierung schon seit langem, den Protestanten die Freiheit der Religionsausübung zu gewähren, wogegen bisher der massive Widerstand der Kirche gestanden war. Die von Toleranz getragenen Entscheidungen des Konzils setzten solchem Widerstand ein Ende, damit fiel einer der amerikanischen Einwände gegenüber spanischen Forderungen weg.

Nach einer amikalen Begegnung zwischen Castiella und Dean Rusk war das Ziel der spanisch-amerikanischen Verhandlungen erreicht. Am 26. September wurden die Abkommen mit einigen neuen Klauseln verlängert. Zur Überprüfung der für beide Staaten interessanten Fragen wurde ein paritätisches Komitee gebildet, das auch im Fall einer Gefährdung des Friedens zusammentreten sollte. Man einigte sich über einen Kredit in der Höhe von 100 Millionen Dollar für die Bewaffnung Spaniens, aber 50 Millionen davon sollten für den Ankauf von Rüstungsgütern in den USA verwendet werden. Schließlich erreichten die spanischen Diplomaten, daß in den Text des Abkommens folgender Passus aufgenommen wurde: „Eine Bedrohung eines der beiden Länder wird als gegen beide gerichtet betrachtet."

Als Castiella am Vortag vor der UNO-Generalversammlung die spanische Politik erörterte, mußte er damit rechnen, daß Marokko Spanien des Kolonialismus – in den Augen der Delegierten aus der dritten Welt das allerschlimmste Verbrechen! – bezichtigen und seine Ansprüche auf die Westsahara vorbringen werde. Deshalb kündigte er für die nächste Zeit die Unabhängigkeit von Spanisch-Guinea an. Geschickt warf er erneut die alte Gibraltar-Frage auf und führte damit Spanien aus dem Lager der Kolonialisten in das der Opfer des Kolonialismus. So brachte er jenes Thema wieder zur Sprache, das seit dem 18. Jahrhundert immer wieder Gegensätze zwischen Spanien und Großbritannien hervorbringt.

---

* Der französische Politiker und Schriftsteller Charles Maurras war der Gründer der royalistischen, nationalistischen und antisemitischen „Action française". 1926 verbot Pius XI. den französischen Katholiken jegliche Verbindung mit dieser Gruppierung. Maurras war de facto in Bann.

Nachdem der „Felsen" schon zu Zeiten Großdeutschlands zurückgefordert worden war, wurde nun versucht, das demokratische Forum der UNO zu nutzen, um dieses Ziel zu erreichen.

Franco ließ Castiella gewähren, meinte aber, daß Gibraltar keinen offenen Konflikt lohne; die Zeit werde schließlich den gerechtfertigten Anspruch Spaniens erfüllen. Wichtig war nur, den spanischen Standpunkt beharrlich zu vertreten.

Waren Erfolge auf außenpolitischem Gebiet noch zweifelhaft, so wurden sie auf dem des wirtschaftlichen Entwicklungsplans möglich. Laureano López Rodó setzte in den Cortes eine Abstimmung über Kredite in der Höhe von 355 Millionen Peseten für die Realisierung dieses Projekts durch. Nach französischem Vorbild favorisierte er die Errichtung neuer Industrieanlagen in bestimmten Regionen, denen Steuererleichterungen und andere Vergünstigungen geboten wurden. Schwerpunkte der Entwicklung waren Saragossa, La Coruña, Vigo, Valladolid und Sevilla. Laut dem Planungskommissar sollte das Wirtschaftswachstum Spaniens bei 5–6% liegen. Nun appellierte der Staat an das private Unternehmertum, die INI fiel auf den zweiten Platz zurück. Ihr Präsident Juan Antonio Suanzes, der viel für die industrielle Entwicklung Spaniens geleistet hatte, billigte diesen Kurswechsel nicht und reichte bei Franco seine Demission ein. Dieser akzeptierte mit Bedauern das Ausscheiden seines Freundes aus der Kindheit, der ihm seit den ersten Jahren seiner Regierungszeit zur Seite gestanden war. Suanzes hatte ein bedeutendes Werk geschaffen, dessen Nachteil nur die hohen Kosten waren. Die „Technokraten" setzten lieber auf ausländisches Kapital und auf die Privatinitiative oder, wie der Nationalökonom Juan Velarde sagte, auf den „Neokapitalismus".

Ein solches Wagnis ging man allerdings zu einem Zeitpunkt ein, als die europäische Wirtschaft eine Phase höchster Prosperität erlebte. Gewiß wirkte sich diese Gesamtsituation auch auf Spanien günstig aus. Die Unternehmer akzeptierten das Angebot des Staates. Im Verlauf der zwölf Jahre, die dieser Entwicklungsplan dauerte, investierte die öffentliche Hand umgerechnet 5 1/2 Milliarden Dollar, von privater Seite kamen 8 1/2 Milliarden. Das Ergebnis übertraf alle Voraussagen. Das Wirtschaftswachstum erreichte 8–9%. Der Durchschnittslohn stieg 1966 umgerechnet von 360 auf 637 Dollar und gegen Ende des Plans auf 1.000 Dollar.

Ein Gegner Francos, der französische Ex-Minister Max Gallo, ein Sozialist, zitierte die Zahlen, die den Fortschritt Spaniens zwischen 1963 und 1965 ausweisen. Der Konsum von Zucker erhöhte sich um 11%, der von Fleisch um 3,23%, der von Fischen um 18%. Die Steigerungsrate bei Fernsehgeräten betrug 74,60% (550.000), bei Kühlschränken sogar 146,91%, bei Waschmaschinen 98,24%, bei Autos 52,41% (807.317). Und er stellte fest, daß die Produktionszuwächse von 7,5% im Jahr 1961 auf 9% anno 1965 anstiegen, „die höchste Ziffer in ganz Europa".

Dieser Höhenflug der Wirtschaft hatte auf die Zusammensetzung der berufstätigen Bevölkerung spürbare Auswirkungen. Der Anteil der Bauern sank von 39,7 auf 28,9%. Wohin wanderten diese Menschen ab? Einige ins Ausland, die meisten aber in die traditionellen Industriezentren, die Murcianer und die Andalusier nach Barcelona und in die Satellitensiedlungen, die Galicier und die Kastilier nach Bilbao, aber auch nach Madrid, dessen Einwohnerzahl die Dreimillionengrenze überschritt und das mit seinen Außenbezirken zu einem industriellen Ballungsraum wurde; nach Valladolid, wo Renault eine Fabrik errichtet hatte und wo sich die wichtigsten Eisenbahnwerkstätten befanden; oder nach Vigo, wo es außer der Konservenindustrie nun ein Montagewerk von Citroën gab; nach Pamplona, wo in der Nähe der Opus Dei-Universität von Navarra Fabriken entstanden; nach Sevilla, wo man, nicht weit von der Giralda und dem Goldenen Turm, technisches Zubehör für die Luftfahrt und Textilien herstellte. In ihrer Begeisterung sprachen die Journalisten vom „spanischen Mirakel", wie man vom deutschen Wirtschaftswunder sprach oder vom japanischen und italienischen Wirtschaftsaufschwung.

Auch ohne Übertreibung läßt sich nicht bestreiten, daß Spanien und seine Menschen in der Dekade von 1960 bis 1970 erhebliche materielle Fortschritte erzielten. Worin bestand dabei das Verdienst Francos? Bestimmt nicht in seinen volkswirtschaftlichen Kenntnissen. Der Caudillo wußte über Truppenversorgung besser Bescheid als über die Theorien von Keynes und der Schule von Chikago. Aber er sicherte die Ordnung und schuf die Vertrauensbasis. Er ermöglichte es den Menschen, in Frieden zu arbeiten. Viele Spanier dachten, solange er an der Macht sei, würden sie sich an dem erfreuen können, was sie sich geschaffen hatten und was sie sich noch zu erarbeiten erhofften.

An diese Gefühle appellierte 1964 Manuel Fragas Propaganda anläßlich der Feiern zu fünfundzwanzig Jahren Frieden. Der alte Kardinal Pla y Deniel zelebrierte ein Te Deum in der Basilika des „Tales der Gefallenen". Man stellte fest, daß Prinz Juan Carlos dort und einige Tage später bei der alljährlichen Militärparade in Madrid einen Ehrenplatz innehatte, wodurch seine Position als präsumtiver Nachfolger deutlich hervorgehoben wurde. Doch Franco sprach seine Überlegungen nicht offen aus. Als man ihm die Gedenkmedaille zum 25-Jahr-Jubiläum überreichte, dankte er und fügte mit der ihm eigenen galicischen Selbstironie hinzu: „In fünfundzwanzig Jahren sehen wir einander wieder." Und damit den Feierlichkeiten auch gar nichts fehlte, schlug das spanische Nationalteam in Anwesenheit des Caudillo im Endspiel um die Fußball-Europameisterschaft das Team der Sowjetunion. Das Publikum geriet vor Begeisterung außer sich, denn „sie boten den Russen die Stirn", wie manche Leute sagten – so als wären die harmlosen Sportler aus dem Osten die Vorhut der Sowjetarmee.

Trotz alledem verschwieg Franco in seiner Cortes-Rede anläßlich der Eröffnung der achten Legislaturperiode auch nicht die Schattenseiten: den Pessimismus der Intellektuellen, „welche die Jugend dadurch vergiften, daß sie deren edle, großzügige Anlagen in Bitterkeit und Sterilität verkehren wollen", dann „die kommunistischen Infiltrationen", die Kampagnen gegen Spanien und die Kirche. Einige Monate später, Anfang Januar 1965, brachen schwere Unruhen aus, und zwar an der Universität Madrid. Diesmal waren es die Professoren, die „auf die Straße" gingen: Ex-Minister Ruiz Giménez, Professor Enrique Tierno Galván aus Salamanca, der lange Zeit zum Kreis der „Don Juanisten" gehört hatte und sich nun als Marxist bekannte, der Philosophielehrer José López Aranguren, der Katholik und vormalige Frankist Agustin Garcia Calvo, alle drei von der politischen Opposition und bisher von der „schrecklichen" spanischen Diktatur nicht behelligt. Im Verlauf einer Versammlung in der Aula der Philosophischen und Literaturwissenschaftlichen Fakultät am 24. Februar rief Aranguren zu einem „Marsch zum Rektorat" auf. 5.000 Studenten mit einigen Professoren an der Spitze setzten sich dorthin in Bewegung, wurden aber von der Polizei zerstreut, mit Wasserwerfern bespritzt und geprügelt. Aranguren wurde verhaftet, aber wieder freigelassen. Im Universitätsbereich war die Ordnung wiederhergestellt. Aber nur für kurze Zeit. Es gibt eine „Solidarität der Generationen"; sie bewog die Studenten, um ihre mißhandelten

Kommilitonen prompt eine Mauer zu bilden. Der sprunghafte Ruiz Giménez forderte im Professorenkollegium der Juridischen Fakultät eine
Modifizierung der Dienstvorschriften – die er als Erziehungsminister
von 1951–1956, vor seiner Bekehrung zur Demokratie, selbst aufgestellt hatte. In Anwendung dieser Vorschriften suspendierte Minister
Lora Tamayo das Dreigespann Aranguren, Tierno Galván und Garcia
Calvo. Die Studenten forderten die Abschaffung des SEU, des Univer-
sitätssyndikats der Bewegung, das im Augenblick ohne Führer war.
Dieser, Daniel Regaldo Aznar, hatte nicht ohne Grund die Mißstände an
den Hochschulen kritisiert. Sobald sie ihre Lehrstühle hatten, überließen viele Professoren – „catadraticos" – ihren Assistenten die Aufgabe,
einen Teil der Vorlesungen und Seminare zu halten, während sie selbst
im Ausland von einem Kongreß zum anderen eilten und Konferenzen
in Südamerika veranstalteten – alles zum Nachteil der Studenten. Freilich hätten die Professoren den Spieß umdrehen können mit dem Argument, es gebe bereits zu viele Studenten, der Massenzustrom übersteige
die Kapazität der Hochschulen und bewirke eine Dreiteilung in eine
Minderheit der Fleißigen, ein Gros, das bis zu den Wochen kurz vor den
Examen in den Tag hineinlebe und eine weitere Minderheit, die sich
mehr mit Politik befasse. Die SEU war an die Falange angeschlossen.
Von dem Moment an, da sie bürokratisiert wurde, vegetierte sie nur
mehr dahin, diente als Sprungbrett für junge Ehrgeizlinge, die unbedingt Karriere machen wollten, und hatte ihre Dynamik verloren. Wie
der biblische Sündenbock, der in die Wüste gejagt wird, wurde sie ge-
opfert. Der Stellvertretende Generalsekretär der Bewegung, Fernando
Herrero Tejedor, zugleich Mitglied von Opus Dei, schlug vor, sie durch
Studentenvereinigungen zu ersetzen, in denen die Interessenvertreter
von den Studenten selbst gewählt werden sollten.
Der Staat hatte nachgegeben. Wie der Caudillo seinem Cousin Franco
Salgado sagte, glaubte er, daß seine Regierung zu fest verankert sei, als
daß sie durch solches bloßes Getöse erschüttert werden könne. Er
wünschte keine Märtyrer. De facto spielten sich die Demonstrationen
und die Verfolgungsjagden zwischen Studenten und Polizei nur innerhalb der Grenzen des Madrider Universitätsbereichs ab. Aber viele Spanier fragten sich, ob die „Grauen" sich darauf beschränkt hätten, nur
Hiebe mit dem Knüppel auszuteilen, wenn die Demonstranten nicht
Bürgersöhne, sondern Arbeiter oder Zigeuner gewesen wären.

Politikerkreise freilich erblickten in diesen Störmanövern ein Übel; sie drängten Franco, die Frage seiner Nachfolge zu regeln. Am 2. April 1964 verlief eine Ministerratssitzung in erregter Stimmung. Franco reagierte nicht ohne Humor. Zu Solis, der noch immer über das Dilemma Monarchie – Republik sprach, sagte er, dieses Problem sei gelöst, und Fraga erwiderte er: „Glauben Sie, daß ich nichts bemerke? Ja, halten Sie mich denn für einen Zirkusclown?" Das Grundgesetz, das „organische Gesetz" für den Aufbau des Staates, würde zu jenem Zeitpunkt beschlossen werden, den er für den richtigen hielt.

Wieder einmal bildete Franco die Regierung um. Ullastres trat zurück, um nun Verhandlungen im Hinblick auf einen Vertrag mit dem Gemeinsamen Markt zu führen; eine Vertrauensaufgabe par excellence. Finanzminister Mariano Rubio wurde Generaldirektor der Bank von Spanien. Der bisherige Justizminister Iturmendi übergab sein Ressort einem anderen Traditionalisten, Antonio Maria Oriol, und löste Esteban Bilbao als Präsident der Cortes ab. Silva Muñoz, Mitglied des Nationalbundes der Propagandisten, übernahm das Ressort Öffentliche Arbeiten. Schließlich wurde ein Ministerium für Entwicklungsplanung geschaffen und López Rodó unterstellt, dessen Einfluß mit der Zeit wuchs.

Dieses Revirement brachte kaum Änderungen der bisher verfolgten Politik. Im Bestreben, das Regime flexibler zu machen, legte Fraga den Cortes den Entwurf eines Pressegesetzes vor, das die Vorzensur ausschalten, aber es den Zeitungen ermöglichen sollte, die Behörde über Zulässigkeit oder Unzulässigkeit eines Textes zu konsultieren. Diese konnte eine Nummer des Periodikums konfiszieren. Auf ein System der Kontrolle durch den Staat folgte eines der „überwachten Freiheit". Die Opposition war verdrossen. Sie verlangte völlige Freiheit. Die Kirche tat es ihr gleich, und zwar unter Berufung auf die Beschlüsse des Konzils.

So sah sich der katholische Staat Spanien in einer zwiespältigen Situation, was die zahlreichen Fragen der neuen Stellung der Kirche betraf: die Pressefreiheit, das Vorschlagsrecht bei der Ernennung von Bischöfen – ein Privileg der Könige von Spanien, dessen Regelung Franco einem König, seinem Nachfolger, überließ. Wesentlicher war, daß Papst Paul VI. dem Caudillo seinen Segen sandte, ihm aber zu verstehen gab, daß sich das Regime weiterentwickeln solle. Das Paradoxe war, daß sich die Kirche vom Staat löste, aber wünschte, daß sich die katholische Welt der Politik des Vatikans anpaßte. Indessen wartete die Kirche, wie die ganze Welt, auf den Abgang Francos, um dann zu handeln, statt sich nun auf einen Konflikt einzulassen.

Im Herbst 1966 beschloß Franco, den Cortes jenes Gesetz vorzulegen, das seine Nachfolge regeln sollte. In einer Geheimsitzung in seiner Sommerresidenz Pazo de Meiras setzte er seine Minister davon in Kenntnis. Der Rat billigte es im Oktober, und am 22. November wurde es in den Cortes verlautbart. Mit schwacher Stimme hielt Franco eine eineinhalbstündige Rede, in der er das Resümee seiner dreißigjährigen Ära zog und und seine politische Philosophie darlegte. Er, der sein System als ein totalitäres proklamiert hatte, sang nun das Lob der Demokratie, „das kostbarste zivilisatorische Erbe der abendländischen Kultur". Aber, so fügte er hinzu, es gäbe viele Arten von Demokratie. Was er anstrebe, sei die „organische Demokratie", welche die Parteienherrschaft und den Klassenkampf ablehne, denn beide zerstörten die nationale Einheit.

Dann trug der Präsident der Cortes den Wortlaut des Staatsorgangesetzes (Ley Orgánica del Estado) vor. Der Komplex der „organischen Gesetze" blieb gewahrt, aber wichtige Änderungen waren aufgenommen worden. Die Funktionen des Staatsoberhauptes und des Ministerpräsidenten wurden getrennt, doch konnte Franco sie in Personalunion ausüben, so lange er wollte. Das Staatsoberhaupt würde den Ministerpräsidenten aus einer Liste von drei Namen auswählen, die ihm der aus sechzehn Mitgliedern bestehende, 1947 geschaffene „Rat des Königreichs" vorlegen sollte. Der König oder der Regent könnten den Regierungschef jederzeit entlassen.

Der „Nationalrat" der Falange fungierte ab nun als eine Art zweiter Kammer. Aus 111, davon 64 gewählten Mitgliedern zusammengesetzt, sollte er die Übereinstimmung der Gesetze mit den Prinzipien der Bewegung gewährleisten. Die Zusammensetzung der Cortes wurde geändert. 108 der Abgeordneten, d. h. zwei für jede Provinz, sollten von den Familienoberhäuptern und verheirateten Frauen gewählt werden. Der andere Teil der Versammlung, 307 Mitglieder, sei aus den Vertretern der Syndikate, der Universitäten und der Berufsstände zu bilden. Das Staatsoberhaupt behielt sich das Recht vor, 25 Abgeordnete zu ernennen.

Im Einklang mit den Entscheidungen des Konzils erklärte Franco, daß allen Konfessionen die Freiheit der Religionsausübung gestattet werde. „Politische" Streiks blieben nach wie vor verboten, „Arbeitskonflikte" hingegen wurden legalisiert.

Blieb noch die Frage der Nachfolge. Das Verfahren wurde genau festgelegt. Franco würde den Cortes eine Kronprätendenten vorstellen. Wenn die Versammlung für diesen votierte, sollte das Volk in einem Referendum diese Entscheidung bestätigen oder ablehnen.

Muñoz Grandes gegenüber äußerte sich der Caudillo: „Das ist das mindeste, was wir tun können." Er wußte, daß die Cortes für sein Staatsorgangesetz stimmen würden, aber er wollte es auch durch das Votum des Volkes untermauert wissen. In seinen Gesprächen mit Franco Salgado meinte er, es gebe wenige Monarchisten in Spanien, und diese seien uneinig. Deshalb müsse er bei der Befragung der Spanier das Gewicht seiner Autorität in die Waagschale werfen. Er selbst war sich seines Erfolges sicher – seine Umgebung nicht so ganz. Das Referendum wurde für den 14. Dezember angesetzt.

Santiago Carrillo, Generalsekretär der KP im Exil, forderte die Linke auf, sich der Stimme zu enthalten. Die liberale Opposition protestierte gegen die Abstimmungsbedingungen. Im Gegensatz dazu gaben die Bischöfe eine positive Empfehlung, und Papst Paul VI. sagte zu Botschafter Garrigues, er werde für das „Ja" der Wähler beten. Am 12. Dezember rief Franco das Volk auf, seinem Vorschlag beizupflichten. Er fand Gehör.

Bei 19 Millionen Stimmberechtigten betrug die Wahlbeteiligung 88,79%. Davon entschieden sich 95,06% mit Ja, 1,81% mit Nein, 3,13% gaben leere oder ungültige Stimmzettel ab. Dieses Ergebnis war ohne Zweifel auch Ausdruck der tiefen Krise, in der sich die oppositionellen Kräfte damals befanden. Das Volk setzte ganz auf die handfesten materiellen Verbesserungen; die aus Studentenkreisen kommende heftige Kritik an der allzu schleppenden innenpolitischen Liberalisierung fand nur wenig Widerhall.

6. *Kapitel*

„IHR GENERAL IST SCHON ZIEMLICH ALT…"

Spanien hatte zwar keine Verfassung, aber zumindest Gesetze, die die Errichtung einer Monarchie vorsahen. Doch diese Monarchie hatte noch keinen König. Man sagte, nun, da das Staatsorgangesetz beschlossen war, hätte Franco seine Bestimmungen treffen und sich zurückziehen können. Nur – welchen Platz sollte er einnehmen? Wie Wilhelm II. den alten Bismarck entlassen hatte, würde der neue Herrscher ihm früher oder später nahelegen, in den wohlverdienten Ruhestand zu treten. Sollte er als Ex-Caudillo in Ferrol Seestücke malen oder auf Reisen gehen, während andere regierten? Franco wollte sein Lebenswerk erhalten wissen. Bevor er es an den jungen Prinzen übergab, wünschte er, sich ein genaueres Bild von ihm zu machen. Und er war fest entschlossen, auf seinem Posten auszuharren, solange er dies vermochte.

Ein gewisser Teil der Spanier hatte sicherlich in der Hoffnung mit „Ja" gestimmt, dadurch den Weg zu weitergehenden demokratischen Reformen zu öffnen, doch sollte man das Ansehen und die Zustimmung, die Franco damals in weiten Bevölkerungskreisen genoß, keinesfalls unterschätzen. Die Mehrheit stimmte seinem Vorschlag wohl aufgrund ihres durch die einzigartige wirtschaftliche Entwicklung des Landes gerechtfertigten Vertrauens zu.

Blieben die 15%, die mit „Nein" votiert oder sich der Stimme enthalten hatten, sowie die Studenten, die das wahlfähige Alter noch nicht erreicht hatten und es für geboten hielten, jenen Ideen zu folgen, die in ihrer akademischen Umwelt en vogue waren. Und es war modern, Marxist, Leninist oder Maoist zu sein. Deshalb blieb die Universität der neuralgische Punkt, ebenso wie die autonomistischen oder separatistischen Gebiete, wo die Gärungen – die im Baskenland andauerten – nicht aus der Enttäuschung über die Behinderung demokratischer Bestrebungen erklärt werden konnten.

Zum anderen: In dem Maß, als Spanien sich industrialisierte und die Belegschaft der Großunternehmer stetig anwuchs, wurden die Ansprüche der Arbeiter immer nachdrücklicher geltend gemacht, und man griff wieder zur klassischen Waffe des Streiks. 1956 gab es 191 Ausstände, 1966 waren es 567, und die Tendenz stieg in den letzten Jahren des

Regimes weiter. Harter Kern des sozialen Kampfes waren die Berg- und Metallarbeiter. Daß die Kommunistische Partei mit ihren Arbeiterkommissionen die treibende Kraft dieser Entwicklungen war, ist kaum zu bezweifeln. Zu Zeiten der Isolation Spaniens fiel es der Polizei leicht, die Grenzen zu überwachen und den Übertritt für die geheimen Sendboten der KP gefährlich zu machen. Aber angesichts des Massenzustroms von Touristen – 1970 verzeichnete man bereits mehr als 21 Millionen – wurden genaue Kontrollen unmöglich. Die kommunistischen Radiostationen, die aus den Ostblockstaaten sendeten, riefen zum Kampf auf, und es war schwierig, zu verhindern, daß die militanten Kräfte diese Parolen hörten.

Schlußendlich fanden solche Bewegungen ihre Stütze in einem Teil des Klerus. Das Drama von Francos letzten Jahren war, was er vielleicht den „Verrat der Priester" genannt hätte. Der Caudillo glaubte fest daran, daß er Spanien und der Kirche durch die Beseitigung der kommunistischen Bedrohung und die Wiedererrichtung der Altäre in der roten Zone einen unschätzbaren Dienst erwiesen hatte. Die lange Liste ermordeter Priester und geschändeter oder niedergebrannter Kirchen rechtfertigte seinen „Kreuzzug". Als Staatschef hatte er der Kirche ihre Privilegien zurückerstattet. Seine Zensurbehörden hatten einen Moralkodex eingeführt, der sich völlig am katholischen Index orientierte und bisweilen ins Groteske abglitt.* Und plötzlich nahm die Kirche gegenüber einem der am meisten katholischen Regime der Welt eine Haltung ein, die sich bei den einen in kluger Reserviertheit und bei den anderen in offener Feindseligkeit äußerte. Jesuiten wie P. Llanos, der in „Arriba" geschrieben hatte, oder P. José Maria Diez Alegrie machten mit den Kommunisten gemeinsame Sache. Versammlungen rebellischer Studenten fanden bei den Franziskanern von Sarria statt. Die streikenden Arbeiter berieten in den Kirchen der Vororte. Und die Baskenorganisation ETA, die auch von der 1982 gewählten sozialistischen Regierung Felipe González' ohne Umschweife als „Terroristenbande" angeprangert wird, hielt ihre Treffen im Exerzitienhaus der Jesuiten in Guetarria ab.

Zweifellos hatte nicht der gesamte Klerus diese Einstellung. Es gab

---

* Ein Beispiel: Man amüsierte sich königlich darüber, daß die Zensur zwei Figuren eines amerikanischen Films, einen Jäger und dessen Geliebte, in ein Geschwisterpaar umwandelte.

Priester, die dem Staat Francos bis zuletzt die Treue hielten. Aber seit dem Konzil waren zahlreiche Geistliche sehr unsicher geworden. Manche trennten sich von der Kirche. Andere, z. B. P. Mariano Gamo, langjähriger Vikar der Jugendfront, versuchten es mit Basisgemeiden oder der Bewegung „Christen für den Sozialismus".

So ergab sich eine absonderliche Allianz zwischen jenen Kräften, die für die grausamste Verfolgung der spanischen Kirche verantwortlich waren, und den Nachfolgern ihrer Opfer.

Schließlich intervenierte Papst Paul VI. selbst. In Worte des Lobes verklausuliert, forderte er Franco auf, dem Wunsch des Konzils nach Abschaffung des Rechtes der Bischofsernennung durch den Staat zu entsprechen. In seinen Aufzeichnungen schrieb der Caudillo: „Die Intrigen unserer Feinde triumphieren in Rom." Er wies den päpstlichen Vorschlag nicht zurück, erhob aber den Einwand, daß dieses Recht in dem mit Pius XII. geschlossenen Konkordat – an dem Paul VI., damals noch als Kardinal Montini, mitgearbeitet hatte! – festgelegt sei. Man könne nicht einen einzelnen Passus streichen. Deshalb verlangte er Verhandlungen über ein neues Konkordat, womit die Anullierung des spanischen Privilegs hinausgezögert wurde. Des weiteren erinnerte er daran, daß Pius XII. schriftlich erklärt hatte, die militärische Erhebung von 1936 sei erfolgt, „um die Rechte und die Ehre Gottes und Seiner Religion zu verteidigen und wiederherzustellen".

Das Kuriose an dieser Diskussion war, wie der Jesuit P. Brugarola bemerkte, daß es sich eigentlich nur dem Namen nach um ein Vorrecht handelt, denn „de facto erstellte der apostolische Nuntius die Liste der Priester, die Bischöfe werden konnten". Franco erhob keinen Einspruch gegen Kandidaten des Nuntius. Die Konsequenz war: Mit der Einsetzung von Rom gebilligter Weihbischöfe, die das Recht hatten, ihren Diözesanbischöfen nachzufolgen, gelangten auf die Bischofssitze Anhänger des Aggiornamento und Verfechter einer Abkehr von den Traditionen der spanischen Kirche.

In dieser schwierigen Phase erlebte der Caudillo aber auch eine Freude. Das dritte Kind von Juan Carlos und Prinzessin Sophie, am 30. Januar 1968 geboren, war ein Knabe. Somit war die bourbonische Dynastie gesichert. Zur Taufe des Infanten Philipp – Franco hatte vom ursprünglich gewählten Namen Ferdinand wegen der unrühmlichen Erinnerungen an Ferdinand VII. abgeraten – kamen der Graf von Barcelona und

Königin Victoria Eugenia, die Witwe Alfons' XIII., nach Madrid. Franco nahm an der Zeremonie teil. Er traf sich mit dem Grafen von Barcelona, dem er seit 1945 den Weg zum Thron verwehrt hatte, aber jeder der beiden Männer beharrte auf seinem Standpunkt. Don Juan erlebte zumindest die Genugtuung, daß ihm seine Getreuen huldigten. Dann begab er sich wieder ins Exil.

Indes wuchs Juan Carlos, der das regierungsfähige Alter – dreißig Jahre – erreicht hatte, immer mehr in die Rolle des Thronerben hinein. Im Juni 1967 schied der schwerkranke Muñoz Grandes aus der Regierung. Sein Nachfolger wurde Carrero Blanco. Nun arbeiteten der Admiral und López Rodó auf die offizielle Designierung des jungen Prinzen hin. Dazu kam es im nächsten Jahr.

Während jener Phase war sich die Regierung der inneren Schwierigkeiten genau bewußt. Am bedenklichsten äußerten sie sich im Baskenland. 1952 hatten sich einige Studenten der Jesuiten-Universität in Deusto zu einer Gruppe zusammengeschlossen, die sich als „Euzkadi Ta Azkatasuna" – ETA – bezeichnete, zu übersetzen mit „Baskenland und Freiheit". Sie strebten ein unabhängiges Staatsgebilde an, das vier spanische Provinzen, darunter auch Navarra, und drei französische Departements umfassen sollte. Dieser Bund wurde größer und steuerte planmäßig auf die Revolte zu, die später die Form der Stadtguerilla annahm. Aber ideologisch lösten sich die ETA-Leute vom klassischen Katholizismus der baskischen Nationalisten und wurden zu Leninisten. Auf einer Versammlung in einem Gebäude der Jesuiten beschlossen sie, loszuschlagen. Am 7. Juni erschossen „Etarras" einen Zivilgardisten, der ihr Auto angehalten hatte, um ihre Identität festzustellen. Die Guardia Civil fahndete nach den Tätern und tötete eine der ETA-Führer, Javier Echevarrieta Txabi. Man bereitete ihm das Begräbnis eines Helden. Am 2. August ermordeten Etarras den Polizeiinspektor Melitón Manzanas in seinem Haus. Die Regierung verhängte über Guipuzcoa den Ausnahmezustand. Sehr bald verhaftete die Polizei die vier führenden Köpfe der Etarras und machte ihnen den Prozeß. Es waren Söhne des soliden baskischen Bürgertums. In ihren Kreisen schien man eher über die Anklage als über ihren ideologischen Irrweg entsetzt. Infolge dieser allzu duldsamen Haltung der baskischen Gesellschaft und mehr noch dadurch, daß sich ein großer Teil der regionalen Geistlichkeit fast zu Komplizen machte, überlebte die ETA. Die Liberalen mochten glauben, die gewaltsame Unterdrückung werde eine Reaktion in der Öffentlichkeit provozieren, während eine Lösung des Problems durch Zugeständnisse und einen Dialog zu erreichen sei. Die Entwicklung der ETA nach Francos Tod zeigte, welch große Illusion dies war.

Zu dem Zeitpunkt, als die ETA in Erscheinung trat, empfahl sich der Minister für Unterricht und Wissenschaft, Lora Tamayo, der nicht fähig war, an den Universitäten auch nur halbwegs Ordnung zu schaffen, nach einer Auseinandersetzung mit Innenminister Alonso Vega. Dieser hatte seinen Polizeikräften befohlen, die Manifestanten bis in die Institute zu verfolgen, wo sie während der Handgemenge mit den „Grauen" Zuflucht gesucht hatten.

Tamayos Nachfolger wurde Villar Palasi, ein hoher Beamter. Den Technokraten nahestehend, galt er als sehr polyglott; es hieß, er beherrsche zwölf Sprachen. Aber die Sprache der rebellischen Studenten verstand auch er nicht. Sie wurden um so ungebärdiger, als sie sahen, daß ihre französischen, amerikanischen und italienischen Kommilitonen in der Weltpresse Schlagzeilen machten. Der neue Minister trat mit der löblichen Absicht an, das Bildungswesen Spaniens zu modernisieren: er verlängerte die Schulzeit, reformierte den Lehrstoff und veröffentlichte stolze Statistiken über die steigende Anzahl der Mittelschüler und der Hochschulstudenten ebenso wie über den Rückgang des Analphabetentums. Auf letzterem Gebiet hatte Spanien tatsächlich beachtliche Fortschritte erzielt. Andererseits trug der Massenbetrieb an den Universitäten nicht wenig zu der Krise des Hochschulstudiums bei.

Über die Iberische Halbinsel hinausgehend, mußte man sich konkret mit den von der UNO geförderten Unabhängigkeitsbestrebungen der Kolonien auseinandersetzen. Schon zur Zeit der Aufhebung des Protektorates hatte Franco vorausgesehen, daß die Marokkaner mehr fordern würden. Die Enklave Ifni war lediglich als Hafen für die spanischen Fischer von Interesse. Die Truppen hatten das Gebiet gegen die Eroberungsversuche der marokkanischen „Irregulären" verteidigt. Da somit das Prestige Spaniens gewahrt war, setzte man sich an den Verhandlungstisch. Nach langem Feilschen wurde im September 1968 ein Fischereiabkommen geschlossen und am 4. Januar 1969 ein Vertrag über die Rückgabe der Zone an Marokko unterzeichnet. Am 30. Juni verließen die letzten spanischen Einheiten das Territorium. Bis auf weiteres schien Hassan II. zufriedengestellt; er wartete die nächste Gelegenheit ab, um die Frage der Westsahara und der spanischen Besitzungen an der Nordküste aufs Tapet zu bringen.

Am 12. Oktober 1968 nahm Manuel Fraga Iribarne an der Unabhängigkeitsfeier von Äquatorialguinea teil. Admiral Carrero Blanco wäre dafür gewesen, diese Gebiete zu behalten, aber Castiella plädierte für deren Aufgabe, um jene schreckliche Zwangssituation wie in Portugal zu vermeiden, das sich bei der Verteidigung seines afrikanischen Kolonialbesitzes selbst zugrunde richtete. Allerdings hatten Angola und Mozambique für die Portugiesen eine ganz andere Bedeutung als Guinea für die Spanier.

Die UNO billigte diese Rückzüge. Doch ihre Autorität reichte nicht aus, um Großbritannien in der Gibraltar-Frage zum Nachgeben zu bewegen. Sie hatte Spanien und dem Vereinigten Königreich empfohlen, darüber zu verhandeln. Die Londoner Regierung hatte zugestimmt. Nach der Veröffentlichung eines dicken „Rotbuches" war Castiella nach London gereist, aber von dort mit leeren Händen zurückgekehrt. Die britischen Diplomaten hatten mit dem Ausdruck des Bedauerns erklärt, die Bevölkerung von Gibraltar wolle eben, nach der Volksabstimmung von 1967, britisch bleiben, und Ihre Majestät könne loyale Untertanen nicht im Stich lassen. Daraufhin brachte die spanische Regierung die Satzungen des Vertrags von Utrecht strikt zur Anwendung: Am 7. Juni 1969 wurden die Landverbindungen zu dem befestigten Territorium gesperrt. Die Briten verharrten auf ihrem Standpunkt, und diese Kraftprobe wurde zu einem Abnützungskrieg, der bis zum Tod Francos andauern sollte.

Zur selben Zeit begann in Madrid und Barcelona wieder die Agitation der Studenten. Carrero Blanco, Alonso Vega, Admiral Nieto Antuñez und Solis Ruiz forderten Sanktionen. Trotz der Einwände von Castiella, López Rodó und Villar Palasi stimmte Franco zu und verhängte für drei Monate den Ausnahmezustand. Die Polizei verhaftete 330 Verdächtige, darunter 76 Studenten, sowie einige Professoren und Geistliche. 156 von ihnen wurden, fern von Madrid, unter Hausarrest gestellt. Auch im Baskenland kam es zur Anhaltung von Agitatoren.

Nach Wiederherstellung der Ordnung trat erneut die Nachfolgefrage in den Vordergrund. Bevor Juan Carlos den Cortes als Thronanwärter präsentiert werden sollte, mußte festgestellt werden, ob er überhaupt bereit sei, den Platz seines Vaters einzunehmen, also sich über die Regeln der dynastischen Erbfolge hinwegzusetzen. Der Graf von Barcelona, dessen wichtigster Mitarbeiter nun Francos ehemaliger Botschafter in Washington und Paris, José Maria de Areilza, war, machte nach wie vor seine Anrechte auf die Krone geltend. Wenn der Prinz damit einverstanden war, die Nachfolge Francos anzutreten, ging er das Risiko ein, die Monarchisten, d. h. die Legitimisten, vor den Kopf zu stoßen. Doch im Fall einer Ablehnung würde der Caudillo vielleicht nach einem anderen Prätendenten Umschau halten. Den karlistischen Thronanwärter Hugo von Bourbon-Parma schloß Franco a priori aus, denn der sei Franzose und könne sich daher nicht um die Krone Spaniens bewerben. Aber da gab es noch Don Alfonso, den Sohn von Jaime de Bourbon. Es ist denkbar, daß diese vage Sorge Juan Carlos bei seiner Entscheidung beeinflußt hat. In einem Interview für die französische Zeitschrift „Point de vue" teilte er mit, daß kein Grund zum Streit zwischen seinem Vater und ihm vorliege.

Im Januar 1969 entsandte Fraga den Direktor der Agentur EFE als Inteviewer zu ihm. Der Prinz erklärte, als Spanier betrachte er sich an die Gesetze seines Landes gebunden und sei gewillt, Opfer zu bringen, sofern Spanien damit gedient werde. „Die Genugtuung, die Institution des Königtums wiederhergestellt zu sehen, ist Grund genug, um ein gewisses Entgegenkommen zu rechtfertigen. Keine Monarchie wird durch Starrsinn und ohne Opfer restauriert."

Franco war über diese Äußerung entzückt. Zu López Rodó sagte er mit seiner galicischen Ironie: „Der Prinz spricht sehr gut. Wer ihm wohl diese Stellungnahmen vorbereitet hat?" Ganz anders der kleine Hof in Estoril: dort war man entsetzt.

Aber der Rubikon war überschritten. Am 15. Januar empfing Franco den Prinzen und teilte ihm mit: „Alles ist geregelt." In aller Form trug er ihm die Nachfolge an. Juan Carlos akzeptierte. Der Caudillo zu Franco Salgado: „Alles, was er sagt, erscheint mir richtig, denn er konzentriert sich auf die Lösung der Nachfolgefrage. Don Juan bietet für das derzeitige Regime keinerlei Garantie. Deshalb finde ich die Erklärungen von Don Juan Carlos sinnvoll; sie beweisen ein klares Urteil, ohne jeden Vorbehalt dagegen, die Prinzipien der Bewegung anzuerkennen."

Ja, alles war geregelt. Somit mußte nur mehr ein „Reifeprozeß" von sechs Monaten abgewartet werden, bevor man Taten setzte. Es kann sein, daß die Demarche des nun bald mit achtzig Jahren in den Ruhestand tretenden

Alonso Vega dazu beitrug. Am 26. Juni teilte Franco Carrero Blanco mit, daß er seinen Nachfolger vor dem 18. Juli nominieren werde. De facto berief er die Cortes für den 22. Juli ein. Unter dem Applaus der Abgeordneten erschien er in Galauniform. Entgegen den optimistischen Informationen seines Arztes bot Franco ein Bild hohen Alters. Das verfallene Gesicht, das leichte Zittern der Hände, ein Symptom der Parkinsonschen Krankheit, die noch immer schwache Stimme – alles Anzeichen für den physischen Niedergang des Mannes, der noch vollbrachte, was er sich vorgenommen hatte – und zwar so, wie von ihm geplant.

Er verlas eine lange Rede, in der er, noch einmal, resümierte, unter welchen Bedingungen er Spanien vorgefunden hatte, beschrieb sein Werk, das Verwerfliche der Parteienherrschaft und der Republik, die Tugenden des Königtums und die enge Bindung der traditionellen katholischen, sozialen und repräsentativen Monarchie, die er nicht restauriert, sondern errichtet hatte, indem er ihr die Gesetze der nationalen Bewegung gab. Dann sagte er: „Im Bewußtsein meiner Verantwortung vor Gott und der Geschichte und in Wertschätzung für die Eigenschaften, die in der Person von Prinz Juan Carlos de Borbón y Borbón vereinigt sind, der jener Dynastie angehört, die viele Jahrhunderte in Spanien geherrscht hat, und der klare Beweise der Loyalität zu den Grundsätzen und den Einrichtungen der Staatsform gegeben hat… habe ich beschlossen, ihn der Nation als meinen Nachfolger vorzuschlagen."

Die Cortes erteilten Franco keine Absage. Mit 491 gegen 19 Stimmen bei 9 Enthaltungen votierten sie für den Vorschlag des Caudillo. Allerdings waren 13 Abgeordnete nicht zugegen, unter ihnen der erkrankte Muñoz Grandes.

Somit blieb nur mehr die Vereidigung des „Prinzen von Spanien" auf die Gesetze des Königreichs. Diese Zeremonie fand am 23. Juli 1969 statt. Am Morgen unterzeichnete Juan Carlos jene Urkunde, durch die er seine Ernennung annahm. Am Nachmittag schwor er „Seiner Exzellenz, dem Staatschef, Loyalität und Treue gegenüber den Prinzipien der Nationalen Bewegung sowie gegenüber den anderen Grundgesetzen des Staates".

Dann verlas er eine Rede, die mit den Worten schloß: „Trotz der großen Opfer, die diese Aufgabe von mir fordert, bin ich sicher, daß meine Hand nicht zittern wird, um alles zu tun, was für die Verteidiger der Grundsätze und der Gesetze erforderlich sein wird, auf die ich den Eid ablegte." Das war's.

Franco hatte sein Ziel erreicht. Nun hätte er sich zurückziehen können, aber – wie er einige Wochen zuvor gesagt hatte – er befürchtete, man werde glauben, er desertiere. Diese Einstellung mag man Machtgier oder hohem Pflichtgefühl zuschreiben. Jedenfalls war er überzeugt, Spanien damit zu dienen, wie er es seit seiner Jugend auf den verschiedensten Posten getan hatte.

Einige seiner Minister suchten die Basis des Regimes in der Bevölkerung zu verbreitern. Sie dachten daran, innerhalb der Bewegung die Bildung politischer Gruppierungen zu ermöglichen, welche die Spielarten der öffentlichen Meinung vertreten sollten. Doch ehe diese Frage geklärt wurde, ereignete sich ein Finanzskandal, die MATESA-Affäre, die mehrere Minister und das Regime selbst in Mißkredit brachte. In der Folge erhob die Opposition den Vorwurf der Veruntreuung.

Juan Vilá Reyes, ein katalanischer Industrieller, hatte in Pamplona eine Fabrik für Webstühle ohne Weberschiffchen gegründet; sie arbeitete sparsamer als die üblichen Modelle. Für den Export wurden ihm Vergünstigungen eingeräumt: Steuererlässe in der Höhe von 540 Millionen Peseten, außerdem beträchtliche Kreditsummen, nämlich fast 10 Milliarden Peseten. All das stand in krassem Mißverhältnis zur Anzahl der verkauften Maschinen. Man hatte ihm Kredite für die Erzeugung von 20.381 Stück gewährt, MATESA stellte aber nur 13.450 her, exportierte 10.636 und setzte davon bloß 2.321 ab. Die unverkäuflichen Geräte lagerten in Depots außerhalb von Spanien. Ein großer Teil der Kreditbeträge – 5.631,000.000 Peseten – landete ohne Erlaubnis auf Schweizer Bankkonten. Die Zinsen ermöglichten die Rückzahlung einiger Kredite. Das Ganze war genial ausgedacht, hatte sich aber die Mitwisserschaft (oder Nachlässigkeit) des Finanz- und des Handelsministeriums sowie der Bank von Spanien zunutze gemacht.

Der Ministerrat übergab die Sache dem Gericht und beschloß, die Bevölkerung durch eine von Fraga verfaßte Mitteilung zu informieren. Doch die Presse geriet in höchste Aufregung. Das falangistische Blatt „SP" wies nachdrücklich darauf hin, daß der Finanz- und der Handelsminister ebenso wie der Direktor der Bank von Spanien, Exminister Navarro Rubio, dem Opus Dei angehörten. Außerdem war Vilá Reyes mit López Rodó, ebenfalls ein Mitglied von Opus Dei, befreundet und hatte der Universität des Werkes in Navarra eine Spende zukommen lassen. Der nun einsetzende Pressekrieg richtete sich nicht gegen Vilá Reyes, sondern gegen das Gotteswerk und seine technokratischen Minister. Politische Beobachter sahen dieses Kesseltreiben als ein Manöver des „blauen Clans", in den sie auch Solis Ruiz, Fraga, Castiella und Admiral Nieto Antúnez einbezogen – Männer, die sich als Vorkämpfer der Gerechtigkeit gegen finanzielle Transaktionen zum Nutzen von Verleumdern des Regimes gerierten – ohne zu bedenken, daß der Schmutz, den sie aufwirbelten, dem Staat mindestens ebenso schadete wie die Verfehlungen der tatsächlich Schuldigen.

Franco und Carrero Blanco, der große Schirmherr der Technokraten, waren über diese Polemiken empört, die den Ruf Spaniens im Aus- und Inland mit einem schweren Makel behafteten. Sie servierten die Beschuldigten ab, und obendrein die Ankläger. Damals trat der greise, zum Generalkapitän ernannte Camilo Alonso Vega nach sehr langer Dienstzeit in den ehrenvollen Ruhestand. Auch 13 von 18 Ministern, die meisten von ihnen in Verbindung mit dem Opus Dei, wurden durch neue Männer ersetzt. Carrero Blanco bewahrte sich sein Amt als Vizepräsident, López Rodó blieb Minister ohne Portefeuille – und Ideengeber Carreros. Der Industrieminister López Bravo erhielt unerwartet das Ressort Äußeres, der alte Studienleiter des Prinzen, Torcuato Fernández Miranda, Falangist mit recht lauwarmer Überzeugung, übernahm das Sekretariat der Bewegung, und Garicano Goñi blieb Innenminister. Die wegen des MATESA-Skandals verurteilten Minister wurden sehr bald vom Caudillo amnestiert.

Das neue Kabinett lernte sehr bald dieselben Schwierigkeiten kennen wie seine Vorgänger: Streiks der Bergleute, der Bauarbeiter, der Bediensteten der Madrider U-Bahn – dieser Ausstand dauerte allerdings nur einen Tag und endete mit der Vergatterung des Personals –, Tumulte der Studenten. Als aber die Arbeiterkommissionen einen Generalstreik organisieren wollten, folgten ihnen nur ein paar Tausend Werktätige. Die schweigende Mehrheit hielt sich abseits, arbeitete weiter und war in Gedanken schon bei der bevorstehenden sakrosankten Urlaubszeit. Die Reisen ins Ausland, der Kontakt mit den Millionen von Touristen, die alljährlich in immer größerer Zahl ins Land kamen, die ausländischen Filme, vor allem amerikanische, die eine von der spanischen völlig verschiedene Lebens- und Gesellschaftsform zeigten – all dies wirkte sich auf die Mentalität der Menschen verändernd aus. Zwei Beispiele unter vielen: das Absinken der Geburtenrate und die zunehmende

Verbreitung des Gebrauchs von Empfängnisverhütungsmitteln. Aus dem Bericht des Generalstaatsanwaltes des Königreiches, Fernando Herrero Tejedor, ging hervor, daß sich die Anzahl der Delikte insgesamt verminderte, der Drogenkonsum, die Pornografie und die Prostitution jedoch zunahmen.

Auf außenpolitischem Gebiet hingegen erzielte Spanien einen wichtigen Erfolg. Nach jahrelangen Verhandlungen gelang Alberto Ullastres im Juni 1970 der Abschluß eines Präferenzabkommens mit der EWG, das sich für Spanien als vorteilhaft erwies. Die Herabsetzung der Zolltarife, über sechs Jahre gestaffelt, sollte den Handel mit dem westeuropäischen Wirtschaftsblock stimulieren, der bereits der beste Kunde Spaniens war. Die Vereinbarungen sahen eine künftige Zollunion vor, ein weiterer Schritt auf dem Weg in Richtung Europa. Die Historiker der Götterdämmerung des Frankismus, deren Aufmerksamkeit den politischen Intrigenspielen gilt, scheinen diesem Vertragswerk nicht jene Bedeutung beizumessen, die ihm zukommt.

Weniger glanzvoll gestalteten sich weitere Gespräche über Abkommen mit den USA. Castiella, der einen formellen Vertrag abschließen und amerikanische Hilfe für die Streitfälle Sahara und Gibraltar mobilisieren wollte, hatte diese Fragen erfolglos mit den Regierungen der Johnson- und Nixon-Ära erörtert. Als das Stützpunktabkommen mit den Vereinigten Staaten ablief, wurde eine Verlängerung auf ein Jahr anberaumt, um die Diskussionen fortsetzen zu können. Mit López Bravo als Verhandlungspartner ging es rascher voran, da der neue Minister die von seinem Vorgänger genannten Bedingungen strich. Der spanisch-amerikanische Freundschaftspakt vom 6. August 1970 war de facto eine Erneuerung des früheren Abkommens für die Dauer von fünf Jahren. Die USA konnten die Stützpunkte weiterhin benützen. Als Gegenleistung sagten sie 188 Millionen Dollar Militärhilfe zu. Die Geheimklauseln des ersten Vertrags, die, für den Fall eines sowjetischen Angriffs auf Europa, den USA praktisch ausschließliche Verfügungsgewalt über die Militärbasen in Spanien zuerkannten, wurden durch einen Paragraphen ersetzt, der festlegte, daß im Fall des Falles sofort Beratungen zwischen den beiden Verbündeten stattfinden sollten. Symbolischer Ausdruck dieser guten Beziehungen war Nixons Besuch in Madrid am 2. Oktober 1970. Er wurde mit denselben Ehren empfangen wie vor ihm Eisenhower, aber der Enthusiasmus der Bevölkerung war geringer. Das

Interesse an allem Amerikanischem hatte nachgelassen, und der traditionelle spanische Neutralismus konnte sich nie mit dem Gedanken an Stützpunkte befreunden, die stets in Gefahr waren, Ziel sowjetischer Bomben zu werden. Nichtsdestoweniger zeigte sich Nixon sehr zufrieden.

Einige Monate zuvor hatte Franco Charles de Gaulle als Gast empfangen, der seit seinem Rücktritt gern auf Reisen ging, wenn ihm die Zeit zu lang wurde. Die beiden Veteranen führten Gespräche und speisten gemeinsam. Bei der Abreise sagte de Gaulle zu seinem Gastgeber: „Sie sind noch immer General Franco. Was mich betrifft, muß ich sagen, ich war General de Gaulle." Doch im Vertrauen flüsterte er einem Spanier zu: „Ihr General ist schon ziemlich alt."

Die Beziehungen Spaniens zu den Nachfolgern des Begründers der Fünften Republik waren übrigens ausgezeichnet. Für die spanische Luftwaffe wurden um 90 Millionen Dollar 30 Mirage-Jagdbomber angekauft. Außenminister Maurice Schumann kündigte eine Reise nach Madrid an, wohin sich auch sein deutscher Amtskollege Scheel begab. Allerdings verursachte letzterer in offiziellen Kreisen einen kleinen Skandal, weil er sich mit den Führern der Opposition traf. Parallel zu diesen Beziehungen zum Westen setzte López Bravo erste Schritte zwecks Fühlungsnahme mit den kommunistischen Staaten Osteuropas. Unter dem Vorwand eines technisch bedingten Zwischenstopps hielt er sich in Moskau auf. Es ist unbekannt, worüber er verhandelte, aber etwas später eröffnete die sowjetische Nachrichtenagentur TASS ein Büro in Madrid, und die EFE entsandte einen Korrespondenten nach Moskau. Mit den Satellitenstaaten der Sowjetunion waren konsularische Beziehungen bereits aufgenommen worden. Dreißig Jahre nach dem Ende des Bürgerkriegs wurden somit nach und nach Kontakte zur kommunistischen Machtsphäre hergestellt.

In Gesprächen mit seinem Cousin zeigte sich Franco bei seiner Beurteilung der Sowjetunion bis zu einem gewissen Grad objektiv. Er war sich der Disziplin, mit der diese Weltmacht Fortschritte erzielt hatte, durchaus bewußt. Den Start des ersten Sputnik etwa faßte er als schlagenden Beweis dafür auf, was mit solcher sowjetischer Disziplin zu erreichen war. Aber er gab sich auch keinen Illusionen hin und wollte auf keinen Fall Derartiges in Spanien erleben.

Bei der Lektüre seiner Notizen gewinnt man den Eindruck, daß Franco glaubte, das internationale Freimaurertum sei ihm mindestens ebenso feindlich gesinnt wie die kommunistischen Staaten. Tatsächlich hatte ihm die europäische Linke, ob Freimaurer oder anderer Observanz, seinen Sieg nicht verziehen. Dies zeigte sich beim Prozeß von Burgos. Sechzehn ETA-Mitglieder, unter Anklage wegen drei Morden, Nötigung, Bankraub, Terrorismus und Gefährdung der nationalen Einheit, wurden dort vor das Militärtribunal gestellt. Bei solchen Delikten waren sehr harte Strafen zu gewärtigen, nämlich Todesurteile. Deshalb wurden enorme Anstrengungen unternommen, um die Angeklagten davor zu bewahren. Die Bischöfe von Bilbao und San Sebastián, Msgr. Cigarde und Msgr. Argaya, ließen sich auf eine zwiespältige Vorgangsweise ein, welche ihre Nachfolger bis heute praktizieren: Sie verurteilten jegliche Gewalt, ob von Terroristen oder Polizisten ausgeübt, und forderten ein Verfahren vor einem Zivilgericht. Da diese Initiative von der Presse kritisiert wurde, erklärte die XIII. Versammlung des spanischen Episkopats, daß sie Vertrauen in die baskischen Bischöfe setze, und verlangte von der Regierung, sie möge Milde walten lassen. Aus der Sicht der Frankisten befolgten die Kirchenfürsten die Ratschläge des Nuntius Msgr. Dadaglio, der die Auffassungen von Papst Paul VI. interpretierte. Die Spannungen mit dem Vatikan traten erneut zutage.

Der Prozeß nahm einen stürmischen Verlauf. Statt sich zu verteidigen, gingen die Etarras zum Angriff auf Spanien über; einmal kam es fast zu Tätlichkeiten gegen die Richter. Die Anwälte stießen ins selbe Horn, so daß sich der ETA-Prozeß in einen Prozeß gegen den spanischen Staat verwandelte. Der Vertreter der Anklage beantragte sechs Todesurteile, Gefängnisstrafen und für einen der Angeklagten Freispruch.

Nach der Entführung des deutschen Konsuls in San Sebastián, den die Etarras im französischen Baskenland festhielten, wurde über Guizpuzcoa der Ausnahmezustand verhängt. Doch im Ausland lebten die Leidenschaften des Bürgerkriegs wieder auf. Die KP eilte der ETA zu Hilfe und zog die Veteranen des Antifaschismus und die Verfechter der Menschenrechte im Schlepptau mit. Besonders deutlich zeigte sich dieser Sachverhalt in Frankreich und Italien, wo die Erben Pálmiro Togliattis und die Jünger Pietro Nennis Franco als den einstigen Verbündeten Mussolinis befehdeten.

Wie schon im Jahr 1946, riß diese ausländische Einmischung in die innerspanischen Angelegenheiten die Anhänger des Caudillo aus ihrem gewohnten Schlendrian. Am 17. Dezember 1970 versammelte sich eine gewaltige Menschenmenge auf der Madrider Plaza de Oriente und bekannte in Sprechchören ihre Gefolgschaftstreue zum Staatschef. Ein junger ausländischer Diplomat staunte sehr über diese Manifestation, die an Großkundgebungen in den Zeiten des Faschismus erinnerte. Die Scharen vor dem Königspalast erbrachten den Beweis dafür, daß das Regime die Massen noch immer hinter sich hatte. Wahrscheinlich hätten die Manifestanten auf Befragen gesagt, man solle die in Burgos verurteilten Etarras erschießen.

Indessen lief der Justizapparat auf langsamen Touren. General Garcia Rebull, Kommandant der Militärregion, dem das Tribunal unterstand, bestätigte die Urteile. Nur Franco konnte die Delinquenten begnadigen. Der Caudillo, dem der Vatikan mitgeteilt hatte, man sei dort „tief bewegt", berief eine Sitzung der Minister ein. Diese sprachen sich für eine Begnadigung aus. Franco befragte noch den Rat des Königreichs. Als er die Meinung dieser hohen Würdenträger gehört hatte, traf er seine Entscheidung: die verhängten Todesurteile wurden in Haftstrafen von fünfunddreißig Jahren umgewandelt.

Die Verfechter der Milde atmeten auf: die Brücken zu Westeuropa waren nicht abgebrochen, aber die Etarras gingen aus dieser Feuerprobe entschlossener denn je hervor, den Kampf „für die Befreiung der baskischen Nation" mit allen Mitteln zu führen. Ihre damaligen Gesinnungsgenossen, die, wie der sozialistische Innenminister Barrionuevo später auf dem Deputiertenkongreß eingestand, ernsthaft glaubten, die ETA bestehe aus Idealisten, die um die Freiheit rangen, behandeln sie heute als Terroristen, wie der Ankläger des Tribunals von Burgos.

Das Eingreifen der Kirche in die Polemiken, die sich um den Prozeß entspannen, zeigte deutlich, was sich in diesem Bereich seit dem „Kreuzzug" verändert hatte. Das Tauziehen um das Mitspracherecht des spanischen Staatsoberhauptes bei Bischofsernennungen spaltete den spanischen Klerus in Staatstreue und Staatskritische, die eine Lösung der Kirche vom Staat anstrebten. Der Exponent der letzteren war Msgr. Vicente Enrique y Tarancón, seit 1969 Erzbischof von Toledo und Primas von Spanien. Dieser Mann vom Mittelmeer, mit wachem Sinn für soziale Fragen, hatte gewisse Beziehungen zur Jugendfront und optierte nun für eine Demokratisierung Spaniens. Neben ihm: Msgr. Marcelo González, vordem Bischof von Astorga und von Barcelona – wo ihn die national-katalanischen Priester als „Landfremden" ablehnten –, der aber seine Loyalität gegenüber dem Staat bekundete, und Msgr. Guerra Campos, Bischof von Cuenca, der den Priestern nahelegte, sich mehr mit ihren seelsorgerischen Aufgaben denn mit der Politik zu beschäftigen. Diese Divergenzen traten im Verlauf der Versammlung des Klerus (13.–18. September 1971) zutage. Ihr ging eine Enquete jener Priester voran, die das Vertrauen des Nuntius genossen. Sie erbrachte 7.000 Stellungnahmen – bei einem Gesamtstand von 22.000 Klerikern, wie Professor Suarez feststellte. Das progressive Element dominierte. Die Versammelten erörterten die Situation der Geistlichkeit und der spanischen Gesellschaft nach dem Konzil, verwarfen den Kapitalismus, forderten für die Bürger das Recht auf Beteiligung an der Regierung, „die Abschaffung der Sondergerichtshöfe" und der „körperlichen oder geistigen Folter". Was Franco und seine Getreuen am meisten betroffen machen konnte, folgte sogleich: „Wir bekennen in Demut und bitten um Vergebung dafür, daß wir zur rechten Zeit nicht fähig waren, als berufene Sachwalter für die Versöhnung eines Volkes zu wirken, das im Bruderzwist liegt." Über diese Textstelle wurde abgestimmt, mit 129 gegen 113 bei zahlreichen Enthaltungen. Da die erwünschte Mehrheit nicht erreicht worden war, wurde der Passus nicht in die Beschlüsse der Versammlung aufgenommen. Abgesehen davon verurteilten spanische Priester in beachtlicher Anzahl die Kirche(npolitik), angefangen von den Päpsten Pius XI. und Pius XII. Laut Ricardo de la Cierva waren diese Männer im Durchschnitt siebenunddreißig bis sechsundvierzig Jahre alt, hatten den Bürgerkrieg kaum schon bewußt miterlebt und befaßten sich mehr mit der Zukunft als mit Glaubensfragen und den frommen Todesopfern der „Roten". Die Anrufung dieser Blutzeugen, im Regime so etwas wie ein Ritual, erschien ihnen überholt. Noch dazu sahen sie, daß die Berufungen zum Priesteramt seltener, die Gläubigen in den Kirchen immer weniger wurden und Amtsbrüder das Priesterkleid ablegten. Vielleicht versuchten sie deshalb, das verlorene Terrain durch Hinwendung zu progressiven Themen wiederzugewinnen. Aber jedenfalls war ihre Fronde für den spanischen Staat, wie ihn Franco geformt hatte, bedenklich.

In seiner Rede zum Jahresende erwiderte der Caudillo, daß Kirche und Staat einander respektieren sollten. Er sagte: „Wenn gewisse Kleriker bestimmte Meinungen weltlichen Inhalts vertreten, kann ein Staat dies nicht untätig hinnehmen." Deshalb wehre sich der Staat gegen Einmischungen, die darauf abzielten, das Zusammenleben der Spanier zu stören. Aber das Konkordat schützte die Geistlichen, von denen manche die Aktionen von Unruhestiftern aller Art begünstigten. So kam es, daß die Polizei am 24. Juni 1972 die Anführer der Arbeiterkommissionen Marcelino Camacho, Nicolás Sartorius und den ehemaligen Jesuiten Garcia Salve im Oblatenhaus von Pozuelo de Alarcon bei Madrid verhaftete.

Franco war sich oft genug darüber im klaren, daß eine der Säulen seines Regimes – die Kirche – einzustürzen drohte. Es blieben ihm die Bewegung und die Armee. Doch die von ihm „entfalangisierte" Bewegung hatte viel von ihrer Stoßkraft eingebüßt. Mit ihren Syndikaten, ihrer „Frauensektion" und ihrer „Jugendfront" erhielt sie sich zwar ihr Gefüge, und es gab genügend Anhänger, die am Tag einer Kundgebung die Plaza del Oriente füllten. Manche kamen der Ideale wegen, andere aus Interesse und wieder andere aus persönlichem Ehrgeiz. Um zu erkennen, daß die Generation von 1936 keine Nachfolger gefunden hatte, braucht man nur zu bedenken, daß sich in den Kadern der jungen Leute, die, wie man glaubte, berufen waren, den Stafettenstab zu übernehmen, ein Adolfo Suárez befand, der Gouverneur von Segovia und Intendant des Hörfunks und des Fernsehens, ein Rodolfo Martin Villa oder ein Roson – lauter Männer, die sich 1976 als Demokraten und Liberale deklarierten.

Die Armee blieb getreu. Bisweilen kritisierten ihre führenden Köpfe – etwa Garcia Rebull und Iniesta Cano, Chef der Guardia Civil – die Regierung wegen ihres Mangels an Energie, aber sie standen Gewehr bei Fuß, um den Befehlen ihres Caudillo zu gehorchen. Dieser machte nun die Erfahrung, daß alte Männer einsam werden. Muñoz Grandes war 1970 gestorben, Alonso Vega 1972. Tot war auch António de Oliveira Salazar, Francos Bundesgenosse in stürmischen Tagen. Er hatte niemanden mehr als Carrero Blanco, dem er uneingeschränktes Vertrauen schenkte. Im Zustand seiner Physis zeigte sich das Schwinden der Kräfte. Er hat sich seine geistige Frische bewahrt, sagten die Mitarbeiter aus alten Zeiten, aber er wird sehr rasch müde. Bei Audienzen sprach er wenig, und nach Aussage von López Rodó kam es vor, daß er im Ministerrat einnickte, deshalb verkürzte er nun die Sitzungsdauer. Auch in den Palästen verbreitete sich die Atmosphäre des Endes einer

Ära. Prinz Juan Carlos meinte, mit achtzig werde sich der Staatschef zurückziehen. Carrero Blanco und dessen Kreis erwarteten, daß er auf die Führung der Staatsgeschäfte verzichten, Staatsoberhaupt bleiben und vom Pardo aus zusehen werde, wie sich die Dinge entwickelten. Aber der Generalissimus schwieg und arbeitete weiter.

Ein familiäres Ereignis brachte einen Lichtstrahl in seine Dämmerung. Seine Enkelin Carmen Martinez-Bordui verheiratete sich am 8. Mai 1972 mit Prinz Alfons von Bourbon, dem spanischen Botschafter in Stockholm und Enkel Alfons' XIII. Für Franco, der diesen König immer geachtet und geschätzt hatte, bedeutete diese Verbindung eine große Befriedigung seines Selbstgefühls. Noch stolzer war Doña Carmen. In monarchistischen Kreisen hingegen war man über eine solche Ehe beunruhigt. Gewiß, der Vater des Bräutigams, Alfons von Bourbon, hatte 1933 für sich und seine Kinder auf seine Anrechte verzichtet. Was aber, wenn Franco vielleicht Juan Carlos' Ernennung widerrief, um seine eigene Enkelin und deren Gatten auf den Thron zu setzen… ?*

Diese unbegründeten Befürchtungen beschworen eine protokollarische Querelei zwischen dem Grafen von Barcelona und seinem Neffen herauf, über die Franco sehr ungehalten war. Schließlich schlug Juan Carlos am 16. November vor, seinem Cousin den Titel eines Herzogs von Cádiz zu verleihen und ihn als Königliche Hoheit zu behandeln. Einige Tage später wurde der Urenkel Francos und Alfons' XIII. geboren.

Ein anderer Grund zur Genugtuung war die Mißbilligung der Texte der Priesterversammlung durch die römische Glaubenskongregation. Deren Mitglieder wiesen auf neun irrlehrenhafte Vorschläge hin, durchsetzt mit Modernismen, politischen Auslegungen der von Christus gebrachten Freiheit und anrüchigen Entlehnungen aus dem Marxismus. Aber die progressiven spanischen Priester ließen sich nicht entmutigen. Die Delegation der Arbeiterseelsorge in der Diözese Madrid-Alcala gab einen Schematismus für Predigten über soziale Themen heraus, an den sich die Pfarrer des Bistums hielten und der unbestreitbar marxistisches Odeur verbreitete. Neuerlich kam es zu Spannungen. Tief bewegt erin-

---

* Diese Ehe ging schlecht aus. Das Paar, das zwei Kinder hatte, trennte sich nach Francos Tod und ließ sich scheiden. Carmen heiratete in zweiter Ehe den Pariser Antiquar M. Rossi. Alfons erlitt einen Autounfall, bei dem einer seiner Söhne starb, und fand selbst den Tod beim Schifahren in den USA.

nerte der fromme Carrero Blanco in einer Rede vor den Cortes daran, daß der spanische Staat 300 Milliarden Peseten einer Kirche gegeben habe, die nun, zum Dank, gegen ihn Sturm laufe. Lange Zeit hatte im frankistischen Spanien Ordnung geherrscht. Nun traf dies nicht mehr ganz zu. Während der sechziger Jahre hatte es häufig Unruhen in den Universitätsstädten gegeben, manchmal auch in den Bergbau- und Industriezentren. Dann war im Baskenland die Stadtguerilla aufgetaucht, im weiteren die konterrevolutionäre Gruppe „Guerrilleros des Königs Christus" und eine den Anarchisten nahestehende Bande, die „Revolutionäre antifaschistische patriotische Front" (FRAP). Am 1. Mai 1973 verprügelten die Guerrilleros einen Weihbischof von Madrid und progressive Priester. Am selben Tag wurde ein Unterinspektor der Kriminalpolizei von Linken erstochen. Dieser Mord löste bei den Polizisten, die den Befehl hatten, nicht zur Waffe zu greifen, Empörung aus. Am Ende der Trauerfeier für ihren Kameraden pfiffen sie den Innenminister aus. Während der Seelenmesse kam es neuerlich zu Kundgebungen. Man rief „Weg mit der Regierung!", „Die Armee an die Macht!", „Nieder mit dem Opus Dei!" und „Tod den Bischöfen!"

Manifestationen von Disziplinlosigkeit der Polizisten waren ein beunruhigendes Novum. Soeben wurde in Griechenland die Monarchie gestürzt. Würde sich die spanische Monarchie besser halten? Spötter sprachen bereits von der Regierungszeit „Juans des Kurzen". Franco schien es dringend geboten, zu reagieren. Am 4. Mai forderte er Admiral Carrero Blanco auf, eine Regierungsumbildung vorzubereiten und selbst das Amt des Ministerpräsidenten zu übernehmen.

Dieses neue Kabinett kam am 11. Juni 1973 zustande. Seine Zusammensetzung deutete auf eine überraschende Kursänderung hin. Die meisten der Minister, die in engerer oder loser Verbindung zum Opus Dei standen, verschwanden von der Bildfläche. Als einziger blieb López Rodó, aber er wechselte in die Außenpolitik, nachdem er zehn Jahre lang eine Wirtschaftspolitik betrieben hatte, die höchst zufriedenstellende Resultate erbracht hatte. Hingegen registrierten Beobachter eine stärkere Einbeziehung der Bewegung, deren Generalsekretär Fernández Miranda die Position des Vizepräsidenten erhielt, während junge „Blaue" wie Cruz Martinez Esteruelas und Augustin Cotruelo im Planungs- und Handelsministerium die Nachfolge López Rodós antraten.

Und schließlich: Carlos Arias Navarro, langjähriger Chef der Kriminalpolizei und Bürgermeister von Madrid, wurde Innenminister; wie man sagte, auf Betreiben von Francos Umgebung.

Es wäre übertrieben, zu glauben, daß die Wutschreie der Polizisten genügt hatten, um dieses Revirement herbeizuführen. Der Mord an dem jungen Kriminalbeamten hatte den Beweis dafür erbracht, daß die Regierung der Technokraten mit den kleinen Gruppen von Unruhestiftern nicht fertig wurde. Deshalb griff man auf die Bewegung zurück, denn sie wußte, wie das Land unter Kontrolle zu halten war. Der Prinz, dem man die Namenliste vorlegte, billigte sie. „Es fehlt nichts als der Stempel aus Zarzuela", soll er gesagt haben.

Francos graue Eminenz wurde nun zum Protagonisten der spanischen Politik. Vor den Cortes erklärte Blanco, er sei „ein Mann, der sich völlig mit dem Werk des Caudillo identifiziere" und „ein Mann der Bewegung". Er hatte vor, die Politik seines Chefs, den Übergang von der „Monarchie ohne König" zur Monarchie von Juan Carlos, zu gewährleisten. Dazu blieb ihm keine Zeit mehr. Am 20. Dezember 1973, nach der Morgenmesse, der er täglich in der Jesuitenkirche in der Madrider Calle de Diege de León beiwohnte, explodierte ein Sprengkörper, als sein Auto startete. Carrero Blanco, sein Fahrer und der Polizist, der ihn begleitete, wurden bei diesem Anschlag getötet. Zunächst glaubte man, Ursache sei eine Gasexplosion gewesen. Doch sehr bald wurde der wahre Sachverhalt offenkundig. Es handelte sich um ein Attentat der ETA. Basken des Kommandos Txikia, die wußten, daß der Admiral zu bestimmten Stunden immer denselben Weg nahm, hatten im Haus gegenüber dem Jesuitenkonvent eine Parterrewohnung gemietet, einen Tunnel unter der Straße gegraben und eine Sprengladung angebracht, die so stark war, daß der gepanzerte Dodge des Admirals auf die Dachterrasse des gegenüberliegenden Hauses geschleudert wurde. Übrigens hatte kein Mensch etwas von den Vorbereitungen des Attentats gemerkt.

Franco war tief betroffen. Carrero Blanco war sein Intimus gewesen, der Mann seines Vertrauens. Nun wurden all seine Pläne zunichte. Er zog sich in sein Arbeitszimmer zurück und verharrte dort eine Stunde lang allein. Niemand weiß, was er damals gedacht hat.

Vorläufig übernahm Torcuato Fernández Miranda das Amt des Admirals. Er brauchte die Ordnung nicht zu verteidigen. Es gab keinerlei Anzeichen für Unruhen. Franco blieb auch in diesem Fall bei seiner Regel, an Bestattungen seiner Mitarbeiter nicht teilzunehmen. Es war der Prinz von Spanien, der den Trauerzug eines jener Männer anführte, die so viel für die Rückkehr der Bourbonen getan hatten. Juan Carlos ging als erster, allein, hinter dem Leichenwagen. Damit setzte er sich den Scharfschützen der ETA aus, aber kein Attentäter lag auf der Lauer. Dafür hörte man, wie im Mai, Rufe nach der Armee und gegen die „roten Pfaffen". Kardinal Enrique y Tarancón, dem der Minister für Unterricht und Wissenschaft den Rücken zuwandte, wurde beschimpft. Diese Manifestation schrieb man den Militanten der „Fuerza Nueva" zu, einem rechtsgerichteten Bund unter der Führung des Madrider Notars Blas Piñar. Die Menschen in den Spalieren verhielten sich völlig ruhig. Die Tumulte bei den Begräbnissen des Jahres 1936 lagen weit zurück. Die frankistische Ordnung hatte ihre Früchte getragen.

7. Kapitel

DER LETZTE AKT

Wer sollte Carrero Blancos Nachfolger werden? Zum erstenmal kam der im Staatsgrundgesetz dafür vorgesehene Apparat in Gang. Der Rat des Königreichs schlug Franco drei Namen vor: José Solis Ruiz, José Garcia Hernández und Carlos Arias Navarro, lauter Zivilisten. Man wunderte sich sehr darüber, daß Admiral Pedro Nieto Antúnez, der engere Landsmann und langjährige Freund des Caudillo, nicht nominiert wurde. Doch Franco fand, er sei eben schon alt, außerdem hatte er zu jenen Ministern gehört, welche die Meinung vertreten hatten, man müsse die Öffentlichkeit über die MATESA-Affäre informieren. Franco bestand gegenüber dem Cortes-Präsidenten Valcaral darauf, Arias auf die Kandidatenliste zu setzen. Er hatte sich bereits entschieden. Das überraschte um so mehr, als dieser Mann seiner Wahl, Innenminister, indirekt die Verantwortung für jene Nachlässigkeit der Behörden trug, die den Tod des Admirals zur Folge gehabt hatte. Man hätte es verstanden, wenn Arias nach dieser Tragödie zurückgetreten wäre. Statt dessen wurde er Regierungschef.

Zu der Zeit, als Madrid einen raschen Aufschwung nahm, war Carlos Arias ein tüchtiger Bürgermeister der Hauptstadt. In Kreisen der Opposition warf man ihm vor, er habe während des Bürgerkriegs die Massenhinrichtungen in Málaga geleitet. Seine Verteidiger erwiderten, ganz im Gegenteil, er habe ein Massaker verhindert. Aber das alles lag schon weit zurück.

Arias beließ nur acht Minister des vormaligen Kabinetts im Amt. López Rodó mußte ausscheiden, er wurde als Botschafter nach Wien entsandt. Auch Fernández Miranda trat ab. Das Informationsressort übernahm Fragas' langjähriger Mitarbeiter Pio Cabanillas. Der neue Regierungschef schien durch eine Demokratisierung der Institutionen den von Carrero Blanco eingeschlagenen Kurs ändern zu wollen. Am 12. Februar 1974 legte er den Cortes ein Programm vor, das folgende Punkte enthielt: Bildung politischer Meinungsverbände, Wahl der Bürgermeister und der Stadträte, eine gesetzliche Regelung im Sinn einer Unvereinbarkeitsklausel für die Abgeordneten der Cortes sowie eine liberale Reform der Syndikate.

Die führenden Zeitungen, im Besitz liberaler Kapitalisten, brachten Lobeshymnen über diese Absichten. Deren Verwirklichung war freilich schwieriger. Was sollten diese Meinungsverbände denn sein? Wenn sie frei wären, würden sie zu politischen Parteien werden, nur unter anderen Namen. Falls sie sich aber innerhalb der Bewegung bildeten, würden sie diese aufspalten, und nach Francos Auffassung stand die Einheit der Bewegung außer Diskussion. Zudem – wie sollte man verhindern, daß solche Gruppierungen miteinander zu streiten begannen? Die alten Falangisten schlugen Alarm. José Antonio Girón, der Führer der Bewegung, ehemaliger Frontkämpfer, sprach davon, wieder in den Kampf ziehen zu wollen, wie 1936. Kommentarlos wurde die Behandlung dieses Themas vertagt.

Mit der Kirche wurde ganz knapp eine offene Auseinandersetzung vermieden. Der Bischof von Bilbao, Msgr. Añoveros, hatte fünf Hirtenbriefe verfaßt, sie sollten in den Gotteshäusern seiner Diözese verlesen werden. In doppeldeutigen Worten gehalten, schockierten sie die Regierung. So erwähnte der Bischof z. B., es gelte, die Rechte kleiner Völker zu schützen – was etwa für die baskischen Nationalisten deutlich genug war. Die Regierung wandte sich an den Nuntius, er möge Einspruch erheben. Dies lehnte Msgr. Dadaglio ab. Darauf beschloß Arias, Msgr. Añoveros nach Rom abzuschieben, wie es die Zweite Republik mit Msgr. Segura getan hatte. Der Polizeipräfekt von Bilbao forderte den Bischof auf, ein Flugzeug zu besteigen, das startbereit war, um ihn in S. Pietro hinter Schloß und Riegel zu bringen. Añoveros weigerte sich mit der Erklärung, er werde nur der Gewalt weichen. Falls Franco nun intervenieren sollte und in aller Form gegen den Plan seines Ministerpräsidenten Stellung nahm, drohte ein Skandal ungeheuren Ausmaßes. Pio Cabanillas wurde beauftragt, die Angelegenheit mit Kardinal Enrique y Tarancón zu regeln. Eine Vertreibung des Kirchenfürsten kam nicht mehr in Betracht, aber er wurde vom Nuntius zur Ordnung gerufen und begab sich zum Kuraufenthalt in einen Ort fern von seiner Diözese.

Der Militärputsch in Portugal, durch den der Nachfolger Salazars, Diktator Caetano, gestürzt wurde, steigerte noch die tiefe Besorgnis der Verfechter des Status quo. Eigentlich ging, wie erwähnt, das portugiesische Regime am Krieg in den afrikanischen Kolonien zugrunde. Die Armee war es müde, ohne konkrete Resultate weiterzukämpfen, sie erhob sich, d. h. sie überließ das Gesetz des Handelns revolutionären Elementen, die sich in ihren Reihen gebildet hatten. Aber der Erfolg der „Nelkenrevolution" bestärkte die Verfechter eines friedlichen Regimewechsels in Spanien ebenso wie die Revolutionäre.

Die alten Falangisten zogen aus dem Umsturz in Portugal den Schluß, daß es nun gelte, „hart zu sein". Noch verfügte das Regime über Abwehrkräfte. Bereits vor der Bildung des Kabinetts Arias hatte das Tribunal für öffentliche Sicherheit die Anführer der Arbeiterkommissionen zu hohen Gefängnisstrafen verurteilt. Am 1. März 1974 wurde in Barcelona der Anarchist Puig Antich, der einen Polizisten ermordet hatte, nach alter Methode mit der Garotte hingerichtet.

Es war kaum wahrscheinlich, daß die spanische Armee, die keinen Kolonialkrieg zu führen hatte, revolutionären Versuchungen zugänglich sein würde. Doch immerhin gaben Gegner des Regimes dem Generalstabschef General Manuel Diez-Alegria zu verstehen, er könnte dem Beispiel seines portugiesischen Kameraden Spinola folgen. Alegria, ein kultivierter Mann und Ökumenist, hütete sich, auf solche Andeutungen zu hören. Aber einige Offiziere verdächtigten ihn der Nachgiebigkeit. Die Regierung wußte von einem Treffen zwischen ihm und dem rumänischen Staatschef Ceauşescu und nützte dies als Vorwand, um ihn kaltzustellen.

Am 9. Juli sprach sich herum, daß Franco, der an einer Venenentzündung im rechten Bein litt, sich in jenes Madrider Spital begeben hatte, das von ihm erbaut worden war und seinen Namen trug. Zuvor hatte er Prinz Juan Carlos mit der interimistischen Führung der Staatsgeschäfte betraut. Der Prinz hätte lieber bis zum Abgang des Caudillo gewartet, doch da sich der Zustand des Patienten verschlechterte, war er bereit. Franco sollte eine gemeinsame spanisch-amerikanische Deklaration unterzeichnen. Die Ärzte sprachen sich dagegen aus. Juan Carlos übernahm diese Aufgabe und begann damit eigentlich seine Ära als Staatsoberhaupt. Aber er unterließ es, in politische Entscheidungsprozesse einzugreifen, sondern beschränkte sich darauf, Dekrete zu unterzeichnen und den Vorsitz im Ministerrat zu führen.

Francos eiserne Konstitution förderte die Genesung. Wieder erhebt sich die Frage, ob er mit mehr als achtzig Jahren nicht doch den Entschluß hätte fassen sollen, sich zurückzuziehen. Aber davon war keine Rede. Es hieß, daß ihn seine Familie in diesem Sinn beeinflußte. In Wahrheit entsprach es seiner Wesensart, seine Rolle bis zum Ende zu spielen. Er wollte nicht „desertieren". Aus dem Spital entlassen, begab er sich auf seinen Sommersitz Pazos de Meiras und verbrachte dort die Zeit der Rekonvaleszenz. Am 1. September 1974 erklärten ihn die Ärzte für gesund. Franco nahm seine Funktionen wieder auf.

Die Situation wendete sich kaum zum Besseren. Es gab Streiks in der Renault-Fabrik in Valladolid und bei Hispano Olivetti in Barcelona. Auch unter den Studenten gärte es. Für Franco gab es keinen Zweifel, daß hinter alledem kommunistische Umtriebe standen. Ein Faktum bestärkte ihn in dieser Überzeugung: Am 30. Juli 1974 wurde gemeldet, daß sich in Paris die „Demokratische Junta" gebildet hatte. Zu ihr gehörten Santiago Carrillo, unbestrittener Führer der spanischen Kommunisten, und Calvo Sero, ein Mann aus dem Opus Dei. Er hatte zunächst Franco Weihrauch gestreut, sich dann Don Juan angeschlossen, war mit liberalen Pressekampagnen in der Zeitung „Madrid" in Erscheinung getreten und nach dem Verbot durch den Informationsminister Sánchez Bella nach Paris ins Exil gegangen. Diese Junta fand die Zustimmung der Arbeiterkommissionen und der Sozialistischen Volkspartei des seit vielen Jahren seines Amtes enthobenen Professors Tierno Galván. All das genügte nicht für einen Umsturz, reichte aber aus, um weiterhin Agitation auf sozialem Gebiet zu betreiben.

Diese fand einen günstigen Nährboden. Die Erdölkrise von 1973 hatte den Reichtum der kapitalistischen Welt erschüttert, und nun bekam Spanien die Rückschläge zu spüren. Die Produktion sank. Fabriken schlossen, indessen kehrten Auswanderer aus den Industriestaaten zurück, wo es für sie keine Arbeit mehr gab. Die Touristen brachten auch nicht viel, und um die Käufe im Ausland zu begleichen, mußte auf die Geldreserven zurückgegriffen werden. Das Goldene Zeitalter war vorbei.

Schließlich glaubte der unruhige Nachbar, nämlich Marokko, mit Rückendeckung durch die USA den Augenblick für gekommen, um seine Ansprüche auf die spanische Sahara wieder geltend zu machen. Auf die Aufforderung der UNO hin, dieses Territorium, ein Wüstengebiet, aber reich an Phosphatvorkommen, zu entkolonialisieren, erklärte sich Spanien, ebenfalls auf Wunsch der UNO, zu einer Volksbefragung in der Sahara Español bereit. Um ein solches Referendum zu verhindern, suchte Hassan II. Zeit zu gewinnen, indem er den Streitfall vor den Internationalen Gerichtshof in Den Haag brachte. Zurecht dachte der König von Marokko, daß der Abgang Francos nicht mehr lange auf sich warten lassen werde und daß er selbst angesichts der unsicheren Lage nach der Krankheit oder dem Tod des Caudillo Handlungsfreiheit hätte. Franco, der den Herrscher von mehreren Begegnungen her kannte und als intelligent einschätzte, war gesonnen, ihm die Stirn zu bieten.

Hassan war aber nicht der einzige, der aus Francos Ende Gewinn ziehen wollte. Politiker begaben sich in die Startlöcher, um am Tag nach seinem Tod in Aktion zu treten. Im französischen Suresnes hielt die spanische Sozialistische Arbeiterpartei einen Kongreß ab, auf dem Sozialisten aus dem Land die alten Exilierten ersetzten. Die Allianz der Basken und der Andalusier machte einen jungen Juristen aus Sevilla zum Generalsekretär der Sozialisten: Felipe González Márquez. Von der mächtigen Sozialdemokratie der Bundesrepublik gefördert, arbeitete die PSOE darauf hin, zusammen mit den Gemäßigten der baskischen Nationalpartei, den linken Christdemokraten von Ruiz Giménez und kleineren Gruppierungen eine demokratische „Plattform" zu schaffen. Professor Suarez wies darauf hin, daß Franco Berichte erhalten habe, in denen von Kontakten zwischen führenden Persönlichkeiten seines Regimes und der PSOE die Rede war. Ob wahr oder falsch – diese Gerüchte wirkten auf jeden Fall beunruhigend.

Am 13. September 1974 versetzte ein schwerer Anschlag in Madrid die Öffentlichkeit in Angst und Schrecken. In einem Lokal, in dem Beamte der nahen Kriminalpolizeizentrale verkehrten, detonierte eine Bombe. Elf Gäste, die gar nichts mit der Polizei zu tun hatten, wurden getötet. Die Urheber des Verbrechens gehörten zur FRAP, die Alvarez del Vayo, ein ehemaliger Minister der Republik, 1964 gegründet hatte. Die ETA-Terroristen fanden also Komplizen mitten in Madrid. Was war aus der „Pax Franco" geworden?

Je nach der ideologischen Ausrichtung der Kommentatoren lagen die Günde für diese Zerrüttungen darin, daß Reformen ausgeblieben waren oder, aus anderer Perspektive, in der Nachsicht des Staates gegenüber der Opposition. Es hagelte Beschwerden gegen die liberalen Tendenzen des Informationsministers Pio Cabanillas. Seine Behörden duldeten die in akademischem Ton verfaßten und ganz und gar unerquicklichen Polemiken der Christdemokraten aus der „Tacito"-Gruppe in der katholischen Zeitung „Ya" oder der liberalen Monarchisten in „ABC". Und was sollte man erst dazu sagen, daß Felipe González im „Correo de

Andalusia" Erklärungen abgab oder daß Bücher erschienen, in denen im Ton wehmütigen Erinnerns die letzten Tage der republikanischen Armee geschildert wurden? Den Caudillo erreichten auch Proteste gegen an Pornografie grenzende Bücher und Filme, die in den Kinos und im Fernsehen liefen. Der sittenstrenge Franco war sehr ungehalten und forderte Carlos Arias auf, den Minister zu entlassen. Der Regierungschef gehorchte; Pio Cabanillas trat zurück. Der Finanzminister erklärte sich mit ihm solidarisch. Ein Mitarbeiter von Cabanillas, der Diplomat Marcelino Oreja, und der INI-Direktor Fernández Ordóñez reichten ebenfalls ihre Demission ein. Um die Lücken zu schließen, berief Arias Fachleute, und sein Kabinett setzte den Marsch auf unsicherem Terrain fort.

Der Ministerpräsident legte nun der Regierung den Gesetzesentwurf für die Bildung politischer Meinungsverbände vor. Um das Entstehen autonomistischer Parteien zu verhindern, wurde die Bedingung gestellt, daß eine Vereinigung in mindestens fünfzehn Provinzen vertreten sein müsse. Auch waren zur Gründung jeweils 25.000 Unterschriften erforderlich – keine besonders hohe Anzahl bei einer Gesamtbevölkerung von 32 Millionen – sowie der Treueid zu den Prinzipien der Bewegung. Die Pirouetten nach Francos Tod zeigten freilich, welchen Wert Eide in der Politik haben. Als letzte Vorkehrung wurde beschlossen, daß der Nationale Rat, Hüter der Grundsätze der Bewegung, das Recht hatte, Vereinigungen, welche die Legalität der Bewegung nicht respektierten, zu maßregeln oder aufzulösen. Wie um sich zu entschuldigen, sagte Arias: „Den einen wird dieser Schritt außerordentlich kurz vorkommen, andere werden meinen, er sei ungemein lang."

Viele Politiker entwarfen Reformprojekte, die samt und sonders darauf abzielten, Spanien den Beitritt zum Gemeinsamen Markt zu ermöglichen, der ihnen gleichsam als ein Gelobtes Land erschien, in dem Wohlstand und Glückseligkeit herrschten. Arias stellte sich auf diese Tendenz ein; er machte kurzen Prozeß mit jenen rückständigen Persönlichkeiten, die seiner Politik nicht folgten: Antonio Castro Villacañas, Generaldirektor des Zeitungsverlegerverbandes, und Antonio Izquierdo, Direktor von „Arriba", wurden ihrer Posten enthoben. Der Arbeitsminister demissionierte, und Arias Navarro nützte die Gelegenheit, am 4. März 1975 sein Kabinett umzubilden. Diesmal bootete er Falangisten der früheren Regierungsmannschaft aus. Während unter Francos persönlicher Führung Minister jahrelang im Amt blieben, folgten nun in raschem Wechsel Rücktritte, Entlassungen und „kosmetische" Maßnahmen wie in den Zeiten der Republik.

Dazu kam noch anderes Unheil. Arias ernannte Fernándo Herrero Tejedor, gleichzeitig alter, geeichter Falangist und Mitglied des Opus Dei, zum Ministersekretär der Bewegung. Am 23. Juni stieß sein Wagen mit einem Lastwagen zusammen, und er fand dabei den Tod. Franco riet, José Solis Ruiz an seiner Statt zu berufen, der versuchte, eine Allianz von Getreuen des klassischen Frankismus zu begründen.

Der Caudillo trat wieder in Erscheinung, als er den alljährlichen Vorbeimarsch seiner Armee abnahm, der wahren Bastion des Regimes. Er wußte, daß er die Soldaten nicht gegen Barrikaden von Aufrührern einsetzen würde, wo ein Gavroche de Vallecas oder ein Pozo del Tio Raimundo gestorben waren.* Die kleinen bewaffneten Gruppen, die im Baskenland und in den Großstädten operierten, bevorzugten das gezielte Attentat und die Zeitbombe. Ihre Aktivitäten bewogen die Regierung, das Antiterrorgesetz vom 26. August 1975 zu erlassen, das für den Mord an Polizisten oder hohen Beamten die Todesstrafe vorsah. In der Folge wurden viele ETA- und FRAP-Terroristen zu dieser Höchststrafe verurteilt. In solchen Fällen war Franco von drakonischer Strenge. Zwei Frauen und vier junge Burschen begnadigte er, an fünf Terroristen ließ er die Urteile vollstrecken; sie wurden am 27. September an die Wand gestellt.

Diese Hinrichtungen lösten im Lager der europäischen Linken eine neue Woge der Empörung gegen den Caudillo aus. Die spanische Botschaft in Lissabon wurde gestürmt, jene in London war äußerst gefährdet. Es kam zu Kundgebungen in Paris und in den Niederlanden, dort sogar unter Beteiligung des Ministerpräsidenten. Vierzehn Staaten beriefen ihre diplomatischen Vertreter zurück. Die KSZE brach die laufenden Verhandlungen, soweit sie Fragen der spanischen Wirtschaft betrafen, ab. Arias reagierte darauf via Fernsehen; in einem Interview erinnerte er daran, daß in den Vereinbarungen von Helsinki, an denen er beteiligt gewesen war, ausdrücklich die Nichteinmischung in die inneren Angelegenheiten anderer Staaten festgelegt wurde. Aber seit der Hinrichtung von Ferrer Guardia im Jahr 1909 hatten die Schützenhilfe

---

*   Dies ist eine Anspielung auf Victor Hugos „Les Miserables".

der europäischen Linken für spanische Revolutionäre und die vehementen Proteste gegen die über sie verhängten Urteile nicht aufgehört.* Und wenn es sich um Franco handelte, den die Linken für immer und ewig in enge Beziehung zu Hitler und Mussolini setzten, dann grenzte ihre Aversion an Hysterie.

Im Gegensatz dazu nahm man in den USA diese Ereignisse sehr gelassen hin. Die Republikaner waren zum Spanien Francos stets positiver eingestellt als die Demokraten. Nixons Nachfolger Gerald Ford stattete dem Caudillo am 31. Mai 1975 einen Besuch ab. Am 4. Oktober unterzeichnete Henry Kissinger, ohne sich um europäische Proteste zu kümmern, mit dem spanischen Außenminister Cortina Mauri die Verlängerung des spanisch-amerikanischen Abkommens.

Das hektische Kesseltreiben der europäischen Linken zeitigte die gewohnten Wirkungen. Am 1. Oktober bejubelten bzw. feierten die Frankisten und ihre Sympathisanten den alten Caudillo anläßlich des Jahrestages seiner Ernennung zum Caudillo und zum spanischen Staatschef. Mit brüchiger Stimme erklärte er, die Ausschreitungen gegen die Botschaften „zeigten, was wir von gewissen korrumpierten Ländern zu erwarten haben. Alles gehorcht einer freimaurerisch-linken Verschwörung der Politikercliquen, im Einverständnis mit der kommunistisch-terroristischen Subversion auf sozialem Gebiet. Für uns ist dies ehrenvoll, für jene aber erniedrigend."

Am selben Tag töteten GRAPO-Terroristen** vier Polizisten. Es gab keine Demonstration in Europa als Protest gegen diese Morde...

Ein letztes Mal stand Franco im Mittelpunkt einer Zeremonie, als das Königreich am 12. Oktober das Fest der Hispanidad feierte, zur Erinnerung an die Entdeckung Amerikas durch Kolumbus auf Schiffen Ferdinands des Katholischen. Die ersten Symptome von Francos Leiden zeigten sich. „Grippe", wurde gesagt. Er versuchte, sich dennoch aufrechtzuerhalten und die heikle Sahara-Angelegenheit zum Abschluß zu bringen.

1901 hatte die Regierung in Madrid dieses Gebiet zur „spanischen Pro-

---

* Ferrer Guardia war der Anführer eines anarchistischen Aufstandes in Barcelona, wo im Juli 1909 zahlreiche Kirchen und Klöster zerstört wurden. Diese Ereignisse gingen als die „Semana trágica", die tragische Woche, in die Geschichte Spaniens ein.
** Grupo de Resistencia Antifascista Primero de Octubre.

vinz" erklärt. Man sah Scheichs aus der Sahara Español in ihren traditionellen Gewändern auf den Sitzen der Cortes. Als die Entwicklung in Richtung Entkolonialisierung unausweichlich schien und die UNO die Westsahara auf die Liste jener Länder setzte, denen Selbständigkeit gewährt werden sollte, ging Francos Streben dahin, die Macht an freundlich gesinnte Würdenträger zu übertragen. Diese hätten Rückendeckung bei Spanien gesucht, um ihre durch Marokko bedrohte Unabhängigkeit zu erhalten, und sie hätten Spanien bestimmte Vorrechte belassen. Franco plante, wie erwähnt, ein Referendum, konform mit den Vorschlägen der UNO. Dagegen erhob Hassan II. vor dem Internationalen Gerichtshof Einspruch. Am 16. Oktober erging dessen Erkenntnis: Die Sahara habe das Recht auf Selbstbestimmung. Damit schien die Volksabstimmung wieder möglich. Aber die Diplomaten des marokkanischen Königs hatten die Zeit genützt, um einflußreiche Männer in der Westsahara für ihre Sache zu gewinnen. Plötzlich trat als neuer, energischer Widersacher eine nationalistische Bewegung auf den Plan, unterstützt von Algerien und dem libyschen Oberst Gaddhaffi. Hassan drohte mit einer waffenlosen Invasion der spanischen Zone, dem „Grünen Marsch". Am 17. Oktober sollte die Frage im spanischen Ministerrat geprüft werden.

Franco, der einen Herzschrittmacher hatte, wollte trotz seines prekären Gesundheitszustands den Vorsitz führen. Als die Erörterungen begannen, konstatierten die Ärzte bedenkliche Veränderungen. Der Patient mußte sich zurückziehen.

Am nächsten Tag suchte Franco sein Arbeitszimmer auf, schrieb dort lange Zeit und begab sich wieder in sein Krankenbett. Auch am Montag, dem 20. Oktober, arbeitete er und empfing den Präsidenten der Cortes. Am 21. Oktober wurde die Venenentzündung wieder akut, verbunden mit Herzbeschwerden. Man mußte die Erkrankung bekanntgeben. Franco empfing Arias für eine Dreiviertelstunde. Am 22. wollte er noch aufstehen. Am 28. ließ er seine Tochter Carmen rufen. Der am 18. Oktober verfaßte Text war in die Schreibmaschine zu übertragen und Arias auszuhändigen, wenn Franco selbst nicht mehr sein würde. Unterdessen beschloß der Ministerrat, eine Verständigung mit Hassan II. anzustreben. Zu einem Zeitpunkt, da der Staatschef ein Moribundus war und innenpolitische Spannungen auftreten konnten, wollten Arias und seine Kollegen auf keinen Fall das Risiko eines Krieges oder schwerer Zwischenfälle eingehen. Solis Ruiz wurde nach Marrakesch entsandt, um mit dem Monarchen einen Kompromiß auszuhandeln. Am 24. Oktober kam der marokkanische Außenminister Achmed Laraki nach Madrid; seine Begegnung mit Arias dauerte drei Stunden. Marokkanische Manifestanten hatten sich in Massen an der Grenze der Westsahara versammelt. Falls sie diese überschritten und die Spanier das Feuer auf die Eindringenden eröffneten, konnte dies unabsehbare Folgen haben.

In dieser Situation fanden es die präsumtiven Erben Francos besser, sich möglichst mit Anstand aus der Affäre zu ziehen und die Regelung Marokko und Mauretanien zu überlassen. Es blieb nichts mehr, als die Modalitäten des Abzugs der Spanier festzulegen. Doch die Westsahara sollte so schnell nicht zur Ruhe kommen, da die dortige Bevölkerung mehrheitlich offenbar doch die Eigenständigkeit wünschte. So geriet Marokko unversehens in die Lage einer Kolonialmacht, die mit einer Guerillabewegung, der „Polisario", zu kämpfen hatte.

Im Verlauf jener ereignisreichen Tage lag Franco in Agonie. Seine Leiden weiteten sich auf den Verdauungstrakt aus: Magenblutungen und Darmlähmung waren die Folge. In einem ärztlichen Kommuniqué wurde auf den besorgniserregenden Zustand des Patienten hingewiesen. Arias bat Prinz Juan Carlos, wieder die Geschicke des Staates zu lenken. Am 30. Oktober trat dieser sein Amt an und begab sich in die Westsahara, um die Truppen zu begrüßen, die das Gebiet verteidigen sollten. Eine anständige Geste, die von den Patrioten und den Militärs entsprechend gewürdigt wurde. Der König von Marokko hatte dafür nur ein Lächeln...

Nun war es Sache der Chirurgen, das Leben des todkranken Diktators zu verlängern. Eine erste Operation wurde im Pardo durchgeführt. Am 7. November brachte man den Patienten ins Hospital de la Paz, wo er vier Stunden lang operiert wurde. Am 14. erfolgte ein dritter Eingriff, am 18. ein vierter. Die Bemühungen der Ärzte waren aussichtslos, aber sie glaubten, ein Leben verlängern zu müssen, das unrettbar dahinschwand. Am 20. November, um 4 Uhr 40, schloß der Caudillo seine Augen für immer. Sichtlich erschüttert gab Carlos Arias Navarro um 10 Uhr über Fernsehen und Hörfunk dem spanischen Volk die Nachricht bekannt und verlas das am 18. Oktober verfaßte „Politische Testament" Francos an sein Volk:

„Spanier, da die Stunde gekommen ist, mein Leben dem Allmächtigen zurückzugeben und mich in Demut Seinem Urteil zu stellen, bitte ich Gott, Er möge mich gnädig in Sein Reich aufnehmen, denn ich wollte als Katholik leben und sterben. Im Namen Christi rühme ich mich dessen; es war stets mein Bestreben, ein treuer Sohn der Kirche zu sein, und in ihrem Schoß wünsche ich, mein Leben zu beschließen.

Ich bitte alle um Verzeihung, so wie ich aus ganzem Herzen all denen verzeihe, die sich als meine Feinde erklärten, ohne daß ich sie je für solche gehalten habe. Ich glaube und wünsche, keine anderen Feinde gehabt zu haben als solche, die auch Feinde Spaniens waren, das ich bis zum letzten Augenblick liebe und dem ich, dies gelobe ich, bis zum letzen Atemzug meines Lebens diene, der, wie ich weiß, nun nahe ist.

Danken möchte ich allen, die voll Begeisterung und in treuer Ergebenheit an dem Vorhaben mitgewirkt haben, ein einiges, großes und freies Spanien zu schaffen...

Aus Liebe zu unserem Vaterland bitte ich Euch, weiter der Einheit und dem Frieden zu dienen. Schart Euch um den künftigen König von Spanien, Don Juan Carlos de Borbón, mit der gleichen Zuneigung und Treue, die Ihr mir entgegengebracht habt, und bietet ihm allezeit die gleiche Unterstützung und Zusammenarbeit, die mir von Euch zuteil wurde...

Vergeßt nicht, daß die Feinde Spaniens und der christlichen Zivilisation lauern. Seid auch Ihr wachsam und verzichtet zugunsten der höchsten Interessen des Vaterlandes und des spanischen Volkes auf alle persönliche Interessen...

Strebt ständig nach sozialer Gerechtigkeit und Kultur für alle in Spanien, indem Ihr die reiche Vielfalt seiner Regionen als Quellen für die Stärkung der Einheit des Vaterlandes erschließt.

In meinem letzten Augenblick möchte ich die Namen Gottes und Spaniens vereinen und Euch alle umarmen, um ein letztes Mal, an der Schwelle zu meinem Tod, gemeinsam zu rufen: „Arriba España! Viva España!"

Die Getreuen erwiesen ihm die letzte Ehre. Francos Leichnam, in der Uniform eines Generalkapitäns, wurde im Königspalast aufgebahrt. Vor dem Bauwerk bildeten sich endlose Schlangen von Wartenden. Achtzehn Stunden lang zogen Männer, Frauen und Kinder an dem Katafalk vorbei. Die Falangisten grüßten mit erhobenem Arm, andere schlugen das Kreuz – mit jener erhabenen Würde, die alle Spanier auszeichnet. All diese Menschen waren keine Kämpfernaturen. Sie waren das Volk, Angehörige der verschiedensten Schichten, die jenem Mann ihre Dankbarkeit bekundeten, der ihnen sechsunddreißig Jahre des Friedens und einen Wohlstand gebracht hatte, wie ihn das Land zuvor nie gekannt hatte. Zweifellos gab es zur selben Zeit unbeugsame Republikaner, die sich über den Tod eines Feindes freuten, und Politiker, die überlegten, welche Beziehungen nun nützlicher wären, um eine gute Position zu be- oder zu erhalten. Aber die traten nicht in Erscheinung.

Am 23. November 1975, einem Sonntag, fand die Überführung von Francos Leichnam ins „Tal der Gefallenen" statt. Dort sollte er seine letzte Ruhestätte finden, inmitten der Soldaten beider Lager, beigesetzt unter dem Kreuz Christi. In Anwesenheit des Königs und der Königin von Spanien zelebrierte der Kardinalprimas vor dem Königspalast in Madrid zur Einsegnung eine Messe. Er erinnerte daran, daß der Generalissimus einst Kardinal Gomá seinen Degen übergeben hatte, der seither in der Kathedrale von Toledo aufbewahrt wird. „Von heute an", so sagte der Kirchenfürst, „wird nur mehr das Kreuz über seinem Grab bei ihm sein."

Nach dem Ende der Totenfeier nahm der Leichenwagen, eskortiert von Francos Garde und gefolgt vom König, seinen Weg in Richtung der Sierra de Guadarrama. Dann war zu sehen, wie sich über die unabsehbare Menschenmenge, welche die Plaza de Oriente füllte, tausende weiße Punkte erhoben: die Taschentücher, welche die Madrilenen schwenkten, zum Abschied von ihrem greisen Staatsoberhaupt.

VOR DER GESCHICHTE

Einmal hatte sich Franco über seine Verantwortung vor Gott und vor der Geschichte geäußert. Vielleicht wollte er damit einer Abgeklärtheit Ausdruck verleihen, die ihm nicht immer eignete. Das Geschichtsbild wandelt sich, denn Geschichte wird von Menschen geschrieben, die ihre Überzeugungen und ihre vorgefaßten Meinungen haben. Sie folgen Ideen, die gerade en vogue sind, oder beziehen gegen diese Stellung. Dies ist der Grund, weshalb historische Persönlichkeiten einmal gelobt, dann wieder gescholten, bald rehabilitiert und bald ins Dunkel verbannt werden – um eines Tages doch wieder daraus emporzusteigen.

Daher kommt den Schlüssen, die der Autor aus dem Bericht über das Leben Francisco Francos zu ziehen versucht, nicht der Stellenwert des Endgültigen bei.

Sein persönliches Schicksal war zweifellos außerordentlich reich an Erfolgen. Der schmächtige Kadett, der an der Militärakademie von Toledo mit ziemlich mittelmäßiger Benotung ausgemustert wurde, brachte es in der Folge zum jeweils jüngsten spanischen Offizier seines Dienstgrades, vom Rang eines Hauptmanns bis zu dem des Generals. Er wurde Kommandeur der Legion und schließlich Generalissimus in einem Bürgerkrieg, den er zu verhindern trachtete, als dazu noch Zeit war. Zum spanischen Staatschef mit faktisch absoluten Machtbefugnissen aufgestiegen, gelang es ihm, in einer der stürmischsten Epochen europäischer Geschichte die Neutralität dadurch zu wahren, daß er dem Druck Hitlers widerstand – was im Jahr 1940 nicht ganz einfach war! – und sich dann gegenüber den Alliierten behauptete, die sich nach Kräften bemühten, den Sturz des letzten „faschistischen" Diktators herbeizuführen. Er wurde Verbündeter der USA, die sieben Jahre zuvor seinen Rücktritt gefordert hatten. Im Inneren stellte er trotz der Ränke und der Haßgefühle der Besiegten, trotz der Intrigen der Anwärter auf seine Nachfolge und des Abfalls mancher seiner Mitarbeiter eine Ordnung her, die es Spanien ermöglichte, jenes „Wirtschaftswunder" zu vollbringen, das dieses 1936 arme und dann durch den Krieg in den Ruin getriebene Land in die erste Reihe unter den Industriestaaten der Welt erhob. Also ein totaler Erfolg? Offenbar. Dennoch ging schon kurz nach seinem Tod vieles von dem, was er geschaffen hatte, in die Brüche. Gewiß,

Franco hatte die Monarchie und die Bourbonen wiedereingesetzt. Aber das Bündnis zwischen der Krone und der Bewegung überdauerte Franco kaum zwei Jahre und, so paradox es klingt, es waren der von ihm selbst auserkorene Nachfolger und eine erhebliche Anzahl seiner einstigen Getreuen, die dieses Band durchschnitten. Dies ist ein unwiderlegbares Faktum. Weil Franco in einer militärischen Umwelt mit starker Bindung ans Vaterland und Königtum aufwuchs, weil er später die Verfehlungen der Republik ebenso erkannte wie ihre Unfähigkeit, dem Ordnungsprinzip Geltung zu verschaffen – ganz zu schweigen von seinen Sympathien für Alfons XIII., der ihn ausgezeichnet hatte –, stellte er ein Regime wieder her, das 1931 in einem Klima fast einhelliger Gleichgültigkeit zusammengebrochen war.

Der Caudillo war der festen Meinung, daß die Spanier eine starke Hand brauchten. Er lehnte die Parteienherrschaft ab und wollte nach 1945 den Thron durch eine „entfaschistisierte Bewegung" stützen, welche die Verbindung zwischen Königtum und Volk sichern sollte. Konnte dieser Staat seines ganz persönlichen Gepräges nach dem Sieg der Demokratien und unter den Vorzeichen einer konträren Ideologie überhaupt Bestand haben? Franco bewies, daß dies möglich war. Ohne den Generalissimus wäre es zweifelhaft gewesen. Wie sein Vater, der Graf von Barcelona, glaubte Juan Carlos nicht an einen autoritären Kurs. Franco, der Don Juan wegen dessen liberaler Einstellung ausgeschlossen hatte, brachte de facto ein „Trojanisches Pferd" in das frankistische Gefüge, indem er Juan Carlos zum Thronanwärter machte – übrigens nicht ohne Vorbehalte.

„Paco, du begehst einen Fehler", hatte Muñoz Grandes zu ihm gesagt, der, wie zahlreiche Generale des 18. Juli, nicht für die Restauration eintrat; doch es ist mehr als fraglich, ob das frankistische System bei einer anderen Nachfolge länger Bestand gehabt hätte. Zu sehr hatten sich die Lage und die Mentalität in ganz Europa verändert. Immerhin sicherte die von Franco gewählte Nachfolgeregelung einen friedlichen, unblutigen Übergang zu einer Demokratie westlichen Musters.

Das Endresultat, die Rückkehr zur konstitutionellen Monarchie, die laut Franco zwangsläufig der Republik und dem Kommunismus den Weg bereitete, brachte – zumindest bis jetzt – auch keine dramatischen Umschwünge. Wenn nicht einer von fünf Spaniern arbeitslos wäre, fiele die Bilanz der Restauration durchaus passabel aus.

Vielleicht ist dies ein Resultat der – wie man es nimmt – neununddreißig oder sechsunddreißig Jahre der frankistischen Diktatur. Während
dieser Dezennien sicherte Franco seinem Land Ordnung und einen Frieden, der es möglich machte, daß die Haßgefühle des Bürgertums an Vi-
rulenz verloren und die Akteure der Jahre des Grauens toleranteren
Generationen das Feld überließen. In jenem langen Zeitraum konnte
sich Spanien entwickeln und an geistigem wie materiellem Wohlstand
gewinnen. An die bedeutendsten Leistungen Primo de Riveras schlie-
ßend, hat Franco das Straßen- und Eisenbahnnetz wieder instandgesetzt
und ausgebaut, die Anzahl der Staudämme, der Elektrizitätswerke, der
Fabriken und der Hotels vergrößert. Letztere waren dazu da, die Millionen von Touristen aufzunehmen, deren Ausgaben für die Volkswirt-
schaft so wichtig sind.

All dies schuf Arbeitsplätze und Wohlstand, hob den Lebensstandard
der Spanier. Franco sagte nicht, wie der französische Staatsmann und
Politiker François Guizot, „enrichissez-vous par le travail", aber er
setzte diesen Rat in die Tat um. Als Pragmatiker nützte der Generalissimus den wirtschaftlichen Nationalismus von Suanzes ebenso wie etwas
später den Liberalismus der Technokraten. Wesentlich war der Fortschritt des Landes. Und damit hatte er unbestreitbaren Erfolg. Binnen
einer Frist von fünfunddreißig Jahren vollzog sich in der spanischen
Wirtschaft – zumindest in bestimmten Regionen – die Entwicklung von
einem fast der dritten Welt vergleichbaren Stadium zu einem modernen
Höchststand.

Dies hatte auch einen Wandel der gesellschaftlichen Grundlagen zur
Folge. Der Mittelstand, dessen verhältnismäßige Bedeutungslosigkeit
einer der Gründe für das Versagen der Zweiten Republik gewesen war,
erlebte einen beachtlichen Aufstieg. Teile der Arbeiterschaft, die das
Elend der Nachkriegszeit durchgemacht hatten, hatten nun ihr Haus, ihr
Fernsehgerät, vielleicht sogar ein Auto; lebten summa summarum in
einem Wohlstand, der für die Arbeiter des Jahres 1936 völlig unvorstellbar gewesen war. Und in manchen Jahren war dank der wirtschaftlichen
Expansion Europas, das Bedarf an Arbeitskräften aus dem iberischen
Raum anmeldete, die Vollbeschäftigung nahezu gesichert. Marcelino
Camacho, der die frankistischen Gefängnisse kennengelernt hatte, be-
richtete 1987, daß man in Spanien zum Zeitpunkt von Francos Tod
275.000 Arbeitslose zählte. Derzeit sind es etwa 2,800.000. Wenn es

darum geht, die Bilanz der Zeiten des Franco-Regimes zu ziehen, ist dies wohl der gewichtigste Faktor.

Eine andere paradoxe Tatsache ist diese: Eben jene Prosperität wirkte sich negativ auf die strengen katholischen Moralbegriffe aus, die der Caudillo und die Männer seiner Umgebung in ihrem Spanien hegen und pflegen wollten. Der Wohlstand brachte einen Verlust der traditionellen Werte. Der „geistige Halt des Okzidents" vermochte sich nicht gegen den Hedonismus der freizügigen westlichen Gesellschaftssysteme zu behaupten, bis auf manche Gebiete, in denen die alten kastilischen Tugenden noch immer Geltung haben.

Sicher ist, daß sich dieser Soldat, der durch die Verkettung der Ereignisse, die Fügungen des Zufalls und vermöge seines Talents zu einem König ohne Krone wurde, drei hervorragende Verdienste um sein Vaterland erworben hat: durch den Sieg im Bürgerkrieg rettete er Spanien vor der Anarchie; er verhinderte, daß es in den Zweiten Weltkrieg hineingezogen wurde; und er schuf, mit starker Hand, einen Frieden, der es Spanien erlaubte, sich aus jahrhundertelanger Lethargie zu erheben und seinen Platz unter den modernen Staaten einzunehmen.

Wenn einmal die allerletzten Nachwehen des Bürgerkriegs geschwunden sein werden, wenn die Animosität gegenüber dem Frankismus – und dieser selbst – längst der Vergangenheit angehören, dann, so vermutet der Autor, wird ein Historiker, der das Leben des Francisco Franco von der gleichen entfernten Warte aus betrachtet, wie wir heute etwa einen Ramses II. oder König Kyros sehen, den Eindruck gewinnen, daß der Caudillo Spanien mehr als gut gedient hat.

Bibliographie

Ubieto, Regla und Jover, Seco: Allgemeine Darstellungen des modernen Spanien. Einleitung zu Historia de España. Barcelona 1960
Historia Universal Espasa-Calpe / En los umbrales de una Nueva Edad. Bd. XI. Madrid 1968
Seco, Carlos: Historia de España contemporanea. Barcelona 1966
Historia de España, Hg. von Tuñon de Lara. Bde. I und X. Barcelona
Ramón Tamames, La Republica. La era de Franco. Historia de España Alfaguarra. Bd. VII. Madrid 1974
Benassar, Bartolomé: Histoire des Espangnols. Bd. II. Paris 1985
Bernecker, Walther L.: Spaniens Geschichte seit dem Bürgerkrieg. München 1988 (2. Aufl.)
Descola, Jean: Histoire d'Espagne. Paris 1979
Descola, Jean: O Espagne. Paris 1975
Chastenet, Jacques: Histoire de l'Espagne. Paris 1968
Vilar, Pierre: Histoire d'Espagne. Paris 1965
Carr, Raymond: Spain. 1808–1939. Oxford 1966
Brenan, Gerald: The Face of Spain

TEXTE VON FRANCO

Comandant Franco: Diario de una bandera. Madrid 1922
Colección de Proclamas y arengas dem Ecmo Sr General Don Francisco Franco. Sevilla 1937
Franco ha dicho. Madrid 1947
Discursos y Mensajes del jefe del Estado. Madrid 1951–1954; 1955–1959; 1960–1963; 1964–1967; 1968–1970
Unter dem Pseudonym Boor Jakin: Masoneria. Madrid 1952
Unter dem Pseudonym Andrade Jaime de: Raza; anecdotario para el guión de una pelicula. Madrid 1942

QUELLEN

Archiv des Verteidigungsministeriums, Madrid
Persönliche Niederschriften General Francos (dem Autor zu Lebzeiten des Generalissimus vom Sekretariat des Staatschefs zugänglich gemacht)
Servicio Historico militar
Pensamiento politico de Franco. Textauswahl Agustin del Rio Cisneros. Madrid, 2 Bde.: 1964–1975

BIOGRAFIEN DES GENERALS FRANCO

Arraras, Joaquin: Francisco Franco. San Sebastián 1937
Millán Astray (General José): Franco, el Caudillo. Salamanca 1939
Moure Mariño, Luis: Perfil humano de Franco. 1938
Valdivieso, Fernando de: Francisco Franco. Madrid 1945
Galinsoga (Luis de) (in Zusammenarbeit mit Franco Salgado). Centinela de Occidente. Barcelona 1956
Martin, Claude: Franco, soldat et chef d'Etat. Paris 1959
Martin, Claude: Franco, soldado y estadista. Madrid 1965
Crozier, Brian: Franco, a biographical History. London 1967, deutsche Ausgabe München–Esslingen 1968
Crozier, Brian: Franco, crepusculo de un hombre. Barcelona 1980
Hill, George: Franco, the man and his nation. London 1965
Cierva (Ricardo de la): Francisco Franco, un siglo de España. Madrid 1972
Fernandez, Carlos: El general Franco. Barcelona 1983
Llarch, Joan: Franco. Barcelona 1983
Suarez Fernández, Luis: Francisco Franco y su tiempo. Madrid 1984. 8 Bde.
Payne, Stanley G.: Franco. El perril de la Historia. Madrid 1992
Palomino, Angel: Caudillo. Barcelona 1992

ÜBER DEN FRANKISMUS

Cierva, Ricardo de la: Historia del franquismo. Bd. I, Origines y configuración. Barcelona 1975
Cierva, Ricardo de la: Historia del franquismo. Bd. II, Aislamiento, transformación y agonia. Barcelona 1978
Gallo, Max: Histoire de l'Espagne franquiste. Paris 1975
Beneyto Pérez, Juan: La identidad del franquismo. Madrid 1979
Diaz-Plaja, Fernando: La España franquista en sus documentos

Miguel (Amando de): Sociologie du franquisme. 1978
Georgel, Jacques: Le franquisme. Histoire et bilan. 1939–1969. Paris

MEMOIREN UND ZEITZEUGENBERICHTE

Franco, Pilar: Nosotros, los Franco. Barcelona 1980
Pozuelo, Vicente: Los ultimos 476 dias de Franco. Barcelona 1980
Gil, Vicente: Cuarenta aõs junto a Franco. Barcelona 1981
Serrano Suñer, Ramón: Entre Hendaye y Gibraltar. Madrid 1947
Serrano Suñer, Ramón: Entre el silencio y la propaganda, la Historia como fué. Memorias. Barcelona 1977
Kindelán, Alfredo: Mis cuadernos de guerra. Madrid 1959
Kindelán Alfredo: La verdad de mis relaciones con Franco. Barcelona 1981
López Rodó, Laureano: Memorias. Barcelona 1990–1992 (3 Bde.)
López Rodó, Laureano: La larga marcha hacia la monarquia. Barcelona 1977
López Rodó, Laureano: Testimonio de una politica de Estado. Barcelona 1987
Silva, Muñoz, Federico: Memorias politicas. Barcelona 1993
Salvador de Madariaga: España. Buenos Aires 1955
Navarro Rubio, Mariano: Mis Memorias. Barcelona 1994
Peman, José Maria: Mis encuentros con Franco. Barcelona 1978
Romero, Emilio: Tragicomedia de España. Unas memorias sin contemplaciones. Barcelona 1985
Bayod, Angel: Franco visto por sus ministros. Barcelona 1981

DER KRIEG IN MAROKKO

„Diario de una bandera" des Kommandanten Franco, s. o.
Garcia Figueras, Tomas: Marruecos. Barcelona 1939
General Goded: Marruecos. Las etapas de la pacificación. Madrid 1932
Besteiro, Julián: El partido socialista ante el problema de Marruecos. Madrid 1922

DAS ENDE DER MONARCHIE

Cort's Cavanillas, Julián: Confesiones y muerte de Alfonso XIII. Madrid 1951
Fernández Almagro Melchor: Historia del Reinado de Alfonso XIII. Barcelona 1977
Maura (Herzog Gabriel) und Fernández Almagro Melchor: Porque cayó Alfonso XIII? Madrid 1931
Mola (General Emilio): Lo que yo supe. Memorias de mi paso por la Dirección de la Seguridad. Madrid 1932
José Pemartin: Le général Primo de Rivera et la dictature en Espagne. Brüssel 1929
Sanchez Guerra, Rafael: Dictadura, Indiférencia, Republica. Madrid 1931
Queipo de Llano (General Gonzalo): El movimiento reuvindicativo de Cuatro Vientos. Madrid. 1936
Franco Bahamonde Ramón: Madrid bajo las bombas. Madrid 1931
Conde de Romanones: Y succedió asi. Madrid 1947

DIE REPUBLIK

Fernández Almagro Melchor: Historia de la Republica española. Madrid 1958
Arraras, Joaquin: Historia de la Segunda Republica española. Madrid 1964–1968
Comin Colomer, Eduardo: Historia secreta de la IIa Republica Española. Madrid 1954
Azaña Diaz, Manuel: Memorias politicas y de guerra. Madrid 1976
Azaña Diaz, Manuel: Obras completas. 4 Bde. Mexico D. F. 1966–1968
Azaña Diaz, Manuel: La veillée à Benicarlo. Paris 1939
Rivas Cherif, Cipriano: Retrato de un desconocido: vida de Manuel Azaña. Barcelona 1980
Aguado, Emiliano: Don Manuel Azaña Diaz. Barcelona 1972

DIE FALANGE

Primo de Rivera, José Antonio: Obras completas. Madrid 1952
Ximenez de Sandoval, Felipe: José Antonio. Madrid 1949
Southeworth, Rutledge: Antifalange. Estudio critico de Falange en la guerra de España de M. Garcia Venero. Paris 1967
Imatz, Arnaud: José Antonio et la Phalange espagnole. Paris 1981
Jato, David: La rebelión de los estudiantes. Madrid 1953

DER BÜRGERKRIEG – ALLGEMEINE DARSTELLUNGEN

Aznar, Manuel: Historia militar de la guerra de España (1936–1939). 3 Bde. Madrid 1958
Arraras, Joaquin: Historia de la Cruzada española. Madrid 1943–44. 8 Bde.

Bernecker, Walther L.: Krieg in Spanien 1936–1939. Darmstadt 1991
Lojendio, Luis Maria de: Operaciones militares de la guerra de España. Barcelona 1940
Cierva, Ricardo de la: Historia de la guerra civil española. Madrid 1969
Diaz de Villegas (General), José: Guerra de Liberación. Barcelona 1967
Thomas, Hugh: The Spanish Civil War. London 1961
Belforte (General), Francesco: Guerra civile in Spagna. Mailand, 4 Bde. 1938–39
General Duval: Les leçons de la guerre d'Espagne. Paris 1939
General Duval: Les Espagnols et la guerre d'Espagne. Paris 1939
Brasillach, Robert und Massis, Henri: Histoire de la guerre d'Espagne. Paris 1939
Broué, Pierre und Témime, Emile: La Révolution et la guerre d'Espagne. Paris 1961
Roux, Georges: La guerre civile d'Espagne. Paris 1963
Jackson, Gabriel: The Spanish Republic and the Civil War. Princeton 1965
Zugazagoitia, Julian de: Historia de la guerra de España. Buenos Aires 1940
Gil Mugarza, Bernardo: España en Llamas. Barcelona

ÜBER DEN MILITÄRPUTSCH

Mais, Felix: Alzamiento en España. Pamplona 1952
Maix, Felix: Mola., este hombre
Guëll, Bertran: Momentos interesantes de la Historia de España en este siglo: preparación y desarrollo del Alzamiento nacional. Valladolid 1939
Lizarza Iribarren, Antonio: Memorias de la conspiración: como se preparó en Navarra la conspiración. Pamplona 1953
Vigón (General), Juan: General Mola (el conspirador). Barcelona 1957
Estebán Infantes (General), Emilio: General Sanjurjo. Barcelona 1957
Cuesta (General) José und Olmedo Antonio: General Queipo de Llano. Barcelona 1957

ÜBER DIE MILITÄRISCHEN OPERATIONEN

Servicio historico militar: Historia de la guerra de liberación. Madrid 1945
Aus den Schriften von Oberst José Manuel Martinez Baude, zum Thema besonders interessant:
La marcha sobre Madrid. Madrid 1968
La lucha en torno a Madrid. Madrid 1968
Vizcaya. Madrid 1968
El final del frente norte. Madrid 1972
La gran ofensiva sobre Zaragoza. 1973
La llegada al mar. Madrid 1975
La ofensiva sobre Valencia. Madrid 1977
La batalla del Ebro, Madrid 1988 (2. Aufl.)
La campaña de Cataluña. Madrid 1979
La batalla de Teruel. 2 Bde. Madrid 1988 (2. Aufl.)
El final de la guerra civil. Madrid 1990
Rojo, Vicente (General) : Alerta los pueblos! Buenos Aires 1939
Rojo, Vicente (General) : Asi fue la defensa de Madrid. Mexiko 1957
Rojo, Vicente (General) : España heroica: diez bocetos de la guerra civil española
Casado, Segismundo: Asi cayó Madrid. Madrid 1968

AUSLÄNDISCHE ZEITZEUGENBERICHTE

Ciano, Galeazzo: Journal politique 1937–1938. Paris 1949
Ciano, Galeazzo: Journal politique 1939–1943. Montevideo 1952
Cantalupo, Roberto: Fu la Spagna. Mailand 1948
Geheimarchiv der Wilhelmstraße, Bd. III. Paris 1946
I documenti diplomatici italiani. 8. Reihe, Bd. XII ff.
Sevillano Carbajal, Francisco Virgilio: La diplomacia mundial ante la guerra española. Madrid 1969
Documents diplomatiques français 1932–1939 (2. Reihe). Bde. I–XIII. Le lendemain de la guerre civile
Solmi, Arrigo. Lo stato nuovo nella Spagna di Franco. Mailand 1940
Aparicio, Juan: El estado nacional. Madrid 1943
Gimenez Caballero: España nuestra, el libro de las Juventudes españolas. Madrid 1943
Causa general. La dominación roja en España. Avance de la información instruida por el Ministerio publico. Vorwort von Justizminister Eduardo Aunos. Madrid 1944

DER ZWEITE WELTKRIEG

Geheimarchiv der Wilhelmstraße, Bde. IV–IX. Paris 1955
Ciano, Galeazzo: L'Europa verso la catastrofe. Colloqui verbalizzati di Caleano Ciano. Verona

Hoare, Samuel: Ambassador on Special Mission. London 1946
Hayes, Carlton J. H.: Wartime mission in Spain. New York 1946
Piétri François: Mes années d'Espagne (1940–1948). Paris 1954
Schmidt, Paul: Statist auf diplomatischer Bühne. Bonn 1949
Dzelepy, E. N.: Franco, Hitler et les alliés. Brüssel 1961
Areilza, José Maria de, und Castiella, Fernando Maria: Reivindicaciones de España. Madrid 1941
Areilza, José Maria de: Embajadores sobre España. Madrid 1947
Doussinague, José Maria: España tenia razón. Madrid 1949
Séguéla, Mathieu: Guerra, dinero dictadura. Ayuda fascista y autarquia en la España de Franco. Barcelona 1981
Diaz de Villegas (General José): La división azul en linea. Barcelona 1967
Cierva (Ricardo de la): Hendaya. Punto final. Barcelona 1981

DIE KRISE NACH DEM ZWEITEN WELTKRIEG

Dokumente:
Lleonart y Anselem, Alberto et Castiella y Maiz: España y O.N.U., Bd. 1 1945–46. Madrid 1978
Lleonart y Anselem, Alberto: España y O.N.U., Bd. 2 1947. Madrid 1983
Lleonart y Anselem, Alberto: España y O. N. U. Bd. 3 1948–1949. Madrid 1985
Lleonart y Anselem, Alberto: España y O. N. U. Bd. 4 1950. Madrid 1991
Martin Artajo, Alberto: Rede vor den Cortes über das Abkommen zwischen Franco und Perón, 14. Juli 1948
Martin Artajo, Alberto: Rede vor den Cortes über die Vereinbarungen mit den USA, 20. November 1953
Außenministerium: Konkordat zwischem dem Heiligen Stuhl und Spanien, 27. August 1953
Außenministerium: Reden von Alberto Martin Artajo vor der UN-Generalversammlung, 13., 19. und 21. November 1956
Rio Cisneros, Agustin del: Politica internacional: El caso español en le ONU y en el mundo. Madrid 1946
Viñas, Angel: Los pactos secretos de Franco con los Estados Unidos: Bases, ayuda economica, recortes de soberania. Barcelona 1981
Hogson, Sir Robert: Spain Resurgent. London 1953

INNENPOLITIK

Instituto de Estudios politicos: Veinticinco años de Movimiento Nacional. Madrid 1961
Instituto de Estudios politicos: Leyes politicas de España. Madrid 1956
Leyes fundamentales del Estado: Madrid 1968
Arrese, José Luis de: Estudios y discursos. Madrid 1943
Arrese, José Luis de: Treinta años de politica. Madrid 1966
Arrese, José Luis de: Una etapa constituyente. Madrid 1982
Fernandez Cuesta, Raimundo: Testimonio, Recuerdos y reflexiones. Madrid 1985
Fusi, Juan Pablo: Franco, autoritarismo y poder personal. Madrid 1985
Garriga, Ramón: Los validos de Franco. Barcelona 1981
Garriga, Ramón: Franco-Serrano Suñer: un drama politico. Barcelona 1986
Garcia La Higuera, Fernando: Ramón Serrano Suñer. Un documento para la Historia. Barcelona 1983
Fernandez, Carlos: El almirante Carrero
Tusell, Javier: Carrero Blanco. La eminencia gris del regimen de Franco. Barcelona 1993
Carrero Blanco (Admiral), Luis: Discursos y escritos 1943–1973. Madrid 1974
Calvo Serrer, Rafael: Franco frente al Rey: el proceso del regimen. Paris 1972
Toquero, José Maria: Franco y Don Juan. La oposición monarquista al franquismo. Barcelona 1985
Calleja, Juan Luis: Don Juan Carlos. Porque? Madrid 1971
Fraga Iribarne, Manuel: Como esta gobernada España. Madrid 1950
Fraga Iribarne, Manuel: Memoria breve de una vida publica. Barcelona 1980
Payne, Stanley: Franco Spani. London 1960
Payne, Stanley: The Franco regimen, 1936–1975. Madison 1987
Preston, Paul: Spain in crisis: Evolution and decline of the Franco Regime. 1976
Tusell, Javier: La oposición democratica al franquismo. 1939–1962. Barcelona 1977
Tusell, Javier: Franco y los catolicos: la politica interior española entre 1945 y 1957. Madrid 1984
Hermet, Guy: Les catholiques dans l'Espagne franquiste. Paris 1980–1981. 2 Bd.
Martin Descalzo, José Luis: Tarancón, el cardinal del cambio. Barcelona 1982
Fuente Ismael, Garcia Javier und Prieto Joaquin: Golpe mortal: asesinato de Carrero y agonia del franquismo. Madrid 1983

336

Namenverzeichnis